과학으로 찾은 고조선

과학으로 찾은 고조선

초판 1쇄 발행 · 2008년 12월 12일

개정판 1쇄 발행 · 2017년 9월 8일

지은이 · 이종호

표지디자인 · 정소영

본문디자인 · 손호성

발행인 · 이희원

발행처 · 글로연

주소 · 서울특별시 영등포구 당산로 41길 11, SK V1센터 W동 1104호

전화 · 070-8690-8558

팩스 · 02-325-8586

e-mail · shoh25@hanmail.net

출판등록 · 2004년 8월 23일

등록번호 · 제313-2004-196호

ISBN 978-89-92704-54-0

• 가격은 뒤표지에 있습니다.

• 잘못된 책은 교환해 드립니다.

이 도서의 국립중앙도서관 출판예정도서목록(CIP)은 서지정보유통지원시스템 홈페이지(http://seoji.nl.go.kr)와 국가자료공동목록시스템(http://www.nl.go.kr/kolisnet)에서 이용하실 수 있습니다. (CIP제어번호 : CIP2017022287)

우리는 어디에서 왔는가? 고조선은 신화인가 역사인가?

과학으로 찾은 고조선

이종호 지음

글로연

목 차

| 머리말 | 6

제1장 _ 국립중앙박물관 연표에 빠진 고조선 12
제2장 _ 현 중국 영토에서 일어난 과거는 모두 중국 역사다 42
제3장 _ 중국 동북방에 건설된 '신비의 왕국' 70
제4장 _ 황제도 동이東夷다 142
제5장 _ 고조선의 실마리 176
제6장 _ 고조선의 실체를 찾는다 240

    제1부 대동강(평양) 고조선 245

    제2부 하가점하층문화(요령성) 고조선 275

    제3부 중심지 이동설 295

    제4부 한강권 '미지의 왕국' 301

제7장 _ 상(은)은 동이족 국가 318
제8장 _ 새로 보는 고조선(기자조선) 360
제9장 _ 고조선은 강대국이었다 398

| 맺음말 | 410

| 머리말 |

　비교적 해외여행이 많은 필자는 외국을 들를 때마다 처음 방문하는 지역에서는 일단 박물관과 서점을 들린다. 박물관을 방문하면 나름대로 그 지역의 역사를 파악할 수 있고, 그 역사가 정리된 책을 구할 수 있기 때문이다.
　근래 필자는 중국을 방문하는 일이 많았는데, 최근 중국에서는 과거에 볼 수 없던 새로운 단어가 눈에 띈다. 그것은 '중화5천년'이라는 단어이다. 이 말은 한마디로 중국이 5천 년의 역사를 갖고 있다는 뜻이다.
　원래 중국은 황하유역에서 발생한 선진 문화가 각지로 전파되었다는 황하중심문화를 기본 정설로 견지해왔다. 이는 중국 문명이 오늘날 산서성山西省 남부 및 하남성河南省 서부인 이른바 중원지역에서 발전했으며, 그것이 주변 지역으로 퍼져나갔다는 것으로도 설명된다.

그들은 이런 화이관華夷觀을 바탕으로 중국에서의 국가의 시작을 대체로 기원전 2000년에서 1500년으로 잡았다. 이것은 세계 4대문명인 이집트, 메소포타미아, 인더스 문명 중에서 가장 낮은 연대이다.

그런데 '중화5천년'이란 단어는 중국이 과거와 달리 중국 역사의 기원을 1000~1500년을 올려 잡고 있음을 뜻한다. 그렇다면 중국이 이와 같이 역사를 올리게 된 근거가 무엇인가 하는 의문이 든다.

중국이 오늘날의 다원적 중국을 이끌기 위해 과거의 역사관을 포기하고 55개 소수민족을 포함한 다민족 역사관을 내세우고 있다는 것은 잘 알려져 있는 사실이다. 이것이 현재 한국과 마찰을 빚고 있는 소위 동북변강역사여현상계열연구공정東北邊疆歷史與現狀系列硏究工程(줄여서 동북공정東北工程)은 물론 '서북·서남공정'의 실체이다. 간단하게 말하여 현재 중국의 영토 내에서 일어난 역사는 모두 중국의 역사라는 것이다.

그런데 한국에서는 동북공정을 중국에서 고구려의 역사를 빼앗아 가는 것으로 인식하여 한중간에 첨예한 알력을 일으키고 있다. 중국 측에서 '고구려 족은 중국 변방 소수민족의 하나였으므로 고구려는 중국 역사의 일부분이다' 라는 것에 초점을 맞추었기 때문이다.[1] 그러나 중국의 동북공정은 한국의 일부 학자들이 주장하는 것처럼 고구려의 역사를 가져가기 위한 것이 아니다.

과거에 중국은 적어도 북방민족들은 중국인이 아니라면서 이들을 중국의 적대 세력으로 간주했고 따라서 이들의 역사를 자신들의 역사로 인정하지 않았다. 일반적으로 중국은 진시황제가 흉노의 침입을 방어하기 위해 감숙성甘肅省 남부 옥문관으로부터 북으로 황하黃河의 대굴곡부大屈曲部의 북쪽을 따라 동으로 뻗어나가, 발해만의 산해관까지 잇는 만리장성의 이남만 중국으로 인식했다.

그랬던 중국이 과거에 북방민족들이 주로 할거했던 내몽고 지역이 중국의 영토로 포함되자 중국과 혈투를 벌이던 흉노匈奴의 역사를 자동적으로 자기들 역사에 포함시키기 시작했다. 여기에서 흉노란 중국 북방에서 처음 유목민 국가를 건설한 제국(전성기에는 중국의 3배나 되는 영토를 확보)의 명칭이지, 결코 단일한 민족이나 부족의 명칭은 아니라는 점을 염두에 두어야 한다. 그런데 중국 역사에서 흉노라는 이름이 나타나기 전까지는 주로 '동이(동호)'가 살던 곳으로 과거부터 한민족韓民族의 원류가 정착한 지역으로 소개되었던 곳이다.

그런데 이들 동이(동호)가 근거했던 요령성 조양朝陽시 부근의 우하량 홍산牛河梁紅山 지역에서 1980년대 초에 그야말로 세계를 놀라게 한 발견이 이루어졌다. 결론을 말한다면 중국의 역사를 1000~1500년 끌어 올릴 수 있는 결정적인 유물들이 발견되었다는 것이다.

이를 큰 틀에서 '요하문명'이라고도 부르는데 중국은 이들 유적을 근거로 '신비의 왕국(여왕국)'이라는 고대국가가 이 지역에 존재했음을 인정하며, 그 연대를 무려 5500~5000년 전으로 산정했다. 한마디로 기원전 3500~3000년경부터 우하량홍산 지역에 국가가 존재했다는 것이다. 이것이 중국으로 하여금 '중화5천년'으로 중국 역사를 1000년이나 끌어올리게 한 배경인 동시에 기원전 4700년경에 벌어졌다는 화하족의 황제와 동이족의 치우가 탁록에서 싸웠다는 '탁록지전涿鹿之戰'이 신화가 아니라 역사적 사실이라고 주장하는 근거이다.

우하량 지역에서는 홍산문화에 이어 하가점하층문화夏家店下層文化(기원전 2200~1500년)와 하가점상층문화夏家店上層文化(기원전 1500년~)가 연이어 발견된 것으로도 유명하다. 하가점하층문화 분포가 가장 밀집된 조양朝陽 지역에서 발견된 유적지만 해도 1300여 곳이나 되는데 이곳에서 빗살무늬토기, 비파형동검, 적석총 등이 발견된다. 이들 유물이 무엇을 의미하는가는 한국인이라면 모두 알 것이다. 한마디로 한민족의 근거지로 인식되는 장소라는 뜻이다. 놀라운 것은 중국에서 하가점하층문화에서 보다 확실한 고대국가가 있었다며 아예 표지석에 국가가 성립된 장소라고 적고 있다는 점이다.

5000년 전으로 추정되는 '신비의 왕국(여왕국)'이 존재했다는 지역에서 이보다 약 700~800년 후대에 국가가 있었다고 단정하는 것이 그다지 무리한 일은 아니라고 볼 수 있는데, 이 연대는 바로 우리 민족의 첫 번째 국가로 알려진 고조선의 건립 연대와 유사하다. 적어도 기원전 2300년 전 고조선이 건설되었다고 일부 학자들이 부단히 언급하던 지역에 국가가 존재했다는 것을 의심할 여지가 없다는 뜻이다.

이와 같은 중국 측의 놀라운 결론은 그동안 간과하였던 많은 부분들이 과학기술의 발달에 힘입었기 때문이다. 근래의 첨단장비 능력은 놀라울 정도의 고고학적 성과를 비롯하여 새로운 자료를 제공하고 있다. 그런데 이들의 결론은 한국이 부단히 역사 왜곡이라 공격하고 있는 '동북공정'과도 연계된다는 점이다.

한국 고대사를 중국이 빼앗아 간다든지 또는 말살하려고 한다고 반박하는 중국의 '동북공정'이 바로 한국 고대사의 취약점인 고조선을 적나라하게 설명해준다는 것은 한국 고대사의 아이러니라 아니할 수 없다. 한국 고대사의 아킬레스건을 중국이 풀어줄 수 있다는 내용에 다소 놀랍게 생각할지 모른다.

『과학으로 찾은 고조선』은 바로 그동안 우리의 주위에서 벌어졌던 논란의 대상과 한민족의 근거지로 알려진 고대 국가의 근원을 설명하고자 하는 것이다.

제1장에서는 그동안 한국에서 일어났던 역사관에 대한 전말을 이야기하고 제2장에서는 한국과 알력을 빚고 있는 '동북공정'의 전후를 설명하고, 제3장에서는 한국을 포함한 동양의 역사를 근본적으로 바꾸어 놓은 요하문명 즉 중국역사를 1000년 앞당긴 '신비의 왕국'을 중점적으로 다룬다. 이어서 제4장에서는 동이족의 선조라 알려진 치우천황과 한민족의 연계관계를 설명한다. 제5장에서는 한국의 『국사』 교과서를 바꾸게 된 근거로 제시된 고대 국가 성립의 증거에 대해 다루고, 이어서 제6장에서는 현재 초미의 관심사인 대동강(평양) 고조선설, 하가점하층문화(요령성) 고조선, 중심지이동설과 마지막으로 한강 유역 고조선설에 대해 설명한다. 제7장에서는 이들과 연계되는 중국의 고대국가 상(은)이 동이에 의해 건설되었다는 것을 적은 후 제8장에서 과거부터 논란의 대상이었던 고조선(기자조선), 제9장에서 고조선의 의문점을 설명하면서 마무리한다.

한민족의 역사가 단절된 적이 없음에도 불구하고 한국의 상고사를 정확하게 기술한다는 것이 매우 어려운 일이라는 것을 모르는 사람이 없다. 그동안 부단히 지적되어온 사실이지만 한국의 고대사를 정확히 다룰 수 있는 자료가 절대적으로 불충분한 데다 고대 한국의 영토였던 만주지방이 중국의 영토가 되어 있고 한반도도 남북으로 분단되어 더욱 그러하다.

당연히 우리는 민족적 자존심과 선입견 등으로 고대사를 포장하거나 과장 또는 폄하하는 데 주저하지 않았음을 부정할 수 없다. 그러므로 『과학이 찾아준 잃어버린 고조선』은 고대사를 다루는 데 결정적인 문제가 되었던 민족적 선입견을 갖지 않고 가능한 한 과학적인 자료를 통해 이를 설명하려고 노력했다. 그동안 간과하였던 많은 부분들이 과학기술의 발달에 힘입은 고고학적 성과를 비롯하여 새로운 자료의 축적으로 서서히 밝혀지고 있기 때문이다.

『과학으로 찾은 고조선』이 그동안 한국인들을 울렸던 고대사를 찾는데 조금이라도 도움이 되고, 한국인이 누구인가를 찾아가는 과거로의 여정을 필자와 함께 하기 바란다.

철학자 조지 산타야나의 말을 인용한다.

'과거를 기억하지 못하는 자는 되풀이할 수밖에 없다.'[02]

— 이종호

제1장

국립중앙박물관 연표에 빠진 고조선

제1장

국립중앙박물관 연표에 빠진 고조선

    일제 강점기 이후 우리나라의 역사학계에 깊게 뿌리내린 실증사학實證史學은 기록으로 남지 않은 역사는 기술할 수 없다는 역사방법론을 따르고 있다.

    학계의 통설에 의하면 실증주의positivism를 특징짓는 명제는 과학만이 가장 타당한 지식이며 사실만이 인식 가능한 대상이 된다는 것이다. 따라서 실증주의는 사실과 과학에 의해 확인된 법칙을 넘어서는 어떠한 힘이나 실체의 존재 및 그에 대한 인식을 거부하며, 과학적 방법으로 환원되지 않는 연구 방법을 배격한다. 이는 역사학을 하나의 과학으로 보려는 학문적 연구 태도와 관점, 다시 말하면 역사의 과정과 자연의 과정을 동일한 종류의 것으로 보고 자연 과학의 방법을 역사의 해석에 적용하려는 입장을 지칭한다._03

실증사학자들은 최종 자료를 문헌자료에 의존한다. 자의적인 해석이 가능한 고고학 자료는 아무리 많이 있다 해도 그것이 갖는 의미를 규정하기 위해서는 최종적으로 문헌자료에 근거해야 한다는 것이다. 물론 문헌자료를 근거로 한다는 것 자체도 문제점이 있음을 자인한다. 문헌 자료란 글자가 생긴 후에 만들어진 것이기도 하지만, 당시의 사회 모습을 체계적으로 설명해줄 정도로 자세한 문헌자료가 내려오지 않기 때문이다.[04]

그런데 실증사학은 영국·불란서·독일·미국·일본 등 제국주의 국가들이 식민지 지배수단으로 이용하던 학문이라는 문제점이 있다. 원래 실증사학은 독일의 역사학자 랑케Leopold von Ranke(1795~1886)의 '역사는 주관적인 판단 없이 역사적 사실을 실증 그대로 기술해야 한다'는 주장을 기본으로 한다. 즉 과거의 사실을 현재의 입장에 따라 가감하거나 평가하는 것을 버리고, 과거의 사료를 발굴하여, 그 사료에 대한 고증과 비판을 통해 최대한 과거의 역사적 사실을 그대로 기술하는 것이 역사가의 몫이라는 설명이다.

이를 위해 유적과 유물도 과학으로 실증된 사실만을 인정해야 하며, 사료의 경우 주관적 판단이 들어 있을 가능성이 있다고 판단되면 배제해야 한다는 것이다. 실증사학의 관점에서 보면 당연히 민족사학 등은 비판의 대상인데 일반적으로 실증사학은 짧은 역사를 가진 서양사회가 오랜 역사를 가진 동양사회를 지배하기 위한 수단으로 사용한 학문이라는 데 문제점이 있다. 우리나라 역사학계에서는 두계 이병도李丙燾 박사와 그를 잇는 학파를 실증주의 학파라고 부른다. 문제는 이병도 박사가 일제 강점기에 이완용이 고문으로 있던 조선사편수회朝鮮史編修會의 일원으로 일본이 조선의 병합을 합리화하기 위한 『조선사』 편찬 작업에 참여하였다는 점이다. 해방 이후 한국 사학계를 주도했던 진단학회震檀學會를 이끌었고, 또한 그는 1950~1960연대에 『한국사』 전 6권을 발간하는 등 한국 사학계에서 중추적인 역할을 했다.

학자들이 아쉬워하는 것은 많은 사료가 적혀 있었을 것으로 보이는 사서들이 현재 남아 있지 않다는 점이다. 『삼국사기』에 의하면 고구려 국사인 『유기留記』 백 권은 기원 1세기경, 백제는 늦어도 근초고왕(346~376) 때에 고흥의 『백제서기』가 편찬되었을 것으로 추정되며, 신라는 545년에 거칠부가 『국사』를 편찬했고, 고려는 『왕조실록』을 편찬했다. 이들 사료 안에 단군에 대한 내용이 적혀 있었을 것이란 점을 배제할 수 없기 때문이다.

여하튼 단군의 고조선 개국기가 실려 있는 현존 고서로는 일연의 『삼국유사』, 이승휴의 『제왕운기帝王韻紀』, 『조선왕조실록』, 북애의 『계원사화』, 박세무의 『동몽선습』이 있다. 중국의 책으로 명나라 왕엄주(본명은 왕세정)의 『속완위여편續宛委餘編』이 있다.

실증사학을 표방하는 측은 서기 1281~1283년경에 기록한 것으로 추정되는 일연의 『삼국유사』에 단군이 비로소 적혀 있다는 것을 문제로 삼는다. 한마디로 단군에 대한 기록이 너무나 후대이므로 실존 인물로 대접하기에는 문제가 있다는 설명이다. 이런 주장은 결국 기원전 2333년 단군이 고조선을 건국한 것은 역사적 사실이 아니라는 것과 다름 아니다.[05]

• 반 만 년 역사가 문제다

고조선을 건국했다는 단군의 신상명세서에 쓸 수 있는 내용은 다음과 같은 몇 가지에 불과하다. 『삼국유사』〈고조선古朝鮮〉조에 쓰여 있는 것들이 그것이다.

» 『위서魏書』에 이르기를 "지나간 2천 년 전에 단군檀君 왕검王儉이라는 사람이 도읍을 아사달에 정하고 나라를 창건하여 이름을 조선朝鮮이라 하니 요堯와 같은 시대이다"라고 했다(魏書云 乃往二千載有檀君王儉 立都阿斯達 開國號朝鮮 與高同時). (중략) 단군왕검이 당요塘堯가 제위에 오른 지 50년인 경인庚寅(당요가 즉위한 50년은 정사丁巳년으로 이를 두고 많은 이론이 있다)에 평양성에 도읍하고 비로소 조선朝鮮이라 불렀다. 다시 도읍을 백악산 아사달로 옮겼는데 그곳을 궁홀산 또는 금미달이라 부르기도 하니 나라를 다스린 지 1500년이었다. 주나라 무왕이 즉위한 기묘년에 기자箕子를 조선에 봉하니 단군은 곧 장당경藏唐京으로 옮겼다가 뒤에 아사달로 돌아와 은거하며 산신이 되었다. 나이 1908세였다.

소위 천제의 아들인 단군왕검은 당시 가장 좋은 혈육으로 태어나 지도자로서의 모든 조건을 갖춘 인물이지만 『삼국유사』의 서술은 단군왕검이 역사적 실존인물이라기보다는 신화적 존재라는 성격이 강해 문제가 있는 것이 사실이다. 그럼에도 불구하고 『삼국유사』에 기록된 대로 단군왕검이 건설했다는 고조선은 고고학, 인류학은 물론 건축, 물리, 화학 등에 이르기까지 수많은 학자들의 연구 과제가 된 매력적인 주제이다. 나라의 존재 여부에서부터 위치와 건국 연대, 사회, 정치 등에 이르기까지 어느 것 하나 섣불리 넘길 수 없는, 우리의 근원에 대한 문제이기 때문이다.

학계에서는 뒤에 적힌 '여고동시與高同時'란 말에 중요성을 부여한다. '與高同時'에서 '고高'자는 고려 정종定宗의 휘諱를 피해서 쓴 것으로 중국의 요 임금 시대임을 의미한다. 이 두 개의 연대는 같은 연대를 가리키는 표현으로 보지만, 전자가 단군왕검에 초점을 맞추었다면 후자는 요 임금을 기준으로 해서 보다 포괄적으로 설명하고 있다. 고조선과 단군왕검이 끊임없는 논란의 대상이 된 것은 단군의 고조선 건국 기원부터 논란의 여지가 있기 때문이다. 우리나라의 공식적인 단군조선의 건국 연대는 기원전 2333년이다. 이 고조선의 건국년도는 원래 '고조선 건국 시기는 중국의 요堯임금 시대와 같다'는 앞의 글을 근거로 요임금 즉위 25년을 무진년으로 보고 기원전 2333년으로 정한 것이다. 이에 대해 국사편찬위원회 편수관을 지낸 김성준은 다음과 같이 회고했다.

》『삼국유사』에 있는 중국 요임금이 즉위한 지 50년 되던 해를 서력으로 환산하면 기원전 2308년이다. 그런데 구한말 내각편집국장을 지낸 어윤적은 단기 1년을 서기전 2333년으로 환산하면서 성종 16년에 편찬한 『동국통감』을 참조했다. 『동국통감』에 기록된 당요 무진년을 송나라 소강절이 지은 『황극경세력』에 나오는 상원갑자법에 의하여 단군기원을 서기전 2333년으로 산정했다.

위의 문구에 의하면 『위서』가 편찬된 시점에서 2000년 전에 단군이 아사달에 도읍을 정하고 나라를 세운 뒤에 국호를 조선으로 하였다는 것과 그 시기가 요임금 때와 같다는 내용이다. 문제는 현존하는 수많은 『위서』

삼국유사 영인본.

중에는 위의 기사가 적힌 것이 없다는 점인데 학계에서는 멸실된 사서 가운데 이들 기사가 언급된 내용이 있다고 본다.-06

고조선 건국년도에 대해『동국통감』,『해동이적』,『동국역대총목』은 기원전 2333년,『제왕운기』는 기원전 2357년으로 각각 기록하고 있다. 한편『삼국유사』에 나온 정사년은 기원전 2284년이며, 당요 50년인 경인년은 기원전 2311년이라는 설명도 있다.

그런데 역사책마다 고조선의 건국년도가 다르기 때문에 그 기록을 신뢰할 수 없다고 하지만 반대로 건국년도를 누군가 임의로 지어낸 것이라면 이런 편차가 생길 수 없다고 성삼제는 말했다. 사관들이 그때까지 전해지는 여러 건국년도들을 놓고 고민한 끝에 가장 신뢰할 수 있는 것을 선택했다는 설명이다.-07

여하튼 기원전 2333년을 고조선의 건국년도로 인정하더라도 우리의 역사가 반만년이 되지 않는다는 문제가 남는다. 단군의 건국 연대를 문제 삼는 학자들은 우리나라가 그동안 줄기차게 외쳐왔던 반만년이라는 역사 인식에 문제가 있음을 지적한다. 기원전 2333년이라 하더라도 엄밀하게 말한다면 2333년을 반내림하여 2000년대로 내려야지 어떻게 반올림하여 3000년대로 올리느냐는 것이다. 즉 수학적으로만 계산한다면 반만년이 아니라 4천 년 전이라고 설명해야 한다는 것이다.

물론 『삼국유사』에 기록된 것이 단군의 추정 연대로서 최고의 기록은 아니라는 반론도 있다. 고려 공민왕(1361) 때 학자인 백문보는 당시의 시대를 기준으로 하여 '우리 동방이 단군으로부터 3600년이 지났다'는 글을 왕에게 올린 것을 보면 단군의 고조선 건국 연대가 한민족이 설명하고 있는 5000년이 되기 때문이다.[08]

일부 학자들은 단군의 즉위연대는 그 절대 연대에 집착할 것이 아니라 당시 사람들이 내세우고자 했던 의식세계를 이해하는 데 초점을 맞추어야 한다고 주장한다. 이러한 견해는 『삼국유사』에 기록된 내용을 그대로 인정할 경우에 생기는 단군의 건국연대에 따른 모순을 다소 제거해주지만 기원전 2333년을 고집해야 할 근거가 사라진다는 문제가 제기되기도 한다.

• 단군은 역사가 아니라는 주장들

단군을 역사적 사실로 받아들이지 않는 학자들의 주장은 다음 4가지로 정리할 수 있다.

① 고조선이 문헌상에 처음 나타난 것은 기원전 7세기부터다.
　　(중국 춘추전국시대의 『관자管子』에 등장)
② 단군은 역사적인 실존 인물이 아니라 신화 즉, 가공의 인물이다.
③ 단군신화는 고조선이라는 국가가 세워지고 난 이후 만들어진 건국신화가 구전되다가 고려시대에 정리된 것이다.

④ 세계적으로 청동기시대에 와서야 비로소 국가가 성립되는데 우리나라의 청동기 문화는 기원전 1000년경부터 시작된다.-09 만주에서 건국했다고 해도 빨라야 기원전 15세기경이다.-10

이 주장에는 한국 고고학계의 원로인 김원룡 교수가 1981년 국회 공청회에서 말한 한국의 청동기 연대에 대한 다음 설명도 큰 역할을 했다.

단군왕검 초상.

» 단군시대의 연대는 고고학적으로 보아 신석기시대에 해당되는데 세계에서 돌도끼로 나무를 찍던 시기에 나라가 생긴 곳은 아무 데도 없고, 이때는 추장이 있는 촌락 단계였다. 그래서 고대 국가는 문자가 생기고 청동도구라는 도구 혁명이 일어나는 단계에서 생긴다.

따라서 단군은 신석기시대 후기 또는 청동기시대의 생활문화 단계를 반영하는 이상적·상징적 족장신이며, 그 민족과 문화가 오늘의 우리와 직결된다는 점에서 우리 민족의 조상신으로서 숭배하는 것은 좋으나 이것을 역사적 실재 인물로 보는 것은 불가능하다. (중략)

청동기시대는 청동의 사용과 바퀴의 발명으로 기동력이 생긴다. 특히 문자의 발명이라는 문화적 특징을 가지고 있으며 문자는 국가 체제 유지에 절대 필요한 것이다. 법령은 말로 실시할 수 없으며, 문자와 기록이 있어야 가능하고 이로써 국가가 생길 수 있는 것이다.

그래서 고고학계는 우리나라의 한자 사용이 시작된 기원전 3, 4세기경에 국가가 형성된 것으로 생각한다. (중략) 그러면 우리나라 청동기시대는 언제인가. '시베리아' 문화와 연결하여 기원전 1000년 또는 그 이상으로 보기도 하고 북한에서는 기원전 2000년까지 올리고 있으나 현재 방사성탄소 연대로는 기원전 8, 9세기를 오르지 못하고 있다. 국내 학계에서는 기원전 1000년까지 올려 보고 있다. 이것을 내리려 하면 사대주의라 욕을 먹을까 봐 나도 그대로 따르고 있다. 그러나 나는 우리나라 청동기시대의 상한 연대를 기원전 700~800년경이라고 생각한다.-[11]

김원룡 박사가 국회공청회에서 말한 시기가 1981년이므로 그 이후의 고고학적 발굴성과가 반영되지는 않았지만, 여하튼 국회 공청회에서까지 한국의 기원에 대해 설명해야 할 정도로 단군시대의 연대는 국민에게 초미의 관심사임이 틀림없었다. 당시 김원룡 박사의 단군에 대한 솔직한 언급은 민족주의 사관을 갖고 있던 일부 학자들에게 큰 충격을 주었다.

그러나 청동기시대에 와서야 국가가 세워진다는 논리는 사실상 한국이 갖고 있는 독특한 관점이라고도 볼 수 있다. 이덕일은 이런 이론은 일제강점기 때의 식민사학자들이 단군조선을 부인하기 위해 창조한 이론이라고 혹평했다.-[12]

일반적으로 청동기시대로 들어선 경우에 비로소 그 민족이 국가라는 틀을 구성할 수 있다고 인정하는 것은 사실이다. 그러나 청동기가 고대국가의 절대적인 필요조건은 아니다. 중남미의 경우 석기만 갖고도 고대국가를 건설했고 바퀴를 사용하지도 않았다. 중남미의 잉카나 마야제국을 놓고 청동기가 나타나야만 고대국가가 성립할 수 있다고 말한다면 어리석은 설명이 될 수밖에 없다.

멕시코 치첸이차의 피라미드 유적.

    세계 4대 문명지로 알려진 이집트의 경우도 그곳에서 발견된 도끼, 단검, 나이프, 침 등의 고대 청동 제품이 이집트의 토착 제품이 아니라 북방으로부터 전해진 교역품일 가능성이 높다고 분석된다. 인도 문명도 청동기의 직접적인 영향을 받아 왕조가 성립됐거나 번성한 것이 아닌 것으로 알려져 있다. 그러므로 청동기가 나타나야만 고대국가가 성립한다는 학설은 적어도 국제적으로 오래 전에 사라졌다고 볼 수 있다.

    이와 같은 사실은 청동기시대라고 해서 모든 기구가 동제품으로 제작된 것이 아님을 안다면 쉽게 이해할 수 있다. 청동의 나라로 알려진 상(은)나라의 경우 최전성기에도 농경 기구는 주로 석기였다. 가격이 비싼 청동으로는 주로 중요한 무기나 제기를 만드는 것이 기본이었.

    이는 청동기 문화를 성립시킨 생산 기반은 신석기시대의 그것과 동일하지만 청동무기 소지자들은 당대의 실권자들이었다는 사실로 설명될 수 있다. 김철준은 청동기 문화는 그 생산기술을 본질적으로 개혁함에서 성립된 것이 아니라 청동기라는 신무기의 위력으로 정복과 약탈의 범위를 확대시킨 것이라고 설명한다.[13]

청동기에 들어서야 비로소 국가가 성립될 수 있든 아니든 위의 설명에 의하면 단군의 의 경우 신화적인 인물이므로 이를 근거로 국가를 인정한 다는 것이 문제가 있다는 지적은 사실 이해가 가는 일이다. 신화는 어디까지나 신성한 또는 신기한 내용을 담은 이야기임에 틀림없기 때문이다.

문제는 단군에 대한 기록이 『삼국유사』 이전에는 보이지 않는 것이다. 단군에 대한 이야기가 과연 단군 시대의 산물일까 하는 의문이 생길 수밖에 없는 대목이다(관련 자료가 멸실되었을 가능성은 제외). 이 문제는 그동안 일본인들이 고조선에 관한 내용은 사실이 아니라 후대에 만들어진 가공적인 신화에 지나지 않는다고 주장하던 절대근거였다.

신화가 전승된 역사적 사실을 그대로 기술하는 것이 아니라는 데는 대부분 인식을 같이한다. 단군만 하여도 곰이 변한 여자를 어머니로 하여 태어난 것으로 되어 있는데 과학적인 관점에서는 이를 사실로 받아들일 수 없다. 알에서 태어난 사람도 존재할 리 만무하다. 만약에 그런 이야기를 사실로 믿으려면 그것은 이미 논리적 문제가 아니라 종교적인 신앙의 영역이 된다.

그렇다고 신화를 모두 허구로 보는 시각도 이분법적인 단순 논리라는 지적을 피할 수는 없다. 신화와 역사는 상반되는 개념이 아니라는 것이다. 신화는 이야기이되, 그 신화가 생성될 당시에 살고 있던 사람들의 집단적인 경험과 의식이 반영되어 있기 때문이다.

단군을 둘러싼 난처한 논란에 대해 최태영 박사는 다음과 같은 매우 의미심장한 일화를 남겼다.

》 1991년 소련·중공·일본·한국 학자들이 모인 〈한민족학술회의〉에서 당시 문교부장관이던 정원식이 "역사학자 다수가 단군은 실증주의에 맞는 것이

아니라는데 왜 단군을 강조하느냐"며 후원을 거부했다. 나는 "역사는 사실이지 다수결이 아니다. 이완용, 송병준도 나라를 팔아먹을 때 '내각 다수결'이라며 한·일합방서에 조인했다"고 일침을 놓았다.[14]

그럼에도 불구하고 소장학자들은 단군과 고조선에 대한 납득할 수 있는 어떤 근거가 제시되지 않는 한 고조선에 대한 긍정적 설명을 그대로 인정해서는 안 된다고 주장한다.

단군은 한국인에게 가장 중요한 주제이기는 하지만 한국의 청동기시대가 기원전 1000년경에 시작되었다고 하면, 기원전 2333년에 단군의 고조선 건국을 역사적 사실로 믿는 것은 상식 밖의 일이 된다. 그러므로 기원전 2333년의 문제 등 고조선과 관련된 문제는 어떠한 방식으로든 합리적으로 이해할 수 있는 설명으로 제시해야 한다는 것이다.

이들은 또한 단군에 대한 설명이 한국의 근본을 뒤엎을 수 있는 중대한 문제이므로 섣불리 손댈 수 없다고 두루뭉술하게 덮어 두자는 일각의 주장이 결코 미래를 위해 유익하다고 볼 수 없다고 항변한다. 지금까지 알려진 단군의 고조선 건국 연대 등에 문제가 있다면 한국의 최초 국가라는 고조선의 건국 연대까지도 수정할 수 있는 용기를 가져야 비로소 한국의 역사가 새로운 출발을 할 수 있다고 주장한다.

물론 열린 시각을 갖고 단군의 문제를 해결하자고 주장하는 학자들도 있다. 자신들이 고조선 건국 연대의 문제점을 지적하는 것은 정확하게 기원전 2333년에 고조선이 성립되었음을 증명하라는 게 아니라는 것이다. 이들 주장의 요지는 큰 틀에서 고조선의 건국 개연성이 명확하게 설정되고 그것을 토대로 건국 연대를 도출해야 한다는 것이다. 적어도 기원전 2333년경 또는 그 이전에 국가가 건립될 수 있는 개연성이 정말 있느냐는 것이다. 이 말은 기원전 2333년경에 정말로 우리 조상들이 국가를 세울 수 있는 능력을 갖고 있었는가 하는 물음으로 볼 수 있다.

이는 단군을 부정하는 학자들이 그 옛날에 한민족이 아직 청동기시대에 들어서지 못했으므로 단군은 신화에 지나지 않는다고 주장하는 이유를 설득력 있게 반격해보라는 요구와 같다.

• 국립중앙박물관에 나타나지 않는 고조선

2005년 11월 3일자 동아일보는 「국립중앙박물관, 고조선은 어디 갔나?」라는 제목으로 다음과 같은 기사를 게재했다. 원문을 전재한다.

》 지난달 28일 개관한 국립중앙박물관의 연표에 '고조선'이 빠져 관람객들의 항의가 잇따르고 있다.

중앙박물관 1층 전시실 입구에는 우리나라와 중국·서양사를 비교할 수 있는 연표가 설치돼 있다. 하지만 이 연표에 고조선이 빠진 것. 또 첫 관람코스인 구석기실의 '한국고고학 연표'에도 고구려·신라·백제·가야는 있지만 고조선은 없어 관람객들에게 혼란을 주고 있다. 이 연표는 구석기시대, 신석기시대, 청동기·초기철기시대, 원삼국시대, 삼국시대(고구려·신라·백제·가야), 남북국시대(발해·통일신라), 고려, 조선 순으로 표기돼 있다.

개관 당일 박물관을 찾았던 홍성현(52·은평구) 씨는 "중·고등학교 시절 우리나라는 고조선부터 시작한 반만년 역사라고 배웠다"며 "그런데 국립박물관에 설치된 연표를 보면 우리나라 역사의 절반이 고조선과 함께 사라졌다"고 지적했다.

홍 씨는 "연표에는 같은 시기에 중국은 상·하·서주, 서양은 바빌로니아를 표기했으나 우리나라는 신석기 및 청동기 유물만 몇 점 그려 놨다"며 "모르는 사람들이 보면 우리나라는 국가도 없이 원시인이나 살았던 지역인 것 같다"고 분통을 터트렸다.

그는 "현재 일본은 독도 영유권을 주장하면서 역사를 왜곡하고 중국은 고구려 역사를 자국에 편입시키려는 시도를 하고 있는 게 현실"이라며 "다른 나라는 없는 역사도 날조해 가면서 자신들의 기원을 높이려고 하는데 우리 국립박물관은 있는 역사마저 스스로 축소하고 있다"고 비판했다. 서울대 국사학과 송기호 교수도 "고고학적으로 시대를 구분하다보니 고조선이 빠질 수도 있겠지만, 신라·고구려 등도 표기하고 있는 만큼 고조선 표기도 병행하는 것이 우리 역사를 이해하는 데 도움이 될 것"이라고 말했다. 이에 대해 박물관 학예연구실 홍진근 연구관은 "이번에 설치된 연표는 고고학 연표라서 중·고등학교 국사 교과서의 역사 연표와는 다르다"면서 "고조선이 역사학적으로 중요하고 우리나라 역사의 출발점이지만 고고학에서 차지하는 의미는 역사학과는 약간 다르다"고 설명했다.

그는 "설치된 연표 역시 시대중심으로 정의한 '한국고고학 연표'라서 고조선 표기가 중요하지 않았을 뿐 박물관이 일부러 역사를 왜곡한 것이 아니다"며 "청동기·철기시대 실에 설치된 연표에는 고조선 표기도 있다"고 말했다.

그는 "박물관이 우리나라 역사를 왜곡하거나 축소할 이유가 있겠느냐"며 "다만 구석기실 등 일부 고고학 연표에는 관람객의 이해를 돕기 위해 신라·고구려·백제 등을 병행 표기하면서 고조선이 생략됐다는 오해가 생긴 것 같다"고 말했다. 홍 연구관은 "그러나 전문가와 시민들의 여론 수렴을 거쳐 고조선이 추가될 수 있도록 검토해 보겠다"고 덧붙였다.-[15]

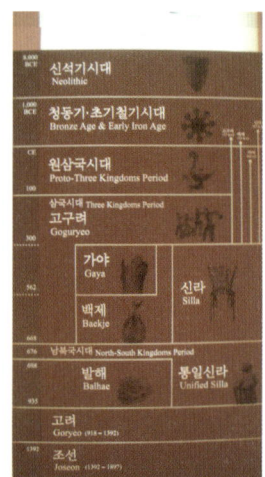

국립중앙박물관(왼쪽)과 박물관 안에 있는 연표(오른쪽).

이것이 그동안 강단사학계와 소위 재야사학자들 간의 한 치의 양보도 없는 논란의 대상이 된 핵심이다. 강단사학계는 고대 역사일수록 문헌과 발굴 자료 등을 통해 철저하게 연구되지 않은 것은 역사가 아니라는 관점에서 접근한 반면 재야사학자들은 단군조선은 결코 신화가 아니라고 주장한다. 양측의 팽팽한 주장에 대해 고인돌사학회의 이형석 회장은 다음과 같이 양쪽을 모두 비판했다.

> » 일제식민사관의 범주를 완전히 벗어나지 못한 강단사학계의 실증 위주의 주장과 재야사학계의 통일되고 정리되지 못한 다종, 다양한 주장들도 모두 장단점은 있다. 문제는 '잃어버린 역사 상고사-고조선'인데 이를 정확하게 파악하지 못하고 상고시대의 철학을 중심으로 역사를 범벅으로 만들어 설명하려는 시도나 글자 설명 또는 훈독 위주의 논쟁은 관심 있는 사람들의 눈살을 찌푸리게 한다.

강단과 재야사학자들이 우리의 고대사에 대해 팽팽하게 맞서는 상황에서 2007년은 일대 변혁의 해라고 볼 수 있다. 그야말로 어느 누구도 예측하지 못한 돌발사건이 터진 것이다. 사건의 진원지는 한국의 역사 교육을 책임지고 있는 교육인적자원부(현 교육과학부)이다.

• 단군이 인정된 역사

강단과 재야사학자들이 우리의 고대사에 대해 팽팽하게 맞서는 상황에서 2007년은 일대 변혁의 해라고 볼 수 있다. 그야말로 어느 누구도 예측하지 못한 돌발사건이 터진 것이다. 사건의 진원지는 한국의 역사 교육을 책임지고 있는 교육인적자원부(현 교육과학부)이다.

2007년에 발간된 교육인적자원부의 『국사』는 한반도 청동기 보급 시기를 기존에 알려진 것보다 최대 1000년까지 앞당기고 고조선 건국도 공식 역사로 편입하고 했다. 또한 「고조선과 청동기 문화」 단원도 다음과 같이 수정했다.

> » 청동기 문화의 발전과 함께 족장이 지배하는 사회가 출현하였다. 이들 중에서 강한 족장은 주변의 여러 족장 사회를 통합하면서 점차 권력을 강화해 갔다. 족장 사회에서 가장 먼저 국가로 발전한 것은 고조선이었다. 『삼국유사』에 따르면 고조선은 단군왕검檀君王儉이 건국하였다고 한다(기원전 2333년). 단군왕검은 당시 지배자의 칭호였다.

고조선은 요령 지방을 중심으로 성장하여 점차 인접한 족장 사회들을 통합하면서 한반도까지 발전하였는데, 이와 같은 사실은 비파형동검의 출토 분포로써 알 수 있다. 고조선의 세력 범위는 청동기시대를 특징 짓는 유물의 하나인 비파형동검이 나오는 지역과 깊은 관계가 있다.

『삼국유사』에 따르면 고조선은 단군왕검檀君王儉이 건국하였다고 한다(기원전 2333년)' 부분이 『삼국유사』와 『동국통감』의 기록에 따르면 단군왕검이 고조선을 건국하였다' 로 수정되었고, 청동기시대를 특징 짓는 유물로 고인돌이 비파형동검과 함께 삽입되어 우리 역사에서 고인돌의 비중을 높였다. 또한 「고조선과 청동기 문화」 단원에서도 2002년과 2007년판은 아래와 같이 확연히 달라졌다.

| 2002년도 『국사』 |

신석기시대를 이어 한반도에서는 기원전 10세기경에, 만주 지역에서는 이보다 앞서는 기원전 15~13세기경에 청동기시대가 전개되었다. 청동기시대에는 생산 경제가 그전보다 발달하고, 청동기 제작과 관련된 전문 장인이 출현하였으며, 사유 재산 제도와 계급이 나타나게 되었다. 이에 따라 사회 전반에 걸쳐 큰 변화가 일어나게 되었다.

| 2007년도 『국사』 |

신석기시대 말인 기원전 2000년경에 중국의 요령(랴오닝), 러시아의 아무르강과 연해주 지역에서 들어온 덧띠새김무늬 토기 문화가 앞선 빗살무늬 토기 문화와 약 500년간 공존하다가 점차 청동기시대로 넘어간다. 이때가 기원전 2000년경에서 기원전 1500년경으로, 한반도 청동기시대가 본격화된다. 고

인돌도 이 무렵 나타나 한반도의 토착 사회를 이루게 된다. 청동기시대에는 생산 경제가 그전보다 발달하고, 청동기 제작과 관련된 전문 장인이 출현하였으며, 사유 재산 제도와 계급이 나타나게 되었다. 이에 따라 사회 전반에 걸쳐 큰 변화가 일어나게 되었다.

이와 같은 수정에 대해 국사편찬위원회의 설명은 당당하다. 장득진은 "그동안 사서에는 나오지만 고고학적 증거가 불충분했던 고조선 건국 시기가 최근 연구 성과로 근거가 뚜렷해짐에 따라 서술 방식을 변경했다"고 설명했다.

이에 대한 증거로 고고학적 유물의 발굴과 과학적 연대 측정 결과를 제시했다. 한반도 청동기시대는 기원전 10세기쯤부터라고 주장했으나 그동안 발견된 유적과 유물에 대한 연대 측정으로 이를 수정하지 않으면 안 되게 되었다는 것이다.

진주 남강 수몰 지구에서 확인된 각종 청동기시대 유적과 유물은 연대가 기원전 10세기를 뛰어넘어 기원전 15세기 무렵으로 조사됐고, 옥방 유적의 집자리터에서 나온 목탄 2점에 대한 국립문화재연구소의 방사성 탄소 연대 측정 결과는 각각 기원전 1590~1310년과 기원전 1620~1400년이라는 충격적인 결과가 나왔다. 이형구 교수는 탄소연대 측정 전까지 학계에서는 대체로 남강지역의 유적 연대를 기원전 5세기~기원전 4세기라고 설명했다고 지적했다.

기원전 1500년을 상회하는 유물도 계속 발견됐다. 강원 지역의 경우 청동기시대는 남강 유역보다 연대가 더욱 올라간다. 서울대학교 최몽룡 교수는 강원도 춘천시 신매리에서 출토된 청동기는 기원전 1510년경으로 추정된다고 설명했다.[16] 강릉 교동 주거지 1호의 경우 그 연대가 무려

양평 양수리의 두물머리 고인돌

기원전 1878~1521년으로 나왔고, 다른 두 곳의 주거지도 중심 연대가 기원전 15세기 무렵인 것으로 나타났다. 조선대박물관이 발굴한 전남 순천 죽내리 청동기시대 주거지도 탄소 연대 측정을 한 결과 기원전 16세기 ~15세기라는 결과가 나왔다.[17]

더욱 놀라운 것은 한국원자력연구원에서 측정한 양평 양수리의 두물머리 고인돌의 덮개돌 밑 15센티미터 되는 무덤방 안에서 발견된 숯의 연대는 3900 ± 200B.P.(MASCA 계산법으로는 4140~4240B.P.)라는 절대연대를 보였다.[18]

이에 따라 서강대 이종욱 교수는 "중국이 고조선 건국 장소인 중국 요동지역 청동기 도입 시기를 앞당기고 있는데 한반도 청동기 도입 시기를 앞당기는 것은 당연하다"고 주장했다.

『국사』 교과서의 수정 즉, 한국의 청동기를 기존 학계의 정설보다도 최소한 1000여 년 앞당기면서 단군을 실체로 간주했다는 사실은 각계에 커다란 충격을 주었다. 당연한 이야기이지만 그동안 부단히 단군조선의 실존을 주장해온 재야사학계에서는 즉각적으로 정부의 정책 변경에 찬성을 표명하고, 일부 강단사학계에서도 '고조선 건국기사 개선과 국사교육 강화'를 지지하는 성명서를 발표했다. 고조선의 역사와 문화를 연구, 답사하고 정립하기 위해 강단과 재야를 아우른 고조선유적답사회 등이 발족되기도 하였다.

• 단군조선에 대한 반격

정부의 급작스러운 발표에 그동안 단군조선이 신화에 지나지 않는다고 역설한 소위 강단학자들이 곧바로 반격하면서 이의를 제기했다. 한국교원대 송호정 교수는 "기원전 15세기에 한반도 청동기시대가 본격화된다는 이야기는 학계에서 합의된 내용은 아니다. 이 시기에 나타나는 청동기 유물은 극소수 장신구에 불과하다"라고 주장했다.

송 교수는 한국 측의 급작스러운 교과서 개정은 "중국 동북공정에 대항해 이런 논리가 나오는 것 같은데 좀 더 진지한 논의가 필요하고 합의가 있어야 한다"고 지적했다. 적어도 한국의 고대사를 바꿀 정도의 내용이라면 수많은 공청회 등을 거쳐 공감대를 형성했어야 했다는 것이다.

송 교수의 반대 논리를 앞에 설명한 찬성론과 비교하기 위해 중앙일보에 게재된 내용을 인용한다.

> » 이번 고등학교 교과서 청동기시대 및 고조선사 수정은 학계의 요구를 반영한 것은 아니다. 수정 내용이 현재 역사학계의 연구 성과나 일반적 의견과는 상반된 내용이라는 점에서 고조선 전공자로서 아무런 역할도 할 수 없다는 현실이 안타깝고 자괴감마저 든다. 그동안 동북아시아 고고학 자료에 대한

연구는 많은 진전이 있었다. 청동기시대 유적 가운데 기원전 15세기에서 기원전 13세기까지 올라가는 유적들도 보고되고 있다. 그러나 그 연대는 학계의 면밀한 검증을 기다리고 있다. 아직도 중국 동북지방 청동기시대의 전형적 유물인 비파형 동검과 반달 칼, 그리고 미송리식 토기 등이 사용되던 시기는 기원전 10세기부터 시작, 기원전 8~7세기께 발전했다고 보는 것이 중국 및 우리 고고학계의 일반적 견해다.

이번 고교 『국사』 교과서의 청동기시대 시작 내용 수정은 그것이 청동기시대 유적인지 검증되지 않은 한두 자료를 근거로 '기원전 2000년께에서 기원전 1500년께에 청동기시대가 본격화된다'는 비문非文으로 500년의 기간을 끌어올리는 우를 범한 것이다. 고조선사 서술은 달라진 것이 없다. 집필자와 언론의 보도처럼 '~고 한다' 세 글자를 뺐다고 해서 신화가 역사가 되는 것은 아니다. 수정된 국사교과서의 초기 고조선에 대한 내용은 단군신화를 역사적 사실로 봐 그것을 그대로 고조선 사회에 적용시킨 것에 불과하다. (중략) 실제 청동기시대에 부족 연합체로서 만주와 한반도에 걸쳐 넓은 영토를 가진 국가인 단군조선은 만주나 한반도에 존재하지 않았다. 단군의 건국연대를 기원전 2333년으로 잡은 것 역시 중국의 전설상 임금인 요임금의 즉위년을 추정해 본 중국인의 생각을 『동국통감』에서 인용한 것으로 신빙성이 떨어진다.

이번 고조선사 수정 과정에는 중국의 동북공정에 대응한다는 목적이 많이 반영된 것 같다. 그러나 중국 정부가 정치 전략 차원에서 접근하는 동북공정 문제를 우리가 학계의 연구 성과와는 무관하게 연대 끌어올리기로 졸속 대응하려는 점은 큰 문제다. 다른 분야와 달리 고조선사 서술에는 재야 사학자나 일반 시민의 견해를 고려하는 등 학문 외적인 요인이 많이 작용한다. 그러나 수십만 명의 청소년이 배우는 교과서가 학문 외적인 논리로 학

고교 1학년 국사 교과서 고대사 부분 변경 내용

주제	2006년 교과서	2007년 교과서
고조선 건국	삼국유사와 동국통감의 기록에 따르면 고조선은 단군왕검이 건국하였다고 한다.	삼국유사와 동국통감의 기록에 따르면 단군왕검이 고조선을 건국하였다.
청동기 시대	한반도에서는 기원전 10세기경에, 만주지역에서는 이보다 앞서는 기원전 15~기원전 13세기경에 청동기 시대가 전개되었다.	신석기 시대 말인 기원전 2000년경에… 빗살 무늬 토기 문화와 약 500년간 공존하다가 점차 청동기 시대로 들어간다. 이 때가 기원전 2000년경에서 기원전 1500년경으로 한반도 청동기 시대가 본격화된다.
	아직 학계에서는 이론이 있지만 한국 청동기 시대의 상한은 종래의 기원전 10세기에서 20~15세기까지 올라갈 수 있다.	'아직 학계에서는 이론이 있지만' 삭제

계의 견해와 무관하게 개정되는 구조는 심각한 문제다. 동북공정에 대응한다는 조급함과 검증되지 않은 내용 수정은 우리 국정교과서 편찬 수준을 그대로 드러낸 것이다.

  교과서는 대부분의 학생은 물론 일반 대중의 당대 역사인식을 확인하는 텍스트다. 이 때문에 기존 학계의 연구 성과를 반영해 신중히 서술해야 한다. 특히 그동안 많은 논란이 있어 왔던 단군과 고조선사 부분은 학계의 주장 가운데 합리적이고 다수인 견해를 정리하는 것이 중요하다. 지금처럼 우리 역사의 시작을 학계의 검증 절차 없이 몇 백 년, 몇 천 년을 끌어올린다고 우리 역사가 위대해지는 것은 아니다. 어떤 경우에도 역사 서술은 사료에 근거한 합리적이고 과학적인 것이 돼야 한다.[19]

  역사연구소의 김정도 고조선이 기원전 2333년에 건국됐다고 한 『삼국유사』의 내용을 단정적으로 인용했다고 지적했다. 그는 국내에서 발견된 출토 유물을 보면 많이 올려도 기원전 15세기 이상으로 올라갈 수

없는데, 동북공정에 대항한 감정적이고 국수주의적인 대응이라고 비판했다.[20]

한양대 임지현 교수는 학계 일부에서 청동기시대 개막 시점을 기원 전 20세기로 앞당기는 것은 '청동기 없는 청동기시대'라는 규정이라면서 청동기시대 개막 시기를 앞당기려는 시도에 대해 우회적인 비판을 가했다. 또한 그는 청동기시대의 개막이 더 먼 시기로 거슬러 올라간다고 해서 한국 민족의 역사적 역량이 뛰어났다는 것을 입증하는 사실인 것처럼 생각하는 역사인식도 문제라고 지적하였다. 임 교수는 어떤 현상의 기원이 반드시 우리 민족의 역사에서 나타나야 하고, 외국에 그 기원이 있는 것이면 마치 민족적 자부심에 손상이 간다는 듯 생각하는 태도도 지적했다.[20]

이것은 교과서의 단군조선과 청동기에 대한 수정이 정말로 중국의 동북공정에 대한 감정적이고도 국수주의적 대응인가에 대해서 짚고 넘어가야 한다는 것을 의미한다. 엄밀한 의미에서 이번의 교과서 수정이 그야말로 민족주의적 발상의 일환에 따른 것이라면 또 한 번의 교과서 수정이라는 최악의 상황이 오지 않으리라는 예상을 배제할 수도 없기 때문이다. 이 같은 논란은 고조선이 명실상부한 '역사'로 자리 잡기에는 아직도 넘어야 할 산이 많다는 것을 의미한다.

그런데 이런 한국인들의 우려에 대한 해답은 그야말로 전혀 예기치 않은 곳에서부터 나오기 시작했다. 놀라운 것은 그 진원지가 한국의 역사 왜곡을 주도하고 있다고 부단히 비난하던 바로 그 중국이고, 그것도 '동북공정'과 연계된다는 점이다.

| 무씨사당에서 발견되는 단군 설화 |

단군이 기록되어 있는 『삼국유사』의 기록이 워낙 늦기 때문에 단군에 대한 기록 자체를 『삼국유사』로 내려야 한다는 사람조차 있을 정도이지만 이덕일은 고구려 벽화에도 단군의 흔적을 찾아볼 수 있다고 적었다.[22]

장천 1호분은 단군신화의 재미있는 변형을 보여준다. 나무 아래 굴속에 곰 한 마리가 웅크리고 있다. 단군신화에 나오는 대로 사람이 되기 위해 마늘과 파만 먹으면서 100일이 가기를 기다리고 있다. 굴 바깥에는 마늘과 파만으로는 배고 픔을 견딜 수가 없어서 굴을 뛰쳐나간 호랑이가 묘사돼 있다. 굴 안에는 배고픔이 있다면 굴 밖에는 치열한 생존경쟁이 있다. 굴 밖으로 뛰쳐나간 호랑이를 기다리고 있는 것은 무사들의 화살이다. 각저총의 벽화에도 호랑이와 곰이 나타난다. 이 벽화는 두 씨름꾼이 맞붙어 싸우는 왼쪽 나무 아래 곰과 호랑이가 등을 돌리고 서 있다. 나뭇가지의 수많은 열매와 형상들은 두 부족의 싸움에서 승리한

무씨사당.

쪽이 가질 수 있는 전리품을 상징한다고 볼 수 있는데 이 역시 단군신화의 내용을 가리키는 것이다.

단군의 내용은 비단 고구려 벽화에만 나오는 것이 아니다. 놀랍게도 단군에 대한 탄생 설화에 대한 증거는 한국이 아니라 중국에서 발견된다. 한나라 건화_{建和} 원년(서기 147)에 건설되었다고 알려진 무씨사당이다.

이 사당은 산동성 가상_{嘉祥}현에서 동남방으로 30리 정도 떨어져 있는 무적산_{武翟山} 아래 무택산촌북_{武宅山村北}에 위치한다. 언젠가 하수가 범람하여 토사가 밀리는 바람에 한때 흙속에 묻혀 있다가 청나라 건륭 51년(1766)에 황역이라는 사람이 발굴하여 벽돌로 사당을 세우고 내부 벽에 화상석을 끼워 전해져 내려오고 있다. 화상석에는 중국의 삼황오제를 비롯하여 충신, 효자, 의사, 절부 등의 사적을 새기고 그 곁에 간단한 설명이 가해져 있다.

이 중에서 한국인들의 주목을 끄는 것은 후석실의 제2석과 제3석이다. 프랑스 학자 에두아르 샤반느는 1907년 중국 북부를 여행하며 유적과 유물의 사진을 찍고 혹은 탁본을 하여 그 조사결과를 그의 저서 『북중국 고고학 조사』에 발표하였는데, 그 중에 무씨사당 화상에 관한 상세한 기술이 있다. 그러나 그의 화상석에 대한 설명은 청조 때 사람 풍_馮 씨 형제가 저술한 『금석색_{金石索}』의 내용을 그

대로 적은 것이다.

 풍 씨 형제의 화상석에 대한 해석은 중국의 고전에 나오는 인물과 설화에 나오는 동물들을 인용하여 비교적 상세한 설명을 덧붙이고 있으나 일부 그림에 대하여는 그 설명의 비약이 심하다. 특히 후석실의 제3석에 대한 설명은 다음과 같이 설명하면서 해석이 어렵다고 실토했다.

》 대체로 후석실에 있는 그림은 괴이한 것을 그린 것이 많은데, 그 중에서도 제3석이 제일 이상한 것들이다. 더욱이 제3층의 소재는 『산해경』이나 『영광전부靈光殿賦』에 나타나는 여러 가지 괴이한 것들로도 그 뜻을 알기 어렵다. 믿을 수 없는 것들이어서 화상 자체에 설명이 적혀 있지 않은 것이 유감스럽다.

 그런데 화상석 중에 신라와 가야의 선조로 근래에 알려진 흉노 좌현왕의 황태자인 김일제(기원전 134~86년)에 대한 기록이 있다. 필자가 현지 박물관장인 조건국曺建國에게 그 부분을 정확하게 지적해달라고 하니, 그는 화상석 그림을 유심히 보고 불행하게도 김일제가 나오는 그림 자체가 멸실되었다고 하여 아쉬움을 주었다.[23] 여하튼 무씨사당은 문화혁명 이후 국가문화재武氏墓群石刻博物館로 지정되어 필자가 방문했을 때 일반에게도 공개하고 있었다.

화상석은 무씨사당 동서남북 네 벽에 모두 26개가 끼워져 있는데 『삼국유사』에 나오는 단군 탄생 설화의 첫머리에 나오는 장면도 있다.

> 아버지가 아들의 뜻을 알고 삼위태백을 내려다보니 인간을 널리 이롭게 할 만한지라. 이에 천부인 3개를 주어 가서 다스리게 했다. 夫知子意 下視三危太白可以弘益人間 乃授天符印三個開遣往理之

구름 위에서 지상을 내려다보고 있는 두 사람 중 수염 있는 남자가 환인(桓因)이고 하단부 지상에서 천사(使者) 넷이 붙들고 있는 세 개의 원형판이 천부인 3개라는 것이다.

제3석 2층에 풍백風伯과 우사雨師·운사雲師가 주곡主穀·주명主命·주병主病·주형主刑·주선악主善惡한다는 장면이 나온다. 벼락을 맡은 뇌부중신雷部衆神들이 선악을 판단하여 형벌을 집행하는 과정이 그려져 있다.

제3석 3층의 이인기수異人奇獸 그림이 단군탄생 설화를 그린 것으로 알려진다. 이 그림 역시 구름 위, 즉 천상에 있는 것도 아니고 날개를 달고 있는 것도 아닌 것으로 보아 지상의 일을 담고 있다. 그림의 중심은 우측 두 괴수의 모습인데 화면의 모든 인물이 그곳을 향해 있다. 두 괴인 중 우측이 호랑이이고 좌측이 곰이다. 그중 호랑이가 조그만 새끼를 왼손으로 쥐고 입 가까이 대고 있는 장면이 있다. 이를 중국 측에서는 사람을 먹는 식인상으로 보았다. 그러나 한국의 전문가

들은 장례식 행렬 중의 방상시方相氏로 간주한다. 방상시의 원뜻은 구나驅儺(악귀 쫓는 의식)할 때의 나자儺者(나례를 베푸는 연희자)를 이르는데 무덤의 악귀를 쫓는 데 사용했다. 김재원은 아기를 먹는 것이 아니라 정반대로 입에서 아기를 끄집어내는 탄생의 의미로 해석했다.

흥미 있는 것은 『삼국유사』에 범과 곰이 사람으로 태어나기 위해 동굴 속에서 쑥 한 다발과 마늘 20개를 먹는데, 이를 합치면 21로 기료 3, 7일이라는 수와 부합된다. 아이를 출산한 뒤 금줄을 달아 외부인 출입을 가리는 세이레(21일)와도 통한다.

제3석 하2층은 『삼국유사』의 기록 그대로 단군 탄생 후의 조선 건국과 국가 경영을 유추할 수 있는 대목으로 추정한다. 마상에 앉아 민생을 살피는 귀인을 단군으로 볼 수 있고 곡물의 이삭을 상징적으로 한쪽 어깨에 메고 있는 사람, 짐승을 잡거나 메고 가는 사람 등이 농업과 수렵 목축업에 종사하는 백성들의 모습을 사실적으로 그리고 있다. 아버지 환웅이 그 아버지 환인에게서 물려받아 내려온 홍익인간의 이념을 이 땅에 구현하고 있는 장면과 다름 아니라는 설명이다.[24]

무씨사석실의 화상석이 출토된 곳이 산동성 근처임은 매우 특기할 만한 일이다. 이것은 북경 동남쪽인 산동 지역에도 이런 내용의 신화가 널리 퍼져 있음을 뜻하며, 단군의 이야기가 한반도와 만주는 물론 중국 본토에까지 널리 알려진 이야기임을 보여준다. 이 화상석은 일연이 단군을 창작했다는 일부 주장이 얼마나 터무니없는 일인지를 알 수 있다고 많은 학자들이 그동안 부단히 제시하던 자료이기도 하다.

제 2 장

현 중국 영토에서 일어난 과거는 모두 중국 역사다

제2장

현 중국 영토에서 일어난 과거는 모두 중국 역사다

중국의 역사관의 변화는 그야말로 놀랍다.

그동안 중국의 시조로 황제黃帝만 인정하다가 1980년대부터는 염제炎帝를 포함해 중국인은 염·황炎黃의 자손이라고 선전해왔다. 그것은 20년 전부터 설계를 시작하여 2007년 4월, 하남河南성 정주鄭州시 황하풍경명승지의 산 정상에서 제막식을 가진 염·황제 석상으로도 알 수 있다. 산 정상에 콘크리트로 쌓아 석재를 붙여 얼굴 모습만을 올린 이 조각상은 미국 자유의 여신상보다 8미터 높으며, 구소련이 제2차 세계대전 승전을 기념해 세운 이른바 '어머니 러시아상' 가운데 가장 높은 것과 비교해도 2미터가 더 높은 106미터(아파트 12층 정도)로 세계 최고 높이의 조각상이다. 눈 길이 3미터, 코 길이 8미터에 얼굴 면적만 1000제곱미터에 이른다. 이 석상을 계획하면서 시공할 때만해도 중국인들은 염·황 자손이라고 생각했다는 것을 알 수 있다.

중화삼조당 전경. 중국은 황제와 염제뿐만 아니라 동이족인 치우제까지도 중국인의 시조로 선언함으로써 바뀐 역사관을 보여주고 있다.

그런데 1990년대 말에 와서는 탁록현 반산진의 황제성과 황제천이 인접한 평원에 귀근원歸根苑과 중화삼조당中華三祖堂을 건립하면서부터 황제·염제·치우제의 삼시조시대三始祖時代를 선언했다.[25]

중국이 치우蚩尤를 자신들의 시조로 거론하기 시작한 것은 '신비의 왕국(여왕국)'이 있었다는 우하량홍산문화 지역을 치우천황의 근거지라고 인식했기 때문이다. 이것은 동이(동호)족의 치우가 기원전 2700년경 중국인들이 자신들의 시조로 간주했던 황제와 싸웠다는 것을 결코 전설이 아닌 역사적 사실로 인정한다는 것을 뜻한다.

여하튼 이와 같은 변화는 1970년대 후반기에 들어 중국의 정국이 점차 안정되면서 소수민족 정책에 변화를 주지 않을 수 없었기 때문이다. 또한 고고학적 조사가 급증하고 이용 가능한 자료가 증가했다. 아울러 본격적으로 도입되기 시작한 과학적 연대측정이 도입되면서 중국 각지의 유적과 유물이 갖고 있는 편년적編年的 위치도 점차 명확해지게 되었다.

그런데 '뜻밖에도' 문명의 변방 지대로 인식되었던 중국 동북방의 선사문화, 즉 요하유역에서 그동안 중국의 주류라 인정했던 문화보다 연대

중국 동북지역을 동과 서로 나누며 흐르는 요하.

가 훨씬 거슬러 올라간다는 것을 발견했다. 이것은 당연히 중국 학계에서 그동안 주류적 지위를 점해왔던 중원중심론에 타격을 주었다는 것을 의미한다.[26]

즉 중국이 황하문명보다 빠른 요하문명을 주장하면, 그동안 중국인이 아니라고 강조하던 동이를 인정해야 하는 모순점이 생긴다. 오히려 황하문명이 요하문명의 지류나 방계 문명으로 전락하는 것이다. 한마디로 그동안 중국의 화하족에게 뒤떨어지는 야만족이라고 비하하던 동이가 전통적인 중화민족보다 앞선 문명을 지닌 집단이 되는 것이다.

이러한 모순점을 해결하기 위해서 중국은 절묘한 방안을 도출했다.

과거의 역사관을 포기하고 다민족 역사관을 내세운 것이다. 이는 중국이 세계의 중심이라는 중화사상에서 유래한 중국 문명의 이미지에 변화를 갖고 왔다는 것을 뜻한다. 이 변화가 '하상주단대공정夏商周斷代工程'에 이어 2001년에 기획된 '중화고대문명탐원공정中華古代文明探源工程'의 일환으로 추진되면서 현재 한국과 마찰을 빚고 있는 소위 동북공정은 물론 서북·서남공정이다.[26]

물론 이와 같은 변화는 고고학 분야에서 시작된 것이 아니라 중국의 문화대혁명의 종료와 함께 각 민족의 특수성과 다양성을 인정하지 않을 수 없었기 때문이다. 중국이 이와 같이 다민족을 생각하는 정책으로의 변화는 그동안 소수민족을 배제하고 중화민족 위주로 설정한 정책이 보다 큰 문제점을 만들 수 있다는 우려가 대두된 것이다. 중국에서 촉각을 곤두세우고 있는 지역은 ① 티베트 지역 ② 인종과 종교적으로 중화인과 확연히 구별되는 위구르 지역 ③ 독립 국가를 이루고 있는 남·북한과 같은 조선족이 밀집된 동북 지역이다.

여기에 급격히 변화하는 세계정세도 중국의 정책을 당기는 데 일조했다. 1989년 동구권이 갑작스럽게 와해되었고 1991년에는 당대의 최강자인 소련이 해체되면서 수많은 소수민족 공화국들이 독립했다.[27] 이런 세계정세는 중국인들에게 충격을 주었다. 오늘날 중국의 영토에 속한 상당한 면적이 중화인에 비해 상대적으로 인원이 적은 소수민족의 영역으로 알려지고 있는데, 이들을 배제하고 계속 중화인 우대로 나갈 경우 결국 현 중국 체제가 와해되면서 구소련과 같이 분열될 수도 있기 때문이다. 즉 중국이 분열되어 수많은 독립 국가가 탄생할 수 있다는 것을 사전에 방지하기 위해 다민족국가의 기치 아래 소수민족을 챙기지 않을 수 없다는 설명이다.

2000년 11월에 실시된 제5차 인구 조사에 의하면 중국의 총 인구는 12억 6583만 명으로 여기에는 홍콩특별행정구의 678만 명, 마카오특별행정구의 44만 명이 제외되어 있다. 이 가운데 소수민족은 1억 643만 명으로 전체 인구의 8.41%이다. 주요 소수민족의 인구 현황은 장족壯族 1617.9만 명, 만족滿族 1,068.2만 명, 회족回族 981.7만 명, 묘족苗族 894만 명, 위그르족 839.9만 명, 동가족侗家族 802.8만 명, 이족彝族 776.2만 명, 몽골족 581.4만 명, 티베트족 541.6만 명, 동족侗族 296만 명, 요족

瑤族 263.7만 명, 조선족 192.4만 명, 백족白族 185.8만 명, 합니족哈尼族 144만 명, 하사크족哈薩克族 125만 명 등이다."²⁸

이를 동북공정에 한정하여 보다 구체적으로 설명하면, 한국과 미국이 조선족이 많이 살고 있는 연변 조선족자치주 등을 북한의 김정일 정권을 무너뜨리기 위한 교두보로 이용할 것을 사전 차단하기 위한 사전 조처는 물론 김정일 정권 붕괴 이후의 상황에 중국이 대비하고 있다는 설명도 있다. 북한 정권이 붕괴되고 한반도에 '통일'이라는 새로운 질서가 건설되면, 한반도의 4분의 1 크기(4만 3547제곱킬로미터)에 200만 인구를 가진 연변이 동요할 가능성이 있다는 것도 우려의 대상이다. 조선족자치주가 동요하면 서장西藏자치구에 있는 티베트인과 신강新疆(위구르)지구에 있는 회교도들도 술렁거릴 가능성이 있다는 것도 한 요인이다.

여하튼 중국의 이런 정책 변화는 곧바로 자치주 등 소수민족의 자치를 허용한 행정 단위가 설치되면서 시작되었다. 그런데 다원주의에 입각한 점진적 융합정책은 사회 통합의 당위성을 입증할 새로운 이론적 모델이 필연적으로 요구된다. 즉 중국이 내·외적 변화에 민감하게 반응하면서 새로운 아이디어를 만들지 않을 수 없었다는 설명이다. 요컨대 현재 중

중국땅의 고구려 유산을 중국 유산으로 설명하는 책들.

국의 영토 안에 다양한 문화적 전통이 존재하는 것은 인정하되, 그들이 분열적으로 존재했던 것이 아니라 일정한 상호 관계 하에서 정합적인 일체를 형성했다는 논리가 필요해진 것이다. 이것이 통일적다민족국가의 기본 명제이다.

이를 좀 더 구체적으로 설명한다면 현재 중화인민공화국의 영토 안에 존재했거나 존재하는 민족은 중국이라는 통일적 다민족국가를 형성하는 데 일정한 공헌을 했으므로 그들은 모두 중국민족이고, 그들의 역사적 활동은 모두 중국 역사의 범주에 속하며, 그들이 세운 왕조의 관할 범위의 총합이 중국의 강역에 해당한다는 것이다. 이들 주장에 따른다면 현재의 중화인민공화국 영토 안에 존재했던 고구려나 발해는 모두 중국민족에 속하게 되고, 그들의 역사적 활동(고구려 및 발해 왕조)도 중국 역사에 속하게 된다. 바로 이 점이 우리의 역사와 마찰을 불러온 것이다.[31]

초미의 관심사인 동북공정의 핵심은 '동북변강역사東北邊疆歷史'라고 볼 수 있는데 중국은 크게 지리적 내념과 역사적 개념으로 변강을 구분하고 있다. 지리적 개념의 변강은 육강陸疆(육지의 변강)과 해강海疆(바다의 변강)으로 나뉘어진다.

'육강'이란 '국계國界 내에 있는 일정 넓이의 지구'로서 인접국과 맞닿은 국경선뿐만 아니라 자연·역사·문화 등 다방면의 특성을 지니고 있는데 우리와 주로 관련되는 지역은 동북 지구滿洲의 흑룡강(남부 할빈시 및 그 주변 지구 제외)·길림(주로 연변조선족자치주·장백조선족자치현, 집안시 해당)·요령(주로 단동지구)의 3성이다.

역사적 개념으로서 변강은 '통일적다민족국가' 개념에 따라 역사를 재해석하는 것이므로 현대 중국의 역사관과 밀접하게 맞물려 있다.

중국변강사지연구중심의 해석에 따르면 중국은 진시황이 중앙 집권 국가를 수립한 이후 여러 차례의 대통일 국면을 출현시켰다. 특히 수·당 왕조는 중원 중심의 정치·경제·문화뿐만 아니라 변강 지구와 연계를 확대시켜 '화융동궤華戎同軌' 즉 오랑캐와도 함께 중국을 구성했다는 설명이다. 이후 송·요·금 왕조 때에는 한족과 변강의 각 소수민족 사이에 중화의식이 고조되었고, 중원과 변강 지구(즉 邊地) 사이에 개발과 교류가 진척되었다. 몽골족이 중국을 통치했던 원나라 때에는 소수민족이 중국 전역을 통일한 선례를 만들어 중원과 변강 지구 사이의 독특한 대융합을 가져와 통일된 다민족국가로서 종래의 전통 체제의 관념을 바꾸었다. 청조 때에는 전국의 대통일을 실현시켜 역사적으로 볼 때 중국에서 전란과 분열이 자주 있었지만 그것은 매번 다음 시기에 더 큰 범위의 통일과 발전을 위한 조건으로 작용했다고 고구려연구재단 윤휘탁 박사는 설명했다.[32]

또한 중국의 동북공정은 지역적 성격의 문제일 뿐만 아니라 중국 국가의 안전 및 안정과도 관련된 전국적 성격으로도 인식한다. 즉 동북공정은 학술적·정치적 문제뿐만 아니라 애국주의 전통을 드높이고 국가의 통일과 안전, 영토 주권의 완결, 강역의 안정, 민족 단결을 유지하기 위한 측면에서 추진되었다는 것이다.

그러므로 오강원은 중국에서 동북공정을 발족시킨 이유로 ① 중국 동북지역이 주변 여러 나라의 각축장이 될 수도 있다는 위기의식 ② 주변국과의 국경 분쟁과 그로 인한 혼란에 대비한다는 안전 의식 ③ 중국 동북지역을 내지화內地化함으로써 그에 수반하는 국가 이익을 극대화한다는 거시적인 목표를 갖고 있다고 지적했다.[33]

동북공정의 핵심인물로 중국공산당중앙위원회위원 및 중국사회과학원부원장인 왕락림王洛林이 동북공정을 어떻게 보고 있는지 다음으로 알 수 있다.

》 동북 지구는 중국의 중요한 변강지구로서 토지가 광활하고 자원이 풍부한 데도 구중국(청나라)의 국력이 쇠퇴하고 통치자가 연약하고 무능해서 동북 지구는 열강의 침략 확장과 패권 쟁탈의 중요한 지구가 되었다. 이때 몇몇 제국주의 어용학자들이 중국 동북을 분열시키려고 해괴한 논리를 만들어 열강들의 동북 지구 침략을 위한 역사적 근거를 제공했다.

왕락림은 동북공정에 대한 남북한 학자들의 반격에 대해서도 강하게 비판했다. 이들이 한·중 관계사를 연구하면서 사실을 왜곡하고 혼란을 부추기고 있으며 일부 남북한 정치가들도 정치적 목적으로 공공연히 여러 가지 허황된 논리를 퍼뜨리고 있다는 것이다.

그의 설명에 따르면, 첫째 일부 남북한 사람들이 특별한 의도를 가지고 고구려·발해 등이 고대 중국 동북 지방의 속국屬國이었음에도 불구하고 고대 조선족의 독립 국가라는 것을 논증하기 위해 오늘날 중국 동북 변강을 역사적으로 고대 조선의 영토였다고 주장한다. 둘째 역사상의 민족 분포와 천도遷徙 문제를 왜곡하여 청동단검이 출토된 지방은 모두 고대 조선의 지역이며 심지어 고대 중국 동북 변강 원주민족인 부여 등이 고조선으로부터 분열되어 나온 하나의 후국侯國이자 고조선의 일부분이라 주장한다고 지적했다.

따라서 동북 변강 문제는 역사학 문제인 동시에 정치·민족·문화·사회·국제관계 등 제반 학과 영역에 걸쳐 있으므로 사상의 해방, 관념의 혁신 등을 통해 앞 사람들의 잘못되고 시대에 어긋난 결론을 과감하게 바로 잡아야 한다고 주장했다. 여기서 말하는 '앞 사람의 잘못된 결론'이란 고구려를 한반도의 삼국 시대로 기술하고 고구려사를 한국사 혹은 세계사(외국사)로 규정한 기존의 중국 역사 교과서나 구시대의 학자들의 내용이나 견해도 잘못되었다는 설명이다.

중국 측이 오류라고 지적하는 남북한 학자들의 주장을 보다 구체적으로 설명하면 다음과 같다.

① 남북학자들은 '조선고류형인朝鮮古類形人'이 현대 조선인(한국인)의 직접 조상이고 그들은 한반도를 중심으로 중국 동북 대부분 지역과 러시아 연해주를 포함한 광활한 지구에 분포되어 있었는데 이들 지역이 고대부터 조선의 강역이다.

② 고조선, 부여, 고구려는 모두 '조선고류형인'의 후예로서 그 조상들이 활동한 범위 내에 세워진 국가는 모두 조선 역사상의 시대이며 강역은 역사상의 조선이다. 그러므로 고구려의 옛 관할 경내의 모든 역사 유산도 모두 조선의 것이므로 중국은 그것들을 현재 잠시 점유하고 대신 관리하는 것에 불과하다.

③ 전국 시대부터 수·당 시기까지의 중국은 조선을 침략했는데 이는 모두 조선의 국토를 침략해서 패권적으로 점령한 것이다.

④ 발해는 고구려의 직접적인 계승국이므로 신라와 더불어 하나의 국가인 '남북국' 또는 '남북조南北朝'를 형성했다. 따라서 남쪽으로는 한반도의 북부, 북쪽으로는 흑룡강 유역, 동쪽으로는 동해, 서쪽으로는 송화강과 요하 일대의 광활한 지역이 역사상 조선의 영토이다.

⑤ 당나라는 발해의 침략자이고, 거란도 발해를 멸망시켰으므로 침략자이다. 즉 청나라까지의 역대 중국 왕조는 모두 조선 역사에서 침략자이다.

중국 측은 동북공정의 추진 배경과 더불어 동북 지구는 중국 강토와 분리될 수 없는 부분이며, 동북의 각 민족은 모두 중화민족 대가정의 일원이며 동북의 역사 역시 중국의 정사正史와 유기적으로 연계되어 있다고 주장했다. 특히 고조선, 부여, 고구려, 발해를 역사상의 조선 국가로 파악하고 있는 것에 대해 중국 측이 반드시 반박해야 한다고 강조했다.

한국에서 동북공정의 부당성이 제기되도록 촉발시킨 장본인으로도 설명되는 변중邊重(실존 인물인지는 확인되지 않았음)은 2003년 6월, 중국의 학술 이론과 문화·예술을 주로 다루는 광명일보光明日報에서 「고구려역사 연구의 몇 가지 문제에 대한 시론試論高句麗歷史硏究的幾個問題」으로 고구려가 중국 역사로 포함되어야 하는 이유를 제시하기도 했다. 이 중에서 한국과 가장 논란의 여지가 있는 것은 다음과 같은 설명이다.

① 중국과 고구려는 원래 한 나라로 고구려는 중국 안에 있던 지방정권이다. 그것은 고구려가 중국으로부터 책봉 받고 조공을 바친 것으로도 알 수 있다. 그러므로 수나라와 당나라가 고구려와 벌인 전쟁은 '이민족 정복전쟁'이 아닌 '통일전쟁'이다.

② 왕건이 세운 고려는 고주몽이 건국한 고구려와 전혀 상관이 없는데도 왕건이 고려를 세움으로써 고구려사를 빼앗아갔다. 이는 당나라가 통일전쟁으로 고구려를 흡수했는데 한반도에서 고구려의 후손

임을 주장한 왕건이 고려를 세웠지만 그는 고구려의 후손이 아닌 것으로도 알 수 있다. '왕씨 고려'의 고려가 진짜 '고씨 고려'를 이으려면 왕건은 왕씨가 아닌 고씨여야 한다.

또한 왕씨 고려의 주민은 대부분 신라와 백제인이다. 고씨 고려 멸망 후 일부 고구려인이 신라로 유입되기는 했으나 그들은 신라의 주력을 이루지 못했다. 중국학자가 고증한 바에 의하면 왕건은 전한 시절 낙랑군에 있었던 중국 한인漢人의 후예일 가능성도 매우 높다.

③ 명나라 황제는 이성계를 조선왕에 책봉함으로써 조선이라는 국호를 하사했다. 그런데 조선이라는 이름 때문에 고려의 후예인 이씨 왕조는 중국인이 건국한 기자조선-위만조선-한사군-고구려에 그 맥을 대게 되었다. 여기에 왕씨 고려가 고씨 고려를 도용해 감으로써 중국이 기자조선을 통해 동북지역에 만들어 놓은 역사가 몽땅 한국사로 넘어가게 되었다.

위의 설명이 억지라는 것은 한국의 여러 학자들이 구체적으로 제시했다. 우선 ① 번의 경우 같은 민족인 경우 즉 고구려·백제·신라가 상대를 흡수하려고 벌이는 전쟁이야말로 통일전쟁이고, 이민족을 흡수하는 전쟁을 정복전쟁이라고 하는데 중국은 이를 의도적으로 혼동시켰다는 점이다.

② 번의 중국 주장은 국가를 왕족 관계로만 볼 수는 없다는 점에서 모순이 있다. 국가는 왕실의 성이 같아야만 이어지는 것은 아니다. 수나라 황제는 양楊 씨 성을 썼고 당나라는 이李 씨 왕조였다. 그런데 중국은 수와 당이 모두 중국의 법통을 이었다고 주장한다.

③번은 뒤에서 다시 설명하지만 『한서』〈지리지〉에 '은나라가 쇠하자 기자가 조선에 가서 예의와 농사·양잠·베짜기 기술을 가르쳤다'라는 기록이 있었다는 것을 고의적으로 누락시켰다는 점이다. 이는 기자가 오기 전에 이미 중국 동쪽에 조선이라는 나라가 있었다는 뜻인데, 시론에서는 중국에 유리한 자료만 인용하고 불리한 사료를 배제했다는 것을 의미한다.[34]

• 중국의 역사 삼키기

중국이 동북공정을 착수했다고 알려지자 국내에서 곧바로 중국이 한국의 역사 그중에서도 고구려 역사를 빼앗아가는 것이라고 반발하고 있는 것은 잘 알려진 사실이다. 그러나 중국의 동북공정은 고구려의 역사만 중국 역사에 포함시키는 것이 아님을 인식할 필요가 있다. 즉 중국이 근본적으로 동북공정으로부터 얻고자 하는 것은 현 중국 영토 안에서 일어난 역사 모두를 중국 역사로 대치함으로써 중국 나름대로의 역사 찾기에 나섰다는 점이다.

중국 측은 동북의 각 민족이 5000여 년 간 빈번한 이주와 유동 과정을 거치면서 중국의 강역을 개척하여 상호 교류가 촉진되었으며, 이를 통해 자연적으로 각 민족의 융합이 가속화되었으며 중국 북방 민족의 문명사를 창조했다고 강조한다. 특히 거란족이 세운 요나라, 여진족이 세운 금나라, 몽골족이 세운 원나라, 만주족이 세운 청나라 등도 중국이라는 통일적 다민족 국가 형성에 중요한 공헌을 했다고 설명한다. 요컨대 동북 지구의 유구한 역사와 문화는 모든 중화민족의 발전 과정에서 중요한 역사적 작용을 했다는 것이다.

중국의 초윤명焦潤明은 남북한의 주장에 대해 중국 측이 역사적 사실을 가지고 반박하는 것 이외에 세계 각국이 공인하는 국제법 및 국제관례를 무기로 삼아 비판을 가해야 한다고 주장했다.

》 인류의 문명은 과거 각 종족 사이의 상호 융합·상호 영향·상호 경쟁 속에서 발전해왔다. 각 민족은 장기간의 각축과 경쟁 속에서 사라지거나 다른 민족에게 융합되어 새로운 민족을 형성하기도 한다. 어떤 민족은 강대해졌음에도 과거의 명칭을 그대로 사용했지만, 그것은 이미 많은 이민족의 혈통을 흡수해서 너 안에 내가 있고 내 안에 네가 있는 국면을 형성했다. 민족의 강역도 고정불변이 아니다. 만일 남북한 학자들의 주장처럼 과거 선민先民의 거주지나 활동 범위를 현대 국가·역사·강역의 귀속 원칙으로 삼는다면 각국 사이에 중대한 혼란이 일어나며 국제법적으로도 인정받을 수 없다.

여하튼 중국 측은 동북공정의 중요 임무 가운데 하나는 과거의 연구 성과를 모두 종합해서 의구심이 들거나 해결하기 어려운 문제를 적극적으로 분석하여 이것을 바탕으로 중국의 국가 이익뿐만 아니라 외교 정책·민족 정책·경제 정책 등 민감한 문제들을 한꺼번에 해결해야 한다는 것이다.[35]

이러한 맥락에서 개발된 것이 그동안 그들 스스로가 중국인이 아니라고 강조하던 동이, 서융, 남만, 북적 등 모두를 중화민족에 포함시키는 예상치 못하던 논리이다. 이중에서도 가장 중요한 것이 바로 중국의 시원에 관한 문제이다. 즉 중국 측은 오제시대의 3대 집단 즉 앙소仰韶문화를 바탕으로 조粟 농사가 중심인 중원의 염제·신농씨 화華족 집단, 벼농사를 주로 하는 동남 연해안 이夷(또는 虞) 등 하夏족 집단, 그리고 동북 연산 남

중화삼조당 안에 있는 치우, 황제, 염제의 조각상.

북의 홍산문화(수렵·어로 생활)로 대표되는 황제족黃帝族 집단으로 설정한 것이다.[36] 여기에서 황제가 그동안 동이로 비하하던 동북지역을 통치했고 동이족을 현 산동성 이남 지역으로 설정한 점에 우리들이 주목할 필요가 있다.

중국의 전통적인 화이관은 ⑴ 중원을 중심으로 한 화하족, ⑵ 산동반도와 발해만 그리고 장강 하류에 이르는 동이족, ⑶ 장강(양자강) 유역의 묘苗·만蠻족과 ⑷ 서쪽의 서융西戎, ⑸ 북쪽의 북적北狄으로 나누었다. 황제는 북경 부근, 고양씨 전욱은 황하중류의 위쪽, 고신씨 제곡은 황하중류의 아래쪽이 세력권이라고 보았다.

그런데 근래 중국이 개발한 논리에 의하면 신화시대부터 황제족이 요하 일대를 지배했는데 그 손자인 고양씨 전욱顓頊과 고신씨 제곡帝嚳 두 씨족 부락이 지금의 하북성과 요령성이 교차하는 유연幽燕 지역에 살면서 모든 북방민족들의 씨족이 되었다는 것이다.

이것은 요하문명의 핵심인 홍산문화가 고양씨 전욱 계통의 문명이며, 만주 일대도 황제족의 영역이라는 설명과 다름 아니다. 한마디로 그동안 중국인이 아니라고 강력하게 주장하던 동이족의 근거지가 이제는 모두 중화민족의 근거지라는 뜻으로 화하華夏에 동이족이 포함된다는 내용이다.[37-38] 즉 홍산문화는 중국문명의 본원적인 근원이라는 주장이다.[39]

이를 바탕으로 만주지역 '요하문명권'의 핵심인 홍산문화는 고양씨 전욱 계통의 문명이며, 고주몽의 '고'씨 성도 고양씨의 후예이기 때문에 붙었다는 설명까지도 있다. 이것은 홍산문화를 주도한 황제족의 후예들인 예맥족들이 부여, 고구려, 발해 등을 세웠다는 논리로도 이용된다.

그런데 중국에서 이런 논리를 개발하는 과정에서 동북공정에 선행한 국가적인 작업이 있었다는 것을 인식할 필요가 있다. 중국은 21세기 '대중화주의 건설'을 위해 1996년 5월 '95중점하상주단대공정夏商周斷代工程'이라는 이름으로 대대적인 유적 발굴과 연구를 추진했다. '95'란 9차 5개년 계획을 의미한다. 구체적으로는 총 9개의 대형 과제에 44개의 전문 과제가 도출되어 2000년 9월에 종료되었다.

하상주단대공정은 간단하게 말하여 중국 고대사에 공백으로 남아 있는 하夏·상商·주周의 연대를 확정하는 사업이다. 공식적으로 중국은 기원전 841년 이후의 일들만 정확한 연대를 갖고 있기 때문에 세계 4대 문명이라는 영예를 갖고 있지만 중화문명이 세계 최고 문명의 하나라는 설명에는 문제가 있었다.[40]

중국은 '하상주단대공정'이 진행되는 동안 고대 유적지 17곳에 대한 새로운 발굴 조사를 추진했고 기존의 유물도 C14 연대측정을 새롭게 했다. 이를 토대로 '하상주단대공정'이 끝나자마자 하나라의 연대를 기원전 2070년에서 기원전 1600년으로 확정짓고, 상나라는 기원전 1600년에서 기원전 1046년(19대 반강왕盤庚王이 기원전 1300년 도읍을 은殷으로 옮겼으므로 이후 은殷이라고 하지만 상으로도 설명함), 주나라를 기원전 1046년에서 기원전 771년으로 다시 설정했다.

　중국은 '하상주단대공정'을 성공적으로 마쳤다고 자부하면서 10·5계획(2001~2006년)의 일환으로 2001년부터 '중화고대문명탐원공정中華古代文明探源工程'이라는 새로운 역사작업을 진행했다. 하왕조의 건국이 기원전 2070년으로 거슬러 올라감으로써 그 이전시대를 설정하는 것이 무리한 일은 아니라는 뜻으로 '중화문명의 근원을 탐구한다'는 의미를 갖고 있다.

　'중화고대문명탐원공정'은, ① 신화와 전설의 시대로 알려진 '3황 5제'의 시대까지를 중국의 역사에 편입하여 중국의 역사를 1만 년 전으로 끌어올리고, ② 이를 통해 중화 문명이 이집트나 수메르 문명보다도 오래된 '세계 최고最古의 문명'임을 밝힌다는 것이다. 이것이 요하遼河 일대를 기존의 세계 4대 문명보다 앞서는 1만 년 역사의 새로운 문명권으로 부각시키려는 '요하문명론遼河文明論'이다.

　중국의 야심적인 중화고대문명탐원공정에 의한 요하 일대에서 흥기했던 각종 문화들의 현재까지 정리된 시대구분과 특징은 다음과 같다.

① 소하서문화小河西文化(기원전 7000~6500년)

　붉은 산으로 유명한 내몽고 적봉시赤峰市 인근의 오한기敖漢旗 소하서촌小河西村, 우고토향牛古吐鄕, 천근영자촌千斤營子村 등 10여 곳에서 발견된 소하서문화는 동북아시아 최초의 신석기문화 유적으로 알려져 있다. 이곳에서 반 지하로 파내려간 반지혈半地穴식 주거지 3곳이 발굴되었는데, 동북 지역에서 가장 이른 시기에 흙으로 만든 사람의 얼굴陶塑人物像

이 이곳에서 발견되었다. 이 인면상은 손바닥보다 다소 크고 두께는 5센티미터 정도인데 고대인들이 제사나 종교적인 의례에 사용했을 것으로 추정한다.

② 흥륭와문화興隆洼文化(기원전 6200~5500년)

적봉시 오한기敖漢旗 보국토향宝國吐鄕 인근의 흥륭와촌興隆洼村에서 발견된 흥륭와문화는 기원전 6200년까지 올라가는 신석기문화 유적으로 현재 중국 국경 내에서 가장 규모가 크고 오래된 신석기 집단 주거지이다. 약간 후대인 사해 유적에서 서북 방향 약 150킬로미터 지점으로 유적은 마을의 동남쪽 지면보다 20미터 높은 언덕에 있다. 유적의 서남쪽 경사 아래에 샘물이 있으며 망우하牤牛河 서쪽 1.5킬로미터 지점이다.

유적은 매우 잘 보존되어 주거지 120여 곳, 실내 무덤 11기, 회갱과 교혈窖穴 약 200기, 그 밖에 다량의 토기, 석기, 옥기 및 골기가 발견되었

중국 적봉시 인근의 흥륭와촌에서 발견된 신석기시대 집단 주거지 유적.

다. 4만 제곱미터에 달하는 마을인데도 불구하고 놀랍게도 주변을 파서 물길을 두른 해자垓字도 발견되었다. 해자는 일반적으로 적이나 위험한 동물로부터 주거지를 보호하기 위해서 만들었다고 추정한다.

집터의 규모는 보통 60제곱미터(약 18평)인데, 가장 큰 두 곳은 140제곱미터(약 42평)나 된다. 중국학자들은 큰 집터 두 곳은 영도자가 살았거나, 회의 혹은 원시종교의식을 행했던 것으로 추측하고 있다.

각 방의 모습을 보면 취사용구뿐 아니라 생산도구, 심지어 식품저장용 움막까지 지니고 있는데 한 집에 한 가구가 살았다.[41] 이는 가정마다 경제적인 독립성을 지녔다는 뜻이다. 또한 마을은 10개 정도의 열列을 지어 일정하게 구획됐다.

학자들이 특히 주목한 것은 같은 열에 살았던 가정끼리 밀접한 관계를 맺었다는 점이다. 이것은 1개 마을의 최소단위인 가정과, 같은 열에 사는 혈연관계로 맺은 가까운 친척, 그리고 마을 안에서 함께 살았던 먼 친척까지 하나의 씨족마을을 이뤘음을 말해준다. 중국은 이곳을 중화원고제일촌中華遠古第一村 또는 '화하제일촌華夏第一村'이라 부른다.

학자들이 주목하는 것은 흥륭와문화에서 빗살무늬토기가 발견된다는 점이다. 빗살무늬토기는 황하 지역과 전혀 다른 것으로 '평저통형平底筒形'과 '지자문之字紋' 토기가 대표적이다. 이를 놓고 대련대학교의 설지강薛志强은 다음과 같이 설명한다.

》 흥륭와문화의 특징은 평저통형토기와 지자형무늬이다. 평저통형관은 그 분포지역이 아주 넓어 동북삼성과 내몽고 동남부 외에도 오늘의 러시아 경내의 흑룡강 하류 지역 및 한반도의 동북부와 서북부 일부에서 모두 발견된다. 또 멀리 서방 즉 예니세이 강 중류와 시베리아 3지역에서도 이들 토기

가 발굴되는데 흥륭와문화와 놀라울 만큼 비슷하여 이들이 모두 동방의 전통 문화에서 기원하였음을 알 수 있다.

풍은학馮恩學은 요서 일대는 물론 러시아 흑룡강 중·하류 지역, 한반도 지역까지 이들 토기가 널리 분포하는 것을 기반으로 '평저통형토기문화권'이라고 부른다. 빗살무늬토기는 한반도 전역에서 발견되는데 평저통형토기는 한반도 동북부에서만 발견된다. 이를 두고 동북만주 일대에서 백두대간의 동쪽을 타고 내려왔다고 설명하기도 한다.[43]

이곳에서 세계 최초의 옥玉 귀걸이(결상이식) 등 100여 점의 옥기가 발견되어 세계를 놀라게 했는데, 이들 옥은 적봉시에서 동쪽으로 450킬로미터나 떨어져 있는 압록강에 인접한 요령성 수암岫岩에서 출토되는 '수암옥'이라는 사실이다(압록강 단동에서 1~2시간 거리). 수암옥의 경도는 5~7이며 유지油脂 광택을 띠며, 주로 황록색 혹은 옅은 황색으로 묵옥, 청옥, 옥수 마뇌와 매옥媒玉 등으로 구분된다.[44]

내몽고 지역에서 발견된 옥이 요동 지방의 수암옥이라는 것은 상당히 중요한 의미를 내포하고 있다. 그동안은 중국의 각 신석기 문화가

흥륭와에서는 세계 최초의 옥 귀걸이 등 100여 점의 옥기가 발견되었다.

상호 교류가 없이 고립적 상태에서 기원전 4000~3000년경에 비로소 홍산문화 지역과 앙소문화 지역이 서로 교류하기 시작했다고 설명되었다. 그런데 이 수암옥의 교류는 기원전 6000년경의 흥륭와문화의 요하 일대 신석기를 주도한 세력이 만주 벌판 요동 지역 신석기인들과 연결되어 있다는 것을 의미하기 때문이다.

수암은 고인돌이 많이 발견되는 것으로도 유명하다. 수암현 흥륭향 설가보자촌薛家堡子村, 백가보자촌白家堡子村, 당가보자촌唐家堡子村, 고가보자촌高家堡子村, 홍석촌紅石村, 황지촌荒地村 등에서 주로 대형 북방식 고인돌이 발견된다.[45] 이는 홍산지역과 후에 고인돌 문화로 특징지어지는 만주 지역과 끈끈한 연계가 있었다는 것을 의미한다. 고인돌에 대해서는 뒤에서 다시 설명한다.

③ 사해문화査海文化(기원전 5600년 이후)

사해문화査海文化는 요령성 부신阜新시의 동북 약 20킬로미터의 구릉에 있는 몽고족 자치현 사해유적에서 발견되었다. 사해 유적의 주체 부분은 남북, 동서 모두 100미터로 면적은 1만 제곱미터이다. 유적의 문화퇴적은 비교적 단순하며 이후에 교란된 바 없고, 유적의 중앙 부분과 주거지 내에 무덤이 발견되는 것이 특징이다.

흥륭와문화와 사해문화의 토기는 매우 단순하여 절대다수가 심복통형관이며 대다수의 통형관은 권상법捲上法(서리기)으로 만들었다. 사발류의 수량은 비교적 적지만 정교하게 제작되었고, 형태도 비교적 일정하며 문양 또한 비교적 세밀하다.

이곳에서 발견된 옥은 더욱 오래된 흥륭와문화의 '세계최고옥'이 발견되기 전까지 가장 오래된 옥로 알려져 있었던 만큼 오래된 역사를 가지고

돌로 쌓아 만든 석소룡이 발견된 사해문화 유적.

있다. 특기할 것은 이곳에서 돌로 쌓아 만든 석소룡石塑龍 및 2점의 용문도편龍紋陶片이 발견되었다는 점이다. 석소룡은 현재까지 발견된 용 형상물 가운데 가장 연대가 올라가면서도 규모가 큰데 길이 19.7미터, 폭 1~2미터이다. 이를 '중화제일용中華第一龍'이라 부르는데 석소룡에 대해서는 뒤에서 다시 설명한다.

④ 상택문화上宅文化(기원전 5400~4300년)

동북 지역 신석기시대 문화는 연산燕山 이북 요하 지역을 중심으로 하지만 연산 이남 지역에도 분포하고 있는데 상택문화가 대표적이다. 평곡현平谷懸 현성 동북 17킬로미터 지점에 위치하는데 북쪽으로 연산의 지맥인 금산金山에 남쪽으로 순하洵河에 인접한다. 지층 퇴적은 8층으로 구분되는데 탄소연대측정에 의하면 1000여 년이나 지속했다.

토기가 가장 많이 출토되었고, 도질은 모래를 함유하거나 혹은 활석을 함유한 무른 편으로 소성온도는 높지 않다. 대다수의 토기 표면에 문양이 있는데 주로 눌러 새긴 조문條文, 긁어 새긴 조문, 압인壓印 지자문之字文 등이다. 석기는 대부분 깨트려 만든 타제 또는 갈아 만든 마제의 대형 석기이며 좀돌날석기도 발견된다.

상택인들은 흙이나 돌로 소형 공예품을 만들었다. 토질 공예품이 비교적 많은데 돼지, 양, 곰, 심지어는 해마, 뱀 등의 소형 소상이 있으며 귀걸이형도 있다. 석조 공예품으로는 소형 부엉이, 거북이, 물고기와 이당형기가 있는데 이들 동물 소재는 이후 홍산문화의 옥기에도 대부분 나타난다. 이들 공예품은 상택문화에서 일반적으로 사용된 공예품이 아니라 신비한 종교적 색채를 가진 것이며, 홍산문화와 일정한 관계를 갖고 있다는 것을 알려준다.

⑤ 부하문화富河文化(기원전 5200~5000년)

부하문화도 중국에서 매우 중요하게 생각하는 유적으로 전형적인 유적은 시라무룬西拉木倫 강 이북에서 발견된다. 이중 구문溝文 유적지는 남북 200미터, 동서 300미터의 대규모 취락지로 주거지는 모두 150여 기에 달한다. 주거지는 단단하게 다져졌으며 커다란 모닥불의 흔적도 있다. 중앙에는 방형의 화덕이 있는데 토갱을 판 다음, 사방은 석판으로 막았다. 이곳에서 발견된 유물은 주로 석기로 무려 2700여 점이나 된다.

이곳의 특징은 중국에서 가장 연대가 올

부하문화에서 발견된 가장 오래된 복골.

라가는 복골卜骨이 발견되었다는 점이다. 소나 사슴 등의 견갑골에 구멍을 뚫고 불에 구워서 치는 점을 골복骨卜이라고 부르며, 골복을 한 뼈를 복골이라고 한다. 이곳에서 발견된 복골은 특별히 수리한 흔적은 보이지 않고 불로 지진 흔적만 발견된다. 학자들은 이것이 후대에 상商대의 갑골점으로 이어진다고 생각한다. 갑골에 대해서는 뒤에서 다시 설명한다.

⑥ 조보구문화趙寶溝文化(기원전 5000~4400년)

1982년 오한기 문화재 조사 때 몇몇 유적에서 압인기하문을 주요 문양으로 하는 유물들이 발견되었는데, 그 문양과 기형이 당시 알려져 있던 홍산문화 및 부하문화의 것과는 달랐다. 이후 선명한 특징을 가진 토기군과 석질의 생산 공구 및 반지하식 주거지가 발견되었다.

조보구인들은 정착생활을 했다. 주거지의 크기는 일정하지 않으나 매우 가지런히 질서 있는 모습을 갖고 있다.

고가와붕향高家窩棚鄉에서 발견된 주거지는 기능과 등급 면에서 서로 다른 유형으로 나뉘어진다. 33제곱미터에 달하는 주거지에서는 조수문鳥獸文과 사람의 머리를 새긴 부형석기斧形石器 등 특수한 장식이 발견되

반지하식 주거지가 발견된 조보구문화 유적지.

조보구문화에서는 중화제일봉으로 불리는 최초의 봉황 모양의 토기가 발굴되었다.

었다. 이 주거지는 촌락에서 높은 지위를 차지한 우두머리의 거주지 혹은 씨족 성원들의 활동센터와 같은 장소로 추정한다. 특히 이들 중 계단식 주거지의 경우 무려 면적이 100제곱미터가 된다. 출토 유물도 많고 복잡하여 씨족의 공공장소였을 것으로 추정한다. 조보구문화 시기에 씨족 내부에 비교적 엄격한 사회 조직이 형성되어 있음을 의미한다.[46]

조보구문화가 주목받는 것은 '중화제일봉中華第一鳳'으로 불리는 최초의 봉황 모양의 토기가 나왔기 때문이다. 이 중화제일봉은 길이 17.6센티미터, 폭 8.6센티미터, 높이 8.8센티미터의 크기로 봉황 형태의 도안은 조보구문화의 특징인 존형기尊形器에서도 나타난다.

요하 유역 흥륭화문화에서 동북 지역 최초의 집단 주거지가 발견되고, 중국인들이 신성시하는 용과 봉황의 원형이 요하지역에서 발견되자 요하 지역은 명실상부한 중국 역사의 시원지로 자리매김한다.[47] 중국학자들은 요하 일대의 신석기문화를 모두 광의의 '홍산문화紅山文化'라고 부르지만 홍산문화는 협의와 광의로 나뉜다. 광의의 홍산문화는 앞에서 설명한 소하서문화小河西文化(기원전 7000~6500년)부터 조보구문화趙寶溝文化(기원전 5000~4400년)를 거쳐 홍산문화紅山文化(기원전

4500~3000년), 이후 소하연문화小河沿文化(기원전 3000~2000년), 하가점하층문화夏家店下層文化(기원전 2200~1500년), 하가점상층문화夏家店上層文化(기원전 1500년 ~) 등을 포괄한다. 물론 소하서 이전에 있었던 신석기문화도 포함된다.-⁴⁸

협의의 홍산문화는 국가단계로 진입했다고 판단하는 홍산문화紅山文化(기원전 4500~3000년)를 의미하며 이곳에서 다루는 홍산문화는 특별한 설명이 없는 한 협의의 홍산문화를 뜻한다.-⁴⁹

2001년부터 기획되어 2003년 본격적으로 연구에 착수한 '중화고대문명탐원공정'은 21세기 중국의 '대중화주의 건설'을 위한 국가적인 기획이다. 이런 거대한 기획을 진행하는 와중에 그 일부분으로 동북 지역의 민족 문제와 역사 문제를 정리하기 위해 만들어진 것이 2002년부터 시작된 '동북공정'임을 인식할 필요가 있다. 즉 동북공정은 중국의 거대한 국가 전략의 작은 일부분에 불과하다는 점이다.

여하튼 중국의 동북 지역에 위치한 요하문명론이 한국과 다툼을 벌이게 되는 근본 요인은 앞에서 설명한 것처럼 이 지역에서 일어난 모든 역사가 중국의 역사로 간주되므로 고조선, 부여, 고구려 등의 역사가 중국의 역사로 변한다는 것이다.

현 중국 영토에서 일어난 과거는 모두 중국 역사다

제 3 장

중국 동북방에 건설된 '신비의 왕국'

제3장

중국 동북방에 건설된 '신비의 왕국'

• 중국역사를 끌어올린 홍산문명紅山文明

중국은 그동안 황하유역에서 태어난 선진 문화가 각지로 전파되었다는 황하중심문화를 기본 정설로 견지해 왔다. 따라서 문명화된 세계로서의 중국의 이상형은 통일된 '하나의 천하대국' 중국이다. 황하의 풍부한 물을 이용해 문명을 이룩해 가면서 점차 주변의 야만국들을 흡수했기 때문에 중원中原은 중국의 중심지라는 견해이다.

그러한 중국이 갑자기 '중화5천년'으로 역사를 올려 잡는 이유는 그동안 3600~4000년 전으로 추정되는 하夏 이전에 등장하는 '삼황오제'가 전설의 인물이 아니라 실재 인물이라는 확실한 증거를 찾았다고 믿기 때문이다.

삼황은 일반적으로 천황天皇·지황地皇·인황人皇(또는 泰皇)을 가리키지만, 문헌에 따라서는 복희伏羲 · 염제신농炎帝神農 · 황제헌원黃帝軒轅을 들기도 한다. 또는 수인燧人 · 축융祝融 · 여와女媧 등을 꼽는 경우도 있다. 한편 사가에 따라 삼황을 인정하지 않고 오제를 역사상 인물로 인정하는데 사마천도 『사기』에서 〈오제본기五帝本紀〉부터 시작한다.

사마천이 5제로 거론한 것은 황제헌원黃帝軒轅 · 전욱고양顓頊高陽 · 제곡고신帝嚳高辛 · 제요방훈帝堯放勳:陶唐氏 · 제순중화帝舜重華:有虞氏 등인데 이 역시 별도로 복희 · 신농(염제) 또는 신라와 가야의 시조로도 거론되는 소호김천씨小昊金天氏 등이 포함되기도 한다.

여하튼 홍산의 우하량 유적牛河梁遺蹟 즉 요령지역에서 삼황오제에 대한 결정적인 증거를 찾았는데 그 연대가 기원전 3000~3500년경으로 거슬러 올라간다는 것이다. 중국학자들은 이들 유적을 근거로 '신비의 왕국 또는 여왕국女王國'이라는 고대국가가 이 지역에 존재했다고 발표했다. 한마디로 기원전 3500년경부터 우하량홍산 지역 즉, 요령 지역에 국가가 존재했다는 것이다.

과거에 중국은 적어도 북방민족들은 중국인이 아니라면서 이들을 중국의 적대 세력으로 간주했고 따라서 이들의 역사를 자신들의 역사로 인정하지 않았다는 것을 앞에서 설명했다.

그런데 중국은 북방 기마민족들이 주로 할거했던 내몽고 지역이 중국의 영토로 포함되자 중국과 혈투를 벌이던 흉노의 역사도 자기들 역사에 포함시키기 시작했다. 여기에서 흉노란 중국 북방에서 처음 유목민 국가를 건설한 제국(전성기에는 중국의 3배나 되는 영토를 확보)의 명칭이지, 결코 단일한 민족이나 부족의 명칭은 아니라는 점을 염두에 두어야 한다.[50]

한국측 학자들이 주목하는 것은 중국 역사에서 흉노라는 이름이 나타나기 전까지 만리장성 이북 지역은 주로 '동이(동호)'가 살던 곳으로 과거부

내몽고 고원에서 흘러와 요하로 흘러드는 시라무룬강.

터 한민족韓民族의 원류가 정착한 지역으로 소개되었던 곳이라는 점이다.

홍산문화와 동이東夷와의 관련성에 대해서는 일찍부터 제시되었으며,[51] 동이(동호)가 근거했던 홍산문화권은 15만 년 전의 구석기시대인(객좌현 수천향 대릉하 구좌동)이 발견됐을 정도로 오래전부터 사람이 살던 지역이다. 북쪽으로는 내몽골의 적봉赤峰시, 동쪽으로는 요령성의 요하, 남쪽으로는 발해만에 이르는 비옥한 지역을 포함하고 있다. 총 면적은 22만 평방킬로미터에 달하며 핵심지역도 12만 평방킬로미터에 달한다.

내몽고자치구의 적봉시와 건평현 사이에 노노아호산努魯兒虎山이라는 산맥이 있다. 노노아호산을 경계로 요령성 조양시와 적봉시의 수계水系는 완전히 갈린다. 노노아호산 남쪽에 형성된 수계는 동북쪽으로 흐르다 기역(ㄱ) 자로 꺾여 남쪽의 발해로 빠지는 대릉하大凌河를 이루고, 노노아호산 북쪽의 수계는 적봉을 지나는 영금하英金河를 구성한다.

노노아호산 북쪽은 거대한 평원인데, 이 평원을 흐르는 영금하는 더 남쪽에서 흘러온 노합하老哈河와 합류한다. 영금하를 품은 노합하는 북쪽으로 흐르다 서쪽의 내몽고 고원에서 흘러온 더욱 큰 강인 서랍목륜하西拉沐淪河(시라무룬 강)를 만나 서요하西遼河가 된다. 서요하는 시곗바늘 방향으로 굽이쳐 내몽고자치구와 요령성 접경 지점에서 동요하東遼河를 만나 '요하'가 된다.

전통적으로 요하의 동쪽을 '요동遼東', 요하의 서쪽을 '요서遼西' 지방으로 부른다. 노노아호산의 서쪽에는 발해로 흘러드는 '난하灤河'라는 수계가 만들어지는데, 난하를 건너자마자 멀지 않은 곳에 중국의 수도인 북경이 있다. 난하는 여름철에만 물이 흐르는 건천乾川으로 비가 오면 강폭이 넓어지나 우기가 끝나면 누구나 건널 수 있는 하천이 된다.

한국 고대사를 설명하려면 난하의 동쪽을 뜻하는 요서지역을 반드시 거론해야 한다. 일반적으로 난하는 중국인이 자랑하는 황하문명과 오랑캐로 부단히 비하하던 요하문명의 접경선으로 인식한다. 후대 고구려의 광개토태왕은 지금의 북경까지 진격했는데, 이때 고구려와 중국의 국경선으로 삼은 곳도 난하였다.

특히 요령지역은 만주와 한반도로 전래된 고인돌과 비파형 동검 등이 처음 만들어진 곳인데 이곳에서 만들어진 청동기는 중원지역으로 불리는 황하 중하류에서 출토되는 청동기와 전혀 다른 모양을 하고 있다.⁵² 한마디로 한국의 고대사는 요령지방을 제대로 이해하는 것으로부터 시작된다고 해도 과언이 아니다.

홍산문화의 유물들이 대량으로 발견된 조양朝陽(옛 이름은 영주營州)시는 요령의 서쪽에 위치하고 있으며, 하북, 몽골, 요령성이 만나는 지점으로 총 2만 제곱킬로미터의 면적을 갖고 있다. 총인구는 2005년을 기

시조새 상상도. 조양 지역 북표시 사합촌은 시조새 화석들이 발견된 곳이다.

준 334만 명이고 한족, 몽골족, 회족, 만족, 조선족 등이 거주하고 있다. 이곳의 광물 자원은 중국에서도 단연 최고로 금생산량은 전 중국 1위이며 망간은 동북지역 1위이다. 또한 규석, 석회석, 고령토 등의 질이 좋은 것으로도 유명하다.

특히 조양 지역 인근에 있는 북표시 사합촌은 1996년 새의 공룡진화설을 뒷받침하는 '장모공룡중화용조長毛恐龍中華龍鳥'가 발견되어 세계 최초의 시조새始祖鳥가 날아오른 지역이라는 명칭을 갖고 있다. 이후 계속하여 시조새 화석들이 발견되어 '세계고생물화석보고'로도 알려져 있으며 현재 사합촌고생물화석관에 수많은 시조새화석들이 전시되어 있다.[53]

여하튼 중국학자들이 발표한 것처럼 홍산문화에 있었다는 신비왕국은 한국인에게 매우 놀라운 결론을 끌어내게 한다. 단군조선보다 1000여 년이나 앞선 시기에 과거부터 한국인의 고향으로 알려진 장소에서 국가가 존재하고 있었다면, 그보다 1000여 년이나 후대로 추정되는 고조선이 존재했느냐 아니냐 하는 문제에 대한 설전은 더 이상 의미가 없게 된다는 점이다.

• 세계를 놀라게 한 홍산유적

홍산문명에 대해 보다 구체적으로 설명한다. 중국의 역사를 근본적으로 바꾸게 만든 홍산유적의 발견은 20세기 초까지 거슬러 올라간다.

1906~1908년까지 일본의 인류학자 도리이 류조鳥居龍藏가 내몽고 동남부 일부를 조사하던 중 적석총 등을 발견했는데, 그는 이 신석기 유적에 깊은 조예가 없었기 때문에 곧바로 일본으로 돌아간다. 그러나 그가 일본으로 돌아가서 자신이 수집한 적봉 일대 유적지에 대한 글을 남겼기 때문에 최초의 홍산문화 발견자가 된다.

1919년부터 프랑스의 리쌍E. Licent 등이 내몽고 동부에 위치한 파림우기

우하량 유적의 표지석(위쪽).
우하량 전경(아래쪽).

巴林右旗·적봉·조양 등도 여러 번 방문하여 적봉에서 22곳의 신석기시대 유적을 발견했다고 한다. 그는 중국 고대사에 큰 기여를 했는데 그가 1914년에 설립한 〈천진북강박물원〉이 현재의 〈천진자연박물관〉이다.[54]

이후 유명한 스웨덴 지질학자 안데르손이 이 일대의 탄광 조사를 하면서 사과둔沙鍋屯 동굴을 발굴했는데 이 유적은 중국 근대 고고학사상 최초로 정식 발굴된 유적이다. 이곳에서 출토된 유물들은 주로 신석기시대의 후홍산문화소하연문화小河沿文化 시기에 속한다. 즉 사과둔 동굴은 최초로 발견된 홍산문화와 소하연문화의 유적이다.[55]

이후 1935년 일본 동아고고학회의 하마다 고사쿠濱田耕作 등이 홍산에서 풍부한 고대 유산을 발견했다. 채색 도기 표면에 글자 모양이 장식된 도기는 물론 일군의 뗀석기, 간석기와 좀돌날석기, 압인 지자문을 장식한 협사회 등이다. 당시만 해도 학자들은 이 유적지의 중요성을 그리 깊이 깨닫지 못하고 '적봉제1기문화'라고만 불렀다.[56]

1979년 5월 약 5500년 전으로 추정되는 대형제단 유적이 조양시朝陽市 객나심좌익몽고족자치현喀喇沁左翼蒙古族自治縣 동산취東山嘴에서 발견되었다.

동산취에 이어 1983년부터 1985년에 걸쳐 동산취 유적에서 50킬로미터 떨어진 능원시凌源市와 건평현建坪縣의 접경지인 우하량촌牛河梁村에서 대대적인 발굴이 진행되었다. 산등성이 사이로 대릉하 지류인 우아하牛兒河가 있어서 이런 지명을 얻게 되었는데, 노로이호산努魯爾虎山의 산골짜기 사이에서 10여 킬로미터 뻗어 나온 황토로 되어 있다. 인근의 다른 지역과는 달리 울창한 소나무로 둘러싸인 이곳에서 제단, 여신묘(사당), 적석총과 이집트와 유사한 피라미드, 그리고 성으로 둘러싸인 도시형태와 돌로 쌓은 사각형 모양의 광장이 발견되었다.[57]

우하량지역에 대한 대대적인 발굴이 고속으로 진행된 후 1986년 7월

우하량 유적 안내판. 신비의 국가가 존재했다고 설명하고 있다.

신화사통신이 놀라운 소식을 세계로 타전했다. 한마디로 우하량유적에서 기원전 3500년까지 거슬러 올라가는 대형제단, 여신묘, 적석총군 등이 발견되었다는 것이다.

이들 유물들은 방사성탄소연대측정에 의해 기원전 4000년 전에서 3000년 전으로 거슬러 올라간다는 것이다. 이어서 북방 초기 청동기시대인 하가점하층문화夏家店下層文化가 기원전 2200년 전부터 발달했고, 기원전 1500년경부터 하가점상층문화夏家店上層文化, 기원전 14세기부터 조양시의 위영자문화魏營子文化가 등장했다고 발표했다. 위영자문화와 하가점하층문화의 경우 두 문화 유형 사이에 차이점도 많이 있지만 계승되는 맥락을 찾아볼 수 있으므로 연속성이 있다고 간주한다.-58 여기에서 하가점하층문화는 단군이 설립한 고조선의 기원전 2333년과 시기적으로 유사하다는 것을 주목할 필요가 있다.

학자들은 우하량의 발굴 결과를 토대로 ① 계급이 분화되어 있었고 ② 사회적 분업이 이루어졌으며 ③ 이미 국가 단계에 진입했다고 설명했다. 즉 '신비의 왕국'이 존재했다는 것이다.

바르스는 하가점상층문화 발생을 전후로 유목문화가 등장하여 하가점하층문화를 상층문화 형태로 전환시키는 계기가 되었다고 적었다. 그는 하가점상층유적지에서 발견된, 말을 탄 사람과 달리는 토끼를 그린 동제품이(공식적으로 기마전투가 기록된 것은 기원전 484년) 동아시아에서의 기마풍습의 출현을 증명하는 최초의 물증이라고 적었다.-59

중국인들은 근래 북방 초기 청동기시대를 '초원청동기시대'라고 부르며 유목민족이 근거했던 기원전 1500년에서 기원전 300년 전의 하가점상층문화를 동호東胡 지역의 문화라고 부른다. 한국에서는 강단 사학계에서조차 단군조선의 출발을 기원전 2333년으로 간주하는 것도 문제점이 있다고 하는 판에 기원전 3500년에서 3000년, 즉 단군조선보다 1000년 정도 앞선 우하량홍산 유적에 국가가 있었고, 이어서 발달한 하가점하층문화가 고조선과 연계된다는 설명에 많은 사람들이 의아하게 생각하는 모양이다.

독자들의 이해를 돕기 위해 우선 우하량홍산 지역에서 발달했던 문화를 어떤 연유로 '신비의 왕국(여왕국)'이 존재했다고 인식하는지를 설명한다. 우하량홍산 유적지에서 발견된 유적지는 모두 16개소인데 주요 유적을 보다 구체적으로 적는다.[60]

① 제단祭壇

우하량 유적 중에서 학자들이 주목하는 것은 선조들에게 제사를 지내던 제단이 발견된다는 점이다. 우하량 제2지점에서 발견된 제단은 원형과 방형方形 형태를 갖고 있는데 전체적으로 정연한 배치로 남북 축을 갖는 대칭성을 보인다. 이중 중심에 있는 제단은 넓은 대지에 돌로 울타리

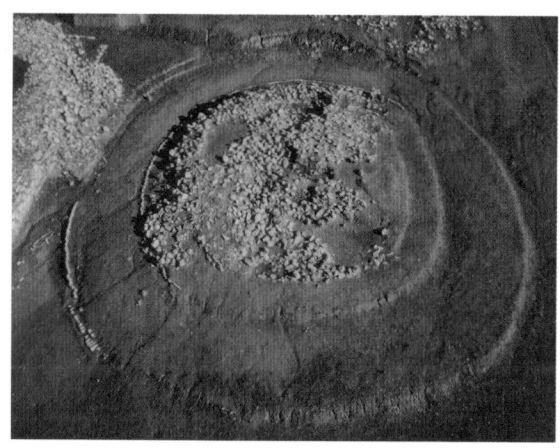

우하량에서 발견된 3중 원형 형태의 제단유적.

를 쌓았고 울타리는 3중 원형 형태이다. 원형의 직경은 각각 22미터, 15.6미터, 11미터이며 매 층에 기초가 있는데 높이는 0.3~0.5미터이다. 이곳에서 채색 토기들도 발견되었다.

 중국학자들이 이들 제단을 높게 평가하는 것은 우하량에서 발견된 이들 제단 유적이야말로 '천원지방天圓地方' 사상의 원형이자 북경 천단 구조의 원형이라고 간주하기 때문이다. 그러므로 중국은 제단 유적지의 안내판에 '약 5500년 전에 국가가 되기 위한 모든 조건들(all conditions to be a state)을 갖추고 있는 우하량 홍산문화 유적지'라고 설명하고 있다.-61

② 여신묘女神廟(신전)

 중국이 자랑하는 우하량의 유적 중에서 가장 비중이 높은 것은 우하량 북쪽 구릉 꼭대기에 위치해 있는 여신묘(사당)로 해발 고도 671.3미터에 있다. 이 여신묘의 위치는 당대인들이 계획적으로 선정한 것으로 추정하는데 그 이유는 여러 구릉 위에 산포되어 있는 적석총이 에워싸고 있는 지역의 중앙 부분에 해당되기 때문이다.

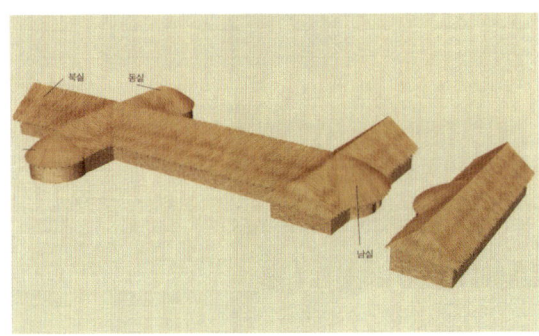

그래픽으로 재현한 우하량 여신묘 모습.

우하량 북쪽 구릉 꼭대기에
위치한 여신묘 유적.

    면적도 당시로서는 상상할 수 없을 정도로 거대하여 175미터×159미터나 된다. 사당의 터는 남북으로 제일 긴 거리가 22미터, 동서로 좁은 면은 2미터이지만 넓은 면은 9미터나 되며 평면으로 볼 때 아亞자형을 취하고 있다. 사당은 본체와 부속 건물로 나뉘는데 본체는 여신묘를 포함한 여러 개의 사당 용도의 건물로 구성되어 있고 길이는 18.4미터나 된다. 부속 건물에는 지하 공간이 있으며 탄소연대측정에 의하면 여신묘의 조성 연대는 5575±80년 전이다.

    여신 사당은 비교적 보존 상태가 좋은데 반지혈식으로 지하 부분의 깊이는 0.8~1미터이며 주실 부분에는 7칸의 방이 서로 연결된 구조로 좌우 대칭성을 보이는데 테라코타의 원기둥들이 받치고 있는 건물로 추정한다.[62] 담장의 건축 재료는 나무와 흙에 풀을 섞었는데, 학자들을 놀라게 하는 것은 주홍색과 흰색으로 채색된 삼각형의 기하 문양의 벽화도 그려져 있다는 점이다. 이 당시 즉 역사 이전의 시대임에도 불구하고 이 건축물이 선조를 숭배하는 종교의식이 벌어졌던 종묘로서의 성격을 갖추고 있다는 것을 의미한다.

반지혈식 부분에 쌓인 유물 중에는 인물 조각상, 동물 조각상, 도기가 있다. 진흙으로 빚은 동물은 용(2점)과 새(1점)이다. 용의 조각 중 하나는 머리와 앞으로 뻗친 손톱이 남아 있고 다른 하나는 채색 조각으로 아래턱 부분만 남아 있다. 새 모양 조각은 한 쌍의 발만 남아 있는데 길이가 약 15센티미터로 맹금류를 조각한 것으로 추정한다. 중국고고학회 상임이사 장인 곽대순郭大順은 이들 용이 돼지 형상의 저룡猪龍이 아니라 곰 형상의 웅룡雄龍이라고 설명했다.

》 우하량 여신묘에서 흙으로 만든 용 두 마리가 출토되었다. 그 중 하나는 여신묘 남쪽의 방에서 출토된 것으로 채색된 동물의 아래턱 부분이다. 아래턱의 전반부가 길고 뾰족하게 생겼는데 송곳니는 폭이 넓고 위쪽이 구부러진 것으로 보아 돼지라기보다는 곰의 형태를 닮았다. 다른 하나는 주실主室에서 발견되었는데, 앞 입술의 끝부분이 위로 말렸고 두 발 모두 발톱이 네 개인 것으로 보아 돼지보다는 곰을 닮은 웅룡으로 추정된다.[63]

홍산문화의 곰 습속은 우리 한민족과 직접 관련이 있기 때문에 많은 학자들의 주목을 받았다. 홍산문화 지역은 과거부터 한민족의 터전으로 알려졌고, 또한 단군신화의 무대가 되기 때문으로 우하량 여신묘에 모셔진 여신은 단군을 낳은 웅녀의 조상일지 모른다고 설명도 있음을 덧붙여 말한다. 이 문제는 뒤에서 다시 설명한다.

여신묘에서 발견되는 여신상과 유사한 소조상은 지금의 만주 일대와 한반도에서도 발견된다. 함북 청진시 농포동과 웅기군 서포항 유적에서도 소조인물상이 나왔다. 선문대 이형구 박사는 1956년에 출토된 농포동 인물상은 허리를 잘록하게 좁힌 다음 그 아래는 다시 퍼지게 만드는 등 '여신'의 인상을 갖고 있어 동산취東山嘴의 임산부상을 연상시킨다고 설명한다.

중국의 고고학자 장광직張光直은 여신묘에서 조상과 하늘을 함께 모셨을 수도 있다고 주장했다.

》 훗날 상나라(商, 홍산인들의 후예로 비정) 때는 왕이 큰일을 행할 때 무인巫人이 하늘과 교통하면서 복점을 쳐서 조상의 하명을 받았다.

조상 숭배와 하늘 숭배가 서로 깊은 연관을 맺고 있음을 보여준다. 중국의 저명한 고고학자 소병기蘇秉琦도 "우하량 유적군의 단·묘·총의 결합으로 볼 때 고대의 제왕들이 거행했던 교(야외에서 지내는 제사)·료(하늘신에게 지내는 제사), 그리고 체(조상신에게 제사)가 함께 이뤄졌을 것"이라고 보았다. 또한 동국공정을 주도한 사람 중 한 사람인 곽대순은 여신묘의 총면적이 100제곱미터에 불과하다는 사실에 주목해야 한다고 지적했다.

》 이 좁디좁은 면적에 몇 명의 여신들이 모셔져 있었고, 곰의 이빨 같은 것이 상징하는 동물신들이 포함돼 있다. 좁은 면적에 비해 너무도 풍부하고 방대한 유물의 진용을 갖추고 있었다.

그는 좁고 폐쇄적인 여신묘 공간에 들어갈 수 있는 사람은 극히 일부의 특권층이었을 것으로 추정했다. 특히 여신묘에 들어가서 제사를 지낸 이는 하늘과 인간을 이어주는 제정일치 사회의 왕玉일 수도 있다는 견해이다.

황제黃帝의 뒤를 이은 전욱이 신하 중여重黎를 시켜 '하늘과 땅의 통로를 끊어버렸다絶地天通'는 기록이 있다. 그전까지는 누구나 하늘과의 통로로 왕래했는데, 황제 때 치우가 통로를 통해 황제에게 도전했다. 그러자 황제의 후계자 전욱이 신과 인간의 영역을 확실하게 구분 지었다는 것이다. 중국 학계는 바로 이런 고사故事에 의거해 끊어진 하늘과 땅의 통로를 잇는 사람은 전욱과 같은 왕의 고유권한이라고 설명한다.

특히 여신묘는 지상 건축물이 아니라 0.9~1미터 가량 땅을 파고 조성한 반지하식 건축구조로 돼 있다. 이것은 당대(신석기시대) 취락구조와 기본적으로 같다. 인간이 살았던 주거지와 사당(신묘)의 구조가 같다는 것은 인간이 살았던 곳이 바로 '신이 살았던 곳神居之所'이라는 뜻으로도 설명된다.

그러나 주거지의 기본 구조는 같지만 건축물의 배치구조는 다소 다르다. 주실과 측실, 전후실이 있는 등 나름대로는 주부主副 관계가 뚜렷하고, 좌우 대칭, 전후 호응의 치밀한 구조를 갖추고 있다. 중국 학계가 여신묘를 중요하게 간주하는 것은 이 건물이야말로 후대 종묘宗廟의 원형이라 판단하기 때문이다. 일반 주거지와는 다른 후대의 전당殿堂과 종묘 배치의 시작이라는 설명이다.

중국에서 가장 오래된 자전字典인 『이아爾雅』에서 '신묘(사당)는 동서방을 갖추고 있어야 한다'고 적었는데 이는 우하량의 여신묘 구조와 부합된다. 후대에 종묘宗廟는 정권의 상징으로 여겼으므로 여신묘를 중국에서 가장 중요한 유적으로 간주하는 이유이다.

그러므로 중국인들은 여신은 홍산인紅山人의 조상이며, 우하량은 홍산인의 신전이자 성지라고 해석한다. 중국 학계는 아예 홍산인을 중국인의 '공동' 조상으로 보고 있다. 물론 근래 중국인들은 홍산인은 동이족의 조상이라는 사실도 인정한다. 우하량이 동이족의 신전이자 성지라 말할 수 있다는 뜻과 다름 아니지만.-64 그 속에는 이들 동이족도 중국인이라는 기본 생각이 숨어 있음은 물론이다.

홍산문화의 곰 습속은 한민족과 직접 관련이 있기 때문에 많은 학자들의 주목을 받았다. 홍산문화 지역은 과거부터 한민족의 터전으로 알려졌고 또한 단군신화의 무대가 되기 때문으로 우하량 여신묘에 모셔진 여신은 단군을 낳은 웅녀의 조상일지 모른다는 설명도 있음을 첨언한다. 이 문제는 뒤에서 다시 설명한다.

③ 소조등신여신상塑造等身女神像

여신묘 안에서 인물을 묘사한 소상이 대략 7개체가 발견되었다.

첫째는 주실 중앙에서 발견된 코의 파편과 귀로 크기는 실제 사람의 세 배에 달하므로 완전한 입상은 4~5미터에 달하는 거대한 크기이다.-65 둘째는 서쪽 측실에서 발견된 것으로 손, 어깨, 다리부분으로 실제 사람의 두 배에 해당된다. 셋째는 주실에서 발견된 실제 사람 크기와 맞먹는 소상의 파편으로 오른쪽 어깨 부분과 팔, 유방과 왼손이 남아 있다.

학자들은 이들 여신상의 크기가 다른 것을 토대로 홍산문화인들이 다신多神을 숭배한 증거로 생각한다. 당시의 사회가 여성 주도의 매우 복잡한 구조를 가지고 있었음을 뜻하며, 이 당시를 '신비의 왕국' 또는 '여왕국女王國'이 존재했다고 추정하는 이유이다.-66

물론 홍산문화에서 여신상은 우하량의 여신묘에서만 발견된 것은 아니다. 대형상은 여신묘에서 발견되었지만 소형상은 동산취 서수천西水泉과 우하량 등 유적지에 나타나며, 중형상은 동산취 유역에서 출토되었다.

학자들은 고대사회에서 여신은 생육生育을 의미하여 다산과 수확을 상징하므로 여신 숭배 사상은 상당히 성숙된 선조에 대한 숭배 의식이 있을 때에 비로소 나타난다고 생각한다. 그러므로 중국에서도 다른 고대문명처럼 여신 숭배사상이 있었다고 생각했지만, 이를 증명해줄 유물이 나타나지 않아 그동안 학자들을 괴롭혀 왔다. 바로 이 의문점을 풀어준 것이 소조등신여신상으로 모계사회의 모권제도와 관련이 있다고 간주한다.

특히 소조상은 당대에 살던 사람의 얼굴을 기초로 하면서도 약간 과장한 면도 보인다. 학자들은 이러한 모양이 인간을 그대로 묘사한 것이 아니라 당시의 신을 형상화했기 때문으로 생각한다. 즉 인간들의 내재된 감정을 표현하는 신화적인 여신의 모습을 만들었다는 것으로 적어도 그녀가 보통 인간은 아니라는 설명이다. 또한 여신묘에서 일상 생활용구가 전혀 발견되지 않고 인물소조상만 발견된 것은 여신묘가 일반의 거주지

실제 사람의 얼굴 크기로 빚어 만들어진 소조등신여신상(왼쪽)과 발굴팀이 여신상을 발굴하던 당시의 모습(오른쪽).

가 아니라 특수한 용도를 지닌 건축물임을 알려준다.

여신묘에서 발견된 소조상 가운데 가장 중요한 것이 세계를 놀라게 한 흙을 빚어서 사람 크기로 만들어 구운 소조등신여신상塑造等身女神像이다. 두상의 높이는 22.5센티미터이며 폭(귀에서 귀) 23.5센티미터, 미간의 넓이 3센티미터, 코 길이 4.5센티미터, 귀의 길이 7.5센티미터, 입 4.5센티미터로 실제 사람의 크기이다. 이 소조상은 그야말로 우연하게 발견되었다.

1983년 고고학자들은 우하량에서 적석총을 발굴하고 있었는데 한 연구원이 개울가에서 소변을 보고 있었다. 그는 소변을 보면서 발 옆에 있는 조그마한 돌을 발견했는데 자연석이라기보다는 도기 같아 주웠다. 그러나 그가 당초 생각한 도기는 아니었고 인형 조각의 코와 같았다.

기원전 3000년을 거슬러 올라가는 소조상일지도 모른다고 생각한 발굴팀들은 곧바로 대대적인 발굴에 착수했다. 1984년 10월, 여성두상이 발견되었는데 코가 떨어져 있었다. 전에 발견한 코를 그 위에 맞춰보자 정확하게 맞아 들어갔다. 세계를 놀라게 한 소조등신여신상이 자신의 본모습을 나타낸 것이다.[67]

'동방의 비너스'로 알려진 두상의 얼굴은 선홍색을 띠고 입술은 붉게 채색되어 있으며, 머리 뒤쪽 부분은 평평하여 벽에 걸어 놓기에 좋은 형태이다. 둥글넓적한 얼굴에 광대뼈가 튀어나왔고 눈꼬리는 위로 올라가 있으며 눈썹은 선명하지 않고 콧대는 낮고 짧으며, 코끝과 콧방울은 둥그스름하다. 입술은 비교적 큰 편이고 윗입술은 얇으며 입가는 둥글고 위로 살짝 치켜 올라가 미소를 머금고 있다. 아래턱은 둥글면서 뾰족한데 전체적으로 둥그런 여성상이다. 눈은 제법 크게 만들었고 맑고 푸른 옥구슬을 눈동자로 박았다. 특히 큰 얼굴에 눈동자를 따로 만들어 넣는

여신상 발굴 당시의 모습.

기법은 이제까지 학계에 보고된 적이 없는 기술이다.

조각기법은 매우 만들기 어렵다는 원조圓雕기법을 사용했는데 먼저 나무로 골격을 세우고 풀 같은 식물로 둘러쌓았다. 재료는 깨끗하고 치밀하며 점성이 크고 붉은 진흙을 사용했으며, 조형단계의 처음엔 거친 흙을 골조 위에 붙인 뒤 광택을 냈다. 그림을 그리고 상감하는 작업은 돌출부위를 강조하는 것이 관건이므로 눈을 청록색 보석으로 박아놓았다고 추정한다.[68_69]

학계는 여러 가지 특징으로 미루어 여신상의 모습이 '몽골 인종'이라는 결론에 도달했다.

중국의 왕외王巍와 곽대순은 여신상의 얼굴 생김새는 뚜렷하게 몽골 인종의 특징을 지니고 있으며[70] 황규호黃圭鎬는 빈약한 코허리를 빼면 우리들과 비슷한 얼굴임을 곧바로 알 수 있다고 적었고[71] 경건군耿建軍도

두상은 몽골리안 인종의 특징을 띠고 있고, 지금의 화북지방 사람의 얼굴형과 비슷하다고 적었다.[73]

여기서 고대 몽골 인종이란 뜻은 지금의 몽골인을 지칭하는 것이 아니라 넓은 의미의 '동양인'을 뜻한다. 인종학상으로 몽골 인종Mongoloid이란 말은 마르코 폴로가 1271~1295년 사이 원나라에서 체류하고 돌아간 뒤 구술한 『동방견문록』에서 처음 나타난다. 마르코 폴로는 그때 황인종, 즉 동양의 모든 인종을 몽골 인종이라 했다. 지금의 몽골인을 지적하여 지칭한 건 절대 아니라는 뜻이다.

학자들이 주목하는 것은 여신 두상을 대표로 하는 소조상군의 규모가 크고 사실에 가까우면서도 신격화된 형상을 가지고 있다는 점이다. 여기에 여러 종류의 조수신鳥獸神들이 곁들여져 있고 공들여 제작된 토제 제기祭器도 진열되었으며 이들 모두 화려한 사당 안에 모셔져 있었다.

홍산문화에서 발견된 여러 개의 소상을 생육, 풍요와 관련이 있는 지모신地母神으로 추정하기도 하나 일반적으로 조상 숭배용으로 인식한다. 이는 우하량에서 제사 대상으로 신격화된 사람의 소상, 신격화된 동물의 소상도 있지만 '동방의 비너스'를 볼 때 여신의 제사가 주라는 설명이다. 즉 여신의 제사가 주요한 대상으로 동물은 종속적인 위치에 있었음을 보여준다는 것이다.

여하튼 중국의 고고학자들은 몽골인의 얼굴을 갖고 있는 여신상을 홍산인의 여자 조상祖上, 즉 중화민족의 공동 조상이라고 강조할 정도로 중국 역사에서 가장 중요한 유물 가운데 하나로 평가하며 중국 고대 전설 속의 '여와女媧'라고 생각하기도 한다. 그러나 중국인들이 자신들의 조상으로 설명하는 우하량 홍산 유적에서 발견된 소조등신여신상에 대해 역사가 임창숙은 한민족의 조상임이 분명하므로 『부도지』에 기록되어 있는 '마고麻姑할머니'로 명명하자고 제안했다.

④ 적석총

돌을 쌓아 만든 적석총(돌무덤)도 우하량에서 발견된 무덤의 특징이다. 적석총의 위치는 고도가 적당한 구릉의 정상부를 선택했다. 일반적으로 구릉 하나에 적석총 하나이지만 구릉 하나에 두 개 혹은 여러 개인 경우도 있다. 적석총을 만든 돌은 모두 석회암과 화강암이다. 놀라운 것은 시대가 오래될수록 규모가 더 크며 묘도 복잡한 형태를 갖고 있으면서도 일정한 규칙에 의해 건설되었다는 점이다.

하나의 적석총에 묘실은 여러 개다. 석관은 석판과 석괴로 구축되었다. 묘실이 비교적 큰 경우 토광 안에 묘실을 구축하였으며 작은 경우에는 토광이 분명하지 않다. 묘실은 줄을 맞추어 가지런히 배치되는 경향이 있다.

6개 지점에서 돌무지무덤떼가 발견되었는데 그 중 한 지점에서 15기의 돌널무덤(석관묘)도 발견되었다. 이들 돌널무덤은 여러 장의 판석으로 짠 상자 모양의 돌널과 깬 돌을 쌓아 올린 돌널이 함께 배치되었다. 큰 석관은 길이 2미터 높이 60센티미터를 넘고, 작은 석관은 길이 55센티미터 정도인 것도 있다. 순장의 흔적도 보이는데 순장은 상(殷)나라와 부여 등 동이족의 풍습으로 이어지는 장례 풍습이다.[73] 돌널무덤은 땅 속에 널찍한 돌로 상자 모양의 널(관)을 만들었는데 돌널무덤이 집중적으로 나오는 곳은 고대에 일정한 정치집단이 있었던 곳으로 인정된다. 이 부분은 뒤에서 다시 설명한다.

외형은 원형과 장방형 두 종류가 있는데 직경 또는 한쪽면의 길이가

20여 미터나 된다. 이들 무덤은 독립 또는 군을 이루어 대부분 산꼭대기에 위치하는데 무리를 이루는 경우 중앙에 대형 묘가 하나씩 있고, 주위로 작은 묘들이 둘러싸고 있다. 이것은 신분에 따라 석관의 크기가 달랐다는 것을 의미하며, 대형 묘의 주인은 당대의 우두머리였을 가능성이 높다.

대형 무덤과 작은 무덤에서 발견되는 특징은 부장품이 현저하게 차이

우하량의 적석총 유적들.

우하량 돌널 무덤에서 인골과 함께 옥저룡이 발굴되었다.

난다는 점이다. 어떤 무덤은 부장품이 전혀 없거나 소량이 발견되는데 어떤 무덤은 호화로운 말발굽 모양의 머리꾸미개, 구운형옥패, 옥저룡, 옥조효조玉雕鴞鳥 등이 발견된다. 부장품은 모두 옥기뿐으로 대형 묘실에 토기가 수장된 경우는 아직 발견되지 않았다. 이것도 우하량 유적의 특징 가운데 하나이다.[74]

토기는 적석총 위에서 대량으로 발견되는데 적석총의 돌로 구축한 단 안쪽에 통형의 토기를 줄맞추어 세웠다. 통형 토기는 모두 니질泥質의 홍도紅陶로 기벽이 두껍고 구연 아래에는 현문이 있으며 복부 한쪽에 흑채黑彩를 장식했다. 이들 토기의 커다란 특징은 밑바닥이 없다는 점이다.

밑바닥이 없는 토기에 대한 이유는 여러 가지이다. 역학적으로 볼 때 세로로 된 원통형 토기는 바닥 부분이 없으므로 측면에서 생기는 압력을 잘 견딜 수 있다. 그러므로 이들 무저통형기를 적석총의 주변에 가지런히 줄맞춰 세울 경우 적석총이 잘 무너지지 않도록 하는 '제방'의 역할을 할 수 있다. 반면에 일부 학자들은 북鼓으로 보기도 하며 천지교통天地交通의 신앙과도 연결시키기도 한다. 이들이 종교, 제사적 기능을 갖고 있는 적석총 위에 설치되어 있기 때문이다.

우하량에서 수십 평방킬로미터의 범위에 13개의 달하는 대형 돌무덤 또는 돌무덤군이 집중되어 있는데 이들 지역에서는 취락 유적이 전혀 보이지 않는다는 점도 특이점이다. 이는 이들 대형 돌무덤이 당대의 제왕묘라고 설명할 수도 있다고 곽대순은 적었다.[75]

우하량 돌무덤 유적이 세계 고고학자들을 놀라게 한 것은, 이집트에 결코 뒤떨어지지 않는 피라미드도 발견되었다는 점이다. 피라미드 유적은 우하량 남쪽인 해발 564.8미터의 전산자산轉山子山 정상에 있다. 남쪽으로는 하천과 광활한 평지가 보이며 북쪽으로는 멀리 여신 사당이 보인다. 피라미드는 내부를 흙으로 단단히 다지고 원형으로 돌을 쌓았는데 지름은 약 100미터나 되고 총면적이 1만 제곱미터나 되며 언덕과 일체로 되어 있다.

이 건축물의 중앙 부근 토구土丘는 지름이 40미터이다. 하부의 기암면

적석으로 둘러싸여 있는 우하량 지역의 피라미드 유적.

基巖面에서 현존하는 정상 부분까지의 잔고殘高는 약 7미터이다. 중심 항토의 외곽 부분은 적석으로 둘러싸여 있는데 재료는 모두 백색의 석회암이다. 이들 석회암은 다른 적석총에서 사용된 것과 동일하지만 그 크기가 길이 40센티미터, 폭과 높이 약 30센티미터로 매우 크다.

피라미드 정상 부분에서는 청동기를 제조할 때 청동주물을 떠서 옮기는 그릇과 청동찌꺼기(슬래그)가 발견됐다. 이를 두고 중국학자들은 기존 중국의 청동기 시작 연대(BC 2000년설)보다 1000년 이상 앞선 기원전 3500~3000년 사이에 이미 청동기시대가 시작되었다고 주장한다. 이 문제는 뒤에서 다시 설명한다.[76]

피라미드의 원형原形은 등받이가 없는 의자 형태인 마스타바Mastaba(석등식)이며, 이것이 계단식으로 변형되는데 대체로 마스타바는 6000년 전, 계단식은 5000년 전으로 간주한다. 그런데 우하량의 피라미드는 가장자리에 계단을 올리고 중심 부위가 비교적 평평하다. 이를 마스타바에서 계단식 피라미드로 변화되는 중간형의 형태로 간주하기도 하며, 연대는 기자의 피라미드(이집트 기자에 있는 쿠프 파라오의 대피라미드는 기원전 2600년경에 건설되었음)보다 거의 1000년이나 앞서는 5500년 전 경으로 추정한다.[77] 여하튼 이 피라미드는 같은 시대의 것들 중 세계에서 가장 큰 건축물로 추정되며 중국에서는 이를 '홍산문화 피라미드'라고 부른다.

1) 돌무덤은 중국과 다른 묘제

돌무덤에는 돌무지무덤積石塚, 돌널무덤石棺墓, 돌덧널무덤石槨墓, 돌방무덤石室墓 등이 있으며 고인돌무덤支石墓도 돌무덤에 포함시킨다. 그 중에서도 대표적인 무덤 형식의 하나가 돌널무덤(석관묘)이다. 돌널무덤도 크게 두 종류로 분류하는데 하나는 땅을 파고 지하에 판자와 같은 넓은 돌板石을 마치 상자 모양으로 널(관)을 만든 무덤이고, 다른 하나는 깬돌割石이나 냇돌江石로 네 벽을 쌓고 뚜껑을 덮은 무덤이다.

이런 돌무덤은 신석기시대로부터 청동기시대에 이르기까지 오랫동안 만주 및 한반도 소위 동이지역에서 크게 유행하여 고조선 이후 부여, 고구려에서 사용했으며 남쪽으로는 일본의 큐슈(九州) 지방과 류우큐우琉球 열도까지 분포되어 있다.

돌무덤은 고대 중국과 전혀 다른 방식으로 묘를 만드는 관습이라는 데 중요성이 있다. 돌무덤은 요하 일대에서 한민족의 터전으로 이동하지만 중원 지역으로는 내려가지 않기 때문이다. 중국은 땅을 파서 묘실을 만들고 시신과 유물을 안장하는 토광묘가 주류를 이루었고 주나라 때周代에 들어와서야 비로소 나무로 곽을 짜서 묘실을 만드는 목관묘가 유행했다.

이것은 중국의 역대 제왕들의 능을 보아도 알 수 있다. 중국의 능은 대체로 두 가지 형식을 갖고 있다. 하나는 '퇴토성릉堆土成陵'이고 다른 하나는 '인산위릉因山爲陵'이다. 퇴토성릉은 평지에 흙을 쌓아올려 작은 산처럼 만드는 것으로 진시황릉이 바로 이 형식이다. 인산위릉은 산을 뚫어 관을 안치하여 산 자체를 능으로 하는 것으로 비교적 늦게 출현하였는

한나라 무제의 능. 중국의 능은 대표적으로 평지에 흙을 쌓아 올린 산처럼 만드는 것 혹은 산을 뚫어 관은 안치하여 산 자체를 능으로 하는 것이 대표적으로 동이 지역의 돌무덤과는 판이하게 다르다.

우하량의 돌널무덤 유적(왼쪽)과 전남 화순 대신리의 돌널무덤 유적(오른쪽). 제도화된 양식은 일정 수준의 정치체제의 존재를 입증한다.

데 한무제漢武帝의 패릉霸陵이 대표적이다.

여하튼 무덤은 지역집단의 공통된 참여를 통해서 축조되므로 무덤의 성격에 따라 무덤을 만든 민족의 유사성을 구분하는데 중국과 동이족의 무덤이 원천적으로 다르다는 것은 이들 문명이 근원적으로 다르다는 것을 의미한다. 그러므로 어떤 민족이 타 민족을 정복했을 경우 선주민의 묘를 파괴하는 분묘파괴행위가 나타난다. 이것은 분묘가 제사 행위의 장소로 자신과 선조와의 계승관계를 확인하는 행위로 간주되기 때문이다.

한편 '고고학'에서 완벽한 구조를 갖춘 제도화된 무덤의 존재는 그에 상응하는 일정한 수준의 정치체제의 존재를 입증하는 것이라고 한림대의 노혁진 박사는 말했다.

왕권사회가 존재하지 않는데 왕릉이 출현할 수 없고 왕릉에 다른 계급자가 묻히지도 않는다. 또한 왕릉과 일정한 지배자에 속한 자의 무덤은 항상 그 사회의 중심적인 의미를 지닌 특정한 지위를 보장받는다. 그것은 그 사회구성원이나 후손들이 무덤을 향해 일정한 숭배의식을 진행하기 때문이다. 그러므로 분묘파괴행위는 과거의 계승관계를 단절하겠다는 의미가 포함되었다고 생각한다. 그런데 동이족의 근거지라고 간주되는 홍산 지역은 물론 만주와 한반도에서 돌무덤이 계속 이어져왔다는 것은 민족의 계승이 계속 이어져 왔다는 것을 의미한다. 한민족이 중국과 다른 동이족으로 차별성을 갖고 있다고 부단히 주장하는 이유이다.[78]

우하량의 고분이 특별히 주목받는 것은 5000년 전의 무덤인데도 불구하고, 규모와 부장품의 수량 등에 따라 대·중·소로 구분할 수 있다는 것이다. 이는 당시 사회 조직 내에 이미 삼엄한 신분 차별이 있었음을 보여준다.

대형 묘는 대부분 적석총군의 중앙 부위에 위치해 있으며 묘실의 면적이 넓다. 부장품도 많으며 질도 좋다. 대형과 중형묘에는 일반적으로 옥기 등의 부장품이 있으며 일부 부장품의 종류와 배열 방식에서는 일종의 종교적 색채를 느낄 수 있다. 반면에 소형묘는 수량은 많지만 부장품 중에 옥기가 적고 수도 적으며 아무것도 없는 것도 있다. 특히 대형 묘의 주인은 홀로 중앙에 매장된 것으로 보이는데 이는 생전의 지위와 상응한다고 추정한다.

고분으로 추정해 볼 때 이와 같은 피라미드식 등급은 홍산문화에서 종교 활동이든 장례 제도이든 계층 분화가 매우 철저하게 되었음을 알려준다.[79]

우하량의 4호 적석총.

2) 비밀의 피라미드

2001년 7월에 세계를 깜짝 놀라게 하는 몇 장의 사진이 발표되었다. 이들 사진은 홍산 지역으로 인식되는 아오한 바너敖漢旗(Aohan Banner) 지역에서 촬영된 것으로 전해진다. 그동안 중국 당국이 철저하게 보안 조치하여 중국 밖에서는 전혀 알려지지 않았지만, 비밀리에 잠입한 독일인에 의해 그 실상이 알려진 것이다.

사진은 모두 대형 피라미드의 존재를 적나라하게 보여주고 있다. 이들 피라미드는 외형적으로 수천 년 세월이 지나는 동안 수목이 우거진 산처럼 변해 있어 지역농민들은 처음에는 평범한 산으로 생각했다고 한다. 현재까지 밝혀진 것은 100개 이상이며 평균 25~100미터 높이의 피라미드들로 추정되지만 미확인 설명에 의하면 그 중에는 뉴욕의 엠파이어스테이트 빌딩과 맞먹는 300미터 높이의 것도 있다고 한다.

곽대순은 이들 피라미드가 5000년 내지 6000년 전인 '홍산문화' 시대 것으로 추정했다.[80] 이들 피라미드가 최초로 발견된 것은 1945년에 인근을 비행하던 미국 수송기 조종사의 사진촬영과 보고서에 의해서이다. 조종사는 눈 아래 특이한 것을 발견하고 카메라로 촬영하였고, 이는 1947

동이족 유산으로 알려진 거대 피라미드들이 오한기 등 중국의 동북 지역에서 발견되었다고 알려지나 아직 중국측의 공식적인 설명은 없다.

년 3월 28일 「미국조종사의 시안 서남쪽 외딴 산의 거대 피라미드 발견」으로 『뉴욕타임즈』에서 보도되었다.[81]

1963년, 중국의 고고학자들은 이들 피라미드군을 중국을 통일한 진시황의 무덤으로 예상하고 발굴하기 시작했다. 그런데 1973년에 실시된 탄소연대측정법에 의해, 거대한 피라미드가 진시황의 무덤보다 수 천 년 전에 건설된 것임이 밝혀지자 문제가 생겼다고 알려진다. 이들 피라미드들이 중국인들이 자랑하는 진시황제가 아니라 그들이 극구 중국인이 아니라고 주장하던 동이족의 유산임이 밝혀졌기 때문이다.

중국 당국은 철저하게 피라미드의 존재에 대해 함구했다. 그러나 이미 다소나마 알려진 동이족의 피라미드에 대한 소문은 꼬리에 꼬리를 물기 시작하여 사람들의 관심을 계속 증폭시켰다. 결국 1994년 4월, 독일의 고고학자인 하우스돌프와 피터 크랴샤는 여행객으로 가장하고 평상시 잘 알고 지내던 중국의 고관과의 긴밀한 관계를 이용해 외국인 금지 구역으로 묶여 있던 피라미드들을 몰래 사진으로 담는 데 성공하였다.

이들 사진을 본 미국과 유럽의 수많은 고고학자들은 중국에 있는 피라미드야말로 세계 역사를 다시 써야 하는 21세기 최고의 고고학 발견이 될 수 있다며 중국 정부에 발굴을 허가해 달라는 공문을 보냈다. 그러나 중국 정부가 아직도 이들 요청을 계속 거부하고 있다는 설명이다.

이들 유적들이 과연 피라미드인지 또는 앞에서 설명한 우하량에서 발견된 피라미드와 연관관계가 있는지 여부는 아직 알려지지 않았지만 앞으로 이들 유적에 대한 구체적인 연구는 그동안 잘 알려지지 않은 동이족의 과거사를 밝히는 데 큰 역할을 할 것으로 생각한다.[82]

⑤ 옥기

홍산문화의 무덤 중에서 독특한 점은 부장품으로 옥기가 발견된다는 점이다. 물론 옥기가 발견되지 않고 도기만 발견되기도 하는데, 이는 등급이 낮은 사람의 무덤으로 추정한다.

홍산문화의 옥기는 투섬석 연옥을 주요한 재료로 하고 있으나 사문암 심지어는 활석류도 사용된다. 사문암은 그 색깔이 대체로 담록색이나 심록색을 띠며 후자는 대부분 유백색이나 아백색牙白色으로 모두 옥에 속한다.

옥기의 경도, 색깔 및 우열에 대해 홍산문화인들은 엄격한 감별 능력과 선택 기준을 갖고 있었다. 일부는 기물 제작의 난이도에 근거하고 일부는 사용 등급에 따라 재료를 선택했다. 홍산문화에서는 전체적으로 볼 때 주로 사용 등급에 따라 옥 재료가 선택되었는데, 예를 들면 대묘大墓에 수장된 형태가 복잡한 옥기에는 경도가 높은 것을 사용했다.

옥기를 중요하게 생각하는 것은 석기와 토기 같은 것들이 생활용품들인 반면 옥기는 관념 형태의 창작물이라고 보기 때문이다. 그런데 홍산문화의 무덤에서는 토기와 석기가 수장된 경우는 매우 적고 대부분 옥기만 수장되어 있다. 우하량에서 발견된 홍산문화의 무덤 61기의 경

인골의 가슴 위에서 발견된 옥저룡. 돼지가 아니라 곰으로 추정하고 있다.

우 부장품이 있는 무덤은 31기인데 그 가운데 옥기만 수장한 것이 26기이다. 전체 부장품 무덤의 80퍼센트를 상회한다.

특히 주목되는 것은 중심대묘 및 기타 비교적 큰 무덤은 옥기만 수장하였고, 토기와 석기를 수장한 무덤은 소형 무덤이라는 점이다. 원래 홍산문화는 상당히 발달한 토기, 석기 제작 공예술을 가지고 있었다. 대형 뗀석기, 간석기, 좁돌날석기 등 석기의 3대 종류를 병용할 정도로 같은 시기의 다른 선사 문화가 따르지 못하는 문화적 우위성을 갖고 있었는데도 이들 토기나 석기보다는 옥기만 수장한 것이다.

주목할 만한 현상은 홍산문화 무덤에 수장된 부장품은 옥기가 대부분이지만 부장된 옥기의 개체가 매우 적다는 점이다. 우하량 적석총군의 무덤

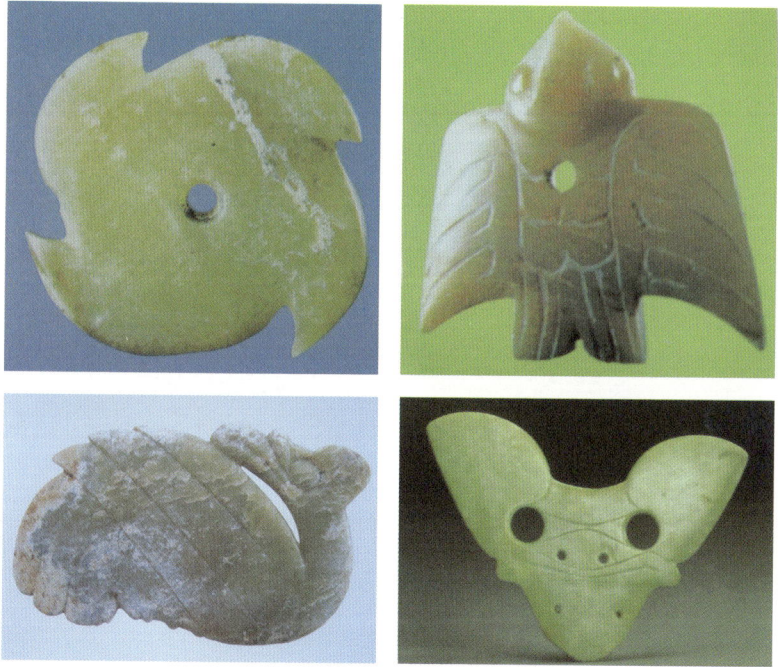

홍산문화에서 발견된 다양한 옥기들.

에서 발견된 옥기의 경우 대묘는 10개를 넘지 않으며 보통의 무덤의 경우도 3~5개 정도이다. 이와 같은 '숫자는 작으나 정밀한' 형상은 홍산문화에서 옥기가 가진 비중이 매우 무겁고 함축성이 깊다는 것을 알려준다.[83]

홍산 옥기는 다양함으로도 유명하다. 옥기는 용龍(곰-용, 돼지-용), 물고기, 거북이, 매미, 부엉이 같은 다양한 토템, 그리고 옥벽玉璧, 옥환玉環, 구름무늬장식勾云紋佩飾 등 여러 가지 모습을 지니고 있다. 그러나 옥기의 상당 부분은 소위 옥룡이다. 이들 옥룡은 옥저룡, 대흑룡, 대청룡, 옥조룡, 대홍룡, 소청룡, 황색포장룡黃色包漿龍과 변색룡 등 이십여 종으로 구분된다. 다양한 형상의 '패옥형 옥룡'들도 발견되는데 이는 돼지가 아니라 곰으로 추정한다. 이들은 동그랗게 말린 몸체와 뭉툭한 주둥이를 갖고 있으며 갈기가 없고 아래위로 교차된 송곳니를 표현하고 있다. 커다란 눈과 가운데 뚫린 구멍이 인상적인 이 작은 옥은 일반적으로 시신의 가슴에 놓여 있다.

홍산문화에서 출토된 옥기 가운데 동물의 머리를 양쪽 끝에 조각한 쌍수수삼공기雙獸首三孔器가 있는데, 여기에 조각된 동물 머리도 곰으로 추정한다. 이들 다양한 옥들은 홍산문화의 특징으로 장식 또는 상징적이거나 제례적인 가치를 지녔던 것으로 추정한다.[84-85]

우하량에서 가장 많은 옥이 매장된 제2지점 1호 돌무덤은 학자들의 주목을 받았다. 이 무덤의 주인공은 신과 통하는 독점자로서 교주이면서, 왕王의 신분임을 보여주고 있다는 것이다. 소위 제정일치시대의 전형적인 모습의 일면을 보여준다는 설명이다. 이것이 바로 중국 고고학계에서 '홍산문화시대에 이미 고국古國, 즉 원시국가 단계에 돌입했다'고 결론을 내린 이유 중에 하나이다.

중국학자들이 홍산문화의 옥기에 대해 중요성을 부여하는 것은 옥을 생산 공구로 취급하지 않았을 뿐만 아니라, 단지 등급을 나누는 데 필요한 도구 혹은 신과의 교류에 있어 독점적 권리를 장악하는 신물神物로서의 역할에 한정시키지 않았다고 인식하기 때문이다. 이중에서 가장 큰 주목거리인 옥룡玉龍과 결상이식(옥귀고리)에 대해서만 설명한다.

1) 옥룡

홍산지역에서 발견되는 옥기의 상당 부분은 소위 옥룡이라는 것은 앞에서 설명했다. 1971년 8월, 내몽고자치구 옹우특기翁牛特旗 삼성타라촌三星他拉村의 농민 장봉상張鳳祥은 마을 뒤의 과수원에서 한 개의 갈고리 모양의 물건을 발견했다. 이는 매우 딱딱하고 묵직하여, 장봉상은 이를 폐철이라 생각하고, 집으로 가져갔다. 당시 예닐곱 살의 어린아이였던 그의 동생 장봉량張鳳良은 형이 갖고 온 '철 갈고리'와 같은 물건에 줄을 묶어 끌고 다니며 또래 친구들과 마을에서 놀았다.

그런데 일주일이 지나자 철 갈고리에 광택이 나타나 그제야 장봉상은 그것이 커다란 옥기임을 알고 〈옹우특기문화관〉으로 찾아가 신고했다. 문화

C형 옥저룡. 좌측이 삼성타라촌에서 발견된 중화제일옥조룡.

인골의 가슴 위에 놓여진 채 발굴된 옥저룡(왼쪽)과 인골과 함께 발견된 옥기들(오른쪽).

관의 직원 왕지부王志富는 신고 규정에 따라 이 물건을 받고 단돈 30원을 지불했으나 별다른 생각 없이 창고에 방치했다.

1984년 〈옹우특기문화관〉 책임자 가홍은賈鴻恩은 우하량 지역에서 5000년을 상회하는 옥기가 계속 발견된다는 소식을 듣고 1971년에 접수된 옥기를 떠올렸다. 그는 창고에 방치된 옥기가 매우 진귀한 문물일 수도 있다는 것을 깨닫고, 곧바로 북경의 고고학자 소병기蘇秉琦에게 감정을 부탁했다. 이것이 중국에서 최초로 발견된 용의 시원으로 연대는 5000년 전으로 거슬러 올라가며 곧바로 '중화제일옥조룡中華第一玉雕龍'으로 명명되었다.

중국인들을 깜짝 놀라게 한 이 옥저룡은 묵록색을 띠며 길이 26센티미터, 무게는 1킬로그램으로 완벽한 형태를 갖고 있었다. 추후에 굽어진 형태가 마치 영어 문자 C와 같아 C형 옥저룡玉猪龍이라고도 불렸다. 이를 옥저룡이라고 부르는 것은 옥으로 만든 돼지용이라는 뜻을 갖고 있기 때문이다.

이 대형 옥룡은 입술부분은 앞으로 튀어나오고 약간 위로 굽었으며, 입은 꼭 닫았고 두 눈은 돌출되어 마름쇠형을 띤다. 용체의 횡단면은 타

원형을 띄고 용의 등 부분에는 단공이 있으며 부조浮雕와 천조淺雕수법의 운용이 섬세하고, 몸통 전체를 잘 다듬어 빛나고 매끄럽다.[86]

옥저룡玉猪龍이란 이름은 중국의 손수도 박사가 처음으로 제기했다. 그가 옥저룡이 원시용이라고 주장하는 것에는 매우 큰 의미가 있다.

용 모습의 원형으로는 도마뱀, 뱀, 악어, 말, 소, 뱀 등 많은 동물을 거론한다. 그런데 옥저룡을 원시용으로 보는 것은 용의 원형이 돼지라는 것을 뜻한다. 특히 『예기』에는 '종묘에 제사를 지내는 것에는 돼지의 목덜미 털로 한다'라는 기록이 있으므로 돼지를 중국인들이 중요시하는 용의 기원으로 보는 것이다.

당시 사회적 분위기를 보아도 용을 돼지로 보는 견해는 매우 많은 지지를 받았다. 당시에 이미 농경사회로 들어섰으므로 적어도 돼지를 사육하였을 것이라는 추측은 타당하게 여겨졌다. 고대 농경사회에서 돼지가 중요시된 것은 물과 밀접한 관계가 있기 때문이다.

용의 생태적 특징을 처음으로 언급한 문헌은 『주역』으로 용이 거주하는 환경과 형태로 길흉화복을 표시하고 있다. 그 중 용은 잠복해 있는 것, 하늘을 날아다니는 것, 논밭에서 생활하는 것, 물속에서 요동치는 것, 몸통을 곧게 펴고 뻣뻣한 모양을 한 것, 몸을 돌돌 감아서 머리를 감추고 있는 용 등이다.[87]

학자들은 '용은 구름이다' 또는 '용은 물이다'라는 기록이야말로 용이 물과 동일시되는데 물 없이는 농사를 지을 수 없다는 데 주목한다. 그런데 고대인들은 일반적으로 물, 즉 비를 내리게 해달라고 제사를 지낼 때 제물로 돼지를 사용했다고 추측한다. 이런 점은 우하량 지역의 동산취에서 발견된 한 무더기의 돼지 뼈로도 증명된다.

고대인들이 돼지를 기우제 지낼 때 사용했는데, 물이나 용이 같은 의미로 사용된 것을 볼 때 돼지 또한 물을 만드는 데 사용되었기 때문에 결국 용과 돼지는 같은 의미로 볼 수 있다는 논리이다.

사학자 손보기의 용에 대한 견해가 큰 주목을 받은 것은, 오늘날에 보이는 것처럼 용은 후대로 갈수록 많은 변화가 있었는데 그 원시적인 형태가 홍산문화에서 발원되었다고 주장했기 때문이다. 중국에서는 현재 '중화오천년역사中華五千年歷史'를 주장할 때도 용의 탄생을 홍산문화와 연계시키고 있다. 즉 요서지방의 홍산문화 유적에서 이와 비슷한 기물 또는 문양이 대량으로 발견되면서 자연스럽게 용으로 굳어지기 시작했다는 설명이다.[88]

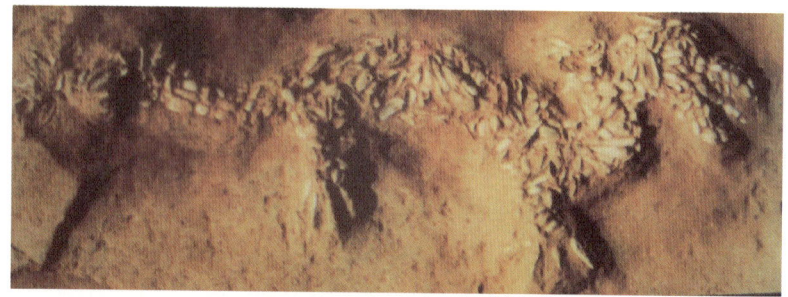

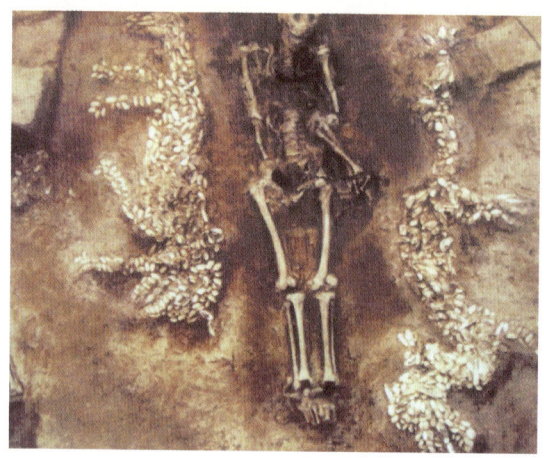

하남성 서수파에서 발굴된 조개껍질로 만든 방소룡.

중국인들이 옥룡을 특별히 중요시하는 것은 옥룡을 홍산인들이 숭배하던 신의 형상으로 추정하기 때문이다. 이는 중국인들의 생각에 큰 영향을 미치는 용이 홍산에서 출발했다는 것을 의미한다. 즉 중국인들은 홍산인이 중국에서 최초로 용을 신령으로 숭배한 민족이며 이후 용이 신격화되어 중원지역으로 전파되어 현재 중국인들이 용을 생활화하고 있다는 것이다.

그러나 이와 같이 홍산의 용이 중국 용의 시조로 확정되기까지에는 약간의 우여곡절이 있었다. 1987년 하남성河南省 복양시濮陽市 서수파西水坡 앙소문화유적지 1호 묘에서 놀라운 유물이 발견되었는데, 이것은 흰색의 조개껍질로 정성스럽게 형상을 만들어 놓은 원용문으로 된 용형상물로 방소룡蚌塑龍이라고도 부른다. 전체적으로 보아 이 용은 힘차게 앞으로 기어가는 느낌을 준다. 특히 무덤 주인의 좌측에는 용의 형상이 있고 우측에는 호랑이 형상이 있어서 보다 큰 주목을 받았다. 그것은 음양오행론과 풍수지리에 입각한 좌청룡, 우백호로 해석될 수 있기 때문이다. 이학근은 이 발굴을 근거로 사신도四神圖의 기원이 서수파에서 기원한다는 논문을 발표하기도 했다.

한편 이 용의 모델은 추상적인 용이 아니라 당대의 가장 강력한 동물인 악어로 보는 견해도 있다. 학자들이 이들 용 형태의 신체 각 부분의 비례 관계를 측정해 본 결과 악어류 신체의 비례 관계와 기본적으로 일치한다는 것을 발견했다. 수중에서 생활하는 악어는 그 환경에서 가장 사납고 힘이 센 동물로 선사시대 사람들의 맹수 숭배 관념에 깊게 각인되었다는 것이다. 한마디로 서수파 용은 용 형상이 아니라 악어이며 서수파인들이 조개껍질 조형 예술로 악어를 표현할 때 무의식적으로 변형시켰다는 설명이다.[89]

서수파 용이 용을 의미하던 악어를 의미하던 용이라는 명성은 계속 유지되었는데 탄소연대측정에 의해 적봉시 옹우특기翁牛特旗 삼성타랍촌 三星他拉村의 홍산문화 유적보다 빠른 기원전 4460±135년으로 확인되자 '중화제일룡'의 자리가 바뀌었다. 그러나 혼동을 피하기 위해 이를 '천하제일룡'으로 부르기도 한다. 복양시에서는 재빨리 천하제일룡 발굴을 기념하여 '중국 용의 고향'이라는 중화룡향中華龍鄕이란 기념비를 세우기도 했다.

서수파에서 용의 형상물이 발견되었다는 것은 홍산문화에서 발견된 용이 중국이 자랑하는 용의 시원이라고 주장하는 데 문제가 있음을 의미한다. 일부 학자들은 용의 시원을 북방지역에서만 찾을 것이 아니라 하남성 등 중남부지역에서 찾자고 주장하기도 했다.

그러나 이러한 혼란도 잠시 1994년에 또 다시 놀라운 용 형상물이 사해문화에서 발견되었다. 사해문화는 요령성 서부 의무려산 동쪽의 부신阜新 몽고족 자치현에서 발달된 문화로 흥륭와에서 세계 최초의 옥 귀걸이가 발견되기 전까지 세계에서 가장 오래된 '세계제일옥'이 발견된 지역이다. 역시 흥륭와에서 '중화제일촌'이 발견되기 전까지 '요하제일촌'으로 불리던 집단 주거지가 발견된 곳이다.

사해유적지에서 발견된 용 형상물을 석소룡石塑龍이라고 부르는데 길이가

길이가 19.7미터에 이르는 사해유적의 석소룡은 기원전 5600년경에 만들어졌다.

19.7미터, 넓이가 1~2미터에 이르는 엄청난 크기를 자랑한다. 그런데 학자들을 놀라게 하는 것은 석소룡이 서수파에서 발견된 '중화제일용'보다 무려 1200년이나 앞선 기원전 5600년경으로 거슬러 올라간다는 점이다.

그럼에도 불구하고 중국학자들은 서수파의 것이 중원의 앙소문화에서 발견되었음을 우대하여 서수파의 방소룡을 '중화제일룡'으로 계속 고집했다. 그러나 사해유적에서 발견된 빗살무늬토기 위에 부조로 장식된 용의 문양이 발견되자, 2004년 중국학자들은 사해유적에서 발굴된 용형상물을 '중화제일룡'으로 확정했다.[90] '중화제일룡'의 영예가 홍산문화 쪽으로 다시 돌려진 것이다.

2) 한반도와 연계되는 옥 귀고리

홍산문화 지역에서 발견된 옥이 적봉시에서 동쪽으로 450킬로미터나 떨어져 있는 압록강에 인접한 요령성 수암岫岩에서 출토되는 '수암옥'이라는 것은 중국학계를 그야말로 놀라게 했다. 흥륭와문화 시대인 기원전 6000년경에 이미 만주 벌판 서쪽과 동쪽이 교류하고 있었다는 것을 증명하기 때문이다.

그런데 이들 문화는 일찍부터 한반도에도 전파되었다는 것이 알려졌다. 강원도 고성군 문암리 선사유적지(사적 426호)에서 국내 최초의 신석기시대 옥 귀고리(한쪽을 뚫은 결상이식)가 발견된 것이다. 문암리 유적은 그동안 국내에서 가장 오래된 신석기 유적으로 알려진 강원도 양양군 오산리 유적(기원전 6000~3000년)과 비슷하거나 더 오래된 것으로 홍산문화와 시기가 엇물린다.

특히 이들 유적지에서 초기 신석기 문화의 대표적인 두 가지 토기로 인

닮은 모양의 옥 귀고리 유물. 흥륭와 유적의 옥 귀고리(왼쪽위), 은허 유적의 옥 귀고리(오른쪽위), 강원도 문암리 선사유적의 옥 귀고리(왼쪽아래), 전남 안도패총의 옥 귀고리(오른쪽아래).

식하는 덧띠무늬토기와 빗살무늬토기가 함께 출토되었다. 국립문화재연구소 신희권 연구관은 사해와 흥륭와에서 발견된 토기와 문양을 그려 넣은 기법은 물론 토기의 기형도 유사하다고 설명했다.-⁹¹

2007년 한국에서 보다 더 놀라운 발표가 있었다. 전라남도 여수시가 금오도와 안도 사이의 연도교 가설공사를 추진하던 중 안도패총을 발견하여 2950제곱미터에 대한 긴급구제 발굴조사를 진행했다는 것이다.

안도패총은 1992년 국립광주박물관이 실시한 남해도서 지표조사에서 처음으로 알려졌다. 3개월에 걸친 긴급구제발굴조사를 통해 안도 패각층 내부와 기원전 4000년경으로 올라가는 신석기시대 구지표면 상층에서 토기류, 석기류, 골각기류 등 약 500여 점의 유물과 함께 불 땐 자리 등이 출토되었다.

안도패총에서 가장 주목을 받은 것은 신석기시대의 대표적인 유물로 간주하는 옥으로 만든 결상이식이다. 외폭 기준 지름 3센티미터이며 가운데 뚫린 구멍 지름이 1.4센티미터인 결상이식이 발견되었는데, 이는 중부 이남지역에서 유일하게 출토된 결상이식이다.

우하량 지역에서 꽃피우고 있던 '신비의 왕국' 또는 '여왕국'을 대표하는 결상이식과 같은 형태의 결상이식이 한반도 중부인 강원도를 비롯하여 한반도 남부에서 발견되었다는 것은 매우 중요한 의미를 갖는다. 당대의 홍산문화가 한반도 전 지역까지 영향이 미쳤을 가능성을 단적으로 보여주는 증거로 볼 수 있기 때문이다.[92] 특히 동이족이 중원으로 내려가 하나라를 점령하고 세운 상나라의 수도 안양安陽 은허殷墟에서도 홍산문화와 유사한 결상이식이 확인된다. 이 귀걸이는 상(은)이 동이의 후예가 세운 국가라고 설명하는 데 매우 중요한 역할을 한다.

• 옥은 국가 성립의 증거

옥기의 정확한 기능에 대해 많은 학자들이 연구하는 것은 고대 사회에서의 옥의 중요성 때문이다. 다른 말로 말하면 옥은 단순한 장식품 이상의 의미를 갖고 있다는 것이다.

우하량 제5지점 중심 대묘에서 남성 1구의 인골과 7점의 옥기가 출토되었는데 양 귀에 옥벽玉璧, 즉 둥근 옥이 양 귀 밑에 가지런히 놓여 있고, 가슴팍엔 구름형 옥장식이 놓여 있다. 또한 그 아래 말발굽형 옥기가 있으며, 오른팔엔 옥팔찌가 놓여 있다. 학자들은 양손에 옥거북이가 쥐어져 있는 것을 볼 때 이 무덤의 주인공을 '무인巫人'이라고 추정한다. 여기에서의 무인의 현대 개념의 무당이 아니라 신과 통하는 독점자로서 교주이면서도 왕과 같은 신분을 뜻한다.

　우하량 유적군에서 가장 서쪽에 있는 제16지점의 중심 대묘에도 성인 남성이 묻혀 있는데 이 묘의 주인공도 5지점 중심 대묘와 마찬가지로 신神과 소통할 권리를 독점한 무인巫人으로 추정한다. 특히 이곳에서는 옥으로 만든 무인 인형과 봉황이 특징적이다.

　중국에서 옥의 중요성은 더욱 높아진다. 예로부터 중국은 옥을 숭상하는 나라로 『예기禮記』는 '자고로 군자는 반드시 패옥을 찬다'고 기록할 정도이다. 고대인들은 하늘 운행의 궤적에 있는 태양을 관찰하고 둥근 옥벽玉璧을 만들었다. 이것으로 하늘과 태양을 숭배했다. 또한 땅을 사각형으로 생각하고 옥종玉琮(사각형 형태의 옥)을 만들어 땅에 제사를 지냈다. 중요한 것은 석기와 토기 같은 것들은 생활용품들이지만 옥기는 관념 형태의 창작물이었다는 점이다.

　중국인들의 이러한 옥에 대한 신봉은 홍산문화로부터 유래된다는데 중요성이 있다.

　고대 중국인들은 생명은 하늘이 부여하는 것이며, 신령한 동물과 산수, 토지 등은 서로 영물처럼 치환된다고 보았다. 그로 인해 사람들은 제기에 신비로운 문양과 부호, 상형문자 등을 깎아 넣었는데 그 주류는 토기이다. 심지어는 유일한 부장품으로 토기를 매장하는 습속은 널리 퍼졌다.

우하량에서 발굴된 돌널무덤 내부. 많은 옥기들이 함께 있는 것으로 보아 높은 신분이었음을 알 수 있다.

매우 높은 기술로 제작된 홍산문화의 토기들.

앞에서 말한 바와 같이 홍산문화의 무덤에서는 토기와 석기를 수장한 경우는 매우 적고 대부분 옥기만 수장했다. 우하량에서 부장품이 있는 31기의 무덤 가운데 옥기만 수장한 것이 26기나 된다.

홍산문화는 원래 상당히 발달한 토기, 석기 제작 공예를 가지고 있었으며 대형 뗀석기, 간석기, 좀돌날석기 등 석기의 3대 종류를 병용할 정도로 문화가 앞서 있었다.

특히 홍산문화에서 발견되는 토기는 매우 높은 기술로 제작된 것으로 적석총에 사용한 수많은 대형 통형기는 대량 생산품에 속한다. 더욱이 우하량 여신묘에서 출토된 대형 채도 투각기와 채도 방기方器도 매우 수준 높은 제례기이다.

그럼에도 불구하고 홍산문화에서 비교적 비실용적인 옥만 함께 묻은 이유에 대해 학자들은 다음과 같이 생각한다.

》 부락마다 각종 동물 옥장식으로 제사에 쓰이는 신기神器와 그들이 숭배하는 토템을 만들어 그들 사회의 번성과 풍성한 수확을 바랐다. 이러한 전통

은 홍산인들이 장례 부장품으로 물질문화를 배척하고 정신문화 범주에 속하는 옥만 부장했다.

이는 홍산인들이 정신문화를 중시하는 사유 관념을 갖고 있었다는 설명이다. 우하량 돌무덤에서 보이는 무인巫人도 매우 중요한 역할을 한다. 한나라 때 자전字典인 『설문說文』에 다음과 같이 '옥玉자'를 설명한다.

» 영靈자는 밑의 무巫가 옥으로 (가운데 입 口자 3개) 신과 소통한다以玉通神는 뜻이다.

중국학자들은 '무巫는 인간과 신의 왕래자'라고 해석한다. 인간의 대표이면서 신의 의지를 체현體現하는 사람을 무인이라고 인식하는데, 옥은 무인이 신에게 헌납하는 예물이라는 점이다. 무인은 신과 소통을 통해 옥을 독점하고, 또 옥을 통해 스스로가 신적인 존재임을 만천하에 알린다. 결국 무인巫人과 하늘神과 옥玉은 삼위일체인 셈이다.

이런 의미에서 우하량에서 가장 많은 옥이 매장된 제2지점 1호 돌무덤은 학자들의 주목을 받았다. 옥의 숫자도 많은 것은 물론 질적인 면에서도 다른 돌무덤에서 발견되는 옥과 다소 다르다. 곽대순은 옥거북이를 양손에 쥐고 있는 묘주인에 대해 다음과 같이 적었다.

» 고인은 신령스러운 거북이가 신과 통하는 권력임을 체현하고 있다. 고인이 묻힌 중심대묘는 중소형 무덤들의 호위를 받고 있으며, 거대한 방형 혹은 원형의 적석총으로 돼 있다. 옥거북이를 쥔 주인공인 일인독존一人獨尊의 위상을 나타내주고 있다.

즉, 이 무덤의 주인공은 신과 통하는 독점자로서 교주이면서 왕玉의 신분임을 보여주고 있다는 것이다. 소위 제정일치 시대의 전형적인 모습의 일편을 보여준다는 설명이다.

이것이 바로 중국 고고학계에서 '홍산문화 시대에 이미 고국古國, 즉 원시국가 단계에 돌입했다'고 결론을 내린 이유이다. 그러므로 중국 상고사에도 변화가 일어났다. 즉 중국 상고사에서 (구·신)석기 – 청동기 – 철기 등 3단계로 구분하는 것이 아니라 여기에 옥玉의 시대를 넣어 석기 – 옥기 – 청동기 – 철기 등 4단계로 바꿔야 한다는 주장이다.

중국학자들이 홍산문화의 옥기에 대해 중요성을 부여하는 것은, 옥을 생산 공구로 취급하지 않았을 뿐더러 단지 등급을 나누는 데 필요한 도구 혹은 신과의 교류에 있어 독점적 권리를 장악하는 '신물神物'로서의 역할에 한정시키지 않았다고 인식하기 때문이다.

사람과 자연, 사람과 사람의 관계를 조화롭게 하는 가치 관념과 도덕 기준이 부여되었는데, 그 매개체가 옥이었다. 옥에 대해 가장 잘 알려져 있는 고사는 『예기』에서 공자와 자공과의 대화이다. 자공이 공자에게 옥을 귀하게 여기고 아름다운 돌을 천하게 여기는 이유를 묻자 공자는 다음과 같이 대답했다.

》 옛날 군자는 덕을 옥에 비유했다. 온화하고 윤택한 것은 어짐仁이며 치밀하고 굳센 것은 지혜知이다. 날카롭지만 사람을 다치게 하지 않는 것은 의로움義이며 무거워 몸을 숙이게 하는 것은 예의禮이다. 두드리면 그 소리가 맑고 길게 퍼져나가다가 끝에는 뚝 끊어지는데 이것이 음악樂이다. 티가 아름다움을 가리지 않고 아름다움이 티를 가리지도 않으니 이것이 참된 마음忠

이다. 한 가운데 믿음이 있어 그 믿음이 곁으로 퍼져가니 이것이 일정함(信)이다. 기운이 흰 무지개 같은 것은 하늘이고 그 정화가 산천에 들어나는 것은 땅이다.

옥으로 만든 규장만으로 모든 신물을 대신하니 이것은 덕이며 천하에서 귀하게 여기지 않는 사람이 없으니 이것은 도이다. 시에 이르기를 '군자를 생각하면 그 따뜻함이 옥과 같다'고 했다. 그렇기 때문에 군자는 옥을 귀하게 여기는 것이다.

공자의 설명은 궁극적으로 선사시대에 형성된 옥의 자연적 특성 즉 사람과 자연의 조화로운 관계를 표현하는 관념이 사람과 사람 사이의 관계 영역으로 확장되었다는 것을 의미한다. 즉 옥기가 '옥으로써 신을 나타내는 것'이 아니라 '옥으로써 덕을 비유하는 것'으로 표현되었다는 것으로 이는 홍산문화가 중화문화의 기원, 문명의 기원 그리고 전통문화의 기원사에 절대적인 위치를 갖고 있다는 설명이다.

후한 때 원강이 지었다는 『월절서越絕書(춘추전국시대 월국의 흥망을 기록한 책)』에도 풍호자風胡子라는 사람이 초나라 왕에게 치국의 도를 이야기하면서 옥기시대를 언급했다고 적혀 있다. 이형구 박사도 옥의 중요성에 대해 이렇게 설명했다.

》 옥기의 출현·제작은 엄청난 의미가 있다. 옥기를 독점하고 제작하는 과정에서 신분계급이 생기고, 전문화·분업화가 이뤄졌다. 하늘과 소통하는 독점자가 나라를 통치하는 이른바 제정일치 사회의 개막을 뜻한다. 그걸 동이족이 창조해낸 것이다.

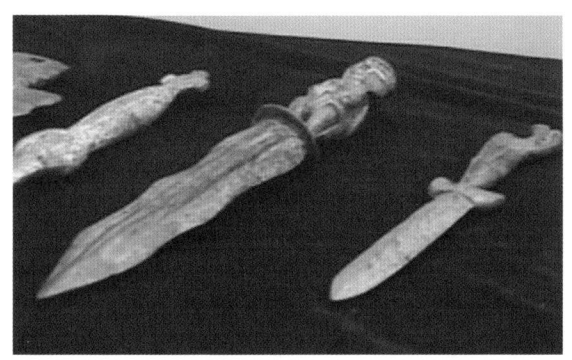

옥으로 만든 홍산문화 비파형검.

더욱 놀라운 것은 옥으로 만든 비파형검도 발견되었다는 점이다. 그동안 학자들은 중국의 청동검과는 전혀 다른 비파형 동검의 비파 형태가 어떤 연유로 동이의 동검에 나타나는 가를 의아해했는데 홍산문화의 옥기에서 비파형태가 발견됨으로써 비파 형태는 갑자기 생긴 것이 아니라 홍산문화 시기에도 홍산인들에게 상당히 각인되어 있었다는 것을 알 수 있다.-⁹⁴

옥기를 제작하는 방법은 보통 절단 기술을 사용하여 재료를 재단하고 대롱 모양의 도구로 구멍을 뚫었다. 그런 연후에 옥기의 둘레가 둥글고 매끄럽게 윤이 나도록 가공했다. 또 하나의 특징은 장중한 시각 효과를 강조하면서도 문양은 조각하지 않았다는 점이다. 물론 천원조법淺圓雕法(흐릿한 윤곽선으로 전체적인 특징을 표현하는 조각법)으로 동물의 머리 부분과 오관五官을 조각한 것이 발견되며, 옥기 표면을 갈아 기왓고랑 모양의 무늬 장식을 만든 것이 발견되기도 한다.-⁹⁵

금속제 공구가 전혀 없었던 신석기 시대에 옥을 뚫는다는 것은 간단한 작업이 아니다. 대만의 장경국은 홍산 옥기의 주요 모티브인 옥룡의 구멍을 뚫는 작업을 추정되는 고대 방법으로 재현했다. 그의 연구에 의하면 1.7센티미터 두께의 옥에 모래를 뿌려가면서 대나무(외경 9.6mm, 내경 5.4mm)를 돌려서 구멍을 뚫는 데 작업시간만 31시간이 걸린다고 밝혔다.-⁹⁶ 그러므로 홍산문화 지역에서 엄청나게 많은 옥기가 발견된 것은 직업의 분화와 전문 장인들이 존재했음을 보여준다.

● 중국 제단 기원 동산취東山嘴 유적

우하량 홍산문화 유적에 버금가는 유적은 중국 최초의 원시 종교 유적으로 간주하는 동산취東山嘴 유적이다. 약 5500년 전의 유적지로 추정되는 동산취는 1979년에 발견되었으며, 우하량 유적지에서 약 50킬로미터 거리에 있는 객좌현 동산취촌(객나심좌익몽고족자치현, 喀喇沁左翼蒙古族自治縣)에 있다.

이곳은 남쪽으로 대릉하와 인접해 있고 동, 서, 북쪽으로는 황토로 된 언덕으로 둘러싸여 있는데 길이 60미터, 폭 40미터로 총 면적은 2400제곱미터이다. 큰 돌을 쌓아 올린 건축유적은 돌의 가공기술과 축조기술이 상당히 발달된 수준으로 남쪽은 둥글고 북측은 네모나며, 중심양측 대칭의 형식을 띄고 있다. 바깥쪽에는 돌을 하나하나 교착시켜 쌓았다. 또한 기다란 기단석은 돌을 떼어 내어 각 모서리가 돌출돼 있고 표면은 넓다.-⁹⁷

동산취 유적에는 장방형 대지에 직영 2.5미터의 원형 제단이 있으며 모두 가공한 돌(아란석鵝卵石)을 사용하였다. 제단 부근에서 시체를 묻은 묘장墓葬이 발견되었고 이곳에서 대량의 도기, 석기, 골기, 옥기, 석제 장신구, 도인상 등이 출토되었다. 도기는 일상생활에 사용되는 것으로 제기의 일종인 그릇, 항아리, 잔, 병, 접시 등이 포함돼 있는데 두께 1.3센티미터의 '채도왕彩陶王'이라 불리는 채도도 있다. 도안이 간결하며 모두 삼각형 문양이나 평행선 등 기하학적인 문양이다. 또한 다량의 돼지 뼈와 사슴 뼈가 발견되었다.

이 유적이 중요하게 간주되는 것은 특정 정교예의政敎禮儀가 이곳에서 시행되었다고 믿기 때문이다. 소병기는 유적지의 위치 및 출토된 여신상과 방형, 원형 제단 등을 근거로 고대 생육숭배, 농신숭배, 지모地母숭배, 산천숭배의 장소라 보았고, 중국학자 장박천 박사는 하늘에 제사를 지내는 원단과 땅에 제사를 지내는 방단方壇이라고 주장했다.

전광림은 이들의 주장을 보다 진전시켜 동산취 유적이 초기 사社숭배 유적지라는 데 동의하면서 동시에 홍산문화인들이 몇 개 부락에서 공동으로 사용하던 천지, 조상, 산천 등 여러 신에게 제사를 지내던 곳이라고 주장했다. 그는 더불어 홍산문화인들의 옛땅에서 발전한 오환, 거란, 몽골 등 북방 민족의 사만교 제천 풍속의 근원이 이것에 기원할 수 있다고 적으면서 그 중요성을 더욱 높게 평가했다. 동산취 유적이 실질적으로 예제禮制전통에 있었으며, 결코 무술巫術에만 있지 않았다는 것이다. 즉 중국 고대의 제사예의를 원시적 종교이론과 동일시할 수 없다는 것이다.

그가 특별히 강조하는 것은 동산취 제단이 당시의 홍산인들의 취락지에서 멀리 떨어져 있고 천지, 조상에게 제사를 지내는 공공 제사활동의 대형 유적이라는 점이다. 실제로 동산취에서 발굴된 유물의 대다수는 제사활동과 직접 연결된다. 그 중에서 마제석부磨製石斧, 마광석부磨光石斧, 타제 아요석부打製亞石腰斧 등이 발견되었는데 이들은 전형적인 제기祭器로 분류된다.

제단 북부 서쪽의 방형기초유적은 유적 중 중첩되어 있는 유일한 예禮의 성격의 유적이며 남부에서 발견된 몇 개 원형 단형壇型 건축물도 시간적으로 중첩되었다. 이는 이곳 유적지들이 장기간에 걸쳐 고정적으로 예의 장소로 사용되었음을 알 수 있다.

동산취 제단은 석재로 수축된 군체群體 건축물이다. 유적지는 약 60 × 40미터 정도로 동산취 산등성이의 가운데 완만하게 돌출된 평지 위에 있다. 이들 건축물들의 분포가 균일하게 대칭을 이루고 있어 높은 건축 설계와 시공기술을 보여주고 있다.

석축 제사 건물지의 중심 부위는 대형의 사각형 기단터로 길이 11.8미터, 폭 9.5미터이다. 바닥 부분은 편평하고 딱딱한 황토 면인데 중간에 커다란 홍색 소토면燒土面이 있다. 기단 터의 둘레는 석축 담장 터이며 그 바깥쪽은 편평하다. 기단 터 안에 세 개의 돌무더기가 발견되었는데 가장 커다란 것이 원형이며 돌이 빽빽하게 채워졌다. 또한 기단 터 안에서 옥황玉璜, 쌍룡수옥황雙龍首玉璜 등 옥기가 발견되었다. 사각형의 기단 터 동·서 양측에 대칭을 이룬 석벽이 여러 겹 설치되었는데 서쪽의 석벽은 20미터나 된다.

이들 석조 기단 터와 우하량 적석총은 구조상 서로 같은 점도 있고 다

동산취 유적의 원형 제단 터.

른 점도 있다. 예를 들어 중심에 있는 돌무더기로 이것은 아마도 무덤과 제사의 이중 기능을 겸비했거나 혹은 무덤이 폐기된 이후 제단으로 개조되었을 가능성도 있다.

방형 기단 터 남쪽에는 원형의 단壇 터가 있는데 서로 다른 두 시기의 것이 있다. 방형 기단 터와 동일한 층위의 것은 남쪽 약 15미터 지점에 위치한다. 지름 2.5미터로 돌들을 원형으로 쌓았다. 주변은 장방형의 돌로 테두리를 둘러, 그 바깥쪽을 가지런하게 처리하였으며 안쪽에는 크기가 유사한 작은 강자갈을 깔았다. 이 원형의 기단 터보다 앞선 지층에서도 이와 유사한 기단 터가 발견되었는데 원형 기단 터의 남쪽 4미터 지점에 있다. 이것은 서로 연결되어 있는 세 개의 원형 기단으로 구성되었는데 제단 유적임을 확연히 알 수 있다.[98]

모든 제단에 기둥을 세웠던 흔적을 발견할 수 없는 점으로 보아 이들 제단이 노천 건축이었음을 보여준다. 또한 방형제단 밖으로 돌담 기초 흔적이 있는데 이는 제단의 외면을 둘러싼 담장의 유적으로 인식한다.

이 중에 홍산문화의 옥기와 원형 석축지에서 나온 20여 개의 인물조각상과 임신부 모습의 소조상이 유명하다.

조상은 모두 임신부의 모습으로, 머리 부분과 오른쪽 어깨가 이미 없어진 채 발견됐지만, 다리는 남아 있었고, 몸의 형태는 확실했다. 하나는 잔존 높이가 7.9센티미터로 몸은 긴 편이었으며, 나머지 한 점은 온몸을 갈아서 윤을 냈는데, 채색화한 듯하고, 잔존 높이는 5.8센티미터이고 좀 뚱뚱하다. 나체며, 체형은 비대하고 윤택하여, 왼팔을 가슴 앞에 굽히고 있고 아랫배가 튀어나왔으며, 둔부는 비대하고 튀어나와 있으며 뚜렷한 음부를 나타낸다.[99]

유위초俞偉超는 이 임신부 소조상을 "고고학계가 30여 년을 기다려 온

중대한 발견"이라고 말했다.-100

  이 임신부 인형 말고도 다른 인체 조각상이 확인되었는데, 인체의 상부와 대퇴부 등 남아 있는 높이는 18센티미터, 두께는 22센티미터이다. 남은 조각들을 조립하자 실제 사람의 3분의 1 정도였다. 비록 목 부분은 없어졌지만 당대 조각예술의 높은 수준을 웅변해준다. 소조 수법이라든지 손과 발 등 세부의 처리가 간단하지만 형체의 동작이 매우 자연스럽고 인체 비례가 완벽하다. 이 입상은 걸터앉은 형태의 좌상으로 추정하는데 이를 '중국의 비너스中國維納斯'라고 부른다.

  동산취의 탄소연대 측정 결과는 지금부터 5485±110년 전이었다.-101 특히 이 조상이 발견된 위치가 원형 제단 위임을 감안하여 이는 남부 원형 제단의 신주神主로 간주한다. 즉 동산취 제단이야말로 중국 요서지역에서 가장 역사가 오랜 선사시대에 천지에 제사를 지내던 사단社壇이라는 뜻이다.-102_103

  더욱 중요한 것은 백음장한白音長汗 유적 부근 산봉우리에서 옥기가

동산취 유적에서 발굴된 임신부 소조상(왼쪽)과 인체 소조상(오른쪽)

수장되어 있는 초기 홍산문화 적석총군으로 7개의 고분이 산등성이를 따라 불규칙하게 배열되어 있었다. 그중에서 가장 규모가 큰 것은 직경 6~7미터로 상부는 적석으로 이루어졌고 하부는 웅덩이를 팠다. 이들 묘지는 일반 주민들의 묘지가 아니라 소수의 특정 상층 계급의 묘지임을 증명해준다.

특히 M5묘지는 돌로 원형을 쌓았는데 이는 홍산인들이 돌로 원형을 쌓는 것은 지위가 가장 높은 조상신령을 숭배하는 형식으로 추정한다. 이것이 후기의 홍산문화에서 산 위에 돌무덤을 쌓은 후 무덤 위에 단壇을 설치하고 제사를 지내는 동시에 신주神主를 숭배하는 형식으로 변한다. 또한 묘지 앞에서 토기 신주와 석제 조각 신주가 발견되는 것을 볼 때 이는 묘지 앞에서 신주를 모시는 예의禮儀가 있었다고 추정할 수 있다.

일반적으로 사람이 죽으면 혈연관계에 있는 가족들만 모여 '가주家主'에게만 제사를 지내지만 각자의 거주지역을 떠나 '사社'에서 제사를 지낼 때는 혈연관계에서 벗어나 일종의 지역적 성질을 갖고 있었다고 볼 수 있다. 이것은 동산취 유적을 포함한 우하량 홍산 유적이 국가를 형성하기에 충분하다는 것을 의미한다.[104]

• 우하량에 세워진 신비의 국가

우하량 홍산 유적은 전체적으로 여신사당을 중심으로 피라미드형 무덤을 앞쪽에 두고 여러 산들의 정상이 돌무덤들로 둘러싸여 있는 형태이다. 이와 같은 배치는 남북 10킬로미터, 동서 50킬로미터의 광대한 면적 안에 각 시설들이 일정 계획에 따라 건설되었음을 의미한다. 더욱 놀라운 것은 여신사당이 전체 배치에서 중앙의 축을 이루고 있다는 점을 앞에서 설명했다.

특히 우하량에서 제단·신전·무덤 등 이른바 단壇·묘廟·총塚 등이 3위일체로 구성됐다. 제단과 무덤이 한꺼번에 조성된 적석총(제2지점)에서뿐 아니라 그곳에서 900미터 떨어진 여신묘에서도 제사를 지냈다는 뜻이다. 선문대 이형구 박사는 이들 배치에 주목한다.

》 적석총+제단(2지점)'에서는 그곳에 묻힌 씨족의 조상에게 주로 참배하고, 여신묘에서는 요즘의 시제 같은 큰 제사를 지낸 것으로 해석할 수 있다. 특히 여신묘에서는 여러 씨족의 공동 조상 한 분을 모셨을 수도 있다.

우하량 홍산문화의 중요성은 신석기시대로 간주되는 빗살무늬토기, 청동기시대의 비파형동검 등이 발견된다는 점이다. 이들 문화의 주인이 누구인지 이제야 알 수 있을 것이다.

또한 우하량 유적이 주목받는 것은 인근에서 홍산인들이 살았던 주거지가 발견되지 않는다는 점이다. 우하량 유적군을 기준으로 무려 100제곱킬로미터 이내에서 어떤 주거지 유적도 확인되지 않았다. 학자들은 이와 같은 이유로 우하량은 명실상부한 종묘의 원형이며, 주거지에서 멀리 떨어진 제사의 중심지였다고 설명한다.

이는 한 씨족과 부락 단위를 넘어선 단계로 홍산문화 공동체가 함께 사용하면서 숭배한 선조들의 성지였다는 뜻이다. 즉 주거 지역을 멀리 벗어나 독립된 묘우廟宇, 묘구廟區 및 능묘구陵墓區를 건설하여 거대한 규모의 제사 센터를 운용했다는 것이다.

이를 중국학자들은 우하량이야말로 홍산문화 시대에 이미 고국古國의

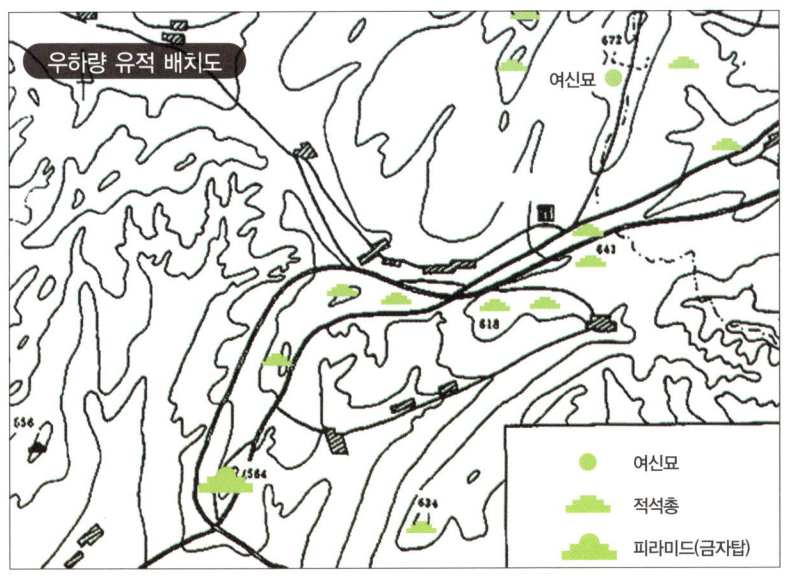

단계에 접어 든 상태로 후대 상나라와 마찬가지로 종묘가 중심이 된 성도 聖都와 사람들이 살았던 속도俗都로 구별했는데, 우하량은 홍산인들의 성도聖都였다는 설명이다. 소병기는 다음과 같은 결론을 내렸다.

> 우하량 여신은 5500년 전 홍산인들이 진짜 사람을 토대로 만든 신상이지, 후세 사람들이 상상해서 창조한 신이 아니다. 그리고 '그 여인'은 홍산인의 여자 조상이며, 중화민족의 공동 조상이다.[105]

홍산문화에서 거대한 여신신전, 원형과 방형 제단, 거대한 돌무덤, 엄청난 양의 옥기들이 발견되는 것은 지금까지 청동기시대에 들어서야만 국가가 성립될 수 있다는 상식을 여지없이 깨뜨렸다. 홍산문화에서 대량으로 출토되는 옥기는 조형이나 가공 솜씨를 볼 때 모두 고도로 통일된

규범을 갖고 있다. 이는 옥기를 제조하면서 명확한 분류에 의해 생산했음을 보여준다. 또한 홍산인들의 매장 풍속을 가늠할 수 있는 돌무덤이 통일성을 보이고 있다는 것은 어떤 힘에 의해 직간접적으로 영향을 받았다는 것을 알 수 있다.-106

이것은 과거 신석기시대로 간주하던 6000~5000년 전에도 국가가 성립할 수 있는 국가 추형雛形(모델)으로서의 모든 조건을 갖추고 있다는 것을 보여준다. 중국에서 '신비의 왕국'의 존재와 '중화문명5천년'을 들고 나온 근거이다. 우하량의 유적지를 방문하면 입구에서 제일 먼저 발견되는 홍산문화를 알리는 플래카드에도 다음과 같은 글이 적혀 있다.

》 옛것에 비추어 신비의 왕국 우하량 홍산문화가 있다(亘古神秘的王國 牛河梁紅山文化)'

최근에 중국사회과학원의 왕외王巍는 홍산문화의 유적에 대해 다음과 같이 평가했다.

우하량 유적지 입구에 있는 플래카드. 신비의 왕국 우하량 홍산문화가 있다고 적혀 있다.

》 오랫동안 사람들에 의해 문화발전이 낙후된 곳이라고 여겨졌던 중국 동북지역의 서부에서 지금으로부터 5000여 년 전에 발달한 문화가 꽃피었다는 것에 사람들은 의아해 했다. 이로써 선사시대 사람들의 문화와 사회와 발전 수준은 우리의 상상을 훨씬 초월하고 있다.-107

그런데 중국에서 홍산 유적을 보다 중요하게 생각하는 것은 이들 문명을 삼황오제시대가 전설이 아니라 실제 있었던 사실로 간주할 수 있다고 믿기 때문이다. 이는 곽대순郭大順의 다음 글로서도 알 수 있다.

》 우하량 홍산문화의 발견은 중국인들이 전설로 간주하던 오제와 연관이 있다. 예를 들면 곰熊 숭배를 하나의 증거로 본다면 역사(『신선통감』)에 기재된 "황제는 원래 웅씨였다"는 것을 연상케 한다.-108

소병기蘇秉琦도 홍산문화를 '중국문명의 서광'으로 부르면서 다음과 같이 홍산문화의 중요성을 설명했다.

》 황제 시기의 활동 중심은 홍산문화의 전성기와 맞물린다. 홍산문화가 곰과 용熊龍을 주요 신으로 숭배한 증거들이 보다 많이 발견된다면 오제전설五帝傳說에 관한 기록이 사실성을 인정받을 수 있을 것이다. 그것은 옥웅조룡玉熊雕龍이 황제黃帝 또는 오제전설의 열쇠가 될 수 있음을 뜻한다. 우하량 홍산문화 유적지는 홍산문화를 갖고 있던 고대국가의 소재지일 뿐만 아니라 '중화오천년' 옛 국가의 상징이다. 또한 여신상은 홍산인의 여자 조상인 동시에 중화민족의 공통의 조상이다.-109

홍산문화 발굴을 담당하고 있는 서자봉徐子峰 적봉대학교 교수는 이를 다음과 같이 설명했다.

> 황하문명은 농업 중심의 왕권국가였고, 요하문명(발해문명)은 복합적인 신권국가였던 것 같다. 사해·흥륭와 문화(기원전 6000년)에서 홍산문화(기원전 4500~3000년)에 이르기까지, 용형 돌무더기와 옥결이 출현하고 곰과 용, 새를 형상화한 옥문화가 꽃피고, 신전과 제단, 적석총 등 제사유적이 출현하는 등 신권 중심의 문화였다.[110]

이와 같은 발굴 결과는 중국학자들을 놀라게 했고 결국 중국대륙의 앙소-용산문화와 전혀 다른, 요령지역의 홍산문화 전승자는 만주대륙-한반도-일본열도 전체를 포괄하는 '빗살무늬-민무늬 토기, 비파형동검' 등을 공유하는 공동체라는 것을 인정하게 만드는 계기가 되었다. 이곳에서 '중국문명'이란 '황하문명'을 의미한다.

또한 중국학자로 하여금 우하량 홍산문화 유적지를 중국 상고시대의 사회발전사, 전통문화사, 사상사, 종교사, 건축가, 미술사의 연구 대상으로 삼고 화하족의 조상을 제사지냈던 성지로 간주하면서 동방문명의 빛이라고 자랑토록 만든 근본 계기이다.

• 중화문명의 기원이 올라간다

홍산문화의 새로운 고고학적 발견으로 앞에 설명된 중국문명의 기원에 대한 종합적인 결론은 다음과 같이 정리하여 설명된다.

① 홍산문화의 새로운 유적과 유물은 그 연대가 5000년 전까지 올라가며 중원 지역의 양저문화 시기에 맞먹는다는 사실은 의심의 여지가 없다. 이 시기는 과거 채도彩陶 시기로 구분되었으며 오랫동안 원시사회인 모계 씨족공동체의 번영기로 간주되었다. 중화문명의 기원은 종전의 4000년 이전의 하대夏代에서 일거에 1000년 더 위로 올라간다.

② 홍산문화가 발견된 지역은 중원이나 중원에 인접한 지역이 아니고 중원에서 멀리 떨어진 산해관 밖, 연산 이북의 요서지역이다. 이것은 중국문명의 기원을 탐색하는 자들의 눈길을 중원 지역에서 장성 이북의 광활한 지역을 포함하는 북방까지 확대시켰다.

③ 문명 기원의 표지와 증거가 된 것은 문자 기록이 아니고 금속 동銅의 흔적이나 성벽 유적에 대한 단서도 아니다. 그것은 대규모 종교, 제사를 목적으로 한 의례용 건물군을 주요한 내용으로 한다. 그것은 중국문명 기원의 표지를 문자의 출현, 도시의 형성, 금속의 발명 등 이른바 3요소에서 '예제禮制'의 출현 등 더욱 중요한 문화 내용으로 확대시켰다. 그리고 이 후자가 한층 중국의 전통적 특색을 갖고 있을 뿐만 아니라 중국 선사시대 고고학의 발견과 연구의 실제적 상황을 출발점으로 하고 있으며 충분한 증거 자료가 확보되어 있다.-[111]

중국은 홍산문화에서 발견되는 유물과 유적으로 중국 문명의 중심지가 결코 한 곳이 아님을 강조하면서 이른바 중화문화中華文化의 다원화多元化로 요하문명론遼河文明論을 부각시키기 시작했다. 또한 우하량 유적

홍산문화가 중화 5000년 문명의 서광이었음을 밝히고 있는 탑.

에서 발견된 옥기玉器와 제단祭壇이 그 후의 왕실건축王室建築의 기원이 되었다는 논리를 전개했다.

중국이 강조하는 것은 요하문명이 중화문명의 한 부분으로 기능하면서 접목되어 갔다는 것이다.-[112] 즉 홍산문화는 앙소문화 계통의 원시문화로서 결국은 앙소문화의 한 근원이 되기 때문에 요하유역은 중국문명 발상지의 하나가 된다는 설명이다.-[113] 따라서 홍산문화는 황하문명과는 특징이 다소 다르지만, 중국의 역사 속에 편입하여 중화문화의 일부로 간주할 수 있다고 주장하고 있다.

이를 서자봉徐子峰은 황하문명은 농업 중심의 문화였고, 요하문명은 신권 중심의 복합문화였지만 요하문명과 황하문명이 서로 영향을 주고받았다고 설명한다. 그 단적인 예가 동이계의 대표인 치우와 중원의 황제가 싸웠다는 기록이라는 것이다.

다소 놀랍지만 중국학계가 문명의 서곡을 연 주체로 동이족이라는 것을 인정했다는 것이다. 물론 이런 인정은 요하문명이 통일적 다민족국가를 형성할 때 중요한 역할을 한 중화문명의 일부라는 테두리 안에서 이루어졌다고 인식하기 때문이다.

중국이 요하문명으로 '전설상의 5제시대'를 역사시대로 끌어올리고 있지만 이 지역은 고조선과 고구려, 부여 등 우리 민족은 물론 선비, 거란, 말갈 등 서로 피를 나눴거나 이웃으로 지냈던 이른바 동이족이 찬란한 문화를 꽃피웠던 무대였다. 특히 그 무대는 요하 유역뿐 아니라 중국의 하북성, 요령성, 내몽고內蒙古자치주, 길림성, 흑룡강성은 물론 중국의 산동반도, 그리고 한반도까지를 포함한다. 선문대 이형구 교수는 이를 다음과 같이 설명했다.

> » 지중해 문명이 서양문명의 자양분을 공급했듯, 동이족이 발해연안에서 여명을 연 문명은 중국문명은 물론 요동과 만주, 한반도, 일본의 문명을 일궈내는 젖줄이었다.-¹¹⁴

• 부메랑 맞은 한국의 고대사

한국의 고대사관, 즉 한국의 고대사는 청동기시대부터 시작되었으므로 단군은 신화라는 설명은 곧바로 부메랑이 되어 한국을 강타했다. 중국의 동북공정의 중요 내용 중 하나가 '한민족의 뿌리인 단군조선은 없다'는 데서부터 시작되기 때문이다.

『삼국유사』는 단군이 1500년간 나라(고조선)를 다스리다 1908세에 산신령이 됐다고 기록하고 있다. 한국인들이 단군이 신화적 인물에 지나지 않는다고 지적할 때 항상 나오는 문제 중에 하나인데 중국측도 이에 편승한다. 중국측은 '사람이 어찌 1908세를 살 수 있느냐. 그래서 한국도 단군을 신화 속 인물로 여기고 있지 않느냐'며 단군조선의 실체를 부인하는데 적극 활용한다.

더구나 한국은 단군조선에 이어 중국 은殷나라 사람인 기자箕子가 고조선을 이끌고, 이어 연燕나라 사람 위만이 고조선을 다스렸다고 적고 있

세 개의 구멍이 뚫린 쌍웅수삼공기. 홍산에서 발굴되는 곰 형태의 유물이다.

다. 이 역시 중국은 절호의 좋은 자료로 활용한다. 중국은 '은나라와 연나라는 중국 역사에 등장하는 정통적인 나라이므로 기자와 위만이 세운 조선은 중국 역사에 포함되는 것은 당연하다'고 설명한다.

전한 무제가 설치한 한사군은 문제를 더욱 복잡하게 만든다. 무제가 위만조선을 멸망시키고 한4군을 설치했는데, 중국은 한4군 중 하나인 현도군의 고구려현에서 고구려가 태동했다고 보고 있다. 동북공정은 고구려가 중국 영토인 현도군에서 일어났으니 고구려 역시 중국 역사에 포함될 수밖에 없다는 주장이다.-115

그러나 중국이 주장하는 '중화5천년'이야말로 바로 한민족의 역사가 5천 년 전으로 확실하게 올라간다는 것을 확실하게 인식할 필요가 있다.

문제는 중국이 어떤 연유로 그동안 동이의 한국사로 인정하던 요하 문명을 화하족의 중국의 역사로 편입시킬 수 있었느냐이다. 사실 중국은 한국에 빼앗긴 역사를 되찾아오기 위해 한국을 비난하는 것부터 시작한 것은 아니다. 그들은 한국인들이 고조선을 비롯한 선조들에 대해 부정하는 동안 이를 토대로 자신들의 논리를 개발하기 위해 사전에 부단한 작업을 진행했고 대대적인 발굴을 통해 관련 자료들을 축적했다.

홍산문명에서 발굴되는 것 중에 특히 눈에 띄는 것은 곰 형태의 각종 유물이다. 우하량 16지점 3호 무덤에서 발견된 쌍웅수삼공기雙熊首三孔器라고 불리는 짐승머리형 옥기는 두 마리의 곰과 3개의 구멍이 뚫린 옥기이다. 중국에서는 원래 동물의 모습을 돼지라 했다가 곰으로 바꾸었다.

웅룡은 우하량뿐 아니라 오한기, 시마무렌 강 이북의 파림우기巴林右旗와 파림좌기巴林左旗, 하북성河北省의 위장圍場현 등 폭넓은 지역에서 확인되고 있다. 또한 양저良渚문화 옥기에서 보이는 신인神人의 발톱도 곰의 발톱으로 밝혀졌다. 특히 죽은 자의 가슴팍에 놓이는 옥기는 가장 등급이 높은데 우하량 제2지점 1호총에서 옥룡이 가슴에서 보인다. 이것은 옥룡이 단순한 장식이 아니라 일종의 신물神物이라는 것을 알려준다.

그런데 홍산문화에서 곰 형상이 다량으로 나오자 중국학자 이실李實은 그야말로 어느 누구도 예상치 못한 놀라운 가설을 제시했다. 그는 홍산문화 영역에서 확인되는 곰의 흔적을 근거로 홍산인들은 곰을 숭배했는데 (중국인의 조상인) 황제黃帝가 중국 고대사에 기록된 '유웅씨有熊氏'라고

여신묘에서 발견된 흙으로 만든 곰의 아래턱과 이빨 형상(왼쪽), 곰의 발(오른쪽).

주장했다는 것을 떠올렸다.

중국학자들을 고무시킨 이실의 주장은 홍산문화의 곰을 황제와 본격적으로 연결시키는 계기가 되었다. 한마디로 그동안 부단히 한민족의 고향이라고 부르던 곳에서 단군과 긴밀히 연계될 수 있는 곰 등의 유물들이 다량으로 출토되자 중국인들은 곰이 중국의 시조와 직접적으로 연계된다고 설명하기 시작한 것이다.

'황제가 곰熊족'이라는 기록은 사실 궁색하기 이를 데 없지만 약간의 자료가 있는 것도 사실이다. 사마천의 『사기』에 '황제를 유웅씨라 불렀다又號有熊氏'는 기록이 있고, 서진西晋(265~316년) 때 학자 황보밀이 쓴 『제왕세기帝王世紀』에도 '황제는 유웅이다黃帝爲有熊'라고 표현돼 있기 때문이다.

그러자 중국의 거물 고고학자 소병기蘇秉琦는 아예 '황제시대의 활동

길림성 연변에 세워져 있는 웅녀상(왼쪽)과 평양에 있는 단군릉(오른쪽).

중심은 홍산문화의 시공과 상응한다'고까지 주장했다. '황제가 홍산인의 왕이었다'라는 소리다. 이 선언은 한국인에게 폭탄선언을 한 것이나 마찬가지다. 적어도 거의 5000년 전으로 거슬러 올라가는 중국인의 시조인 황제가 홍산인이라면 그보다 몇 백 년 후대인 한민족의 선조라는 단군(기원전 2333년)은 그의 후예가 되기 때문이다. 이 문제가 바로 중국이 그동안 부단히 준비해 온 동북공정의 핵심이다.

곰 숭배가 동북지역 종족이 갖고 있는 보편적인 신앙이라는 데는 부연할 필요가 없다. 그런데 그동안 한국 측이 도외시한 곰을 중국 측이 자신의 선조족이라고 설명하는데 한국에서 변변하게 반박조차 하지 못한 것은 이처럼 중국 측이 철저한 준비로 한국의 고대사를 공격했기 때문이다.

그러나 황제가 홍산인이라는 설명은 그동안 중국이 견지해오던 주장과는 180도 완전히 다른 소위 중국의 역사를 끌어올리기 위한 작위적인 설명에 지나지 않는다는 것이다. 이를 역으로 설명하면 중국이 근래 제기하고 있는 화하인의 요하문명론에 대응할 수 있는 근거와 적절한 대처안이 될 수 있다는 뜻이다.

• '신비의 왕국'의 주체

중국이 그동안 얻은 고고학적 성과를 토대로 신화가 아닌 실존했던 고대국가 문명으로 인정하면서 이를 중국의 선조와 연결시킨다는 사실이 알려지자 한국의 일각에서 한국의 고대사를 빼앗아가는 폭거라고 항의하기도 하지만 이를 역으로 설명하면 홍산문화 지역에서 동이족의 국가 즉 '신비의 왕국'이 존재했다는 것을 중국학자들이 증명해준 것으로도 볼 수 있다. 즉 중국이 주장하는 '중화5천년' 이야말로 바로 한민족의 역사가 5000년 전으로 확실하게 올라간다는 것을 의미하기 때문이다.

》 한국 학계에서는 적석총과 석관묘의 진원을 시베리아로 보지만 홍산문화 지역에서는 이보다 2000년 앞서 같은 유물이 나왔다. 이는 우리 문화에 중요한 의미를 부여한다, 묘제를 같이 썼다는 것은 문화 및 인류의 동질성까지 유추할 수 있다.-[116]

고고학계의 한창균과 윤내현 이후 복기대는 홍산문화의 주인공은 조선민족, 좀 더 구체적으로는 예맥족 문화라는 견해를 제시하고 있다. 홍산문화로 대표되는 요하지역의 선대문화가 고조선 문화와 연결될 수 있다는 가능성은 그동안 한국에서 벌어지고 있는 단군조선의 실체여부를 확실하게 설명해 줄 수 있는 증거가 될 수도 있다는 설명이다.

중국이 통일적다민족국가론을 펼치면서 요하문명을 이집트나 메소포타미아를 제치고 1만 년의 역사를 지닌 세계 최고의 문명으로 정립하고 있지만 이들 주도 세력은 황하문명을 이끈 사람들과는 전혀 다른 사람들이라는 것을 인식하는 것이 중요하다.

요서·요동을 포함한 만주-한반도를 이어 일본으로까지 이어지는 문화권은 세계적으로 신석기 문화권을 대표하는 (1) 거석문화권, (2) 채도문화권, (3) 빗살무늬문화권이 수용되고 융합되는 유일한 지역이다. 이것은 채도문화권만을 수용한 중원 지역과는 처음부터 이질적인 문명권임을 알 수 있다.-[117]

물론 기원전 4000년경에는 중원 앙소문화의 채도문화권도 요하지역과 교류를 하지만 그전에 이미 요하지역에는 독자적인 문명권이 형성되어 있었다. 그동안 줄기차게 한국 학계를 곤혹스럽게 만들었던 단군의 고조선 건국연대인 기원전 2333년이 홍산문화의 후신으로 볼 수 있는 하가점하층문화의 연대와 거의 일치하고 출토 유물도 단군 신화의 내용과 유사하다고 지적한 다음과 같은 주장도 음미할만하다.

> » 중국학자들 사이에서 요서遼西지역이 중원문화와는 다른 독특한 문화임을 인정하는 사람들이 많고, 심지어 어떤 이는 개인적으로 고조선 문화라고 단정하기도 한다. 또 중원문화가 요서 문화에 영향을 미친 게 아니라 요서 문화가 중원문화에 영향을 미쳤을 것이라고 말하는 학자도 있다.-[118]

한마디로 홍산문화가 과거 중국의 독자적인 문명으로 천명되고 세계4대문명으로 자리매김한 황하문화에 영향을 미쳤다는 뜻이다. 그동안 부단히 한민족의 문화로 인식되던 동이의 문화가 한국 고대문화의 기원문제를 설득력 있게 해석할 수 있는 것은 물론, 중국이 근래 제기하고 있는 요하문명론에 대응할 수 있는 근거도 될 수 있다는 뜻이다.-[119]

앞에서 설명한 것과 같이 기원전 3000년경에 요하지역에는 독자적인 문명권이 형성되어 있었는데 이들 문명권이야말로 그동안 줄기차게 한국 학계를 곤혹스럽게 만들었던 단군의 고조선과 연계시킬 수도 있다는 데 중요성이 있다. 또한 중국이 근래 제기하고 있는 화하인의 요하문명론에 대응할 수 있는 근거도 될 수 있다는 뜻이다.

현재로서는 고조선에 대한 찬반론이 격돌하는 것이 오히려 정상이라고 볼 수 있다. 그동안 우리의 잘못이든 또는 고의적이든 과거에 대한 연구와 정리가 그만큼 부족했기 때문이다.

그러나 앞에서 설명한 것과 같이 중국인들이 우하량 홍산문화에 신비의 왕국이 있었다고 주장하는 지역이 과거부터 부단히 한민족의 근거지였다는 데는 이론의 여지가 없다. 그렇다고 과거 요하 일대에 살았던 사람들이 무조건 우리의 선조라고 단정하는 것도 우를 범하는 일이 아닐 수 없다. 그 당대에는 민족이라는 개념이 없는 것처럼 한국 또는 중국도 없었고 이들의 이동이 민족이라는 개념으로 움직여지지 않았을 것이기 때문이다. 이는 현대의 민족이라는 개념에만 천착하지 않더라도 당대에 살았던 사람들이 중국인은 물론 한민족의 선조가 되었을 것이라는데 의문을 제기할 필요는 없다는 설명이다. 홍산문화 즉 '신비의 왕국' 의 주도 세력이 5000년 전부터 일어나 기원전 2333년의 단군조선으로 이어져 꽃을 피웠다는 것이 결코 상상의 일만은 아니지만 이를 칼로 무자르듯 단칼에 정리될 수 있는 것은 아니다.

한민족의 고향으로도 알려진 광대한 지역에서 발달한 홍산문화에 대

우하량 유적은 기원전 3000년경의 독자적 문명권을 보여주는 것으로 단군 고조선의 역사를 밝히는 열쇠가 될 수 있다. 사진은 2호 대형 적석총.

한 보다 많은 연구는 이와 관련되는 주변 국가들의 고대사 정립에 많은 영향을 미칠 것임은 사실이다. 다음 장부터 보다 구체적으로 홍산문화와 우리 역사와의 연계를 추적한다.

제 4 장

황제도 동이東夷다

제4장

황제도 동이東夷다

2002년 한·일 월드컵에서 한국이 4강의 신화를 이룰 때 한국의 응원단 이름은 '붉은 악마Red Devils'였다. 원래 '붉은 악마'는 한국 국가대표 축구팀 서포터스 그룹의 일원으로 1997년 PC통신 하이텔 축구동호회가 그 시초인데 일반적으로 1998년 프랑스월드컵 1차 예선부터 활동을 시작했다. 또한 '붉은 악마'란 이름은 1998년 멕시코 세계청소년축구대회에서 한국이 4강으로 올랐을 때 당시 외국 언론들이 우리 대표팀을 '붉은 악령Red Furies' 등으로 지칭한 데서 비롯되었다고 알려지지만 2002년 한일월드컵이 다가오면서 점점 더 힘을 받아 국민들에게 크게 어필하기 시작했다.

민중서관의 『표준국어대사전』을 보면 악마란 '생명을 빼앗고 선법善法을 방해하는 나쁜 귀신' 또는 '아주 흉악한 사람'이라고 적혀 있고 그 반대말이 '천사'이다. 종교인들이 반대하는 이유 중의 하나는 악마를 내세운다는 자체가 악마주의惡魔主義로서 인생의 암흑면暗黑面을 그리며 악을 찬미하는 퇴폐적인 경향을 조장한다는 것이다.

물론 붉은 악마는 한국에만 있는 것은 아니다. 최창윤은 벨기에 국가대표팀과 영국의 유명 축구클럽인 맨체스터 유나이티드 등도 붉은 악마라고 부른다고 설명했다.[120]

여하튼 우리나라에서 '악동惡童' 혹은 '악당惡黨'이라고 타인을 지칭할 때 실제로 '성품이나 언행이 나쁜 아이'나 '악한 사람'만을 의미하지는 않는다. 오히려 그 반대로 아주 친한 친구한테 종종 '악당'이라는 말을 쓴다. '붉은 악마'의 '악마'라는 단어도 이런 범주에 속하는 퍽 재미있는 말이라고 볼 수 있다. 그 때문에 거리 응원에 나선 수많은 사람들이 '붉은 악마'를 상징하는 붉은 셔츠를 아무런 부담감 없이 입었던 것이다.

붉은 악마의 응원도구는 대형 태극기와 붉은 티셔츠, '대~한민국'으로 통칭되는 응원구호이다. 붉은 악마들의 응원은 다른 나라 서포터스(응원단)와 분명히 다르다. 강력한 응원무기는 '태극기'이다. 그 중에서도 2002년에 등장하여 세계를 놀라게 했던 대형 태극기는 가로 60미터, 세로 40미터 무게 1.5톤이나 된다. 이를 펼치면 그 넓이가 무려 720평에 달한다. 한국 팀 경기에 앞서 애국가가 연주되면서 이 초대형 태극기가 관

한국 축구 국가대표팀의 응원단인 '붉은 악마'의 트레이드 마크 치우천황.

중석을 뒤덮으며 바람에 물결칠 때 한국인들은 짜릿한 감동을 느꼈다.

응원 소도구는 'COREA'와 붉은 악마의 상징인 '치우천황'이 함께 새겨진 머플러, '탐탐이'로 불리는 작은 북, 꽹과리, 태극기 등이다.

그런데 '붉은 악마'의 상징으로 '치우천황蚩尤天皇'을 내세웠다는 데 많은 사람들이 의아해 했다. 당시까지도 치우천황은 한국인들에게 널리 알려지지 않았기 때문이다. 심지어는 붉은악마 응원단이 처음 치우를 잘못 알고 악마로 이름을 붙였다는 설도 있다.

치우천황은 한국인의 선조로 알려진 동이족東夷族이며 기원전 2747년에 태어나 기원전 2706년에 즉위한 후 2598년까지 109년 간 전쟁에 나가서 한 번도 패한 적이 없는 불패의 신화를 갖고 있다. 그런데 그의 근거지가 고대 고조선의 영토이므로 그를 내세우는 것이 당연하다는 논조이다.

• 입맛대로 바뀐 선조

중국은 그동안 중국 역사에서 제외했던 이민족(동이족)의 역사를 중국 역사로 포함시켰는데, 이는 사실상 중국의 역사 인식에 대한 파격적인 전환이다. 간단하게 말하여 현재 중국의 영토 내에서 일어난 역사는 모두 중국의 역사라는 것이다.[121]

그런 과정에서 도출된 것이 5500~5000년 전에 과거부터 한민족의 터전이라고 부단하게 거론되었던 우하량 지역에 존속했다고 추정하는 '신비의 왕국(여왕국)'이다.

중국은 이를 근거로 하夏 이전에 등장하는 '삼황오제'가 전설의 인물이 아니라 실존했던 인물이라고 주장한다. 또한 황제·염제·치우제가 역사적 인물로 이들 모두 중국인의 시조라는 것이다. 내용은 단순하다. 우하량 지역에 '신비의 왕국'이 5000년 전에 존재했다면 이들과 유사한 시기에 살았다고 추정되는 황제·염제·치우제가 실존인물임이 틀림없다는 설명이다.

중국의 신화에 대해 간략하게 설명한다.

중국 고서상의 전설에 의하면, 반고가 개천벽지한 후에 소위 '삼황'이 있고, 그 후에 '오제'가 나타났다고 한다. 현대 사학가들은 삼황으로 유소有巢, 수인燧人, 신농神農을 꼽는다.

최초의 인류는 다른 동물들과 같이, 아무것도 가리지 않은 채 땅 위에서 생활하며 매우 불안정한 생활을 했을 것이 틀림없다. 그런데 어느 때부터 나무를 모아 둥지를 세우면 짐승과 곤충 뱀 등의 위험으로부터 피할 수 있다는 것을 생각해 내었다. 이로부터 인간의 생활은 획기적으로 변하게 되는데 이와 같은 생각을 한 사람이 무리의 두목이 되었고 이를 중국인들은 삼황의 첫째인 유소씨라고 부른다.

그 후에 누군가가 나무를 비비거나 부싯돌을 두드려 불을 만들어 내는 법을 발견하였다. 학자들은 이를 인류 최초의 제일 위대한 발명으로 간주한다. 불을 발견함으로써 인간들이 그동안 인간을 위협하던 맹수로부터 안전할 수 있게 되어 다른 생각을 할 수 있게 되고 드디어 문명을 이룰 수 있는 단초를 마련하게 된다. 불의 발명자 역시 무리의 두목이 되었는데 이를 수인씨라고 한다. 그러나 이들 생활은 나무로 농기구를 만들고 농사를 짓는 법을 발견하자 획기적으로 변화한다. 즉 사람들을 농업생활로 들어서게 한 것이다. 이 사람이 중국의 전설상 세 명의 삼황 중에서 마지막인 신농씨이다.

이들이 실존인물이든 아니든 연대로 보아 농사를 짓게 한 신농은 앞의 두 삼황에 비해 매우 늦은 신석기 시대의 인물이다. 중국인들은 앙소문화(홍도문화)야말로 신농문화라고 인식한다. 그러므로 중국인들은 신농씨를 염제炎帝 혹 적제赤帝 혹은 열산씨烈山氏라고 칭하여, 신농의 씨족은 붉은색을 숭상하는 종족이라고 설명한다. 홍색은 바로 불의 상징으로, 불에 대한 숭배의 뜻을 나타낸다. 그래서 만든 도기 역시 붉은 색을 주로 한다는 것이다. 또한 신농은 과학자로 농사와 약초를 도입케 한 의학의 신으로 알려졌고 차茶를 처음으로 마시게 하여 차의 시조라고도 알려진다.

그런데 중국은 원래 황제를 자신들의 정통 시조로 간주했기 때문에 중국의 도통道統은 '황제-요-순-우-탕-문왕-무왕-주공-공자-맹자' 등으로 이어진다. 그런데 앞에서 설명한 것처럼 1980년대에 비로소 염제를 자신들의 조상으로 편입하고 '염·황'의 자손이라고 부르기 시작한 것이다.[122]

신화 상의 이야기이므로 연대와 문맥, 내용상 다소 무리한 점이 있지만 여하튼 중국인들은 이후 황제와 염제를 화하민족(중국인)의 시조로 간주하기 시작했다. 그러나 염제의 선조를 신농씨, 황제의 선조는 다른 사람으로 인식하는 설명도 있고 염제와 황제가 형제라는 설명도 있다. 염제와 황족이 같은 종족이나 두 부락의 수령을 대표하는 것으로도 설명되기도 한다는 점을 첨언한다.

그런데 중국의 시조를 염·황제라고 부르는 이유가 매우 재미있다. 기록에 의하면 황제가 염제를 먼저 격파하고 이들이 연합하여 치우를 격파한다. 그러므로 권력의 강약을 따라 이름의 선후를 부르는 것이 관례이므로 '염·황'보다는 '황·염'이라 부르는 것이 정상이다.

그런데도 염·황이라고 부르는 것은 염제와 신농을 동일 선상에 놓기도 하기 때문이다. 즉 신농씨와 염제가 동일한 사람이라는 것이다. 일반적

중국인들은 황제와 염제를 화하민족의 시조로 간주해왔으나 최근에는 이민족이라 취급하던 치우도 시조로 간주하기 시작했다. 사진은 정주에 세워진 황제와 염제의 대형 석상.

으로 신농의 권력 시기는 황제보다 앞서 있다고 인식한다. 그런데 염제와 신농씨를 동일인으로 여기므로 염제의 '염'자를 앞에 내세운 '염·황'이란 말이 생겨났다는 설명이다.[123]

중국이 염·황을 시조로 간주하여 정주에 대형 석상을 만들어 모시는 것은 큰 문제를 일으키지 않았다. 염·황은 중국인이라는 인식에 문제점이 없었기 때문이다. 그런데 중국의 삼조 중에 치우가 들어가자 한국의 일부 측에서 곧바로 이의를 제기했다. 치우는 중국이 그동안 부단히 화하인이 아닌 이민족, 즉 동이라고 설명해왔고 동이는 큰 틀에서 한민족이라는 공식이 성립되어 있었기 때문이다.

그런데 문제는 정작 중국이 아니라 한국으로부터 생기기 시작했다. 한국에서 치우가 확실하게 우리의 선조로 볼 수 있는가 하는 점이다. 더욱이 그동안 한국에서는 단군이 건설했다는 고조선의 기원전 2333년도 신화냐 아니냐로 설전이 벌어지고 있는 상황에서 단군보다도 400~500년이 앞서는 치우 등을 역사적 인물, 즉 한국인과 정말로 연관시킬 수 있느냐는 의문이다.

한국으로만 생각하면 사실 이들 지적도 어느 정도 일리가 있는 것은 사실이다. 한국인의 조상인 동이족의 수장이라는 치우는 한국에서 편찬 연도가 매우 늦은 『한단고기』나 『규원사화』 같은 책에서 발견되는데 이 두 책은 사학계에서 위서僞書로 인정하는 추세이기 때문이다. 그런데 치우가 이들 책이 아니라 사마천의 『사기』와 후한시대 반고班固가 쓴 『한서』에 등장한다면 이야기는 달라진다.

일부 학자들은 중국에서 황제가 중원 제국의 조상 나아가 문명의 연원으로 자리매김된 것은 대체로 전국시대 이후이며 그의 시간적 위치 역시 신화의 역사화, 체계화 과정 속에서의 가공인이자 허구인물이라고 주장한다. 한마디로 황제, 염제, 치우에 대한 설명이 완전히 비역사적인 공상에 지나지 않는다는 것이므로 중국이 어떠한 설명을 하든 이들을 근거로 설명하는 자체를 부정한다. 한마디로 이들 삼제三帝를 대상으로 설명하는 자체가 문제가 있다는 주장이다.[124]

그러나 사마천의 『사기』에 적힌 고대사의 경우 모두 신뢰성이 없다고 단정할 수 있는 것은 아니라는 시각도 매우 많다. 1970~1980년대 북경

인근에서 대대적인 발굴이 있었는데 서주 시기의 청동기로 밝혀졌다. 그런데 이들 상당수의 청동기 중에서 명문이 나왔다. 명문의 내용에 주왕이 연燕 제후를 책봉했다는 기록이 있는데 이는 역사적 사실에도 부합되며, 사마천의 『사기』에 기록된 내용도 서로 일치한다.-[125] 이들 시대는 서주 초기로, 적어도 사마천의 시대보다 무려 1000여 년이나 앞선 이야기임에도 사마천의 기록이 사실로 증명된 것이다.

이를 보면 이보다 다소 앞선 시기의 기록을 무조건 믿을 수 없다는 것은 경계해야 한다는 설명이다. 실제로 중국이 삼제인 황제, 염제, 치우를 실존인물로 간주하는 것은 사마천의 기록과 앞에서 설명한 우하량의 유적들을 접목시킨 결과임을 유의할 필요가 있다. 이 문제는 앞으로 많은 학자들의 연구로 보다 명쾌해질 것으로 기대한다.

여하튼 과거 중국은 5000년 전후, 중국에는 황제의 화하華夏, 치우의 동이東夷, 염제의 묘만苗蠻 등 3개 집단이 있었다고 설명했다. 황하 유역에는 황제의 화하 부족과 염제의 묘만 부족이 핵심이었는데 이들이 연맹을 구성하여 동이의 치우를 격파했다는 것이다. 여기에서 한국인이라면 동이가 무엇을 뜻하는지 알 것이다.

동이족보다는 이족夷族이 더 적절하다는 설명도 있는데 본래 '이夷'란 동이만의 호칭이 아니라 한족 이외의 '夷(동이·서이·남이·북이)' 즉 사방의 민족을 가리키는 총칭으로서 방위에 따라서 이족의 호칭에 구분이 생긴 것은 기원 전후에 비로소 생긴 말이기 때문이다. 그러나 이곳에서는 동이라는 말이 중화인과 다른 중국 북방인을 포함한 대칭적인 의미로 사용되는 경우 등을 포함하여 '동이'라는 말이 생기기 훨씬 전인 고대를 설명할 때에도 동이라는 말로 사용한다.-[126]

그런데 바로 이 내용이 근래 중국 측에 의해 중국의 입맛대로 바뀌었다는 것이 바로 '중화고대문명탐원공정'과 '동북공정'의 핵심으로 한국인들이 역사의 왜곡이라고 주장하는 요인 중에 하나이다. 중국이 이 내용을 어떻게 바꾸었길래 한국 측에서 강력히 반발하는지 찾아간다.

● 중국 최초의 역사적 전투

사마천이 『사기』에 기록한 염제·황제·치우에 관한 내용은 다음과 같다.[127]

》 황제黃帝는 유능국의 임금 소전의 아들이다. 성은 공손公孫이고 이름은 헌원軒轅이다. 헌원은 나면서부터 신령스러웠고 백일이 못 되어 말을 할 수 있었으며 어릴 때부터 재지才智가 번뜩였다. 자라면서는 돈후하고 민첩했으며 성장해서는 총명했다.

헌원이 성장했을 때 신농씨 자손들의 덕이 쇠퇴해 제후들이 서로 침략함으로써 백성들이 괴로움을 당했으나 신농씨로서는 그들을 평정할 능력이 없었다. 그래서 헌원은 전투하는 기술을 익혀 신농씨에게 조공하지 않는 제후들에게 트집을 잡아 그들을 징벌했다. 그 결과, 제후들은 모두 헌원에게 복종했는데 오직 치우만이 제일 잔폭하여 헌원도 징벌할 수 없었다.

이 무렵 염제 신농씨의 자손인 천자天子가 제후를 침략하여 위력을 과시하려 했으므로 제후들은 모두 헌원씨에게 귀복했다. 그래서 헌원씨는 덕을 닦고 군력을 정비하며, 목화토금수 오행의 기를 조화시켜 사계절의 기를 순하게 하고 오곡을 심고 만민을 어루만져 사방을 안정시켰다. 또한 염제 신농씨의 후손인 천자와 판천阪泉의 들판에서 교전하여 세 번 싸워서 뜻을 이루었다. 그러나 치우가 천하를 어지럽혀 황제의 명을 듣지 않으므로 황제는 군사와 제후들을 징집해 탁록涿鹿의 들에서 싸워 드디어 치우를 잡아 죽였다. 이리하여 제후들이 모두 헌원씨를 높여서 천자로 삼았고 그를 신농씨의 자손에 대신토록 했다. 이 사람이 황제黃帝이다.

황제는 기원전 2689년에 태어나 2679년 10세로 즉위하여 100년을 재위하고 111세인 기원전 2579년에 사망함으로써 치우천황보다 19년을 더 살았다. 일반적으로 황제는 기원전 2597년 평야인 탁록에서 염제와 연합하여 치우를 격파한 후 치우성蚩尤城에서 5.6킬로미터 떨어진 삼보지구三堡地區에 한 변이 약 500미터 정도의 토성을 쌓아 화하족의 통치기반을 다졌다고 알려진다.

사마천은 〈오제본기〉의 마지막에서 자신이 적은 내용이 완벽한 것이 아니라고 적었다. 그는 황제에 관해 적은 각종 자료가 문장이 전아典雅하지 못하고 이성으로 판단하기 어려울 만큼 황당무계하다고 적었다. 그래서 귀현貴顯이나 지식인조차 그것을 입에 담기를 꺼려한다고 적었다. 그러면서도 오제의 내용이 모두 공허한 것은 아니라고 생각되므로 이를 기록한다고 말했다. 사마천의 글은 다음과 같다.

치우와 황제가 탁록전투를 벌인 곳으로 추정되는 장소. 사진에 보이는 언덕은 황제고성의 토성 흔적이다.

》 학자들이 오제에 대해서 이야기한 지도 오래되었다. 그러나 『상서尙書(서경을 뜻함)』에는 요堯 이후의 일만 기재되어 있고 여러 백가百家들이 황제에 대해서 이야기했지만 그 문장이 조아하지도 못하고 온당하지도 못해서 벼슬을 가진 학자들은 이에 대해서 말하기를 꺼린다. (중략) 나는 일찍이 서쪽으로는 공동空洞에 이르고 북쪽으로는 탁록까지 갔으며, 동쪽으로는 바다까지 가고, 남쪽으로는 장강과 회수를 건넌 적이 있었다. 그곳의 장로들이 왕왕 황제, 요, 순 임금을 칭송하는 곳을 방문해보면 그곳의 풍교風敎는 다른 곳에 비해 완전히 달랐다. 결론적으로 말하면 고문古文의 내용에 위배되지 않는 것이 사실과 가까웠다. (중략) 다만 사람들이 그것을 깊이 고찰하지 않았다고 보더라도 그 책들에 기술된 내용이 결코 허황된 것은 아니다. 『상서』에도 결손된 부분이 많지만 종종 다른 책에서도 발견된다. 학문을 좋아하고 생각이 깊어서 마음속으로 그 뜻을 알고 있는 사람이 아닌, 견문이 좁은 사람에게 이런 이야기를 한다는 것은 사실 어려운 일이다. 그래서 나는 학설을 수집해 검토하여 그중에서 그 언어가 바른 것을 골라 본문을 저술해서 「오제본기」의 제1편으로 삼았다.

이와 같이 사마천은 『사기』를 집필하면서 가능한 엄밀하게 고증하려고 했지만 이것이 불가능할 경우 즉 미흡하다고 생각할 경우 자신의 의견을 적었다. 이것이 중국인들로 하여금 사마천의 『사기』를 비록 관찬은 아니지만 중국 정사의 첫 번째로 꼽는 이유이다.

판천지전에 대해 중국의 단군룡段軍龍 박사는 다음과 같이 설명한다.

》 헌원족이 서북에서 동남으로 이전한 이후로부터, 신농씨의 후대와 중원 지역에 잡거하였다. 당시만 해도 신농씨는 중원에서 적통을 유지하고 있

었던 반면에 헌원은 많은 부락 중의 하나, 즉 제후에 지나지 않았다. 이것은 사마천이 판천지전을 기술할 때 사용한 인명을 황제가 아닌 헌원으로 적었는데 이는 당시의 헌원은 아직 제왕이라 불리지 않았다는 것을 증명한다. 그와 대적한 사람은 당시에 이미 '천자'라 불린 염제로 그는 신농씨의 후대이다. 여하튼 헌원은 염제를 격파한 후 비로소 염제와 평등한 지위 즉 황제에 오른다.

〈오제본기〉에 헌원이 곰·너구리·담비·범 등을 순화시켰다고 했는데 이는 헌원이 서커스의 훈련사가 아니므로 맹수를 훈련시켜 작전에 사용할 수 있을 리가 없다. 사마천이 이런 서술을 남긴 것은 이들이 실제의 맹수가 아니라, 이들 맹수를 토템으로 삼는 여섯 부락이라는 것이다. 그들은 헌원의 통솔을 받아 판천지전에 참전했는데 세 번 싸워서 염제를 물리쳤다는 것은 적어도 마지막 전투에서 결정적으로 염제를 굴복시켰다는 것을 의미한다.

판천지전을 중국인들이 중요하게 생각하는 것은 중국 역사상 일어난 최초의 전투일 뿐만 아니라 헌원이 당시 중원을 지배하고 있던 신농씨의 염제족을 격파하고 중원을 차지했다는 점이다. 특히 이들 전투는 화하족계의 내전으로 헌원이 이 전투에서 승리하여 비로소 그가 염제 대신 중원의 최고 수령이 되고 현 중국인의 시조가 된다는 점이다.

• 우하량 유적은 치우천황의 존재를 증명

과거의 중국 위정자들은 권력의 정통성 확보라는 측면에서 황제를 끌어들였다. 1912년 중화민국임시대총통이 된 손문孫文이 서둘러 한 일이

중화삼조당에 있는 치우, 염제, 황제의 벽화. 탁록전투와 당시 사회상을 그려놓았다.

황제에게 제사지낸 것이고, 1937년 국민당의 장개석과 공산당의 모택동이 국·공 합작 뒤 다투어 찾아간 곳도 황제릉이었다. 국민당과 모택동의 제문을 보면 중국인들이 얼마나 황제를 중요하게 생각하는 지 알 수 있다.

국민당 제문 : '황제께서 천명으로 나라를 세우시고~. 추악한 치우를 주살하시어 화華와 이夷를 구분 지었네.'
모택동 제문 : '(황제가) 위대한 창업을 이루시니~. 그러나 그 후예들은 황제만큼 용맹스럽지 못해 큰 나라를 망가지게 했네.'

이 당시에 황제와 치우는 전혀 다른 이민족이었음은 물론이다. 사마천도 〈오제본기〉에서 황제와 전투를 한 치우가 화하족이 아닌 이민족이라고 분명히 적었다. 이는 당대에 화하족과 대립하는 강력한 동이족이 존재했다는 것을 의미한다.

중국에서 발간된 『중화5000년군사고사中華5000年軍事故事』는 당시의 전투 즉 탁록지전涿鹿之戰 을 다음과 같이 적고 있다.-128

» 5000년 전후, 황제의 화하 부족과 염제의 묘만 부족이 핵심이었는데 이들이 연맹을 구성하여 치우의 동이구려東夷九黎를 탁록에서 격파했다. 이 전투는 화하족이 중원을 차지하면서 염제와 황제가 중국민족의 선조로 존경받는 계기가 되었다.'

중국인이 염제와 황제가 연합하여 치우를 격파한 것을 크게 다루는 것은 염제와 황제는 동이의 치우와 완전히 다른 민족으로 인식하기 때문이다. 즉 치우는 후대에도 중국인이라고 생각하지 않는 민족의 수장이었다는 설명이다. 여하튼 『일주서 상맥逸周書 嘗麥』에는 다음과 같은 글이 있다고 중국의 단군룡은 적었다.

> » 동이집단이 먼저 염제와 충돌하여, 탁록 지방에서 싸워 구방에 남은 것이 없을 정도로 승리했다. 치우가 병기를 잘 만들었고, 또 형제 팔십일인(부족)이 있기 때문이다. 이에 염제는 대적할 수 없어 황제에게 구원 요청을 하였다. 황제가 중원 화하민족의 힘을 총동원하여 침입한 동이집단과 크게 싸워 결국 치우를 격파하고 외래 세력을 물리쳤다.

단군룡은 이 사실을 고증할 수는 없지만 사마천이 〈오제본기〉에서 '치우가 제일 잔폭하여 헌원도 징벌할 수 없었다'고 한 것을 보아 이는 치우와 먼저 염제 사이에 충돌이 일어났고, 염제가 그와 대항할 수 없으므로 황제와 연합하여 중원의 위기를 넘기게 되었다고 적었다.

그러나 일부 중국학자들은 단군룡의 주장 중에서 염제가 황제에게 흡

무씨사당 화상석에 있는 치우상(왼쪽)과 고묘박물관에 있는 치우상(오른쪽).

수된 것은 이들간에 전투를 벌여 패배했기 때문으로 인식한다. 즉 황제와 염제가 황하 중류를 쟁탈하기 위해 하북성 북부에서 전쟁을 벌였다는 것이다.

여하튼 중국은 황제와 염제가 연합하여 이질적인 집단인 동이집단과의 전쟁에서 승리하였기 때문에 결국 현재의 중화민족의 골격은 황제가 이뤘다고 설명한다. 즉 현재의 모든 중화민족은 황제의 후손이라는 것이다. 이는 현재 중국 땅에 있었던 과거는 모두 중국의 역사라는 것과는 다소 다른 것으로, 우리의 역사와 직결되므로 근래 한국과 중국 간에 문제점으로 등장한 것이다. 보다 이해를 돕기 위해 탁록지전에 대해 설명한다.

사마천은 탁록지전의 중요성을 감안하여 다음과 같은 주註를 달았다.

① 응소가 말하기를, 치우는 옛 천자이다蚩尤, 古天子
② 관자가 말하기를, 치우가 노산의 금으로 오병을 만들었으니 분명히 사람은 아니다蚩尤受盧山之金 而作五兵 明非庶人
③ 용어하도가 말하기를 황제(헌원)가 섭정할 당시, 치우는 형제가 81명 있었으며 짐승의 몸으로 말을 하고, 구리 머리에 쇠 이마를 했으며 모래를 먹고 칼, 창, 커다란 활 등의 무기를 만들어 위엄이 천하에 떨쳤다黃帝攝政 有蚩尤兄弟八十一人 竝獸身人語 銅頭鐵額 食沙石子 組立兵仗刀戟大弓 威振天下
④ 공안국이 말하기를, 구려의 임금을 치우라 불렀다句黎君號蚩尤
⑤ 황람이 말하기를, 치우의 무덤이 동평군 수장현에 있다蚩尤塚在東平郡壽張縣

사마천은 오제(황제·전욱·제곡·요·순) 앞에 있다고 알려진 '삼황三皇'을 신화로 보고 '오제' 때부터 역사시대로 들어갔다고 보았다. 우리나라 상고사와 대비해보면 환웅시대는 중국의 삼황과 오제 양 시대에 걸쳐 있고, 단군시대 역시 오제시대 끝자락인 요·순 시대와 같은 시기이다.(단군의 건국을 기원전 2333년으로 기준할 경우) 즉 치우천황은 중국의 황제와 동시대 인물이고 우리의 단군은 요·순과 동시대 인물인 것이다.

사마천은 치우천황을 악당으로 기술하고 황제를 처음부터 훌륭한 중국의 통치자로 기술했다. 그러나 사마천의 기록을 엄밀하게 해석한다면 치우는 황제, 즉 헌원보다 먼저 천하를 다스리던 천황이었음을 알 수 있다. 그러므로 치우가 반역자가 아니고 헌원이 반역자인 셈이다.

일반적으로 중국의 신화에 정통한 학자들은 농경족인 염제족과 유농민족인 황제족이 처음에는 다투다가 연합하여 황제족으로 통합되면서 화하족의 선조로 받들어지고 염제족과 다투어 승리한 치우족이 염·황족과 다투면서 후대에 동이족으로 구별되었다고 설명한다. 황제는 한족漢族의 수장이며 치우는 구려句黎 즉 묘족苗族의 수장으로 치우는 여하튼 염·황족과는 다르다는 것이다.[129]

그러므로 중국인들은 한족漢族과 이족異族 간의 최초의 전쟁을 바로 헌원과 치우 간의 탁록전으로 보기 때문에 이를 매우 중요시한다. 이중에서도 이들 전투가 어디에 위치하느냐는 많은 학자들의 주목을 끌었다. 즉 판천과 탁록의 위치가 어디인가 하는 점이다. 현재까지 비교적 잘 알려진 추정치는 다음과 같다.

① 전목錢穆 : 판천과 탁록은 모두 산서성山西省 해현解峴 염지鹽池 상원에 있다. 『국사대강國史大綱』

② 장기민張其昀 : 전목의 의견에 동의한다. 『중화오천년사中華五千年史』

③ 서배근徐培根 : 탁록이 탁현涿縣이라는 설에 동의한다. 『중국역대전쟁사中國歷代戰爭史』

④ 부락성傅樂成 : 탁록은 하북성 탁록현涿漉縣에 있다. 즉 선화계명산宣化鷄鳴山이 고칭 탁록산이다. 『중국통사中國通史』

학자들은 최소한 판천과 탁록은 서로 다른 지역임에 동의한다. 두 전쟁의 적이 다르며 또 시간의 격차가 있어, 동일 지점을 전장으로 선택했을 가능성이 크지 않다고 생각하기 때문이다.

기록이 정확하지 않아 중국의 현 탁록 지역이 실제 탁록지전이 벌어진 전투현장이 아닐지 모른다는 설명도 있지만 치우에 대한 중국의 발 빠른 조치는 그야말로 놀랍다.

탁록은 북경에서 약 160킬로미터 지점에 위치하는데, 탁록현은 대대적으로 탁록의 치우 유적지 등을 복원했다. 이곳에 치우 성지城趾를 비롯

탁록현에 있는 치우천(왼쪽)과 황제천(오른쪽). 탁록현은 치우 유적을 대대적으로 복원했다.

1997년에 산동성 문상현 남왕진에서 발견된 치우릉.

하여 치우의 군사요새인 전방방어진지와 지휘본부, 보급기지의 유적이 있고 치우천蚩尤泉이 있다.

황제에게 패한 치우의 시신은 7등분하여 일곱 장소에 장사지냈다고 알려지자 이들 7곳에 대한 추적도 진행되었다. 치우의 시신을 7등분하였으므로 치우릉이 여러 곳에 있다는 것이 상식이기 때문이다.

현재까지 알려진 치우총 가운데 치우의 시신 중 머리 부분이 묻혀 있는 것으로 전해진 남분南墳은 하북성 장가구張家口시 회래현 탑사촌塔寺村에 있다. 용 네 마리가 새겨진 백색의 무자비無字碑가 세워져 있는데 오늘날 삼조당이 건설된 곳에서 약 20킬로미터 지점에 있다. 치우의 동분東墳은 탁록현 보대진 보대촌保垈村에 있는데 거의 멸실 단계에 이른 것으로 알려져 있다.

한편 1997년에 치우릉이 중국 산동성의 문상현 남왕진에서 발견되었는데 학자들은 이곳을 치우의 본거지로 추정한다. 곡부曲阜에서 약 30킬로미터 지점에 있는데 〈문상현박물관〉의 동문화董文華 관장은 문상현이

구려句黎 부족의 연고지라고 설명했다. 진태하 박사도 '치우는 신체부위별로 3곳에 분산 매장되어 있다'고 알려졌다는 것을 근거로 문상현의 치우릉을 주체로 추정했다.

치우릉은 흙을 끌어 모아 만든 동산 같은 무덤(높이 약 9미터)으로 무덤 주위로 해자垓字를 둘렀다. 2006년, 2007년 초만 해도 '치우총蚩尤塚'이라고 새긴 청나라 때의 비석에는 '염제와 동시대 사람으로 부락 수령이자 민족영웅'이라는 간단한 명문이 새겨져 있는 것을 볼 수 있었다.

그러나 2007년 말 고조선유적답사회의 김석규 회장이 방문했을 때 치우총이라고 적힌 석비가 사라졌다고 알렸으며, 2008년 4월 필자가 현장을 방문했을 때에도 치우총이라고 적힌 석비는 발견되지 않고 입구 부분에 단지 표지석만 남아 있었다. 관리인의 말로는 어느 날 밤에 누군가가 갖고 갔다고 한다.

사라진 치우총 석비(왼쪽)와 치우를 연상시키는 홍산문화 저파룡(오른쪽).

한편 『사기집해』와 『한서漢書』에는 '치우의 무덤이 동평군東平郡 수장현壽張縣 감향성闞鄉城에 있으며 높이는 일곱 길(70자)이고, 백성들이 매년 음력 10월에 제사를 지낸다. (중략) 팔다리 무덤은 산양군 거야현에 있다'고 적었다. 서분西墳은 위치조차 알려져 있지 않지만 현재 중국에서 심혈을 기울여 치우에 대한 연고지를 찾고 있다.-¹³⁰

• 홍산문화의 주인공은 황제

중국 길림성의 송호상宋好尙 교수는 홍산문화와 동이족의 연계에 관해 다음과 같이 적었다.

》 6000여 년 전에 내몽고 자치주 적봉시 홍산에서 하가점문화까지 계속 발전했다. 이 문화가 동이족 토착민의 문화로서 동방고대문화의 발상지이며 세계문명의 창시문화라고 학자들이 공인했다.

이 내용만 보면 홍산문화가 동이에 의해 만들어졌다는 것이므로 동이에 매우 긍정적인 설명을 한 것으로 볼 수 있다. 그런데 동북공정을 추진하면서 중국의 문명이 요하문명으로부터 시작되었다고 결론을 내리자 엉뚱한 문제가 생기기 시작했다. 동이의 수장은 중국인들이 자신의 선조로 인식하던 염·황이 아니라 치우이기 때문이다. 그동안 염제는 황제에 동화된 중화인으로 설명되었지만 치우와 황제는 서로 다른 이민족 즉 대립각으로 설명된 것도 중국인들의 발목을 잡았다.
바로 이 문제점을 해결하는 방법으로 중국은 예상치 못한 결론을 도출했다. 치우도 자신들의 선조라는 설명이다. 탁록 인근에 삼조당이 건립된 이유이다. 중국의 이런 행동, 즉 중국이 아무리 삼조당에 치우를 모시면서 자신들의 조상이라고 설명할지라도 치우가 동이족의 조상이라면 남의 조상을 자신의 사당에 모시는 꼴이라는 설명도 있지만[131] 중국의 대안은 그야말로 상상을 초월한다.

과거 중국인들이 비정한 황제와 염제의 근거지는 비교적 단순하다. 신농씨의 후대인 염제는 일찍이 중국 중원 북부에서 생활하여 농업생산에 종사한 반면, 황제의 선조는 중원에서 비교적 먼 서북지역에서 유목생활을 하였으며 그 후에 천천히 중원으로 이전했다는 것이다.

그동안 알려진 이들의 본향으로도 알 수 있다. 황제는 희수姬水 유역에서 생활하고 염제는 강수姜水 옆에 터전을 마련했다는 것이다. 학자들은 희수를 산서성 관중 지역의 칠수漆水로 간주한다. 칠수는 인유현麟遊縣 서북의 두림杜林에서 발원하여 무공현武公縣 일대에서 위하渭河로 흘러들어 간다. 한편 강수는 산서성 경계내의 보계寶鷄시로 추정하는데 인근에 청강하淸姜河가 있다. 이에 의하면 황제와 염제의 선조가 아마도 황토 고원인 산서성 일대에서 생활했다는 설명으로, 한민족의 터전으로 알려진 중국의 동북지역 즉 동이와는 완전히 다른 지역임을 알 수 있다.[132]

그런데 2007년 8월 중국신화학회 엽서헌葉舒憲은 '황제집단의 곰 토템이 단군신화의 뿌리'라고 주장했다. 이 설명의 의미를 잘 알 것이다.

앞에서 여러 번 설명했지만 중국이 이와 같이 홍산문화에 집착하면서 심지어는 단군신화까지 거론하는 것은 나름대로 큰 목적이 있기 때문이다. 중국인들은 앞에서 설명한 것처럼 요하문명이 중국의 시원이라는데 의심하지 않는다. 그렇다면 중국의 선조도 홍산문화 지역에서 태어나야 한다는 것은 당연한 일이다. 만약 중국의 선조가 '신비의 왕국'의 초대 왕이 되지 않으면 그동안 중국인의 시조는 족적이 없어진다는 모순이 생기는 것이다.

그런데 문제는 그동안 홍산문화를 만든 동이의 수장은 치우이고, 황제는 중원에서 비교적 먼 서북지역으로 비정比定했다는 점이다. 이 문제의 해결이 간단하지 않다는 것은 곧바로 알 수 있다. 황제의 거주지로 알려진 서북 지역에서 중국 문명의 시원지를 찾을 수 없는 것은 자명한 일이다.

결국 중국은 절묘한 카드를 뽑아 들었는데 그것은 그야말로 전 세계의 학자들을 놀라게 했다. 그동안 알려진 동이의 수장이 치우가 아니라 황제라는 것이다. 한국 등의 학자들이 놀라지 않을 수 없는 그야말로 코페르니쿠스적 발상의 전환이다.

중국은 황제가 동북지방에서 유래했다는 논리 개발에 치중했다. 중국측이 가장 심혈을 기울인 것은 황제의 전설과 고고학 자료들을 교묘하게 끼워 맞추는 것이다.

중국 학자들은 우하량 출토 곰의 뼈를 '사마천의 『사기』에 '황제는 유웅씨有熊氏라 불렀다'는 기록을 근거로 곰과 황제를 연결시켰다는 것을 앞에서 설명했다. 그리고 1970년대 말 하북성河北省 장가구張家口 지구 쌍건하桑乾河 유역인 울현蔚縣 삼관三關 유적에서 발견된 유물 2점과도 연계시켰다. 동북 홍산문화의 대표 문양인 용무늬 채도관(항아리)과 중원의 앙소문화를 대표하는 꽃무늬 채도가 한 곳에서 발견되었기 때문이다. 이를 홍산문화와 앙소문화가 접변했다는 결정적인 증거로 제시했다.

조춘청趙春靑의 설명은 놀랍다. 앙소문화를 대표로 하고 중원中原의 속작粟作 농업구를 주요 활동 근거지로 삼고 있던 신농씨 화족華族 집단, 홍산문화를 대표로 하고 연산燕山 남북 지역을 주요 활동 근거지로 하여 어로와 수렵을 주로 한 황제黃帝 집단, 대문구문화와 양저문화를 대표로 하고 동남쪽 연해 지역의 벼농사 농업구를 주요 활동 근거지로 한 치우 집단이 분포했다고 전제했다. 한마디로 이들 세 개의 대집단이 각자 자신들만의 고유한 특성을 발전시키는 동시에 문화 교류와 합병·재조직을 거치면서 하나를 융합되었다는 것이다.

여기에서 주목할 점은 황제 집단의 근거지가 동북방 지역이며, 염제가 화하족의 시조이고, 치우는 산동성과 강소성 북부의 대문구문화와 장강 남부 즉 중국 남방에서 발달한 양저문화의 수장이었다는 설명이다.[133] 그동안 줄기차게 중국인들이 주장하던 황제·염제·치우의 근거지가 완전히 바뀐 것이다. 중국의 신화학자로 유명한 하신河新의 설명은 다음과 같다.

① 북방 혹은 서북방의 염제족 = 전욱족顓頊族 = 고양씨高陽氏 = 태호족太昊族은 태양신을 희羲라 부르고 용을 태양신의 상징으로 삼았다. 이들이 하나라와 주나라의 선조들로 앙소문화, 마가요문화, 용산문화의 창조자이며 전욱은 성이 풍風으로 복희와 동성이다.

② 동방 혹은 동북방의 황제족 = 제곡족帝嚳族 = 고신씨高辛氏 = 소호족小昊族은 태양신을 준俊이라 불렀으며 봉鳳을 태양신의 상징으로 삼았다. 이들이 상(은)의 선조들로 고대의 대문구문화의 창조자들이다.

③ 동남방 계통의 치우족은 하모도문화, 마가빈문화, 양저문화의 창조자이다. 이들이 동남방에서 동북방으로 올라오면서 서북방의 염제족 = 전욱족 = 태호족과 동북방의 황제족 = 제곡족 = 소호족 등과 충돌한다.

장광직張光直도 상나라를 일으킨 것은 동이족이지만 그들은 황제족 =

제곡족 = 소호족이라고 설명한다. 학자들에 따라 다소 다른 주장을 펼치지만 결론은 황제가 동이의 수장이고, 치우는 남방족의 우두머리 즉 동이족과 전혀 다른 이질적 집단이라는 것이다.[134]

중국학자들은 장가구 인근에 황제와 염제, 황제와 치우가 싸웠다는 판천阪泉과 탁록涿鹿이 위치한다는 점도 주목했다. 삼제가 전투를 했다는 자체가 바로 이 인근에서 동북 홍산문화 유형과 중원 앙소문화가 영향을 주고받았다는 것을 뜻한다는 설명이다.

이와 같은 설명을 근거로 근래 중국학자들은 황제가 동북 출신이라는 것을 부정하지 않는다. 황제의 고향을 중국 동북방, 즉 홍산문화의 본거지인 요하(발해) 연안으로 비정하고 홍산시대 = 황제시대라고 선언하는 것이다.

소병기蘇秉琦는 이들 논지를 더욱 발전시켰다. 홍산문화와 앙소문화가

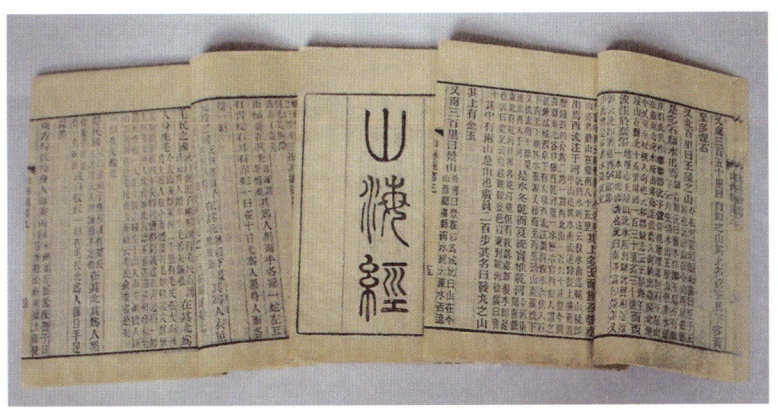

산해경.

충돌·교류하면서 요하 연안으로 올라가 우하량의 단(제단)·묘(신전)·무덤(총·적석총)으로 발전하여 전성기를 이루었고, 이것이 바로 '신비의 왕국'의 근거가 되었다는 것이다.

황제의 고향이 동북방이라는 근거도 준비했다. 앞에서도 설명했지만 황제의 근거지는 이 책의 주제가 되는 요령성과는 전혀 관련이 없는 지역이라고 설명하던 것에서 180도 전환하여, 황제가 염제와 싸운 판천지전에서 전쟁터에 나선 곰과 범, 살쾡이 등은 이런 짐승들을 토템으로 삼은 부족들의 명칭인데, 이들 짐승은 북방 민족의 색채를 보인다고 설명했다. 또한 『사기』〈오제본기〉에 '황제는 일정한 거처 없이 옮겨 다녔다'라는 기록을 '황제족'의 성향을 일컫는 것으로 동북방 민족 즉 유목민과도 관련이 있음을 알려주는 대목이라고 설명한다.

고대신화, 지리, 동물, 식물, 광물, 무술, 종교, 고사, 의약, 민속, 민족 등이 기술되어 있지만 많은 기이한 괴수怪獸와 특이한 신화고사神話故事가 기재되어 있어 많은 학자들이 허황된 책으로 인식하는 『산해경山海經』

도 황제의 근원 설정에 일조를 한다.

> 치우가 군대를 일으켜 황제를 정벌했다. 그래서 황제가 응룡應龍에게 명하여 치우를 기주冀州의 들에서 공격하게 했다. 응룡이 물水을 모으니 치우는 풍백風伯과 우사雨師를 청하여 커다란 바람과 비를 내리게 했다. 황제가 발魃(한발을 뜻함)이라고 하는 천녀天女를 내려 보내니 비가 그쳤다. 마침내 치우를 살해했다.

중국은 여기에 나타나는 전장戰場은 북방 초원을 의미하며 기주는 오제가 활동한 지역이라고 설명한다. 기주는 하북성 서북부에서 요령성 서부 지역을 포함하므로 황제의 고향이 동북지역이라는 설명이다. 황제와 북방민족을 연계시키는 기록도 찾아냈다고 발표했다.

> 황제의 후손에 시균始均이란 자가 있는데 이 사람이 북적北狄을 낳았다. 황제가 묘룡苗龍을 낳고 묘룡은 융오融吾를, 융오는 농명弄明을, 농명은 백견白犬을 낳았으며 백견은 빈모牝牡를 낳았는데 이가 견융犬戎이다.

위의 기록이 『산해경』에 나타난다는 점에 신뢰성이 떨어진다는 설명도 있지만 여하튼 중국은 황제가 북방 민족과 관계를 맺고 있다는 점을 부각시키는 데 주저하지 않는다. 즉 황제를 위주로 한 오제시대 전기의 대표적 인물들이 북방에서 활약했다는 것이다.

결론을 말한다면 황제족은 원래 연산燕山 지역에서 태어나 자란 부족으로 북방민족이 틀림없다는 설명이다. 앞에서 설명했지만 과거에 중국인들이 황제와 염제의 선조가 황토 고원인 산서성 일대에서 생활했다는

설명과 얼마나 달라졌는지를 알 수 있을 것이다.-135

황제와 치우가 싸운 탁록전투를 오제시대 후기(기원전 3000~2070년)에 일어난 '사실'로 보면서 이들을 설명하는 관계 설정에서도 과거와 다소 다른 이론도 개발했다.

기존의 주장을 감안하면 다소 혼란스럽기는 하지만 홍산문화의 전통을 이은 황제족과 산동 반도를 중심으로 일어난 치우족의 문화, 즉 대문구문화가 역시 충돌·교류한 증거가 바로 탁록 전투라는 것이다.

이 설명에 의하면 중국의 역사 전환이 얼마나 파격적임을 알 수 있다. 과거 동이족의 영역으로 산동과 요동지역이 포함되었다고 설명되었는데, 이 내용에 의하면 요동 지역은 황제의 근거지이므로 그동안 부단히 이야기되던 홍산 문화의 선조로 간주되던 치우는 요동지역과 직접 관계가 없다는 설명이 된다. 또한 산동 지역의 맹주로 알려진 동이족의 소호김천씨도 황제족의 일원에 포함되므로 결국 동이의 맹주는 치우와 소호김천씨가 아니라 황제라는 것이다. 그런데 소호김천씨의 무덤은 산동성 곡부 인근에 있는데 동이의 묘제인 적석총으로 되어 있다. 적석총의 의

소호김천씨의 석상(왼쪽)과 곡부에 있는 소호김천씨 무덤(오른쪽). 동이족을 의미하는 적석총으로 되어 있다.

미를 음미하기 바란다.

이제 중국인들은 황제를 비롯한 오제전설(황제·전욱·제곡·요·순) 주인공들의 고향을 동북방으로 간주하기를 주저하지 않는다. 한마디로 홍산문화를 꽃피운 동이족이야말로 바로 황제이며 그가 바로 중국인의 조상인 것은 물론 나아가 훗날 상나라의 선조(제곡)가 되었다는 것이다. 이것이 바로 '중국문명탐원공정'의 핵심이고 동북공정의 기본이다.

중국인들의 새로운 논리를 역으로 생각한다면, 지금까지 동이족과 화하족을 구분하는 것이 아니라 중국인은 모두 동이족의 후예가 된다. 동이족에서 화하족과 동이족으로 구분되었다는 설명도 된다.

그러므로 앞에서 설명한 모든 요하문명의 유적, 즉 적석총과 빗살무늬 토기, 비파형동검은 물론 곰 숭배의 원형들이 황제의 역사라면 치우와 단군, 그리고 웅녀 등 우리 민족의 흔적은 깡그리 무시되는 셈도 되어 중국인의 역사 자체가 동이족의 역사로 변한다는 것을 뜻한다.

이런 중국 측의 설명에 한국 측의 역습도 예사롭지 않다. 중국에서 개발한 접근 논리나 의도가 작위적이며 옳지 않다는 것이다.

① 중국 또는 중화민족의 정체성이나 개념·범주는 역사적으로 확고한 정형성定型性을 띠지 못하고 끊임없이 변화되어 왔는데 중국은 그들만의 영토관·민족관·국가관·역사관인 '통일적다민족국가론'을 기계적으로 적용하여 현재의 영토를 기준으로 삼았다. 이것은 현재 중화인민공화국의 영토 내에 존재했거나 존재하고 있는 민족이나 역사를 빼앗아가는 것이다.

② 중국 정부는 중국 내 소수민족과 주변 국가 민족 사이의 역사적·혈

통적·문화적·의식적 연관성이나 주변 민족 국가의 역사 체계·정서 등을 전혀 고려하지 않고, 현재 중국 영토 내에 있는 민족과 그들의 역사를 일방적으로 자국의 민족과 역사라고 주장한다.[136]

학자들은 중국이 황제를 두고 어떻게 자신들에게 유리한 논리를 개발하여 접근하더라도 치우를 수장으로 하는 동이가 누구인지를 정확하게 이해하고, 이를 적극적으로 활용한다면 중국의 공격에 충분한 대안을 만들 수 있다고 말한다. 동이를 정확하게 이해한다면 중국이 만들어 주는 고대사가 오히려 한국인의 고대사를 정립하는 데 더욱 좋은 자료가 된다는 설명이다.

치우천황과 헌원이 탁록에서 전투하여 치우천황이 패배했다는 것을 사실로 인정한다면 전투 결과가 어떻게 되었을까를 상상하는 것은 어렵지 않다. 일부 한국의 재야사학자들은 황제가 치우를 격파한 것이 아니라 치우가 황제를 격파했다고도 주장하지만 치우가 황제에게 패배했다는 것을 인정한다면, 치우천황이 패배했기 때문에 동이족 중에서 많은 사람들이 황제의 포로가 되었고 다른 부류는 도망쳤을 것이라는 데는 의심의 여지가 없다. 이는 수 천 년 동안 수없이 일어났던 부침에 의해 동이족이 여러 갈래로 갈라져 나갔다는 것을 이해하면 자동적으로 수긍할 수 있는 일이다.

그런데 이를 역으로 생각하면 화하족에 흡수되지 않은 동이족이 그대로 남아 있다는 것을 의미한다. 바로 이 대목이 한국민이 강조하는 것으로 한민족의 주력은 황제에게 패배했음에도 불구하고 화하족에 동화되지 않고 계속 동이족으로 이어져 현재의 한민족 근간이 되었다는 것이다.

그런데 동이족이 헌원에게 패배하면서 도망갈 때 반드시 중국의 동북

만리장성 서쪽 끝에 있는 가욕관.

방으로만 진로를 잡았다고 볼 수는 없다. 동이족인 은나라가 주나라에 패배할 때도 같은 정황을 그려볼 수 있다. 이것이 근래 중국 남부의 월족과 동이족 후예인 한민족간에 친연성이 있다고 설명되는 이유이다.

중국 실크로드의 관문인 난주蘭州에서 돈황까지 가는 유일한 통로가 '하서주랑河西走廊'이다. 남쪽으로는 기련산맥祁連山脈이 우뚝하고, 북쪽으로는 몽골고원과 사막이 펼쳐진 가운데, 좁은 곳은 10km, 넓은 곳은 100km에 이르는 회랑回廊이 1000km 정도 길게 뻗어 있으며 만리장성의 서쪽끝인 가욕관에 이어져 있다.

하서주랑은 옛 주인이었던 삼묘족三苗族과 흉노족匈奴族 때문에 우리 역사와 관련이 있는데, 소여림邵如林은 『하서주랑河西走廊』에서 삼묘족이 구려족九黎族의 후예라는 설명도 하고 있다. 금속문명을 지녔던 치우

蚩尤의 구려족이 황제족黃帝族에게 탁록 전투에서 패한 후 이 고원지역으로 이주했다는 것이다. 구려족은 동이족의 한 갈래이므로 하서주랑의 삼묘족 또한 우리 역사의 한 부분이라는 설명도 있다.[137_138] 물론 이들이 고대의 기준으로 볼 때 동이족의 후예라고 하더라도 한민족과 동일 선상으로 간주해야 한다는 것은 다소 무리하다는 설명도 있음을 첨언한다.

제 5 장

고조선의 실마리

제 5 장

고조선의 실마리

일제강점기에 일제는 식민사관에 따라 한국 고대사를 다루었다.

조선총독부의 관변단체인 조선고적연구회는 노골적으로 한반도에서 청동기시대조차 설정되지 않았다고 주장했다. 이들은 오늘날 고고학 시대구분에서 일반적으로 받아들여지는 신석기시대와 청동기시대라는 개념 대신, '금석병용기시대'라는 이상한 논리를 개발했다. 원래 금속병용기시대란 신석기 말에서 청동기로 넘어가는 과도기적 과정에 석기와 함께 순동을 사용한 단계를 의미한다.

이들 주장의 요지는 한반도의 경우 중국에 의해 한사군이 설치되기 이전에 대부분 석기를 사용했고, 전국시대戰國時代와 전한대前漢代에 들어서 비로소 중국으로부터 청동기와 철기를 도입하여 석기·청동기·철기가 혼재하는 상황이 되었다는 것이다. 즉 한국인들은 금석병용의 미개 상태로 있다가 중국이 군현郡縣을 설치하자 비로소 선진 문명을 도입하여 국가를 만들고 삼국시대三國時代로 넘어간다는 설명이다. 이것이 고조선과 단군이 역사학의 관심 대상에조차 들어가지 못한 이유이다.

그러나 일제의 패망으로 한반도가 남한과 북한으로 나뉘자 과거 고조선이라 비정하던 지역의 특성상 북한에서는 삼국 이전 시기의 고대 종족과 기원에 대해 연구하기 시작했다. 이를 위한 구체적인 조치로 북한 서쪽 지방의 토광묘 즉 강서군 태성리 유적, 은율군 운성리 유적, 황주군 순천리 유적들이 발굴되었다. 북한 학자들은 기원전 3~1세기경의 서북한의 '검모문화劍鉾文化'가 고조선 문화라고 주장했고 고조선의 중심지는 평양임을 견지했다.

그런데 『위략魏略』에서 연나라 장수 진개의 침략으로 고조선이 2000여리나 되는 영토를 빼앗겼다는 것을 근거로 고조선의 중심지는 요동이라는 주장이 제기되기 시작했다. 이 기록에 의하면 고조선은 요하 동쪽에 있어야 하기 때문이다.

고조선의 요동설은 기존의 평양설에서 중심지를 이동시켜야 하는 문제점이 있지만 북한 측에서도 이에 큰 이의를 제기하지 않았다. 그러므로 1963년 리지린의 『고조선 연구』와 문헌사학자들의 『고조선에 관한 토론 론문집』이 발간되면서 요령설이 확정되었고, 1990년대 초까지 유지되었다.

일단 평양에서 요령으로 고조선의 근거지가 옮겨지자 이 주장을 보완하는 연구가 계속되었다. 요령성 일대의 유적과 유물에 대한 조사를 통하여 고고학적으로 요령설을 증명하는 것이다. 이를 위해 1963년부터 1965년까지 중국과 북한이 합동으로 조·중공동고고학발굴대가 구성되어 요령성, 길림성, 흑룡강성, 내몽고자치구 일대에 대한 조사에 들어갔다.

이들의 성과는 요령성 일대 비파형단검유적의 조사를 통해 고조선의 존재가 고고학적으로 충분히 설명될 수 있다는 것으로 대표된다. 여기에서는 고조선 문화를 기원전 천 년 전반기와 후반기로 구분하고, 전반기는 전형적인 비파형단검과 미송리형토기(기원전 8~7세기) → 변형비파형단검과 묵방리형토기(기원전 7~5세기) → 세형동검과 윤가촌 하층2기 토기(기원전 5~4세기)의 발전단계를 설정하여 요령지방에서 서북한 지역에 이르는 광범위한 영역을 하나의 문화 단위로 파악했다.

빗살무늬토기는 한반도에 들어와 민무늬토기문화로 접어들어 한국사에서 매우 중요하게 여긴다. 민무늬토기는 굵은 모래와 곱돌滑石가루를 섞은 진흙으로 빚어 노천露天窯에서 구운 평저平底토기로 대개 황갈색 또는 적갈색을 띠며 그릇의 겉면에는 아무런 무늬가 없어 빗살무늬토기와 뚜렷이 구분된다.

이들 토기는 지역과 시기 그리고 만드는 방법에 따라 여러 가지 특징을 갖고 있는데 대표적인 유적명에 따라 신암리新岩里, 공귀리公貴里, 미송리美松里, 묵방리墨房里, 가락리可樂里, 송국리松菊里식 토기 등으로 부르기도 한다.

특히 압록강 유역인 평안북도 미송리에서 나온 토기는 밑이 납작한 원통형 그릇에 지之자 무늬가 새겨져 있다. 청천강 유역의 세죽리에서 나온 그릇들도 같은 종류다. 이런 그릇들은 압록강과 청천강에서 멀지 않은 중국 요동반도, 특히 단동丹東과 대련大連 지구에서 주로 발굴되는 토기가 바로 그렇다.

북한 학자들은 이를 근거로 '미송리-소주산小珠山 유형'이라고 하여 북한과 만주에 걸쳐 동일한 문화를 가진 지역 단위를 설정하고 있다. 소주산은 요동반도 남쪽의 광록도廣鹿島에 있는 곳으로 신석기시대의 토기들이 대량 발견된 곳이다.[139]

비파형단검문화와 미송리형토기를 적극적으로 해석하여 요령지방 문화와 서북한의 세형동검문화 사이의 연속성을 강조하며, 고고학적으로 고조선의 시간적·공간적 틀을 거시적으로 설명했다는 데 중요성이 있다고 국립중앙박물관의 오영찬 박사는 말했다.[140]

고조선의 중심지 문제에서 탈피하여 고조선이라는 국가의 성격을 설정하는 연구도 진행되었다. 고조선 건국에 비할 때 상당히 후대이기는 하지만 요동반도 남단의 강상崗上무덤과 누상樓上무덤, 와룡천무덤에서 발견되는 무덤 구조와 매장 형태, 부장품 출토 양상은 고조선이 노예소유자사회임을 분명하게 보여준다고 발표되었다.

강상무덤(기원전 10세기), 누상무덤(기원전 7세기)은 요동반도 남쪽 끝인 대련시 감정자구 후목지구 강상언덕에 있다. 1964년에 발굴된 것으로 남북길이 20미터, 동서길이 28미터의 넓은 묘역을 차지하는데 구덩이에 시체를 넣어 화장한 다음 그 위에 막돌을 덮었다. 모두 23개의 널방이 있는데 각 널방에는 백수십 명 분의 뼈가 발굴되어 순장무덤으로 인식한다. 또한 6자루의 비파형단검을 비롯해 창끝·활촉·비녀·질그릇 등 총 20여 종 874점의 유물이 발굴됨으로써 당시의 청동기 문화가 매우 발달되어 있었음을 알 수 있다.

강상무덤보다 후대인 누상무덤도 강상무덤과 유사하다. 남북길이 24미터, 동서길이 30미터로 강상무덤보다 다소 규모가 큰데 여러 개의 돌방이 있는 적석총이다. 상당히 많이 파괴되어 정확한 원형을 파악할 수 없지만 2개의 주 널방과 그 주위로 작은 널방이 있다. 중앙의 널방에서 2명의 인골이 출토되었고, 나머지 널방에서도 2~3명부터 15명에 이르는 순장 당한 사람의 뼈가 있었다. 부장품으로 8자루의 청동단검, 마구류와 수레부속품, 방패, 활촉, 도끼, 끌, 장식품 등 160여 점의 청동기가 발견되었는데 강상무덤처럼 순장당한 널방에는 부장품이 매우 적었다.

이 두 무덤은 원래 서로 떨어져 있었으나 현재는 누상무덤을 강상무덤으로 옮겼다. 필자가 현지인에게 무덤을 옮긴 이유를 질문했더니 원래 무덤을 한 곳에 배치한 후 박물관을 건립하기로 했다고 한다. 실제로 소형 건물이 무덤 옆에 건설되었는데 박물관 계획은 중단되었다는 설명이다.

유골을 분석한 학자들은 강상무덤에서 약 140명, 누상무덤에서 약 100여 명이 순장 당했다고 추정한다. 학자들이 주목하는 것은 강상무덤과 누상무덤이 고조선의 변방인 요동반도 남쪽 끝에 있으므로 이들의 주인은 왕이 아니라 당시의 지방 귀족일 것이라는 점이다. 지방의 귀족들이 이와 같이 많은 순장자들을 묻을 수 있다면, 당시의 왕을 비롯한 중앙의 고관들은 더 많은 노예들을 확보했을 것으로 볼 때 당대에 이미 강력한 사회가 존재했음이 분명하다는 설명이다.[141] 즉 고조선 사회가 노예소유주와 노예를 기본으로 한 지배·피지배 관계를 형성하고 있다는 것은 지배계급이 자신의 재산과 권력을 유지하기 위해 각종 통치 수단을 갖추었다는 것을 의미한다.[142]

특히 이들 연구자들은 요서 지역의 초기 청동기문화인 하가점하층문

대련시 강상언덕에 있는 강상무덤. 북한은 고조선 지배층의 순장무덤으로 보고 있다.

화를 고조선의 문화로 해석하여 고조선이 일찍부터 남만주 일대에 광대한 제국을 형성한 노예제 사회였다는 논리를 펼쳤다. 즉 국가가 존재했다는 것이다. 그러나 이 국가를 북한에서는 단군조선으로 인식하지 않았다. 북한에서도 단군에 관한 역사적 인식이 없었기 때문이다.[143]

그런데 강상무덤과 누상무덤은 북한과 중국 간에 동북 지역 고대사에 대한 시각 차이를 보여준 것으로도 유명하다. 원래 중국과 북한은 한국전쟁을 통해서 혈맹 관계를 맺었으므로 1963년부터 1965년까지 약 3년 동안 공동조사단을 구성하여 내몽골·요령성·길림성·흑룡강성 일대의 청동기시대 유적과 고구려·발해 유적을 공동으로 답사하고 발굴 조사를 진행했다.

이들 발굴 결과를 놓고 북한과 중국이 현저한 시각 차이를 보이자 결국 공동보고서를 작성하지 못했지만 북한은 1966년에 『중국 동북지방의 유적발굴 보고』라는 보고서를 단독으로 발간했다. 여기에서 북한은 고조선의 강역이 만주까지이며 강상무덤과 누상무덤은 고조선 지배층의 순장 무덤으로 해석했다.

그런데 중국은 발굴로부터 30여 년이 지난 1996년에 비로소 이들 유적지에 대한 보고서를 작성했는데 중국은 북한과 완전히 다른 시각의 견해를 내놓았다. 이 보고서에는 ① 만주 지역이 국가 단계에 들어선 고조선이란 증거가 없으며, ② 강상무덤과 누상무덤은 고조선 지배층의 무덤이 아니라 씨족 공동묘지에 불과하다고 적었다.

한국 학자들은 중국의 이와 같은 늦깎이 보고서에 대해 다음과 같은 의도가 있다고 지적했다. 한반도 최초의 국가라고 주장하는 고조선이 만주 지역에 근거를 두고 있었다는 북한측 주장에 반박하는 것은 물론, 고조선의 강역을 평양 중심으로 하는 한반도 안으로 한정하려는 목적이 있다는 것이다.

　이 당시만 해도 북한은 현 중국의 동북방이 고조선의 근거지라는 주장을 견지했다.-¹⁴⁴ 그러다가 1993년 단군릉을 발굴한 후부터 북한은 갑자기 단군을 신화 속 인물에서 실존인물로 부각시키는 것은 물론 평양이 단군의 근거지라고 주장하기 시작했다. 북한 측의 주장에 따르면 단군조선이 기원전 30세기부터 존재하였으나, 기원전 20세기에 들어서면서 점차 쇠퇴하고 기원전 14세기를 전후해 후조선이 등장하며 부여·구려·진국 등 후국들이 독자적인 국가로 성장했다는 것이다. 이 부분은 뒤에서 다시 설명한다.

　남한 학계에서도, 조선 후기부터 제기된 고조선 평양 중심설이 해방 직후의 연구 성과를 바탕으로 1970년대에 주장되어 1980년대까지 이어졌다. 여기에서 북한 측과 마찬가지로 단군을 신화로 보면서 그 역사적 실재를 부정했다는 점이다. 북한과 다소 다른 것은 고조선의 출발이다. 북한에서는 적어도 고조선의 출발을 기원전 1000년 전반기로 설정하는 데 반해, 남한에서는 고조선사의 진정한 출발을 기원전 4세기 이후인 중국 전국시대부터로 인식하고 청동기문화 단계의 고대 사회는 연맹 상태의 부족국가라고 주장했다. 앞에서 설명한 고등학교 『국사』 교과서에 고조선의 건국이 어정쩡하게 기술되었던 것과 국립중앙박물관의 전시실에서 고조선의 연표가 제외되는 등의 수모를 당한 이유이다.-¹⁴⁵

● 한민족의 간판스타 빗살무늬토기

　고조선의 성립 연대를 크게 올리는 데 기여한 것은 빗살무늬토기(즐문

토기)와 고인돌, 청동기이다. 우선 빗살무늬토기에 대해 설명한다. 빗살무늬토기는 청동기시대의 유물은 아니지만 한국의 고대사를 다룰 때는 반드시 나오므로 간략하게 설명한다.

빗살무늬토기의 무늬에는 머리를 빗는 빗살모양의 새기개(빗살)를 이용하여 토기의 성형成形이 마르기 전에 표면을 점점이 찍는 '빗점무늬'와 선을 긋는 '빗살무늬'가 모두 포함된다. 그런데 빗살무늬토기의 기원은 두 가지로 나뉜다. 첫째는 멀리 스칸디나비아를 포함하는 북유럽으로부터 시베리아를 거쳐 북위 55도의 환북극 지대를 따라 한반도에 들어왔다는 시베리아기원설이고, 둘째는 발해연안 기원설(광역의 동이족 또는 고조선 영역)로 이를 동이족기원설이라 부른다.

시베리아기원설부터 찾아보자. 빗살무늬토기가 1920년대에 북유럽의 핀란드와 스웨덴·북부독일·폴란드 등지의 신석기시대 유적에서 발굴되자 핀란드의 고고학자 아일리오J. Ailio는 이에 독일어로 '캄케라믹 kammkeramik(빗살무늬토기)'라는 이름을 붙였다. 그 후 이런 토기가 북유럽뿐만 아니라 주로 시베리아를 중심으로 한 북위 55도 이북 지역에서도 발굴되어 이 지역을 일명 '환북극環北極(Circumpolar) 문화'로 묶었다.

빗살무늬토기류. 빗살무늬토기는 우리의 고대문화가 중국과는 무관하다는 역사적 사실을 입증해주는 증거가 된다.

시베리아기원설은 한국의 정사라고 볼 수 있는 국사편찬위원회의 『한국사』를 기본으로 한다.

한국의 신석기시대는 일반적으로 한반도의 강원도 양양군 손양면 오산리에서 출토된 기원전 6000년경으로 추정한다. 오산리에서 16군데의 움집자리 수혈주거지와 함께 토기와 석기들이 발견되었다. 모두 6개 층으로 그 중 5층은 매우 중요한 의미를 갖고 있다. 지름 6미터의 둥근 움집자리 6개 터와 함께 집안에서 가로세로 각 70센티미터의 네모꼴 화덕자리가 나왔기 때문이다.

토기는 좁은 밑바닥에 비해 몸통이 넓은 바리모양토기(발형토기鉢形土器)가 대부분이다. 석기도 매우 발전했다. 낚시몸돌, 네모꼴돌칼, 흑요석 돌날 등도 나왔다. 출토된 것만으로 보면 오산리 사람들은 고기잡이를 가장 큰 생계수단으로 삼았을 것으로 생각된다. 특히 뼈를 갈아 만든 바늘을 묶어 쓰도록 고안된 낚시몸돌와 위층에서 나온 자갈돌 어망추에서 그런 사실을 유추할 수 있다. 이 지역은 연어 회귀로 유명한 남대천 인근이다.[146]

한편 제주도 한경면 고산리 유적의 연대가 기원전 1만 500년으로 거슬러 올라가자 이때를 신석기의 상한선으로 인정하기도 한다. 이곳에서는 세석기와 석핵이 나오는 후기구석기시대, 융기문 토기와 무경석촉이 나오는 신석기(I)기, 유경석촉이 나오는 신석기(II)가 보인다.

최몽룡 박사는 고산리의 층을 셋으로 나누기에는 너무 얇다는 지적도 있지만 세석기와 융기문 토기의 결합을 고려할 때 이 유적의 상한을 아무르강 중부 평원 북부의 범위에 있는 기원전 1만 년 전후의 오시포프카문화에 속하는 가샤 유적이나 바이칼호 근처의 우스트 카랭카 유적(기원전 7000년경), 일본의 복정福井동굴, 천복사泉福寺 동굴 유적과의 관련성도 충분히 있다고 말한다.

유럽에는 다뉴브문화(I)라 불리는 LBK(Linear Band Keramik) 문화가 있다. 이 문화는 기원전 5000년대부터 유럽 중앙과 동부에서 황토지대에 화전민식 농경이 진행되면서 서쪽으로 전파돼 나갔는데 이 문화와 동반된 토기의 문양이 우리의 빗살무늬토기와 유사하다.

학자들은 이들 토기의 형태를 근거로 하여 우리나라의 신석기시대 토기들의 조형을 LBK토기로 추정하고, 이들이 스칸디나비아를 포함하는 북유럽으로부터 시베리아를 거쳐 북위 55도의 환북극 지대를 따라 한반도에 들어왔다고 주장한다.

이러한 견해에 따르면 시베리아 흑룡강 상류 쉴카강 북안의 석회굴에서 나온 빗살무늬토기는 바이칼 지구를 비롯한 범시베리아 신석기문화에 포함된다. 그러므로 한강 유역의 첨저 토기와 함경도의 평저 토기도 원래는 한 뿌리로 알타이 지역을 포함하는 바이칼호 주변이 그 진원지가 될 가능성이 농후하다는 설명이다.[147]

이를 정리하면 빗살무늬토기가 한반도 지역은 물론 만주, 시베리아, 유럽 등지에서도 발견됨을 감안할 때 신석기시대에 인류가 시베리아에서 몽고를 거쳐 만주 지방과 한반도에 퍼졌다고 설명될 수도 있다는 이야기다.

반면에 빗살무늬토기의 시베리아기원설에 대립되는 동이족기원설은 빗살무늬토기의 분포가 결코 유동방향을 가리키는 것은 아니라는 설명부터 출발한다.

즉, 이 토기의 분포를 유동방향으로 착각하면 빗살무늬토기가 서방에서 발원해 점차 동방으로 전파되었다는 이른바 '서양기원설'로 오도될 수 있다는 것이다. 이와 같은 견해는 근래에 수집되고 있는 많은 고고학 발굴 성과를 기반으로 한다.

이 주장은 빗살무늬토기가 요동반도를 비롯하여 요녕성·하북성·산동반도 등 넓은 지역에서 발견된다는 점을 근거로 한다. 중국의 자산·배리강 지역 문화에서는 이른바 '지之'자형 빗살무늬토기와 '인人'자형(어골문이라고도 하며 북한에서는 이깔잎무늬 혹은 전나무잎무늬라고 함) 빗살무늬토기가 나온다. 발해연안 북부 대릉하 유역의 흥륭와문화와 홍산문화권에서도 빗살무늬토기가 발견된다. 요하 하류의 심양 신락문화와 소주산문화 지역에서도 빗살무늬토기가 발견된다.

한반도에서는 압록강·대동강·재령강·한강 등 서해안 일대와 두만강 유역 및 동해안 그리고 남해안과 남해 도서지방 등 빗살무늬토기가 발견되지 않는 곳이 없을 정도이며 이들 토기의 시대 편년은 대체로 남과 북이 비슷하다.

특히 요동반도와 한반도의 빗살무늬토기는 태토胎土 성분도 서로 비슷하다. 또한 초기 빗살무늬토기 유적에서는 세석기細石器나 타제석기가 마제석기와 함께 출토되고 있는 점도 주목 대상이다.

빗살무늬토기는 중국 내몽고 지역과 러시아 연해주에서도 잇달아 발굴됐다. 내몽고 지역 신석기 유적인 흥륭와興隆窪 유적 최하층에서 빗살무늬 토기들이 대거 쏟아졌는데 이것들은 기원전 6000년경 제작된 것으

빗살무늬토기. 홍산문화 출토 토기(왼쪽), 강원도 양양군 지경리 출토 토기(가운데), 강원도 양양군 오산리 출토 토기(오른쪽)

로 추정되었다.

　내몽고에서 발견된 토기가 주목받는 것은 빗살무늬 또는 사각형 안에 여러 겹의 빗금을 그어 넣은 기하학적 무늬를 갖고 있어 한반도 신석기 유적에서 출토되는 빗살무늬토기와 매우 유사하기 때문이다. 러시아 연해주의 카마 신석기 유적에서 발견된 토기도 기원전 4000년으로 거슬러 올라가는 한반도의 첨저형尖底型(바닥이 뾰족한 모양) 빗살무늬토기와 유사하다. 주로 청천강 이남에서만 출토되던 첨저형 빗살무늬토기가 연해주에서도 나왔다는 것은 한반도를 포함한 동북아일대가 고대에 동일 문화권을 형성했음을 보여주는 또 하나의 중요한 증거이다.

　물론 중국의 허우와와 샤오주 지역 등 일부지역에서도 빗살무늬토기가 출토된 적은 있으나 제작연대가 한반도에서 출토된 것들보다 2000~3000년 늦은 기원전 3000~4000년이다. 학계에서는 한국의 신석기 문명이 일부 중국지역에 영향을 미친 것으로 해석하고 있다.

　선문대 이형구 박사는 발해 연안에서 발견되는 빗살무늬토기의 연대를 보면 대략 기원전 6000년에서 5000년경인데 반해, 동유럽이나 시베리아의 빗살무늬 연대는 대체로 기원전 5000년에서 4000년경임에 주목하여 이들보다 한국의 빗살무늬토기가 무려 1000년 이상이나 앞섰다는 점을 강조했다. 또한 시베리아의 빗살무늬토기는 무늬 새기는 방법과 그릇의 모양이 다르다는 것도 지적했다.[148]

　정수일 박사는 빗살무늬토기의 중요성은 그것이 우리의 고대문화가 중국과는 무관하다는 역사적인 사실을 입증해주는 데 있다고 설명했다. 중국의 도기는 채도彩陶에서 흑도黑陶, 다시 백도白陶로 전승되어 우리의 토기와는 다른 길을 걸어왔기 때문이다.

　이들 증거를 감안하여 이형구 박사는 우리나라에서 구석기시대와 신석기시대 사이에 공백이 있었던 것이 아니라 서로 이어진다고 주장했다. 특히 북한의 서국대는 『조선의 신석기시대』에서 다음과 같이 기술했다.

> 조선옛류형 사람들은 조선반도를 중심으로 하는 아시아대륙 동쪽의 넓은 지역에 퍼져 살면서 자기가 살고 있는 구체적인 환경과 조건에 맞게 자연의 구속에서 벗어나기 위한 줄기찬 창조적 노동을 통하여 신석기시대의 문화를 창조하는 길에 들어섰다.

이와 같은 고고학적 성과는 그동안 한반도 신석기와 청동기 문화가 시베리아에서 유래했다는 시베리아기원설이 아니라 한반도와 중국 동북 지역 일대를 묶는 발해만 연안에 중국과는 다른 독자적 문화권이 형성됐음을 뒷받침한다는 주장이다.

참고로 한반도 지역의 빗살무늬토기 문화가 청동기시대에는 중국 동

전국에 산재한 고인돌 유적은 청동기시대의 대표적 유적으로 남북한 합쳐 5만 기 이상으로 추정된다.

북지역 등에서 비파형동검과 고인돌문화로 발전한 것으로 학계에서는 추정하고 있음을 덧붙여 둔다. 이는 빗살무늬토기가 발견된 지역이야말로 한민족의 삶의 터전이라고 설명하는 것이나 다름없다.

• 세계가 인정하는 우리나라의 고인돌

고인돌의 중요성은, 비록 다른 유물이 발견되지 않았다 하더라도 고인돌 자체만을 갖고도 청동기시대에 축조되었다고 인정한다는 점이다. 따라서 고인돌의 건립연도가 언제까지 올라가느냐는 문제는 매우 중요하다. 그 시기부터 국가가 성립될 수 있었다는 개연성을 가질 수 있기 때문이다.

한국인들은 다행스럽게도 고인돌을 매우 쉽게 접근할 수 있다. 그것은 2000년 11월 말 고창·화순·강화의 고인돌 유적이 유네스코의 '세계유산 제977호'로 등록되었기 때문이다. 세계유산은 인류 전체가 보호해야 할 보편적 가치를 지닌 문화유산을 지칭한다. 세계유산위원회의 엄격한 등록기준에 따라 지정되는데 우리나라의 고인돌이 유네스코의 까다로운 선정기준을 너끈히 통과했다는 것을 의미한다.

우리나라는 '고인돌의 나라'로 불러도 좋을 만큼 많은 고인돌이 전국에 산재해 있다. 한반도 전역의 고인돌은 북한지역의 황해도 은율과 평양 등 북한에 1만 4000기 정도가 있고, 강화도와 전남 화순, 전북 고창 등지를 중심으로 남한에 약 2만 4000기가 있다고 알려져 있다. 수몰 지구를 발굴하면서 바깥으로 옮겨놓은 고인돌까지 모두 계산하면 남·북한 합쳐서 5만 기 이상으로 추정된다. 전 세계에 산재한 고인돌은 약 8만 기로 추정하는데, 거석유물이 많다고 알려진 아일랜드의 경우 고인돌이 1500기에 지나지 않는다는 것을 보면 5만 기가 얼마나 많은 숫자임을 알 수 있다.-[149] 일본의 코모토 마사유키가 1960년대 한반도에는 고인돌이 8만 개 이상 있었다고 지적한 것을 볼 때 한국에 얼마나 많은 고인돌이 있었는지를 알 수 있다.-[150]

유네스코에서 고인돌을 세계유산으로 지정한 이유는 고창, 화순, 강화의 선사유적들이 거대한 석조로 만들어진 2000~3000년 전의 무덤과 장례 의식 기념물로서 선사시대 문화가 가장 집중적으로 분포되어 있으며, 당시의 기술과 사회현상을 가장 생생하게 보여주는 유적임을 인정했기 때문이다.

고인돌은 한자로 지석묘支石墓라고 하는데 지석은 지탱하는 돌, 우리말로 굄돌이라는 뜻이다. 따라서 고인돌은 뚜껑돌을 지탱하는 돌이 있는 무덤이라는 뜻으로 어원상 고임돌이 고인돌로 변한 것이다.

1960년대 초까지만 해도 사람들은 고인돌을 왜 세웠는지 몰랐다. 그런데 고인돌 뚜껑돌 밑에서 인골과 부장품을 발견하고 그것이 무덤이라는 것을 알게 되었다. 고인돌이 다른 무덤과 구별되는 가장 큰 특징은 무덤에 뚜껑돌을 덮고 그 밑에 매장부를 두어 뚜껑돌을 받치는 고임돌(지석)을 매장 주체부 위에 둔다는 점이다. 특히 요동지역과 한반도 서북 지방에서 발견되는 탁자식(북방식) 고인돌은 얇게 잘 다듬은 판돌로 상자 모양의 벽체를 쌓고, 그 위에 넓은 뚜껑돌을 덮어 하나의 거대한 조형물이나 제단 같은 형태를 갖고 있다.-[151]

고인돌에 관련된 가장 오래된 자료는 『한서漢書』에서 보인다. 『한서』는 후한의 반고班固가 저술한 것으로 동이족에 관한 자료가 많아 우리들의 주목을 받는 사료이다.

> 효제 원봉元鳳 3년 1월 태산의 래무산來蕪山대 남쪽에서 수천 명이 '쉉쉉'
> 하는 소리가 들려 사람들이 이를 자세히 살펴보니 큰 돌이 스스로 세워져
> 있었다. 이는 높이가 1장 5척이고, 크기가 48발이며 깊이가 8척으로 큰 돌의
> 밑에는 3개의 돌이 받치고 있는데, 이 큰 돌 주변에 수천의 백조가 한데
> 모이고 있었다.-152

이 기록에 의한 원봉 3년은 기원전 78년이다. 3개의 돌이 다리로 받치고 있는 것을 보면 탁상식 고인돌이 틀림없으며 크기를 한척漢尺으로 계산하면 약 3.5미터에 깊이는 1.86미터로 비교적 큰 규모의 고인돌로 추정된다.

요동지방의 고인돌에 관한 기록은 기원 3세기경 서진西晉의 진수가 편찬한 『삼국지』〈공손도전〉에도 보인다.

> (중략) 한漢나라의 왕이 당장 끊어지게 되자 여러 대신들이 모여 부처의 귀에
> 대하여 말하던 중, 마침 양평 연리사에 큰 돌이 생겼는데, 그것은 길이가 1
> 장 남짓하고, 그 아래에는 새 개의 작은 돌을 다리로 삼은 것이라고 했다.
> 어떤 사람이 공손도에게 말하기를 "이것은 한선제漢宣帝의 면류관 모양의
> 돌로서 상서를 나타내는 징조다. 즉 마을 이름이 여러 선군先君과 같고,
> 사社는 땅 주인인 데다가 광명이야 당연히 땅위에 있으니, 이렇게 하여 세 분이
> 보필하고 있다"고 했다. 공손도는 이 말을 듣고 크게 웃었다.

이때는 기원 190년으로 다리가 세 개이고 개석이 면류관을 닮은 것으로 보아 역시 탁상식 고인돌로 보인다. 두 기록을 보아 현지인들이 이러한 고인돌의 축조와 기능에 대해서 전혀 이해하지 못하고 있음을 볼 때 기원

중국 최대의 석붕산 고인돌. 3000년 전의 것으로 추정되며 매우 매끄럽게 마감되어 있다.

전 1~2세기경에는 고인돌이 세워지지 않아 잊힌 이야기가 되었음을 알 수 있다.

우리나라에서 고인돌支石墓이란 용어는 고려시대 이규보의 『동국이상국집』에서 처음으로 나온다. 이규보는 고려 신종神宗 3년(1200) 11월 말에 전라도를 여행하던 중 금마군에 이르러 지석묘를 관찰할 수 있었다.

> 다음날 금마군으로 향하려 할 때, 이른바 '지석支石'을 구경했다. 지석이란 것은 세속에서 전해지기를 옛날 성인聖人이 고여 놓은 것이라 하는데 과연 기이했다.

이규보가 본 고인돌은 전북 지방에서 몇 안 되는 탁상식 고인돌로 추정된다. 여기에서 주목할 것은 중국은 석붕이란 말을 사용했지만 이규보는 지석支石이란 용어를 처음으로 사용하고 있다는 점이다. 또한 고인돌은 겉으로는 단순해 보이지만 매우 치밀한 기초공사가 필요한 구

조물이다.[153]

고인돌의 정확한 기능에 대해서는 아직도 많은 학설들이 있으나 19세기 말까지는 대체적으로 제단의 기능을 갖는 것으로 보는 시각이 우세했다. 사람들이 쉽게 바라볼 수 있는 주변보다 높은 곳에 위치하여 외형적으로 웅장함을 드러내는 대형 거석일 경우가 많았기 때문이다. 실제로 요령지방의 탁자식 고인돌 중 일부는 후대에 종교의식을 행하는 장소로 이용되기도 했다.

학자들은 고인돌에 죽은 사람이 저승에 가서 잘 살기를 비는 마음과 남은 후손을 위한 기도의 마음이 함께 깃들어 있는 것이 분명하다고 설명한다. 그러므로 고인돌은 처음에는 무덤으로 만들어졌지만 고대인들의 조상 숭배와 조상에 대한 종교적 제사 활동을 진행하던 성지로 활용됐다는 주장도 있다.

사실 요동반도에 있는 북방식 고인돌에는 최근까지도 마을 사람들이 기도하는 대상으로 사용했음을 볼 수 있다. 중국 최대의 고인돌로 알려진 개주시 석붕산石棚山 고인돌은 마감을 매끄러운 처리를 하는 등 공을 들여 건설하여 고인돌 건설 시기가 약간 후대임에도 약 3000년 전으로 추정한다.

이 고인돌은 어디서나 바라볼 수 있는 조망이 좋은 편평한 대지 위에 있는 데다 중국 최대의 고인돌이므로 많은 학자들의 주목을 받아 중점적으로 연구되었다. 덮개돌은 모서리가 줄어든 사다리꼴이며 크기는 860 × 570~510 × 40~50센티미터로 앞쪽이 넓고 약간 높은 모습이다. 굄돌 밖으로 많이 나와(동쪽 170, 서쪽 160, 남쪽 280, 북쪽 325센티미터) 처마를 이루고 있다. 석실은 275 × 210센티미터로 바닥에 깨어진 돌 조각이 깔려 있는데 성혈도 보인다.

후에 고운사古雲寺라는 사찰로 변하여 수많은 신도들이 몰렸다. 필자가 2008년 9월에 방문했을 때 근래까지 향을 피우고 소원을 빈 흔적을 발견할 수 있었다. 심지어는 고인돌이 마을을 보호하고 잡귀의 출입을 예방하는 수호신으로 만들었다는 주장도 있다.[154]

석붕산 고인돌보다는 다소 작지만 잘 알려진 대석교시大石橋市 관둔진官屯鎭 석붕욕촌石棚峪村 고인돌, 와방점 대자瓦房店 台子 고인돌 등 상당수의 북방식 고인돌들도 근래까지 기도의 대상으로 삼고 있다는 것을 알 수 있다.

묘표석으로 고인돌을 만들었다는 주장도 있다. 묘표석으로서의 기능에는 묘역을 상징하는 기념물 내지 묘역 조성 집단의 권위와 위엄을 드러내기 위한 것, 또는 묘역을 표시하는 단순한 기능 등이 있다.

이는 고인돌 무덤군 안에 존재하는 것인데 크게 두 가지로 나뉜다. 하나는 제단 고인돌과 같은 규모를 가지고 있으면서 무덤군의 중앙이나 한쪽에 치우쳐 위치한 것이고, 다른 하나는 앞보다 작은 규모이거나 소형으로서 그 자체는 방을 갖고 있지 않은 것이다.[155]

석붕욕촌 고인돌.

그러나 오늘날에는 고인돌을 선사시대의 돌무덤, 즉 지석묘支石墓와 같은 개념으로 이해하며 거석문화의 한 자취로 간주한다. 고인돌의 주요 기능을 무덤으로 해석하는 근거로는 고인돌이 한 곳에 무리를 지어 분포하고 있고, 결정적인 증거로 사람의 뼈와 함께 부장품이 발견된다는 점을 들 수 있다. 2003년을 기준으로 조사가 이루어진 고인돌의 경우 76곳에서 인골人骨이 출토되었다. 학자들은 한국의 토양 대부분이 산성이라는 지질적인 특성 때문에 모든 고인돌에서 인골이 발견되지 않는 것으로 추정한다.

평안남도 성천군 용산무덤 5호 고인돌에서는 38명에 해당하는 인골이 나왔다. 인골이 가장 많이 나온 지역은 평안도이며, 그 다음은 황해도와 충청도. 충청북도 제천시 황석리 고인돌에서는 남자 시신을 펴서 묻은 인골이 거의 온전한 상태로 발굴되었고 황석리 13호 고인돌에서는 어린아이의 머리뼈까지 나왔다.

체질인류학의 해석에 의하면 그것은 생전에 충분한 영양을 섭취하며 살았으며 이들이 사회를 지배한 상층계급이었음을 알려준다. 고인돌에 묻힌 어린아이의 인골을 통해서도 당시 사회상을 읽을 수 있다. 비록 어린아이였을지라도 보호받는 신분이었기 때문에 그만한 혜택을 누렸던 것으로 해석할 수 있다.─156

고인돌이 제단의 기능보다 무덤의 기능을 갖고 있다는 것은 매우 중요한 의미를 갖는다. 고인돌이 무덤으로 축조되었다면 당시의 사회상뿐 아니라 매장자의 성격까지 보여주는 좋은 자료가 될 수 있기 때문이다.

우리나라에서 발견되는 고인돌은 다른 지역과 달리 부장품이 함께 발굴되는 점이 특징이다. 부장품으로는 여러 가지 토기와 화살촉 같은 석기들뿐만 아니라 청동검, 옥, 석검 등도 발견된다. 부장품이 있다는 것은 고인돌의 연대 측정이 가능하다는 의미로서, 이를 근거로 그 시대의 문화와 생활상을 살펴볼 수 있다. 이들 부장품들이 고인돌을 만든 시대와 사회생활을 추정하는 데 결정적인 역할을 하는 것은 물론이다.

고인돌이 한국 고대사에서 큰 비중을 차지하는 이유 중의 하나는 중국 동북 지역의 고인돌 분포가 특정 지역에 집중되고 있기 때문이다. 그런데 요령 지역 고인돌 분포에서 눈에 띄는 것은 그것이 비파형동검 분포권과 유사하다는 점이다. 요동반도의 신금현 쌍방, 한반도의 대전 비례동과 신대동, 여천 적량동의 고인돌에서도 비파형동검이 출토되었다. 이는 비파형동검 문화가 고인돌과 매우 밀접한 관계가 있다는 것을 의미한다.[157]

매장 방식을 보면 북방식 고인돌은 주검을 안치하는 곳, 즉 주검 칸이 지상에 드러나 있으며 남방식 고인돌은 주검 칸이 지하에 설치되어 있다. 특히 북방식은 비교적 넓고 편평한 땅 위에 세워 네모난 상자 모양의 방을 만든 다음 바닥에 시체를 안치하고 그 위에 뚜껑돌을 덮은 것이다.

남방식은 큰 굄돌로 괸 바둑판식(지하에 판석이나 할석 등을 이용하여 돌방을 만들고 그 위에 낮은 받침돌로 뚜껑돌을 올려놓은 것)과 개석식蓋石式(받침돌 없이 뚜껑이 직접 지하 돌방을 덮고 있는 것)으로 나뉘는 것을 볼 수 있다. 이들은 한강 이남에 주로 분포하며 대부분 땅 밑에 판돌을 맞춰 넣어 만들거나 깬돌이나 냇돌 등을 쌓아 돌널을 만들고 그 안에 시신을 묻었다. 무덤 위에는 큰 뚜껑돌을 얹어 일반적으로 뚜껑돌만 보이기 때문에 특별하게 보이지 않는다.[158]

그 다음으로 들 수 있는 특징은 고인돌의 크기가 타의 추종을 불허한다는 점이다. 북방식은 주로 우리나라 북부에 분포하고 탁자 모양을 하고 있지만 강화, 인천, 수원, 이천을 연결하는 선을 한계로 분포한다. 물론 남부에도 북방식 고인돌이 발견되기도 하지만 이는 특별한 예에 속한다.

이 중에서 강화도 부근리의 고인돌(사적 137호)은 뚜껑돌 만해도 길이 7.1미터, 폭 5.5미터, 높이 2.6미터에 달하는 흑운모 편마암이며 추정무게 80톤이다. 받침돌의 크기는 길이가 450센티미터와 464센티미터, 두께가 60센티미터와 80센티미터, 높이가 140센티미터이며 기울기가 70도이다. 장축 방향이 동북 69도이다.

학자들은 받침돌을 좌우에 세우고 한쪽 끝에 판석을 세워 무덤방을 만든 뒤 시신을 안치하고 다른 한쪽을 마감했을 것으로 추정한다. 현재 양끝의 마감돌은 없어지고 좌우의 받침돌만 남아 있어 석실 내부가 마치 긴 통로처럼 되어 있다.

목포대학교의 이영문 교수는 이 고인돌은 거대한 덮개돌이 받침돌에 의해 웅장한 모습을 띠고 있고 주위에서 쉽게 관망할 수 있는 위치에 있는 것 등을 볼 때 무덤으로서의 기능보다는 축조 집단들을 상징하는 기념

추정 무게 80톤에 이르는 뚜껑돌을 가진 강화도 부근리의 고인돌.

고창 운곡리 고인돌(위쪽).
언양 서부리 고인돌(가운데).
화순 대신리 고인돌(아래쪽).

물이거나 제단의 기능을 갖고 있을 것으로 추정했다.[159]

한편 북한의 경우 안악군 로암리의 북방식 고인돌은 뚜껑돌이 길이 778센티미터, 폭 572센티미터, 두께 70센티미터이며, 파손되지 않은 원형은 길이 910센티미터, 폭 646센티미터, 무게는 거의 72톤으로 추정된다. 또 받침돌과 막음돌까지 합하면 거의 100톤이나 된다. 은률군 관산리1호 고인돌은 뚜껑돌 길이 875센티미터, 폭 450센티미터, 두께 31센티미터로 뚜껑돌의 무게는 약 70톤으로 추정된다.

그러나 북방식을 포함하여 고인돌 전 양식으로 판단하면 남한의 고인돌은 두 가지 면에서 세계 최고의 기록을 갖고 있다.

우선 뚜껑돌의 무게로 보아 한반도의 고인돌은 타의 추정을 불허한다. 현재까지 국내에서 가장 무거운 것으로 추정되는 고인돌은 전라북도 고창군 운곡리 24호 고인돌로 길이 6미터, 너비 4.5미터, 높이 3.5미터로 무게가 무려 297톤으로 알려져 있다. 또한 전남 화순군 춘양면 대신리(사적 410호, 일명 평매바위 고인돌)은 길이가 7미터, 너비 5미터, 두께 4미터, 추정 무게가 무려 280~300톤이나 된다.

  그러나 이들 고인돌에 대한 필자의 기초 측정에 의하면 이들 설명은 수정되어야 할 것으로 보인다. 우선 대신리 고인돌을 280~300톤으로 추정할 경우 운곡리 고인돌은 이보다 작은 약 200톤으로 추산되었다. 반면에 현재까지 영남 지역에서 최대 고인돌로 인정하는 울산시 언양읍 서부리 고인돌은 길이 9.3미터, 너비 6.3미터, 높이 3.75미터이며, 또한 여수 지역에서 가장 큰 것으로 인정하는 여수시 율촌면 산수리 왕바위재에 있는 6호 고인돌도 길이 8.65미터, 너비 5.6미터, 폭 2.9미터로 운곡리 고인돌보다 무게가 더 나갈 것으로 보인다. 무게에 관한 한 대신리 고인돌과 서부리 고인돌, 산수리 고인돌은 거의 같은 규모로 추산되는데 이들 고인돌의 정확한 크기와 무게 산정은 차후의 연구 과제로 남겨 놓는다.[160]

  둘째는 뚜껑돌의 길이이다. 현재까지 뚜껑돌 길이로 세계 최고의 기록은 북한 은률군의 관산리1호 고인돌로 길이가 875센티미터에 달하며 중국의 최대 고인돌로 알려진 요녕성 개주 석붕산 고인들의 뚜껑돌 길이는 860센티미터이다. 그런데 언양읍 서부리 고인돌의 경우 뚜껑돌의 길이가 9.3미터에 달하여 길이 부분에서 세계 최고로 추산된다. 이 길이는 현재의 뚜껑돌 길이가 778센티미터이지만 파손되지 않은 원형은 길이는 910센티미터라고 주장하는 북한의 안악군 로암리 고인돌보다 길다.[161]

  우리나라의 고인돌은 무리 중에서 유달리 큰 고인돌이 하나씩 있다는 점이 특징이다. 이는 우리나라 고인돌이 세계적인 주목을 받고 있는 이유이기도 하다. 우리나라의 고인돌은 1~2기가 독립적으로 발굴되는 경우도 있으나, 대부분 10여 기를 중심으로 한 지역에 100~200여 기씩 무리를 지어 있는 채로 발견된다. 물론 그 중에서 유달리 큰 고인돌은 촌락 공동체의 우두머리가 있었음을 보여주는 증거로 해석된다.

연세대학교에서 발굴한 3.5톤의 양평군 개군면 양덕리 고인돌의 경우 30명의 인원이 동원되었을 것으로 발표되었다.[162] 전남 진도와 전북 고창에서 시행된 덮개돌 운반의 경우 6.8톤의 거석을 굴림목 위에 올려 60명이 끌고 10명이 보조역할을 하면서 3명이 북을 치며 운반을 지휘했는데, 처음 50미터 이동하는데 1시간 20분이 소요되었고 구성원 간에 일치가 되자 100미터 이동하는데 45분이 소요되었다. 이는 약 6.8톤 되는 석재를 끌기식으로 150미터를 옮기는 데에는 장정 73명이 필요하였으며 한 사람이 약 100킬로그램 정도를 옮길 수 있다는 것을 의미한다.[163]

이들 실험 결과를 놓고 단순 계산으로 한국에서 제작된 모든 대형 고인돌에 적용할 수는 없지만 1톤의 돌을 움직이는 데 10명이 필요하다고 간주하면 강화도 부근리 고인돌의 무게를 80톤으로 추정할 경우 이를 평지에서 운반하려 해도 최소한 800명이 필요했다는 계산이 된다. 고인돌 건설에 동원된 사람을 성인으로 추정하고 한 가구에서 한 명이 동원되었고 가구당 5명이 거주하고 있다고 추정하면 총인구 4000명, 한 가구 당 1.5명이 동원되었다면 거의 2600명이란 수치가 나온다.

당대의 주거 여건을 감안하면 한 거주 공간에 2600~4000명이 거주

북한 자강도 남포시 룡강군 룡강읍 석천산에 있는 고인돌.

한다는 것은 불가능한 일이다. 통상적으로 인정되는 청동기시대의 한 부락 거주 인원을 100~150명으로 계상한다면 이들 인원을 동원하기 위해서 적어도 약 20~40개 마을의 인원이 동원되어 고인돌을 건설했다는 추정이 나온다.

이영문은 300여 톤 이상으로 추정되는 대신리 고인돌의 경우, 입지적 여건을 고려하면 그 장소에서 3000여 명을 투입하여 고인돌을 옮길 수 없다는 문제가 생긴다고 지적했다.[164] 대신리 고인돌의 규모를 볼 때 단순 계산으로 1톤을 옮기는데 10명을 적용한다는 것은 문제가 있다는 지적으로 고인돌의 축조 방법은 앞으로 많은 학자들의 연구를 필요로 한다.[165]

고인돌에 사용된 돌들이 모두 고인돌 부지 주위에서만 잘라온 것은 아니다. 지금까지 조사된 채석장 거리는 고인돌로부터 가까운 곳이 1킬로미터 정도이며 멀게는 5킬로미터나 된다. 그런 흔적은 평안남도 남포시 용강군 석천산 등지에서도 볼 수 있다.

석천산 일대 바위산에는 큰 돌을 떼어내기 위해 주먹만 한 크기로 구멍을 뚫어놓은 자국들이 발견되었다. 그 구멍에다 마른나무 쐐기를 박은 뒤 물을 계속 부어 쐐기를 부풀리는 방법으로 돌감을 떼어냈다는 것이다.[166]

춘양면 대신리, 도곡면 효산리 고인돌 유적지에서도 고인돌의 덮개돌을 채석하는 장소가 발견되었다. 이곳은 채석장에서 채석하다 만 석재 등이 남아 있어 고인돌의 채석과정을 볼 수 있다. 뿐만 아니라 채석장 아래에 지석이 고인 남방식 고인돌, 석실이 노출된 고인돌, 덮개돌이 없는 석실 등이 존재하고 있기 때문에 고인돌의 축조과정을 한눈에 볼 수 있는 최적의 장소이다.[167]

고인돌이 무덤으로 사용되었다고 인정하더라도 고인돌의 성격에 대해서는 대체로 두 가지로 요약된다.

첫째는 고인돌이 사회의 모든 성원들의 묘제墓制로 이용되었다는 견해로 고인돌 사회는 사회적 계층화가 진전되지 않은 평등사회Egalitarian Society였다고 하는 것이다. 둘째는 고인돌이 사회적 계층화가 이루어진 족장사회의 지배 상층계급Ruling Elite의 묘제로 고인돌 사회는 족장의 주도 아래 사회가 영위되는 계층사회Ranked, or Stratified Society였다는 것이다.

첫 번째 주장은 고인돌에서 출토되는 부장품 가운데 사회적 계층화를 가리키는 뚜렷한 유물이 없음을 들어 고인돌 사회는 계층화가 진전되지 않은 평등사회였다고 하는 것이다. 이들은 고인돌이 평등사회에서 마을 구성원들의 자발적인 협동 작업으로 축조되어 일반 주민들의 무덤으로 사용되었다는 것이다. 고인돌이 축조되는 시기에 부의 집중이나 노동의 전문화와 같은 증거도 보이지 않으며 고인돌의 분포와 밀도가 자연환경과 밀접하게 연관되어 있다는 점도 근거로 제시한다.

반면에 두 번째 주장은 사회계층화를 나타내는 부장품들이 보이지 않는 점에 대해 고인돌이 세워진 시기가 워낙 오래되어 파괴되거나 도굴되었기 때문이라고 설명한다. 고인돌 군에서 대형 고인돌이 한 기씩 존재한 것은 바로 촌락공동체에 우두머리가 있었다는 것을 입증한다고 주장한다. 특히 북한의 석광준의 경우 이들 고인돌들이 역사기록에 나타나는 소국 통치자들의 무덤일 것으로 추정하고 있다.-[168]

S.M. 넬슨도 고인돌 사회를 계층사회의 물적 증거로 간주했다. 그녀는 고인돌은 급격하게 변화하는 청동기시대의 사회상을 반영한 것이며 고인돌이 넓은 분포도를 보이는 것은 인구가 계속해서 증가했었다는 증거라고 지적했다. 그녀는 특히 한국의 청동기시대를 무문토기시대나 청동기시대로 부르는 것보다 '거석문화시대'로 부르자고 제안하기도 했다.-[169]

• 특이한 고인돌

한반도의 고인돌이 세계적으로 많이 있다는 것은 그만큼 특이한 고인돌이 많이 있다는 것을 의미한다. 그중 가장 유명한 것이 제주도 애월읍 하귀리 조간대(속칭 관전동 해안가)에 있는 세계에서 하나뿐인 해중海中고인돌이다. 고인돌이 위치한 곳은 해안선에서 대략 40미터 내려온 조간대에 위치하여 밀물 시에는 고인돌 상석까지 모두 물에 잠기고 썰물 시에는 상석과 함께 지석이 모두 드러난다. 고인돌 주변에서는 적갈색 경질토기와 고내리식 토기편이 발견되는 것으로 미루어 보아 상당기간 이용되었다고 추정한다.

고인돌의 뚜껑돌은 다공질의 현무암이며 두께 30~80센티미터, 길이는 장축 276센티미터, 단축은 122~156센티미터이다. 상석의 장축은 N45°W 방향이다. 상단부는 자연면 그대로 울퉁불퉁한 형태를 취하고 있다. 고인돌 상석은 남쪽이 22~32센티미터 가량 다소 높게 들려져 있고 북쪽은 다소 기울어져 있다. 하단부는 남북 쪽에 각각 6매의 지석이 고여 있는데, 남쪽에는 높이 40센티미터, 두께 10센티미터 가량인 현무

제주도 애월읍 하귀리 해중 고인돌.

암제 판석형 지석 1매가 고여 있고 그 외에는 크고 작은 자연석을 사용하여 지석으로 이용하였다. 상석의 하단과 측면에는 평평하게 깎아내어 치석한 흔적이 보인다.

밀물과 썰물이 드나드는 조간대에 건설되었으므로 다른 고인돌보다 많은 인력과 시간을 필요로 했을 것임을 고려할 때 바다와 관련된 기능을 갖고 있는 고인돌로 추정하기도 한다. 곧 해신제를 비롯해 풍어를 기원하던 제단으로 보기도 하지만, 바다에서 사망한 경우 시신을 수장하기 위한 무덤이었을 가능성도 제기되었다.

하귀리 고인돌이 위치한 조간대 해안에는 현무암제 석재들이 다수 산재하고 있으며, 특히 단애斷崖 면에는 암반층이 노출되어 있어서 고인돌 축조 시 아마도 단애면의 암반층에서 뚜껑돌을 채석했을 것으로 추정한다.[170]

한편, 이 고인돌은 당초 조간대에 축조된 것이 아니라 바닷가에 축조된 것이라는 지적도 있다. 빙하가 약 1만 2000여 년 전부터 후퇴하면서 해수면이 높아져 현재와 같이 조간대에 위치한 것으로 보인다는 것이다.

제주도 용담동 위석식 고인돌도 특이하다. 위석식 고인돌이란 몇 개의 판석을 덮개돌 가장자리를 따라 돌려 세워진 형태의 고인돌로 마치 탁자식처럼 보이나 여러 매의 판석을 이용한 점에 차이가 있는데 '제주식고인돌'이라고도 한다. 대표적인 위석식 고인돌은 '제주용담동 고인돌'(사범대학 부속고등학교 운동장 남쪽)에 있으며, 중국 절강성 지역에도 이와 유사한 무덤방 구조의 고인돌이 발견되며 프랑스의 트로와 지역에서도 발견된다.

화순·고창·강화도와 같이 유네스코 세계유산으로 지정되지 않아 많이 알려지지 않았지만 여수시에는 대부분 남방식으로 현재 확인된 것만 1478기의 고인돌이 있다. 여수 지역에서는 특이하게도 바둑판식 고인돌이 변화된 것으로 보이는 2중 개석식 고인돌이 보인다. 2중 개석식 고인돌이란 무덤방을 덮는 뚜껑돌로 여러 개의 돌을 사용하지 않고 넓고 판판한 1개로 덮은 후 하나의 굄돌을 받치고 그 위에 커다란 덮개돌을 덮어 덮개돌이 두 개처럼 보이는 형태이다.

돌산읍 세구지 1호 고인돌은 무덤방을 덮는 뚜껑돌을 250 × 115 × 15센티미터인 한 장의 판판한 돌로 처리하고 그 위에 20센티미터 정도의 굄돌 하나를 받친 후 320 × 170 × 72센티미터 크기의 덮개돌을 올려 마치 덮개돌이 두 개인 것처럼 보인다. 또한 무덤방을 보호하기 위한 둘레돌護石 외에도 둘레돌 위에 다시 넓게 돌敷石을 깔아 묘의 영역을 표시했다.

화양면 나진리 웅동마을에서도 2중 개석식 고인돌이 발견된다. 동서 2열 배치가 확연한데 각 열마다 하나씩 2중 개석식 고인돌이 있으며, 이는 웅동 고인돌 집단 내의 유력자 무덤으로 추정된다.[171]

2007년 10월, 임실군 지사면 일대에 집단 고인돌군이 산재한다는 것이 학계에 처음으로 발표되었다. 고인돌이 집단으로 발견된 지사면 일대는 농경문화 발전으로 이어지는 산촌 집단 주거지인데 북방식과 남방식 고인돌이 혼재해 있다. 이는 인근의 전주 및 남원 등지에서 집단적 고인

제주도 용담동에 있는 위석식 고인돌.

돌이 발견되지 않는 점을 감안할 때 섬진강을 따라 올라온 남방식과 북방식이 혼재된 것으로 추정한다. 특히 광암마을 고인돌은 대부분 거북등 모양의 덮개돌 위에 다산의 상징과 별자리 관측을 위해 파놓은 성혈이 뚜렷하다. 또한 공을 들여 깎아 만든 덮개돌에서 부호 문양도 발견되는데 이는 고인돌로서는 매우 희귀한 경우로 학계의 비상한 관심을 끌었다.[172] 이들 고인돌군이 2007년에 처음으로 학계에 보고된 것을 본다면 앞으로도 각 지역에서 신규 고인돌 군이 계속 발견될 것으로 추정한다.

특이 고인돌이 한반도에서만 발견되는 것은 아니다.

만주의 보란점 벽류하 21호 고인들은 그 형식이 개석식인데 무덤방이 지하가 아닌 지상에 만들어져 있다. 이런 형태는 고인돌에서 매우 드문 예이다.[173] 그런데 내몽골의 북단, 요하의 본류인 서랍목륜하西拉木倫河(시라무렌강)를 건너 파림좌기(현 임동林東)에 위치한 야율아보기耶律阿保機(872?~926) 요遼나라 태조릉은 고인돌 형태의 대형석곽묘인데 이 역시 무덤방이 지상에 만들어져 있다. 고인돌사랑회의 이형석은 야율아보기 릉이 고인돌에서 변형된 것으로 추정했다. 변형 고인돌이 상당히 후대까지 만들어졌다는 뜻이다. 김석규도 적봉시 인근에서 야율아보기의 릉과 유사한 대형석곽묘를 목격한 적이 있다는 것을 볼 때 앞으로 보다 많은 자료가 축적되면 고인돌인지 아닌지 알려질 것으로 보인다.

• 기원전 3000년경의 고인돌별자리

거대한 고인돌을 축조하기 위해 몇 천 명이 동원되어야 한다는 것은 당시의 사회에 지배자가 있었다는 개연성을 보여준다. 그러나 고인돌을 축조하기 위해 동원되었던 인원만으로 고인돌 사회의 성격을 결정지을 수 있는 것은 아니다.

고대 국가에서 지배자들이 가장 중요시했던 것 중의 하나는 천문현상 관측이다. 천문 현상을 왕권의 존립 여부를 측정할 수 있는 척도로 여겼기 때문이다. 중국 역사에서 전설적인 성인으로 추앙받는 3명의 제왕이 있다. 요·순·우가 그들인데 그들의 업적은 모두 하늘과 땅에 관한 일이다.

요 임금은 '희화씨'라는 천문관측 관원과 기관을 설치했고, 순 임금은 '선기옥형(혼천의)'이라는 천문기구를 창안하여 완벽한 천문 역법을 정비하고 백성들에게 정확한 시간을 알려주었다. 우 임금은 잦은 홍수로 황폐해진 중원지역의 치수에 성공함으로써 천하를 평정하는 위업을 달성했다. 결국 중국의 전설적인 세 성군 요·순·우는 천문 역법과 치수를 완성함으로써 제왕으로서의 책무를 다하고 권위를 확보할 수 있었다. 즉 하늘은 제왕만이 대행할 수 있고 자연재해는 제왕의 부덕에 대한 하늘의 경고라는 자연관은 결국 하늘을 잘 관찰해야 한다는 것을 의미한다.

천문학이 고대의 통치기술로 접목될 수 있는 것은 농업과 직접적으로 연관되기 때문이다. 농사를 제대로 지으려면 적절한 때에 맞추어 파종하는 등 사시사철의 변화와 절기를 제대로 아는 것이 필수다. 작물의 생육 조건과 하늘, 즉 기후와 연계시킨 노하우가 축적되어 있을 때 특정 작물이 잘 자라며 또 수확도 많다는 것은 자명한 일이다.

그런데 이 절기를 제대로 알아내려면 하늘을 관찰해야만 한다. 시계에 익숙한 현대인들은 1년의 시작이나 한 달의 시작점을 정확히 안다는 것이 너무도 당연한 일이라고 여기기 쉽지만 시계가 없던 먼 옛날 시간과 절기를 안다는 것은 단순한 일이 아니다.

그러므로 해, 달, 별의 움직임 등 하늘을 관찰해야 하고, 이를 토대로

역歷을 만들어야 시간의 흐름을 계산할 수 있지만, 이것을 아무나 할 수 없다는 데 문제가 있다. 즉 하늘의 정보는 하늘을 계속적으로 관찰하고 거기서 이상 징후에 대한 결과를 도출하는 담당자가 있어야 얻을 수 있는 것이었다.

이러한 이유로 고대문명사에서 천문학의 발달 여부가 중요시되며, 기원전 1200년경에 하늘을 관찰했음을 보여주는 바빌로니아의 토지 경계비가 높은 평가를 받는 것이다. 그런데 이보다 1800년이나 빠른 천문도가 우리나라의 고인돌에서 발견된다.

고인돌에 새겨진 천문도는 주로 평양의 고인돌 무덤 중에서 발견되는데, 그 수가 2백여 기나 된다. 고인돌의 뚜껑돌에 새겨진 홈이 천문도임을 알게 되기 전에는 이 홈에 대한 견해가 구구하였다.

고인돌의 뚜껑돌에 있는 홈에 대해 고인돌을 채취하고 가공하는 과정에서 생긴 흔적으로 보거나 불을 일구는 발화구멍의 일종으로 보기도 했으며, 하늘과 태양 숭배사상의 표현 또는 장례의식이나 장식적인 의미로 해석하기도 했다. 일부는 민간에서의 장수를 의미하는 발자국으로 인식하기도 했고 피장자의 족보로도 보았다. 또한 중국학자들은 제사를 지내고 그 회수를 표시하거나 제사에 사용된 동물의 수량을 표시했다고 설명했다.-174

그러나 고인돌 무덤에 새겨진 홈구멍의 배열 상태를 조사한 학자들은 널리 알려져 있는 별자리와 거의 일치한다는 것을 발견하고, 그것이 '성좌도'라는 결론을 내렸다. 평범한 돌에 아무렇게나 구멍을 뚫은 것처럼 보이는 고인돌이 현대 과학자들도 놀랄 정도로 정확한 별자리를 나타내고 있다는 것이다. 이는 고대의 우리 선조들이 당시로서는 최첨단의 과학기술 정보를 돌 위에 적은 것으로 우리의 고대사를 다시 쓰게 하는 획

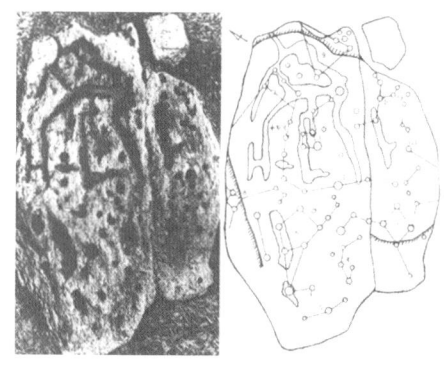

평안남도 증산군 용덕리에 있는 고인돌 별자리.

기적인 자료가 되었다.

고인돌과 같은 거대한 바위를 이용하여 별자리를 기록하는 방법에는 두 가지가 있다. 하나는 바위에 직접 별자리를 새겨 넣는 것이고 다른 하나는 바위 자체를 하나의 별로 간주하여 바위들을 별자리 모양으로 배치하는 것이다.

이들 고인돌별자리의 추정 연대는 더욱 놀라운 사실을 알려준다.

고인돌별자리로 가장 잘 알려진 것이 평안남도 증산군 용덕리에 있는 외새산에서 발견된 10호 고인돌 무덤이다. 평양에서 북서쪽으로 약 44킬로미터 되는 곳에 있는 이 무덤의 돌은 문자 비슷한 곡선과 점들이 새겨져 있어 글자를 전하는 돌이라는 뜻에서 '전자석傳字石'이라고 불린다.

또한 고인돌 무덤의 뚜껑돌 겉면에는 80여 개의 구멍이 새겨져 있는데, 조사 결과 그 구멍들이 별자리를 나타내고 있음을 확인했다. 밤에 별들의 움직임을 살펴보면 하늘의 모든 별들이 한 별을 중심으로 회전하는 것처럼 보인다. 그 중심이 되는 별이 북극성이다. 또한 북극성 주변의 별들은 다른 별자리들과 달리 연중 계속 볼 수 있다.

그 당시의 북극성은 오늘날 용별자리의 알파(α)별이다. 이 별을 중심으

고인돌에 새겨진 별자리 홈.

로 80여 개의 구멍은 큰곰별자리, 사냥개별자리, 작은곰별자리, 케페우스별자리 등 11개의 별자리를 나타냈다. 별의 밝기를 반영하듯 구멍의 크기도 각각 달랐는데 세차운동歲差運動을 감안하여 연대를 측정하면 고인돌의 별자리는 4800±215년 전의 하늘을 보여준다. 또 같은 고인돌 무덤에서 발굴된 질그릇 조각의 연대를 핵분열비적법으로 측정하여 4926년±741년 전이란 결과를 얻었다. 이는 적어도 기원전 2900~3000년 전에 우리 선조들이 천문을 세밀하게 관측하였다는 것을 말해준다.

평양시 상원군 번동 2호 고인돌 무덤도 기원전 30세기 전반기의 무덤으로 뚜껑돌 위에 80여 개의 홈이 새겨져 있으며 크기도 제각각 다르다. 그 중 큰 홈은 6개가 있는데 5개는 북두칠성의 국자와 자루를 연상시킨다. 북두칠성의 놓임새에 따라 나머지 별들을 관찰하면 큰 별 하나는 5제좌(사자별자리의 β별)에 해당하며 작은 별자리들은 천상열차분야지도의 자미원(당시 북극)과 태미원, 천시원에 속한다. 동양에서는 하늘의 신들이 이상적인 국가체제를 운영하며 별자리를 다스리고 있다고 믿었는데, 자미원은 옥황상제가 살고 있는 담(북극성)을 의미하며, 태미원은 옥황상제가 정사를 논하는 장소, 천시원은 백성들이 생활하는 시장을 뜻한다. 이 고인돌 별자리의 천문학적 연대는 4800년 전 여름이다. 은천군 정동리 '우1-19호' 별자리는 약 4700년 전으로 나타났으며 계절은 여름경이다. 여름 밤하늘의 별을 새겼다는 뜻이다.

또한 평안남도 평원군 원화리 고인돌에 그려진 별 그림은 길이 3.45미터, 폭 3.2미터, 두께 0.6미터의 뚜껑돌에 있다. 구멍의 크기는 가장 큰 것이 직경 10센티미터, 깊이 3.5센티미터이며 여러 가지 크기로 구분되어 있는데 용별자리, 작은곰별자리, 큰곰별자리 등을 나타낸다. 연대는 기원전 2500년으로 추정된다.

은천군 'ㅎ-3호' 고인돌은 구멍수는 28이지만 별자리가 확실하게 나타나는 것으로 유명하다. 이 고인돌에는 북극5, 구진, 자미원(당시 북극), 천리, 북두칠성 등이 보이는데 연대는 3944±215년 전이다. 강동군 화강리 고인돌에는 전사, 화개(케페우스별) 별자리가 새겨져 있는데 천문학적 연대는 3700년 전 여름경이다.

함경남도 함주군 지석리의 고인돌 무덤에서 발견된 별 그림은 기원전 1500년경의 것으로 고조선 중기에 해당한다. 중심점(북극점)을 기준으로 하여 큰곰별자리에 속해 있는 북두칠성을 쉽게 찾을 수 있으며 작은곰별자리, 카시오페아, 케페우스 별자리가 새겨져 있다. 특히 뚜껑돌 우측을 따라 은하수에 해당하는 작은 별들이 많이 새겨져 있으며 이는 은하수가 별들이 많이 모인 것이라는 사실을 그대로 드러낸 것으로 당시의 관찰이 정확한 것임을 알 수 있다.

지석리 고인돌에는 별의 밝기에 따라 구멍의 크기를 4부류로 구분하여 새겼는데, 그 크기는 직경 10, 6, 3, 2센티미터 순이고 깊이는 3~3.5센티미터 정도이다. 이 돌에 새겨진 별을 관찰하면 동지, 하지, 춘분, 추분점의 위치를 알 수 있다. 특히 지석리 고인돌 별 그림을 보면 그 이전 시기의 것보다 더 정확하다는 것을 알 수 있다. 용자리별을 기준으로 볼 때 큰곰자리와 작은곰자리 별에 해당하는 구멍들의 간격이 용덕리 고인돌보다 더 정확하며, 4등성 이하의 별까지 새겨져 있다. 이러한 사실은 그 당시 사람들이 단순히 별을 관상한 것이 아니라 관측 연구하고 그 결과를 실생활에 적용하였다는 것을 알려준다.

은천군 'ㅂ-1호'는 오덕형 고인돌로 구멍 수가 134개나 된다. 이곳에서 발견되는 별자리는 자미원, 직녀, 구진, 북극5, 정수(쌍둥이), 삼수(오리온) 등이 있는데 기원전 3200년으로 추정되었다.[175]

용덕리 고인돌별자리는 그 당시 북극점이 용별자리의 α별이라는 것을 보여준다. 그러나 이보다 1500년 후의 지석리 고인돌별자리 그림에는 북극점에 해당하는 별이 없다. 이것은 당시 북극점에 해당하는 별이 없었다는 것을 반영한다. 북극점이 세차운동에 의해 변하는 것을 알려주는 것으로 당시의 천문관측 지식이 상당한 수준이었음을 의미한다.

총체적으로 대동강 유역에 있는 2백여 기의 고인돌 무덤에 그려진 별자리는 북극 주변의 별자리와 지평선, 적도 부근의 28수二十八宿를 비롯하여 모두 40여 개가 된다. 이 별자리들은 북위 39도의 평양의 밤하늘에서 볼 수 있는 것을 모두 새긴 것이다. 또 이 별자리에는 특이하게 은하수와 플레이아데스성단도 새겨져 있다. 육안으로 보이는 밤하늘의 별들을 이렇듯 많이 새긴 것은 세계적으로도 그 유례가 없다.

2002년에는 평양시 순안구역 구서리에서 매우 특이한 고인돌이 발견되었다. 모두 9기의 고인돌이 배치되어 있는데 이들 모양은 누가 보아도 북두칠성이 분명했다. 이들 9기의 고인돌은 대체로 350미터 거리에 분포되어 있다. 유물로 돌활촉이 20개, 돌도끼 1개, 반달칼 1개, 질그릇 2개 등이 발견되었는데, 돌활촉은 모두 점판암을 정교하게 갈아서 만들었다. 이들 고인돌은 구조형식상 북방형 고인돌이다. 고인돌무덤이 북두칠성 모양으로 배열되어 있는 것은 황해북도 송림시 석탄리에서도 나왔다.[176]

• 4000년 전으로 올라가는 한강변 고인돌

고인돌별자리는 한반도 남쪽에서도 발견되었다.

경기도의 양평에는 양수리, 상자포리, 앙덕리, 양근리, 대심리, 문호리 등 곳곳에서 고인돌이 발견되었는데 양수리 두물머리 마을에 있는 고인돌(일명 두물머리고인돌)의 덮개돌에도 별자리가 선명하게 그려져 있다. 양평 양수리의 '두물머리고인돌'의 무덤방 안에서 채취된 숯(탄소)을 상대로 한 한국원자력연구원의 연대측정에 의하면 3900±200B.P.(MSASCA 계산법으로는 4140~4240B.P.)으로 거슬러 올라간다.

양수리고인돌은 팔당댐 수몰에 따라 1970년대 초에 유적발굴을 시행한 것으로 양수리 동석마을(현재 양수2리)에서 두물머리마을(현재 양수5리)까지 노변에 5~6기의 고인돌, 도굴 파괴된 고인돌, 수몰지대에 포함된 고인돌 등 약 15기가 보고되었다. 이 중에서 고인돌 5기는 1972년 8월 한강 대홍수와 1973년 팔당댐 완공으로 수몰되었는데, 두물머리고인돌에 북두칠성을 의미하는 성혈이 선명히 그려져 있어 많은 관심을 모았던 것이다.

충북대학교 이융조 교수는 1978년 대청댐 수몰지역인 충북 청원군 문의면 가호리 아득이마을의 고인돌 유적에서 조그마한 돌판을 찾아냈다. 고인돌에서 3미터 정도 떨어진 땅속에서 나온 이 돌판은 가로 23.5센티미터, 세로 32.5센티미터에 두께가 4.1센티미터였고 표면에는 지름 2~7센티미터의 크고 작은 홈이 65개나 파여 있었다.

서울대학교 박창범 교수는 아득이마을의 고인돌을 컴퓨터 시뮬레이션을 통해 조사한 결과, 이것이 기원전 500년경의 천문도이며 북두칠성, 작은곰자리, 용자리, 카시오페이아 등을 묘사한 것임을 알아냈다. 그는 아득이마을 고인돌이 천문도임을 뒷받침하는 증거로는 다음 세 가지를 들고 있다.

첫째, 표면이 매끈한 돌판 위에 새겨진 60여 개 구멍의 분포가 단순하지 않아 의도적으로 제작한 흔적이 역력하고, 둘째는 돌판은 발굴 전까지 2500년 동안 무덤 속에 부장품으로 묻혀 있어 사람의 손때를 타지 않아 후대의 가필이 없었고, 셋째는 북극성 주변의 별들을 묘사한 그림이 고구려 고분에서도 나타난다는 점 등이다.

아득이마을 돌판에 나타난 별의 분포 형태는 서기 6세기 초에 세워진 평양의 진파리 4호 무덤 천장과 북한에서 기원전 15세기경으로 추정하는 함남 지석리 고인돌의 덮개돌에 새겨진 별자리 그림과 유사하다. 이것은 상당한 세월동안 별자리에 대한 공통된 인식과 전승이 있었다는 뜻으로도 설명된다.

고인돌 무덤에 왜 별자리를 새겼는가에 대해서는 의견이 분분하지만 대체로 당대 사람들의 죽음과 하늘에 대한 숭배사상에 기인한 것으로 해석된다. 이것은 홈이 새겨져 있는 뚜껑돌의 거의 모든 형태가 거북등과 같이 가공되었다는 사실로도 설명된다. 거북은 원시시대부터 우리 조상

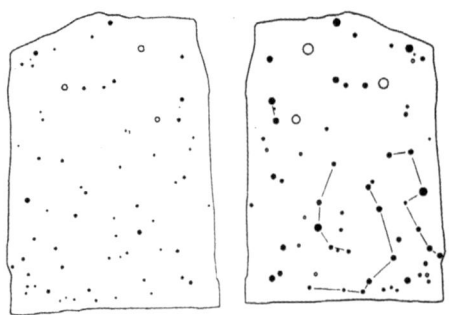

아득이마을의 고인돌에 새겨진 홈의 위치와 크기(좌), 반전시킨 성혈도(우).

들이 숭배한 불로장생하는 길한 동물로 '10장생'의 하나로 꼽힌다.

고조선 시대의 조상들은 거북을 모방하여 무덤을 만들면 죽어 저승에 가서도 오래 살 수 있으며 거북신의 보호를 받는다는 믿음을 갖고 있었다. 별자리에 대한 지식이 축적되면서 사람이 죽으면 하늘로 올라간다는 관념이 강하게 생겨 땅의 신인 거북의 등에 하늘신인 별을 새겨놓아 하늘과 땅이 이어지도록 했다는 이야기다.

박창범 교수는 아득이마을 고인돌의 돌판 외에도 북두칠성과 남두육성으로 보이는 홈이 새겨진 양구군 용하리 선돌, 경기도 서곡리 고려 벽화묘의 그림처럼 북두칠성과 삼성을 연상시키는 성혈들이 새겨진 양구군 오유2리의 자연바위 등을 별자리로 간주했다.

고대인들이 북두칠성과 남두육성을 중요시한 것은 북두는 인간의 사후세계를 수호하는 별자리이며, 남두는 인간의 무병장수와 수명연장을 주관한다고 믿었기 때문이다.[177]

시골 마을에 있는 칠성당도 북두칠성을 모신 사당이며, 사찰에 가면 볼 수 있는 칠성각도 우리민족의 토속신앙이었던 칠성신앙이 불교라는 외래종교 속에 녹아든 자취이다. 사람이 죽어서 땅에 묻힐 때도 칠성판을 지고 가는 것도 생사의 두 세계가 영원으로 지속되기를 바라는 우주관의 반영이라 볼 수 있다.

• **별자리의 연대 추정 방법**

고인돌 위에 새겨져 있는 구멍이 별자리라는 것을 인정하더라도 천문학적 연대를 어떻게 산정할 수 있는가에 대한 의문이 많은 모양이다. 이에 대한 원리를 순수 천문학적 이론만으로 설명하지 않고 한국이 세계에 자랑하는「천상열차분야지도」(국보 228호, 고구려의 천문도를 표본 삼아 1395년 권근, 유방택 등이 제작)를 통해 설명한다.

「천상열차분야지도」의 연대를 측정하는 비밀은 간단하다.「천상열차분야지도」에는 중앙의 큰 원 가운데 북극이 있고 그것을 중심으로 1467개의 별이 282개의 별자리로 표시되어 있다. 그런데「천상열차분야지도」가 그려진 시기와 현재의 별자리는 다소 위치변화를 갖고 있으므로,「천상열차분야지도」에 그려져 있는 별자리를 현재의 별자리에서 역산하여 추정하는 것이다. 이와 같은 위치 변화는 천체의 움직임 즉 지구자전축의 이동에 의한 북극의 움직임과 별들의 위치 변화를 가져오는 세차운동에 기인한다.

세차운동이란 시간이 지남에 따라 별들이 보이는 위치가 약간씩 변하는 것을 말한다. 그것은 지구의 자전축이 태양주위로 공전할 때 생기는 평면(지구의 공전궤도면 즉 황도면)에 대해 약 23도 27분만큼 경사져 있기 때문이다. 그런데 자전하는 지구는 공처럼 완전한 구형이 아니라 약간 부풀어 있으므로 여기에 태양과 달의 인력이 작용한다. 이 힘에 의해 지구의 자전축이 가리키는 북극이 지구의 황도면의 수직선을 먼 하늘로 연장한 직선 방향인 황도극 주위로 도는 세차현상이 일어난다. 다시 말하면 세차현상이란 춘분점이 황도를 따라 서쪽으로 매년 50.2초씩 이동하는 현상이다. 그러므로 지구의 자전축(북극)이 황극을 중심으로 제자리로 돌아오는 시간은 2만 5729년, 약 2만 6000년이 걸린다.

이것은 지구의 자전축이 1도 움직이는 데 약 71.71년이 걸리고 1000년마다 약 14도씩 움직인다는 것을 의미한다. 따라서 북극은 연대에 따라 달리 설정되게 되며, 그에 따라 별자리들의 위치도 달라진다. 백도 주변에 있는 28수의 위치가 1395년에 작성된 「천상열차분야지도」와 영조 20년(1744년)의 관측 자료에서도 차이가 나는 것도 이런 이유 때문이다. 그러므로 동일한 별이라고 하더라도 현대와 고대의 별의 적위가 달라지므로 이 수치를 알면 두 시대의 연대 차를 알 수 있게 된다. 이러한 차이들을 종합적으로 검토하면 원본의 「천상열차분야지도」가 언제 그려졌는가를 추정할 수 있는 것이다. 「천상열차분야지도」에 새겨진 별 그림은 기원전 511년경으로 나타났다. 또 북극까지의 거리를 조사한 계산에서는 기원전 500년경인 고조선 말기에 그려진 것으로 확인되었다.

「천상열차분야지도」는 그렇다고 하지만 고인돌에 새겨져 있는 별자리들의 경우 설사 이것이 무슨 별자리인가를 확인할 수는 있다고 하더라도 그것이 어느 시기, 어느 계절의 별자리였는가를 알아내는 것은 간단한 일이 아니다. 그것은 고인돌별자리의 방향에 현재 하늘의 별자리를 맞추어도 잘 일치하지 않기 때문이다. 현재 북한에서는 고인돌별자리의 연대를 추정하는 데 세차현상을 이용한 회전천문도(고대별자리찾기판)를 사용하고 있다. 회전천문도에 의한 연대 추정에는 현대에서 고대 또는 고대에서 현대로 오면서 맞추는 방법과 북극이동각(세차변위)에 의한 연대계산방법을 사용한다.

현대에서 고대로 거슬러 올라가는 방법을 간략하게 설명하면 다음과 같다.

회전천문도를 고인돌의 별자리방향과 동서로 일치시켰을 때 회전천문도의 별자리 위치는 일치하지 않는다. 그러므로 별자리판을 북극 이동길을 따라 고대로 돌리면

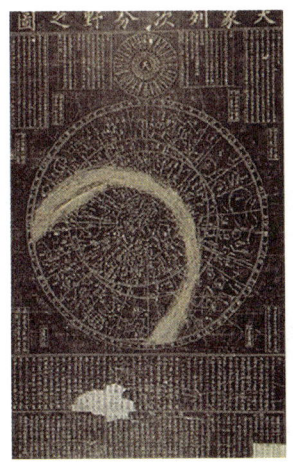

천상열차분야지도.

서 고인돌의 별자리와 맞춘다. 이때 북극점이 이동한 기간은 연대가 되고 보임구역판의 남북자오선이 가리키는 점은 월, 계절을 나타낸다. 물론 고인돌의 별자리연대를 고대부터 현대까지의 넓은 시간구간에서 임의의 값으로 무턱대고 추정할 수 없으므로 고고학적인 상대연대에 따르는 시기범위를 사전에 계상하는 것이 중요하다.

다시 설명하면 기본 별자리판을 고인돌 방향과 일치시키고 보조 별자리판을 돌려 고인돌의 별자리와 일치시키면 밤하늘의 별자리와 고대의 고인돌별자리가 얼마나 차이 나는가를 알 수 있다. 이때 기본 별자리판의 별자리는 현재 밤하늘의 별자리를 나타내며 보조 별자리판의 별자리들은 고인돌에 새겨진 별자리를 나타낸다. 즉 기본 별자리판과 보조 별자리판의 별자리들이 서로 일치하는 시기를 찾는 것으로 은천군 정동리 '우1-19호' 고인돌의 별자리는 이 방법으로 4700년 전 여름으로 추정했다.

평양시 상원군 번동리 2호 고인돌에 새겨져 있는 80여 개의 구멍들은 북두칠성을 중심으로 한 주위의 별들로 확인되었다. 이 고인돌은 키가

양수리 두물머리 고인돌에 새겨진 별자리.

낮은 오덕형 고인돌로 약 5000년 전의 무덤인데 이 방법을 사용한 결과 4800년 전 여름으로 추정되었다.

북극점 이동각(세차변위)에 의한 연대계산은 고인돌 별자리에서 북극(작은곰별자리)과 고대북극(용자리)이 명백히 주어지거나, 또는 고대인들이 북극별로 보았다고 인정되는 별이 확인될 때에 사용된다. 즉 당대의 북극별을 먼저 계상하고 황극을 중심으로 북극 이동길을 설정한 다음 현대로부터 얼마만큼 이동했는가를 판정하는 것이다. 대표적인 고인돌 별자리로 알려진 증산군 용덕리 10호 고인돌의 경우 이 방법을 사용하여 4,800±215년 전을 얻었다.

별자리로 연대를 측정한 것이 신빙성을 갖는 것은 주변에서 출토되는 유물을 상대로 한 고고학적 상대연대 측정과 비교하여 큰 차이가 없기 때문이다. 룡덕리 10호 고인돌은 오덕형으로 고고학적으로 기원전 3000년기 전반으로 추정하는데, 이 무덤에서 나온 팽이그릇의 핵분열비적법에 의한 연대 값은 4926±700년 전이었다. 반면에 고인돌 별자리를 북극점 이동각(세차변위)에 의한 연대계산에 의할 경우 고인돌의 연대는 현재로부터 4800±215년 전이고, 고인돌별자리를 회전천문도로 분석한 경우 4700년 전으로 나타났다. 이것은 고인돌에 나타난 별자리를 분석한 천문학적 연대가 고고학적 연대와 큰 차이가 없다는 것을 의미한다.-[178]

- **기원전 4000년 전의 청동기**

고인돌, 빗살무늬토기는 한민족의 특징으로 설명되는 비파형동검(요령식 동검)으로 더욱 힘을 받는다. 특히 비파형동검이 고인돌의 분포권과 유

사하다는 점으로도 과거부터 한민족의 주목을 받았다.-¹⁷⁹

요동반도의 신금현 쌍방, 벽류하 23호, 개주시 패방촌 남단산, 한반도의 대전 비례동과 신대동, 여수 적량동, 여천 오림동과 봉계동, 고흥 운대리, 승주 우산리, 경북 김천 송죽리, 경남 창원 덕천리의 고인돌에서도 비파형동검과 동모 등의 청동무기가 출토되었다. 이는 비파형동검 등 청동기 문화가 빗살무늬토기, 고인돌과 매우 밀접한 관계에 있었음을 의미한다.

일반적으로 중국식 동검은 일체식이고 비파형동검은 조립식으로 알려져 완전하게 구분되어 있다고 설명되지만 노로아호산의 북쪽, 노합하 유역의 이른바 하가점상층문화에서 비파형동검의 칼몸劍身과 카라스크계 단검 중 어느 것에도 속하지 않은 독특한 동검이 출토되었다. 이 검은 손잡이와 칼몸을 함께 주조하는 형식으로 날 부분은 굽은 날 혹은 직선 모양인데, 자루 부분에 톱니 모양의 이가 있는 것도 있어 송호정 박사는 비파형동검보다는 요령식 동검으로 부르는 것이 더 적절하다고 설명했다. 그러나 이곳에서는 특별한 경우가 아닌 한 잘 알려진 비파형동검으로 설명한다.

비파형동검은 한국과 중국에서 매우 중요하게 다루는데 서로 설명하는 관점이 다소 다르다.

1980년대 초 중국학계의 근풍의斬楓毅는 요령지역 청동기 문화를 요서와 요동으로 구분하고 요서 지역은 동호족, 요동지역은 동이족이라고 보았다. 일본학계도 대부분 이 견해를 인정한다. 북한학계는 요서지역의 청동기문화를 남산근과 십이대영자 유형으로 구분하고 이를 기본적으로 맥족貊族(=호맥=동호)의 문화라고 주장한다. 두 유형의 청동기문화는 부여·고구려(맥족)의 옛 조상으로 파악되는 발發·동호의 것이며, 요동 지역의 고조선 종족과 함께 고대 조선족朝鮮族의 소산이라고 주장한다.

반면에 남한 학계에서는 시라무렌하~노합하 지역을 요령식 동검과 공병식銎柄式(자루를 끼울 수 있는 투겁이 달린) 단검을 같은 시기에 공존했던 별개의 문화 유형으로 설정하고, 기하학무늬 청동거울과 요령식 동검이 주로 분포하는 대릉하 유역과 구분한다. 그러나 큰 틀에서 이들 지역을 동이로 부르며 이를 세분하여 동호와 동이로 구분한 것은 후대의 일이라고 덧붙인다.[180] 앞에서 고인돌을 설명하면서 고인돌의 분포가 중국 동북 지역의 특정 지역에 집중되고 있으며, 이것이 대표적인 청동기 유물인 비파형동검 분포권과 유사하다는 점을 설명했다.

인류는 언제부터 청동기를 사용하게 되었을까? 일반적으로 석기인石器人들이 연장이나 무기로 쓰려고 이에 알맞은 돌을 찾던 중 자연동(순구리, copper) 광석을 발견했을 것으로 추정한다. 우연하게 발견한 자연동은 여러 모로 돌보다 편리하여 작은 기구를 만드는 데도 적격이었지만 구리는 워낙 무르기 때문에 잘 찌그러져 곧 쓸모가 없게 되었을 것이다.

청동기가 언제, 어디서 처음으로 발명되었는가는 고고학계에서 아직도 해결되지 않은 문제 중의 하나이다. 일본의 나가사와 가즈도시 교수는 통설로 인정되는 가설을 다음과 같이 설명한다.

» 동은 기원전 5000년대(아나톨리의 차탈 후크 층에서 출토)에 발견되어 기원전 4000년대에 실용화되고 기원전 3000년대에는 코카사스-이란 고원에서 청동이 주조되기 시작했다. 청동은 석기에 비해 예리하고 견고하기 때문에 곧바로 메소포타미아로 전해졌고 그곳에서 사방으로 전파되었다. 동방으로는 약 1000년이 걸려 인도 북부(모헨조다로)에 이르렀고 다시 700~800년에 걸쳐 중국 북부에 그 기술이 전해졌다.

지표에 있는 동광석은 적동광, 남동광이나 공작석 또는 산화동이므로 숯으로 태우면 쉽게 환원되어 구리를 얻을 수 있다. 그러나 어느 지방에서는 자연동에 As(비소), Sn(주석)이나 Ni(니켈)이 함유된 것이 있어서 이런 합금合金으로 만든 동제품은 순구리보다 훨씬 단단하고 강해서 보다 편리했을 것이다. 이것이 바로 청동기라는 새로운 문화가 등장하는 계기가 되었다. 청동이란 구리와 주석의 합금이며 주석의 함량이 클수록 합금의 경도가 높아진다.

순동에 주석을 섞으면 순동에 비해 녹는 온도가 낮아진다. 동의 용융점은 1083도이지만 주석을 일정량 넣으면 용융점이 700~800도로 낮아지기 때문이다. 그러나 주석을 무한정 많이 넣는 것은 아니라 16~20퍼센트 정도 들어갈 때 굳기가 높아지는데, 만약 이보다 주석의 양이 많아지면 쉽게 부서지는 단점이 있다. 우리나라는 주석 광상이 특정지역에 몰려 있고 그 양도 극히 적어 어떻게 주석 자원을 확보하였는지 아직도 수수께끼로 남아 있다고 한국과학기술원의 최주 박사는 지적했다.

한편 납도 주석과 마찬가지로 용융점을 낮추며 주조의 효과성을 높인다. 그러나 주석보다 제련하는 것이 다소 어렵기 때문에 주석보다 후에 포함된 것으로 알

비파형동검.

려진다. 납은 용융점이 매우 낮은 금속이며 동광석에도 소량 들어 있으나 주로 연鉛광석에서 추출한다.[181]

앞에서 여러 번 설명했듯이 청동기는 고대사회를 규정하는 데 매우 중요한 유물이다. 청동기 시대가 되어서야 인류가 본격적인 문화라는 단어를 사용할 수 있을 정도로 지적 수준이 높아졌고 산업이 급속도로 발전하여 이 시기에 국가 단계로 진입했다는 것이다.

청동기시대에 청동 제품은 일반인들이 함부로 만들 수 없는 물건이었다. 당시 최첨단의 청동 제품은 위정자들만이 가질 수 있었고, 그 중에서도 청동 단검은 통치 권력의 중요한 상징이었다. 학자들이 청동기시대가 어느 정도까지 올라가는지를 규명하는 데 열중하는 이유이기도 하다.

평안남도 성천군 백원리 9호 고인돌 무덤에서 발굴된 세형동검과 팽이토기는 이를 측정한 학자들을 놀라게 만들었다. 이곳에서 발견된 사람의 뼈를 시료試料로 연대를 측정한 자료에 의하면 전자상자성공명법으로는 3368±522년 전, 열형광법으로는 3324±465년 전, 핵분열비적법으로는 3402±553년 전으로 나타났기 때문이다. 무덤의 축조 연대가 적어도 기원전 14세기경으로 거슬러 올라간다는 것은 이곳에서 발견된 세형동검 역시 기원전 14세기에 제작됐음을 의미한다.

세형동검이란 동창銅槍, 동과銅戈와 함께 비파형동검을 조상으로 하는데 주로 한반도에 나타났다고 하여 한국식 동검이라고도 부르기도 한다. 그러나 러시아 연해주 지역의 끄로우노프까 문화와[182] 중국 요하 유역의 정가와자鄭家窪子에서도 발견되었고 일본 규슈 지역 야요이 시대의 독무덤에서도 출토되었으므로 한국식동검보다는 그 형태를 따서 세형동검이라 부르는 추세이다.[183]

세형동검은 몸체 길이가 40센티미터 정도이고, 폭은 3~4센티미터 정도로 좁고 날이 잘 서 있다. 칼의 몸체가 날씬하고 우아하며, 그 선이 매우 아름답다. 또한 칼의 몸체 가운데를 관통하는 굵은 척추뼈와 같은 줄기가 붙어 있는데, 날과 이 줄기 사이에 약간 도려낸 부분이 있다. 칼의 몸체 이외에 칼자루와 칼자루 장식을 별도로 제작하여 조합했으며 비파형동검보다는 두께가 다소 두껍다.

그러나 북한 측 발표는 관련 학자들을 매우 난처하게 만들었다. 지금까지 한국의 고대문화는 일반적으로 중국의 황하 유역이나 시베리아로부터 전달되었다는 것이 정설이었다. 황하 유역에서 청동기 문화가 시작된 것은 대략 기원전 2200년경이고(중국에서 발견된 최초의 청동기는 감숙성 마가요문화馬家窯文化의 주석이 6~10% 포함된 청동 칼로 기원전 1800~1900년에 제작되었음), 고조선 지역과 문화적으로 관련 있다는 시베리아의 카라수크 문화는 기원전 1200년경에 시작되었다.

세형동검.

그러므로 한반도에서 가장 앞선 청동기 문화는 기원전 12세기가 상한선이었다. 우리나라가 이들 문화에서 영향을 받았다고 전적으로 인정한다면 한국의 고대사는 기원전 12세기를 넘어갈 수 없다. 이것이 기원전 3000년으로 인식되는 단군의 고조선 건국연대에 문제점이 있으며, 한국의 고대사는 기원전 1000년이 상한선이라고 일부 학자들이 부단히 지적하던 근본적인 이유이다.

그런데 세형동검의 상한선이 기존 학자들이 생각하던 연대보다 10세기나 거슬러 올라가는 유물이 발견되자 문제가 생기지 않을 수 없었다. 이전에는 세형동검의 전신인 비파형 단검문화를 기원전 12세기부터 기원전 6세기경으로 보았기 때문이다. 하지만 성천군 백원리 9호 고인돌 유물의 측정치를 인정한다면 우리나라의 세형동검이 비파형동검보다 더 오래되었다는 모순점이 생기는 데다 기원전 12세기를 상한선으로 잡고 있는 시베리아의 카라스크문화의 영향을 받지 않았다는 역설까지 성립한다. 한마디로 지금까지의 정설이 엉망이 된다는 뜻이다. 그야말로 고대사를 다시 써야 하는 사태의 제1막이 오른 것이다. 근래 새로운 연구 성과에 의해 카라스크문화 단계를 기원전 1400~1000년으로 상향 조정하는 추세이지만 이 역시 대세를 좌우할 수 있는 것은 아니다.[184]

이와 같은 모순은 당연히 세형동검의 전신인 비파형동검의 연한을 얼마까지 올려야 하느냐는 문제와 우리나라에서 청동기(고인돌로 추정하는 청동기는 제외)가 언제부터 사용되었느냐로 귀착한다. 세형동검의 제조 연대가 최소한 기원전 14세기로 올라간다면(북한 측은 세형동검이 기원전 20세기까지 거슬러 올라간다고 추정), 비파형동검이 이보다 훨씬 오래 전에 출현했다는 예측은 당연한 것이다. 더불어 우리나라에서 청동기가 등장한 시기는 이보다 더 오래되었다는 추정도 자연스러운 일이다. 그러나 문제는 증거였다. 정황상 당연한 추론이지만 결정적인 증거가 없는 상태에서 무턱대고 보다 오랜 연대를 주장할 수는 없기 때문이다.

• 비파형동검의 연대

예기치 못한 문제에 봉착해 있을 때 북한 측 학자들은 또다시 학자들의 우려를 말끔하게 씻을 수 있는 증거를 찾았다고 발표했다. 북한 학자들의 주장에 의하면 우선 한반도에서 발견된 최고 연대의 청동기 유적은 평양남도 덕천시 남양 유적 16호 팽이그릇 집자리에서 나온 것이며, 측정 연대는 무려 기원전 38세기로 거슬러 올라간다. 팽이그릇문화는 평양을 중심으로 청천강 이남에서 한강 이북 북대봉 산줄기 서쪽에 널리 분포되어 있는 우리나라 고유의 청동기시대 문화로 이들은 보고 있다.

또 1990년대 중반에 발견된 평양시 부근의 상원군 장리 1호 고인돌 무덤은 뚜껑돌의 길이가 630센티미터, 너비 405센티미터, 두께가 72센티미터나 되는 오덕형 대형 고인돌 무덤인데 여기에서 매우 중요한 청동기 유물이 출토됐다. 무덤 칸에서 청동방울 2개, 청동 2인 교예 장식품 1개, 청동끌 1개를 비롯한 청동 제품과 활촉 70여 개가 나왔고 군사 지휘봉인 별도끼만 3개가 나왔는데, 국왕급으로 추정되는 이 무덤의 절대 연도는 기원전 3000년 전반에 해당한다.

중요한 것은 비파형동검이 세형동검보다 훨씬 더 오래 전에 만들어졌다는 증거도 발견된 것이다. 평안남도 덕천시 남양리 16호 집터와 평양시 상원군 룡곡리의 4호, 5호 고분에서 비파형창끝이 발견되었고 룡곡리 유적에서는 청동 단추도 나왔다. 비파형창끝은 청동무기의 하나로 형태

북한 지역에서 발견된 비파형동검
(왼쪽)과 비파형청동창끝(오른쪽위),
청동활촉(오른쪽아래).

가 고대악기인 비파와 유사하다고 하여 비파형창끝이라고 부른다. 룡곡리 유물들과 함께 발견된 사람의 뼈를 전자상자성공명법으로 측정한 결과 4539±197년 전으로 나타나 학자들을 놀라게 했다. 이것은 청동 유물의 연대가 기원전 26세기로 거슬러 올라간다는 것을 의미한다.

이들 청동기에 대한 분석이 이루어졌는데 결과는 다음과 같다.

품명	출토지	Cu	Sn	Pb
비파형창끝	룡곡리 5호 고인돌	80.9	6.5	10.1
비파형창끝	덕천시 남양리	86.8	6.2	5.2
청동단추	룡곡리 4호 고인돌	76	15.0	7.0

여기에서 비파형창끝의 주석 함량은 10% 미만으로 아직 완전하지는 않지만 청동무기로서 충분한 역할을 할 수 있다고 평가했다. 또한 청동단추의 주석 함량은 비파형창끝보다 2배 이상임을 볼 때 장식용도임을 충분히 인식했다는 설명이다.[185]

평양시 삼석구역 호남리 표대유적 10호터에서 출토된 비파형창끝은 끝이 뾰족하지 않고 너비가 넓으며 크기도 작아 남양리나 룡곡리 것보다 덜 세련된 모습을 갖고 있다. 이것은 표대유적 비파형창끝이 이들 두 장소의 창끝보다 오래전에 만들어 졌음을 의미한다.[186]

이러한 결과를 바탕으로 북한 학자들은 우리나라에서의 비파형동검 문화가 기원전 30세기, 즉 5천 년 이전에 발생하였다고 추정했다.

비파형동검은 북한에서 2건, 남한에서 1건이 분석되었는데 그 조성은 아래와 같다. 북한의 것은 그 후에 나타나는 세형동검과 같이 Cu-Sn-Pb(구리-주석-납)계이지만 남한의 것은 Cu-Sn(구리-주석)계 합금이다. 남한에도 납이 0.48% 들어간 것이 있으나 1% 미만은 구리 제련시 불순물로 들어간 것으로 추정된다. Pb를 첨가하면 금속구조가 치밀해지고 표면이 견실해지며 쇳물의 유동성이 좋아져 주조하기 쉽다.

품명	출토지	Cu	Sn	Pb	Fe	As	Sb	Ag	Ni	Bi
비파형동검	신평군 선암리	86.79	6.0	7.0	0.11	-	0.01	-	0.025	0.06
비파형동검	의주군	81.97	13.5	4.5	-	-	-	-	-	0.03
비파형동검	대전시 비래동	75.9	19.5	0.48	-	0.11	-	0.09	-	0.011

특히 남한에서 출토된 비파형동검 가운데 칼자루를 묶기 위하여 목 부분에 홈이 파여 있는 동검을 납 동위원소비同位元素比로 광석의 산지를 추정했는데, 여기에 쓰인 광석은 다 남한산이라고 최주 박사는 설명했다.

대전시 비래동 출토 비파형동검의 미세 구조를 보면 쇳물을 거푸집에 부어넣어 만든 주물이며, 또한 합금의 주석 함량이 높다는 것을 알 수 있다. 이 동검의 검신도 잘 주조되어 있으며, 전신천傳信川에서 출토된 칼 손잡이는 청동으로 주조되어 있고 뇌문雷文이라 하여 굴곡진 극히 섬세한 선이 나란히 만들어져 있는데 이를 보아 당시의 정밀 주조기술이 매우 높은 수준에 있었다는 것도 알 수 있다.[187]

아무튼 평양에서 발견된 비파형동검은 두 가지 면에서 세계 학계를 깜짝 놀라게 하기에 충분했다. 첫째는 중국이 내세우는 기원전 22세기보다 훨씬 빠르다는 점이고, 둘째는 청동제품의 연대가 단군시대로 인식되는 기원전 30세기까지 거슬러 올라간다는 점이다.

기원전 3000년경에 청동기青銅期로 여겨지는 고인돌과 청동제품이 발견되었다는 것은 청동기라야 국가가 성립될 수 있다는 실증사학자들에게 큰 충격을 주었다. 실증사학자들은 한국의 청동기를 기원전 1000여 년 전으로 간주했고, 이것을 근거로 단군 등은 거론조차 불가능하게 만들었기 때문이다.

이런 정황이 기원전 20세기를 거슬러 올라가는 남한에서 발견된 청동기시대의 유물과 함께 『국사』교과서의 연대를 올리는 데 결정적인 역할을 한 것이다. 더욱 중요한 것은 초기의 비파형동검이나 세형동검은 완벽한 것이 아니었으므로 청동기술이 계속 발전되어갔다는 점이다.

중국 요령성 심양시 우홍구 정가와자 6512호 무덤에서 발견된 비파형 단검과 청동 활촉의 주석 함유량은 많이 달랐다. 이 무덤에서는 797점의 부장품이 발견되었는데 대다수가 청동 제품이었다. 그 가운데는 방패와 활촉, 도끼와 끌, 손칼, 마구류, 수레 부속품, 단추, 구슬, 거울 등이 있었다. 비파형 단검의 경우 동이 72.43퍼센트, 납이 6.84퍼센트, 주석이

13.52퍼센트였고 청동 활촉의 경우 각각 66.39, 11.62, 9.93퍼센트였다.

김정배 박사가 측정한 중국 내몽고의 남산근 청동기(서주 및 춘추시기)의 경우에도 주석 함량은 12~15퍼센트, 납 함량은 4~5퍼센트, 동은 80~84퍼센트였다. 이는 강도가 중요한 단검에는 다른 물건보다 주석의 비율을 높게 했고 대량으로 소모되는 활촉에는 주석의 함량을 대폭 낮춤으로써 값비싼 주석을 절약했음을 보여준다.

또한 강상무덤의 청동 그물 장식품은 0.25밀리미터밖에 안 되는 가는 구리실로 천을 짜듯 엮었다. 이렇게 가는 구리실을 뽑아내어 그물을 엮었다는 것은 고도의 섬세한 제련 가공기술이 아니면 도저히 실현할 수 없는 일이다.

청동거울은 청동기문화의 기원을 '북방(또는 서방)전래설' 즉 시베리아에서 전래된 것으로 간주하는 데 결정적인 역할을 했다. 그런데 1934년 중국 하남성 안양현의 은나라 수도였던 은허의 고분에서 처음으로 기하학적 무늬 거울이 발견되었고, 1976년에는 역시 은허에서 은나라 무정왕武丁王의 왕비인 부호婦好의 묘에서 4면의 기하무늬 거울이 발견됨으로써 시베리아 지방 청동거울의 기원설은 자리를 감추었다고 이형구 박사는 적었다.

이들 유물의 제조 시기가 시베리아의 청동기시대보다 연대가 훨씬 앞서기 때문이다. 고대 사회에서 청동거울은 오늘날과 같이 화장 도구로 사용된 것이 아니라 초기 국가사회의 통치자 내지 지배계급의 상징물로 사용되었던 것으로 추측된다.

한민족사에서 가장 중요한 유물의 하나로 꼽히는 비파형동검의 용도는 전투용 칼로도 사용되었겠지만 일반적으로 지배자의 권위를 보여주는 장식용 칼이라고 생각한다. 당시에 청동은 일반 전투나 살상용으로 사용하기에는 너무나 고가품이기 때문이다.

그런데 부경대학교의 이근우 박사는 이런 견해에 이의를 제기하고 나섰다. 그것은 칼의 형태가 위세용으로 보기에는 너무나 실용적인 형태를 갖고 있기 때문이다. 즉 살상용 칼이라는 뜻이다.

세형동검에는 피홈이라는 구조가 있다. 그런데 피홈은 칼로 사람의 몸을 찔렀을 때 칼이 쉽게 빠지도록 피가 잘 흘러내리게 하고 그 자리에 공기를 넣기 위한 구조이다. 칼날이 사람의 몸속에 들어가면 순간적으로 근육이 경직되고 살이 날에 접촉되어 쉽게 빠져나오지 않는 경우가 많이 생긴다. 이때 피홈을 통해서 피가 흘러나오면서 공기가 들어가게 되면 칼날을 쉽게 빼낼 수 있다는 데 이근우 박사는 주목했다.

세형동검의 피홈과 마찬가지로 비파형동검의 독특한 외형 역시 피홈의 기능을 극대화하고 살상력을 최대한 높이기 위한 것으로 추정된다. 비파형동검은 좌우측에 돌출되어 있는 돌기를 기준으로 칼날의 윗부분과 아랫부분으로 나뉜다. 칼날의 윗부분은 흔히 볼 수 있는 칼의 형태이지만 돌기까지 계속 넓어지다가 돌기 부분부터 급격히 줄어든다. 그리고 칼날의 아랫부분에서 가장 넓어진다. 돌기 부분에서 급격히 줄어드

피홈이 있는 세형동검(왼쪽)과 좁아지는 부분이 피홈 기능을 하는 비파형동검(오른쪽).

는 것은 이 부분이 피홈으로 기능하기 위한 것으로 추정한다. 또한 아랫부분이 급격하게 넓어지는 것은 칼날이 몸 안으로 들어가는 부분의 폭을 넓힘으로써 상처를 크게 만들어 살상력을 높이려는 의도로 생각한다.

비파형동검에는 칼의 몸통 거의 전체를 따라서 등대라고 하는 굵고 둥근 기둥 형태의 구조가 있다. 등대는 동검이 부러지는 것을 막기 위해 고안된 것이다. 상당히 굵은 등대가 있기 때문에 비로소 비파형동검이 살상형 무기로서 기능할 수 있다. 즉 장식용도로 비파형동검을 만들었다면 이러한 피홈과 등대가 필요 없었을 것이라는 설명이다. 이는 비파형동검으로 당대의 패자가 되는 데 문제점이 없었다는 것으로도 설명된다.[188]

• 현대인들도 만들기 어려운 청동기술

청동기를 만드는 데는 두 가지 중요한 기술이 따라야 한다. 하나는 합금을 만드는 데 필요한 정련기술精練技術이고, 다른 하나는 청동을 부어내는 주조기술이다.

청동합금을 만드는 기술은 크게 두 가지가 있다. 첫째는 동광석과 주석광석을 한꺼번에 넣고 그대로 용융熔融하는 방법이고, 둘째는 구리와 주석 등의 금속을 따로 정련하여 적당한 비율로 섞어서 용융하는 방법이다. 물론 후자의 경우가 앞선 기술이다.

세형동검도 비파형동검과 마찬가지로 검신과 손잡이를 따로 주조하여 결합하여 사용토록 되어 있다. 이 세형동검의 조성은 비파형동검과 마찬가지로 Cu-Sn-Pb계통인데 분석한 22건 가운데 이것에 벗어나는 것은 2건에 불과하다. 동검의 조성은 Cu가 70~80 %, Sn이 5~20 %,

Pb가 3~17%이며, 빈도수로 보아 세형동검의 기본조성은 Cu 80%, Sn 12%, Pb 8%이다. 세형동검의 거푸집은 경기도 용인시 초부리에서 출토되었으며, 그 재질은 다른 청동기 때와 마찬가지로 활석이 많이 쓰였다. 이런 활석을 쓰면 한 거푸집으로 한 번에 10여 개를 주조할 수 있다. 광석의 산지는 납동위원소비를 측정하여 사용된 원료가 국내산임도 판명되었다.

전라북도 익산 용제리 출토 세형동검의 미세구조를 보면 그 구조가 나뭇가지 모양인 것으로 보아 주물임을 알 수 있다. 흰 부분은 구리가 먼저 굳은 것이며, 그 사이의 회색 부분은 주석의 함량이 높은 주석과 구리의 용액이 나중에 굳은 것이다. 검고 둥근 입자는 납입자이다.

우리나라의 청동 기술은 화학적 분석과 금속학적 조사로 알 수 있는데, 한국 청동검의 경우 대체로 구리 주석 납을 75 : 15 : 10의 평균비로 섞어 만들었으며 그 함량비가 매우 일정하다. 또 기원전 2세기경의 청동기의 합금조직은 합금성분 금속들의 결정입자(粒子)가 매우 정연하여 우리나라의 주조기술이 우수했음을 알 수 있다. 전상운 박사는 1969년에 한국의 청동을 분석한 미국의 한 금속연구실에서 그 합금기술의 우수성에 놀라 '고대 한국인의 청동기술에 찬사를 아끼지 않는다'는 전화까지 받았다고 전했다.[189]

한편 중국 대륙의 경우 송나라 때에 이르기까지 청동에 아연은 별로 포함되지 않았다. 그러나 우리나라의 청동기는 구리와 주석뿐만 아니라 아연이 상당량 포함되어 있다는 데 특이성이 있다. 이는 고대 초기부터 중국과는 다른 주조술이 도입되었거나 개발되었음을 뜻한다.

예를 들면 기원전 10세기경의 나진시 초도에서 출토된 장식용구(청동방울)는 구리 53.9퍼센트, 주석 22.3퍼센트, 아연 13.7퍼센트, 납 5.2퍼센트, 기타 4.9퍼센트이다. 북청군에서 나온 원판형 동기에는 아연이 13.7퍼센트, 이보다 후대인 황해도 봉산군 송산리에서 출토된 잔무늬거울과 주머니도끼(장식용)에도 아연이 각각 7.4퍼센트, 24.5퍼센트 포함되어 있었다. 특히 봉산군은 아연 광석인 노감석爐甘石의 산지로 『세종실록』 지리지에도 기록되어 있다.

일부 학자들이 이들 청동제품에 아연이 정련 과정에서 불순물로 포함되었을 가능성을 제기하지만 실험 자료에 의하면 인공적인 조작이 가해지지 않는 한 청동에 1.0퍼센트 이상의 첨가원소를 섞을 수 없다.[190] 여하튼 아연은 주석과 같이 합금의 기계적 성질과 강도, 연신율(재료가 길이방향으로 늘어나는 비율)을 제고시키지만 주석보다 효과가 적은 것은 사실이다. 그러나 동에 아연을 넣은 합금의 색은 아연의 함량에 따라 달라지는데 아연이 20퍼센트 이하일 때는 동에 가까운 붉은색을 띠며, 30~40퍼센트일 때는 누런색을 띠는데 이를 황동이라고 한다.

우리나라에서 황동은 매우 귀하게 취급되었으므로 아연의 양을 용도에 따라 조절했는데 이와 같이 우리 조상들이 아연의 특성을 잘 알고 있었다는 것은 그들의 지식수준이 매우 높았음을 증명해준다. 우리 조상들은 이러한 기술적 난점을 해결하여 청동제 물건들을 제작할 때 아연을 넣음으로써 청동의 색채를 아름답게 했을 뿐만 아니라 주조물의 성질도 좋게 만들었다.[191]

아연이 청동기에 포함되었다는 것은 세계사적으로도 획기적인 사건이다. 고고학계에서는 아르메니아나 페르시아에서 처음으로 청동기에 아연을 포함시켰다고 말하지만, 세계 최초로 공인된 것은 기원전 20년경에 로마에서 만들어진 아연-청동 합금인 청동전靑銅錢으로 아연을 17.3퍼센트 함유하고 있다. 따라서 우리나라에서 발견된 아연 섞인 청동기는 현존하는 유물로는 세계에서 가장 오래된 것으로 인정될 수 있다는 뜻이다. 이 문제는 앞으로 보다 많은 연구가 기다리고 있으므로 많은 사람들이 도전할 것으로 생각한다.

우리나라의 청동기 문화가 기술적으로 매우 발달했다는 것은 세계를 놀라게 하는 다뉴세문경을 보아도 알 수 있다. 청동기 후기 또는 초기 철기시대에 유행했던 것으로, 다뉴란 끈으로 묶을 수 있는 고리를 뜻하는데 거울 뒷면에 달려 있는 2~3개의 고리 때문에 붙여진 이름이다. 세문이란 글자 그대로 잔무늬를 뜻하는데 우리나라의 청동 거울은 거울 뒷면이 무수히 많은 섬세한 직선과 삼각 무늬를 조화시킨 기하학적인 도안이므로 이런 이름이 붙여졌다.

청동기 전기에 사용된 크기가 비교적 작은 조문경粗紋鏡(거친무늬거울)은 기하학무늬의 구성이 정밀하지 못하여 줄무늬가 굵고 거칠며, 만든 수법이 조잡한데 대체로 세형동검 후기 형식과 동과銅戈, 동모銅矛, 방울류 등과 함께 출토된다.

다뉴세문경은 중국의 동북지방과 러시아의 연해주를 비롯하여 한반도 거의 전역에서 발견되고 있다. 뿐만 아니라 일본에서도 같은 종류가 많이 발견되는데 이는 고대 우리 민족이 살고 있던 지역에서는 어디서나 출토된다는 것을 의미한다.

이 거울에 대해 과거 일본인 학자들은 정교한 무늬가 있는 다뉴세문경은 중국에서 만들었고 조문경은 중국 것을 모방하여 한국에서 만들었다고 주장했다. 그러나 1953년 요령성의 조양에서 고조선의 비파형 단검과 함께 조문경이 발견되면서, 이 발굴로 고대 한국에서는 조문경에 이어 여러 지역에서 다뉴세문경을 만들었음을 추정할 수 있게 되었다. 더욱이 심양瀋陽에서 조문경과 다뉴세문경 사이의 과도기적인 거울이 발견되어

청동기시대의 불가사의라고 불리는 다뉴세문경의 정교한 무늬.

일본인들의 주장이 근거 없음이 밝혀졌다.

1960년대 충청남도 지역에서 발견된 기원전 4세기에서 1세기경의 다뉴세문경(국보 141호)은 현존하는 90여 개의 다뉴세문경 가운데 가장 크며, 가장 정교하게 무늬를 새긴 대표적인 유물로 '청동기시대의 불가사의'라고도 불려진다. 놀라운 것은 20센티미터가 채 안 되는 원의 공간에 거울의 무늬는 중심에서부터 3등분한 동심원 공간에 그려졌다는 점이다. 전상운 박사는 다뉴세문경의 제작 방법을 다음과 같이 설명하고 있다.

» 먼저 굵은 선의 동심원 5개가 안쪽 공간을 구성했다. 그 안을 직사각형과 그 대각선, 그리고 수많은 평행선과 사선 등 모두 3340개의 선으로 메웠다. 중간부분은 10개의 가는 선으로 0.5밀리미터 간격의 동심원을 새겼다. 그리고 3겹에서 5겹의 가는 줄과 굵은 줄을 적절하게 배치, 약 1센티미터 간격의 동심원을 그려 넣었다. 또 그 공간을 48등분하고 그래서 생긴 직사각형에 가까운 도형에 대각선을 새겼다. 그리고 0.35밀리미터 간격으로 모두 4230개 가량의 선을 그려서 공간을 채웠다. 맨 바깥 부분은 원반에 내접하는 정사각형의 꼭지점에 30여 개의 동심원으로 구성된 도형 8개를 배치했다. 그리고 그 밖의 공간을 5730개 가량의 평행선과 사선으로 엇갈리게 그어서 장식했다.

이 청동거울은 구도와 구성, 디자인도 뛰어나지만 총체적으로 다뉴세문경에 그어 있는 선이 무려 1만 3300개쯤 된다는 점이다.

그와 같은 작업을 하려면 숙련된 기능을 가진 제도사가 좋은 제도기를 갖고 트레이싱 페이퍼에 그린다고 해도 한 달 정도의 작업은 해야 한다.

정밀한 컴퍼스와 자가 없었지만 장인들은 스스로 그런 기구를 만들어 작업을 했을 것이다. 다뉴세문경은 남한 지역에서만도 여러 개가 발견되는데 이 사실은 기원전 4세기경의 한국 청동기 기술이 최고의 수준에 있었음을 증빙해주며 고조선시대의 이와 같은 주조 기법은 아직도 불가사의로 간주된다.

학자들은 다뉴세문경의 주형을 제작하는 방법으로 두 가지 방법을 제시한다. 첫째는 딱딱한 박달나무 등에 그림을 새기고 그 위에 입자가 아주 가는 점토를 눌러 찍는 방법으로 거울 주형을 만들었다는 것이다. 둘째는 밀랍(꿀찌꺼기에 송진을 섞은 것)으로 원형을 만드는 것인데, 유물로 발견된 것은 없지만 일부 학자들은 고대인들이 밀랍을 자유자재로 이용하여 청동 거울을 만들었다고 추정한다.

그럼에도 불구하고 학자들은 주조의 특성상 다뉴세문경처럼 그렇게 정교한 선이 나온다고 보장할 수 없다고 단언해서 말한다. 안타깝게도 이들을 만들었던 거푸집은 발견되지 않았다.

《동아일보》의 이광표 기자는 이 거울의 용도를 다음과 같이 추정했다.

» 거울을 장식한 무수한 동심원은 둥근 태양을 상징한다. 그리고 당시의 청동거울은 얼굴을 비쳐 본다는 컷보다는 태양빛을 다른 곳으로 반사하는 기능을 주로 수행했을지도 모른다. 이런 점에서 청동기시대 무당(샤먼)이 태양을 상징하기 위해 사용했던 일종의 의기儀器였을 가능성이 높다.

제 6 장

고조선의
실체를 찾는다

 |  |

제6장

고조선의 실체를 찾는다

한국이 고조선을 인정하지 않았던 그 논리가 부메랑이 되어 중국인들이 한국의 역사를 공격하는 빌미가 된 것은 아이러니한 일이다. 윤내현 박사는 중국의 동북공정이 '분명 잘못된 시도이지만 중국 탓으로만 돌릴 게 아니라 우리 자신에게도 책임이 있다'고 분명히 지적했다. 중국이 자국사를 다시 쓰는 동북공정 등을 추진하면서 한국에서 그동안 견지하던 역사관을 토대로 작성한 자체에 중국을 나무랄 수 없는 곤혹스러운 상황이 된 것이다.

특히 종래 사학계의 통설로 볼 수 있는 기자조선·위만조선·한사군이 고조선을 대체한 것이라면, 즉 고조선이 대동강 유역의 조그만 국가였다면 부여, 고구려, 발해가 중국 역사에 편입된다 해도 할 말이 없게 된다. 그뿐이 아니다. 한국사에서 그동안 가르쳤던 대동강 중심의 고대사는 기자가 망명한 기원전 1100년 무렵부터 낙랑군이 축출된 기원 313~315년 무렵까지 무려 1400년 동안 중국의 지배를 받았다는 얘기도 된다.

중국 측의 한국사에 대한 공세가 매서운데 반해 이에 대한 한국 측의 대응은 어지러워질 수밖에 없는 상황이다. 이 문제가 간단하지 않으리라는 것을 모르는 한국인은 없을 것이지만 중국의 발표를 토대로 하면 한국인의 터전이라 불렸던 중국의 요동 지역에서 국가가 존재했다는 것은 의심의 여지가 없다. 문제는 중국 측이 존재했다고 말하는 국가와 우리의 고대사, 즉 고조선과 어떻게 접목할 수 있느냐가 관건이다. 즉 중국의 동북공정 등에서 주장하는 논리를 유효적절하게 활용하면 한국사를 정립할 수 있는 논리로 개발할 수도 있기 때문이다.

윤내현 박사는 기자조선·위만조선·한사군은 고조선의 요서 지역 변방에서 일어난 정권이며, 우리 고대사 체제를 고조선 - 열국 시대(동부여, 읍루, 고구려, 동옥저, 동예, 최씨낙랑, 삼한 등) - 4국 시대(고구려, 백제, 신라, 가야) - 남북국 시대(신라, 발해)의 체제로 설명하면 고조선은 2000년 가까이 존재한 나라로 설명할 수 있다고 주장했다.-¹⁹²

한편 이기환은 경향신문의 〈코리안루트를 찾아서〉라는 대형 시리즈물을 통해 고조선에 대한 연결고리를 보다 구체적으로 설명하고 있다. 그 역시 윤내현처럼 홍산문화 - 하가점하층문화를 고조선의 연원으로 추정하면서 보다 구체적으로 이들 동이족의 일부가 하나라를 멸망시키고 상(은)나라를 세웠다고 설명한다. 즉 중국에서 동이족이 상(은)나라를 지배할 때도 원류인 고조선은 계속 존재했으며, 은나라가 기원전 1100년 화하족인 주나라에 멸망할 때 기자가 돌아간 기자조선은 바로 고조선의 본류였다는 설명이다.-¹⁹³

한국과의 고대사 정립에 있어서 초미의 관심사는 고조선이 실제로 존재했다면 고조선의 중심지가 어디에 있었는가와 고조선의 실체가 있었다면 정말로 고조선이 강국이었는가 하는 점이다.

한국 측에서는 그동안 고조선의 중심지에 대해 크게 세 가지로 설명했다. '요동 중심설', 북한이 주장하는 '대동강(평양) 중심설', 초기에는 요동에 있다가 대동강 유역으로 이동했다는 '중심지 이동설'이다.

중국 측의 설명에 의하면 요동 지역에 한민족의 고조선에 해당하는 시기에 두 개의 국가가 존재했다. 하나는 5000년 전경의 '신비의 왕국(여왕국)'이고, 또 하나는 이보다 700~800년 후대의 하가점하층문화에 존재했다는 국가인데 이들이 고조선의 요하 중심설의 핵심이다.

흥미로운 것은 기원전 3000년에 국가가 있었다는 한민족의 고조선은 중국의 홍산문화에 있었다는 신비의 왕국(여왕국)과 북한이 근래 주장하는 대동강(평양) 유역으로 나뉘어진다. 반면에 기원전 2333년의 단군조선은 요하 유역의 하가점하층문화와 연계된다.

마지막으로 요하에서 대동강으로의 중심지 이동설은 이상의 설명이 한 축으로 움직여 한반도 대동강 유역으로 이동했다는 것인데, 근래 평양에서 요하 유역으로 근거지가 이동되었다는 역중심지이동설도 나오고 있다. 또한 근래에 제기된 가설로 한강권에도 '미지의 왕국'이 존재했을 주장도 있다.

기원전 3000년으로 거슬러 올라가는 홍산문명의 신비의 국가에 대해서는 앞에서 설명했으므로 이곳에서는 연대가 다소 앞서는 대동강(평양)의 고조선을 먼저 설명하고 이어서 하가점하층문화의 고조선과 중심지 이동설, 마지막으로 한강권의 '미지의 왕국'에 대해 설명한다.

1. 대동강(평양) 고조선

'대동강(평양) 중심설'은 『삼국유사』에서 '단군왕검이 평양성에 도읍해 비로소 조선이라고 불렀다'는 기록과 중국 『한서』〈조선전〉에서 한나라 초기 서쪽 경계를 '패수'라고 한 기록 등이 근간을 이루며 일제 강점기에 더욱 심화됐다. 1930년대 평양 일대에서 중국계 유물이 대량 발견되면서 통설로 굳어져갔으며, 초기 국사학자인 이병도·이기백 교수를 비롯해 최근의 이종욱·송호정 교수 등이 동조하고 있다.-194

사실상 대동강 중심설은 종래 한국 학계의 통설이다. 그런데도 대동강 중심설이 문제가 되는 것은 일본 관학자(官學者)들이 고조선의 중심을 대동강 유역으로 고정함으로써 우리 역사의 무대가 반도로 축소 왜곡되었을 것이라는 생각에서 나온 것이다. 그러므로 이 설에 동조하는 경우 마치 식민사관에 젖은 것처럼 오해되는 경우가 있는데, 고조선의 중심을 대동강 유역으로 보기 시작한 것은 고려 시대부터이며 조선 시대에 들어와 보다 체계화된 것이다.-194

문제는 대동강 중심설이 일제강점기에 일본이 보다 과장한 것은 물론 현존하는 문헌 사료와 고고학 사료와도 엇갈리는 점이 있다는 것이다. 우선 이병도·이기백으로 이어지는 주류 사학계의 '대동강 중심설'에 따르면 한사군은 '낙랑 = 대동강 유역, 진번 = 자비령 이남~한강 이북, 임둔 = 함남, 현도 = 압록강 유역 동가강'으로 비정된다.

그런데 『사기』〈진시황본기〉 26년조에는 중국을 통일한 진나라의 영토가 '동쪽은 바다에 이르고 조선에 미쳤다'고 하였고, 진나라와 조선이 국경을 접한 지역을 요동이라고 말하고 있다.

사마천의 『사기』에 한나라가 조선을 공격하는 과정에 '그해 가을에

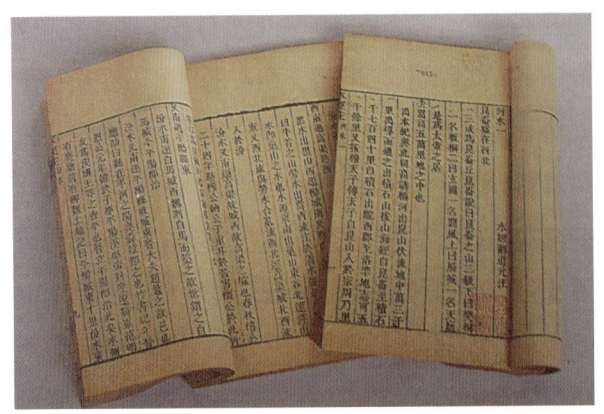

패수가 동쪽으로 바다에 흘러 들어간다고 적은 『수경주』.

누선장군 양복을 파견하여 제齊 지역에서 발해로 배를 띄워 바다를 건너게 하였으며'라는 구절이 있다. 제 지역은 오늘날 산동반도이며 발해는 산동반도 왼쪽에 있는 바다로 한의 수군이 대동강이나 청천강 쪽으로 항해를 했다면 '발해로 배를 띄워 바다를 건너게' 했다고 기록할 수는 없다는 설명이다.

또 중국의 『수경주水經注』는 '패수는 낙랑 누방현에서 나와 동남쪽으로 임패현을 지나 동쪽으로 바다에 들어간다'고 설명한다. 낙랑군이 평양 지역에 있었다면 패수가 동쪽으로 바다에 들어갈 수는 없다. 한사군이 한반도가 아니라 중국 지역에 있어야 하는 것이다.

문제는 대동강 중심설이 근거로 삼는 대동강 일대에서 낙랑 유물이 대거 발견된 점인데, 이는 현재 국립중앙박물관에도 전시되어 있다. 다소 곤혹스러운 유물인데 이에 대한 명쾌한 해답도 준비되어 있다.

이덕일은 대동강의 낙랑 유물은 고조선을 멸망시킨 전한前漢(기원전 206년~서기 24년) 때의 것이 아닌 후한後漢(서기 25~219년) 때의 것으로, 한사군의 낙랑은 만주지역에 있었기 때문에 문제의 낙랑 유물은 후한이 멸망시킨 낙랑국의 것이라는 설명이다.-¹⁹⁵ 즉 한사군인 낙랑과 후한시대 대동강 유역의 낙랑국은 전혀 다른 세력이라는 설명이다.

근래 북한 측에서 강한 어조로 대동강 중심설을 주장하는 것은 그들 나름대로의 충분한 증거가 있다고 생각하기 때문이다. 1993년 북한에서 전래되는 단군릉을 개봉하여 이곳에서 발견된 유골의 연대가 5000년 전으로 거슬러 올라가자 평양이야말로 단군조선의 근거지로 주장하고 있다. 그러나 북한에서 이 유골만 갖고 고조선의 대동강(평양)설을 주장하는 것은 아니다. 그 실상을 찾아간다.

• 단군은 평양에 있었다

1932년 4월 26일자 《동아일보》는 다음과 같은 글을 게재했다.

> » 조선의 시조, 단군묘수축檀君墓修築, 수호각守護閣을 건축하여 영구히 보전코저 발기發起

이 기사에 능 둘레의 담(주위 410척) 일부가 허물어져 황폐한 모습을 드러내고 있는 단군릉과 수호각 사진이 실렸다. 이 기사에 자극받아 《동아일보》 김상준金商俊 회장 등이 기성회를 발기하여 단군릉 수축운동을 이끌었다. 그러나 일제는 단군릉의 대규모 민족성지화 작업이 거족적으로 전개될 경우 식민통치에 해가 된다고 생각하여 더 이상 기사 작성 등을 하지 못하도록 했다. 결국 능묘만 약간 수축하고 잔디로 조경한 후 상석床石 1기를 마련하고, 당시 《동아일보》 편집국장이던 이광수李光洙가 지

은 한글비문을 새겼다고 한다.-¹⁹⁶

강동군 대박산大朴山 동남쪽 기슭에 위치한 전傳(과거부터 전해져 내려오는) 단군릉은 1626년에 편찬된 『강동읍지』를 비롯하여 『대동기년』, 『기언』, 『증보문헌비고』 등에서 발견된다.

» 숙종 5년(1679) 11월 10일 정유악이 아뢰기를, "단군檀君과 동명왕東明王의 사당도 기자의 사당 옆에 있어, 세종世宗 때부터 봄가을에 중뢰中牢(양과 돼지)로써 제사를 올렸습니다. 여기에도 전부 제사를 지내야 합니다" 하니, 임금이 좋다고 하였다. 정유악이 이어 따라갈 사람을 선발하여 서로西路의 형승形勝을 두루 살펴볼 것을 청하니, 임금이 이것도 윤허하였다.

또한 영조 15년(1739) 5월 23일, 단군檀君·기자箕子 이하 여러 왕의 능묘陵墓를 수리하라고 명하였고, 영조 39년(1763) 4월 22일에도 단군檀君·기자箕子·신라·고구려·백제의 시조始祖의 능을 수축修築하라고 명하였다. 단군릉의 기록은 정조 10년(1786) 8월에 보다 구체적으로 나타난다.

» 승지 서형수徐瀅修가 아뢰기를, "단군은 우리 동방의 맨 먼저 나온 성인으로서 역사에 편발 개수編髮盖首의 제도를 제정하였다고 일컫고 있습니다. 군신 상하의 분수와 음식과 거처의 예절을 모두 단군이 창시創始하였다면 단군은 동방에 있어서 사실 세상이 끝나도록 잊지 못할 은택이 있는 것이니, 모든 것을 극도로 갖추어 높이 받들어야 할 것입니다. 그런데 신이 강동江東에 벼슬할 때에 보았는데, 고을 서쪽 3리쯤 되는 곳에 둘레가 410척쯤 되는 무덤이 있었습니다. 옛 노인들이 서로 단군의 묘소라고 전하고 있었으며, 유형원柳馨遠의 『여지지輿地志』에 기록되어 있으니, 그것이 참인지 거짓인

지를 막론하고 어떻게 황폐해지도록 놔두고 사람들이 마음대로 땔나무를 하거나 소와 말을 먹이도록 놔둘 수 있겠습니까? 만약 단군이 아사달산阿斯達山에 들어가 신神이 되었으므로 묘소가 있을 수 없다고 이의를 제기한다면, 중국의 황제黃帝는 교산喬山에 신발이 있는 일(중국 황제黃帝의 무덤이 교산에 있었는데 산이 갑자기 무너져서 무덤 안을 보니 시신屍身은 없어지고 궁검弓劍과 가죽신만 있었다. 그로 보아 황제가 신선이 되었음을 알 수 있다고 하였다는 뜻)도 있었고, 공동산崆峒山에 무덤이 있는 고사도 있습니다. 더구나 평양에 단군의 사당이 있고 본 고을에서 숭령전崇靈殿으로 높였는데 이 묘소만 떳떳한 전장典章에서 빠졌다는 것은 정말 하나의 흠결된 일입니다." 하니, 하교하기를 "비록 믿을 만한 증거의 흔적이 없으나, 고을의 옛 노인들이 가리키는 곳이 있다면 병졸을 두어 수호하거나 돌을 세워 사실을 기록하는 등 근거할 수 있는 사례가 하나뿐만이 아니다. 더구나 이곳의 사적이 읍지邑誌에 자세하게 기록되어 있는 데도 불구하고 비석을 세우지 않았을 뿐만 아니라, 수호하는 사람까지 없으니 매우 흠결된 일이다. 연대가 멀고 또 믿을 만한 문헌도 없어서 제사는 지내지 못하더라도 땔나무를 하거나 목축을 하지 못하도록 금지해야겠다. 그 도백으로 하여금 순행할 때에 몸소 살펴보게 하고 무덤 가까이 사는 민호民戶를 수호로 정하고, 본 고을 수령이 봄·가을로 직접 살피게끔 규식을 정하도록 하라." 하였다.

이와 같이 조선왕조는 (전)단군릉에 대해 각별한 관심을 기울였지만 일제 강점기에는 매우 퇴락해 있었다. 그런데 북한은 이례적으로 1993년 10월 2일자 조선민주주의인민공화국 사회과학원 명의의 보고서를 통해 평양시 강동군 대박산 기슭에서 이른바 '단군릉'을 발굴했다고 밝혔다.
　북한 측의 주장에 의하면, 단군릉은 석조로 된 고구려 양식의 무덤으

북한은 1993년 평양시 강동군 대박산 기슭에 있는 단군릉을 발굴 후 새롭게 묘역을 정비했다.(위는 발굴 전, 아래는 발굴 후의 모습)

로 현실은 동서로 273센티미터, 남북으로 276센티미터이며 바닥에서 1단까지의 천장 높이는 160센티미터이다. 무덤칸의 바닥에는 3개의 관대가 남북 방향으로 놓여 있고 그 위에 뚜껑돌을 덮었다. 단군의 무덤이 고구려 무덤 양식으로 되어 있는 것은 고구려 때 무덤을 개축했기 때문으로 추정했다. 고구려에서는 시조인 동명왕을 단군의 아들로 여겼으므로 단군릉을 고구려 식으로 개축했다는 것이다. 특히 무덤 앞에서 고려시대의 유약을 바른 기와조각도 발견되었는데 그것은 고려시대에 단군릉 앞에 제당이 있어 제사를 지냈다는 것을 증명한다고 추정했다.

무덤은 일제강점기 때 도굴되어 특별한 유물은 나오지 않았으나 부장품으로 금동관 앞면의 세움장식과 돌림대 조각이 각각 1개, 금동뼈의 패쪽이 1개, 토기조각과 관못 6개가 수습되었다. 또한 남녀 두 사람분의 86개에 달하는 유골이 발견되었는데, 넓적다리뼈, 손뼈, 갈비뼈 외에 팔다리뼈와 골반뼈도 나왔다. 그 중 42개가 단군의 뼈이고 12개는 여자의 뼈이며 나머지 32개는 확인 불가능한 것이었다.

이어서 북한의 박진욱은 『조선고고연구』 1994년 제1호에서 「단군릉 발굴정형에 대하여」, 장우진은 「단군릉에서 나온 사람뼈의 인류학적 특징에 대하여」, 김교경과 전영수는 「강동군 단군릉에서 발굴된 사람뼈에 대한 절대년대 측정결과에 대하여」라는 논문을 발표했다.

논문들의 요지는 과거부터 전해져 내려오는 '단군릉'에서 단군과 부인의 뼈를 발견하여 출생 년대를 측정했더니 1993년을 기준으로 5011±267년(상대오차 5.4퍼센트) 전으로 나타났고, 이 유골의 주인공이 '단군'과 다름 아니라는 것이다.

북한 측은 연대 측정의 정밀을 기하기 위해 두 연구기관이 전자상자성 공명 연대 측정방법을 사용하여 6개월에 걸쳐 각각 54회의 측정을 했다고 발표했다. 이 경우의 측정 연대는 무덤에 묻힌 사람의 출생 연대이다.

이에 따르면 한마디로 단군이 신화 상의 인물이 아니라 역사상의 실존 인물의 지위를 획득한 것이다. 북한은 이를 근거로 단군조선의 무대를 아예 요령 지역에서 평양 지역으로 옮겨버렸다.

북한은 당초 평양을 단군의 근거지로 비정했다가 요령 지역에서 한민족의 특성으로 간주되는 고인돌, 비파형동검 등이 발견되자 요령 지방을 단군의 근거지라고 주장을 바꾸었다. 그런데 1993년 단군릉의 발굴을 계기로 다시 평양이 본거지이고, 요령 지역은 단군조선의 영역(부수도)에 포함된다고 주장해 기존의 입장을 수정했다.

사실 북한에서의 이와 같이 단군의 근거지를 변경했다는 것은 코페르니쿠스의 천동설에 대한 지동설의 혁명과도 같을 정도로 파격적인 것이다. 1961년 북한의 김석형은 '고조선의 국가 개념을 단군에까지 확장하는 것은 비과학적인 비약이다'라고 지적했으며, 1963년에는 '오늘 우리는 단군조선왕국이 우리의 첫 국가였다고는 아무도 생각하지 않는다. 신화나 전설을 그대로 옮겨 놓는 것 자체가 마르크스주의 사가들이 할 일이 아닌 것이다'라고 말하는 등 여러 학자들이 단군을 부정했다.

1973년 7월 파리에서 열린 동양학자대회에서 이봉헌은 사회발전 5단계 법칙에 따라 원시공산사회, 노예제사회, 봉건사회, 자본주의 사회를 거치고 있다고 주장하면서 고조선의 성립시기를 기원전 8세기로 삼았다. 또한 고조선의 활동무대를 요하중심지역, 사회발전단계는 노예소유국가라는 결론을 도출했다. 기원전 2333년이라는 단군이 끼어들 여지조차 없다는 설명이다.

그런데 1977년 9월 사회과학원역사연구소는 단군신화를 문화유산으로서 그 의의를 평가하고, 1979~1983에 편찬된『조선전사』에서는 다소 단군에 대해 전향적인 의사를 표명했다. 특히 단군신화에 대한 성격을 '환상적인 신에 대한 이야기'라고 규정하면서도 단군신화를 통해 역사의 유구성을 말하고 있다. 단군사화를 역사사실로 보지 않지만 고조선 성립의 시대상을 반영했다고 평가한 것으로 당초의 부인론에 비하면 장족의 발전을 보였다고 볼 수 있다.[197]

특히 단군이 평양성에 도읍을 정하고 조선이라 칭한 부분에서 단군은 특정왕의 이름이 아니라 고조선족인 박달족의 임금이란 뜻을 갖고 있는 일반명칭이라고 해석했다. 또한 단군의 도읍지 평양성을 서경西京이라고 주석을 붙인 것은 고구려 도읍지 평양과 혼돈한 것이라고 지적하면서

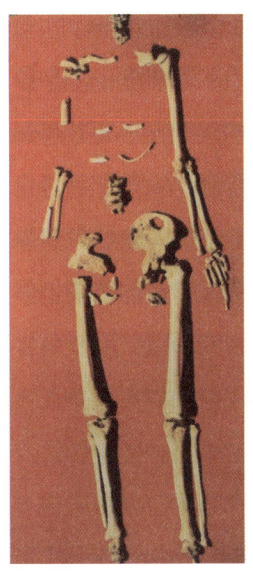
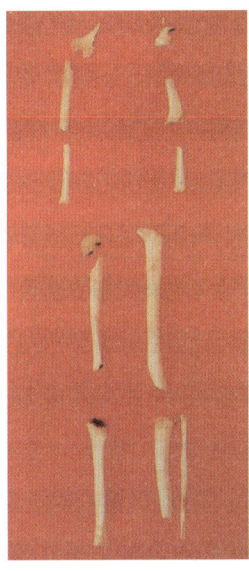

단군릉에서 나온 단군의 뼈(왼쪽)와 부인의 뼈(오른쪽)

현재의 평양이 아니라고 강조했다. 『삼국유사』 기록에 도읍을 평양에서 백악산 아사달과 장당경으로 옮긴 부분에서는 아사달을 고조선의 중심지였던 요하 하류 동쪽의 어느 지점으로 추정했다.

그런데 1991년에 편찬된 『조선전사(2)』에서 '단군신화는 의심할 바 없이 고조선의 건국사실을 반영한 건국신화이다. 그 건국년대를 기원전 24세기로 보겠는가 하는 것은 아직은 확실한 근거를 갖고 있지 못하다. 그 해답은 장차 발굴 소개될 고고학적 자료들에 기대를 거는 수밖에 없다'라고 적었다.-198

그러다가 단군릉을 발굴한 후부터 갑자기 단군을 신화 속 인물에서 실존인물로 부각시키고 있을 뿐 아니라 단군조선 건국연대도 수정해야 한다고 주장했다. 박득준은 『고조선력사개관』에서 이와 같은 변화를 다음과 같이 적었다.

» 지난 시기 단군은 신화적 인물로 간주되고 단군조선의 력사는 전설로 취급되어 왔다. 단군이 실재한 인물로 확인되고 단군조선의 력사가 고조선력사

의 당당한 구성 부분으로 된 것은 1993년 단군릉이 발굴된 이후부터이다.

단군조선 건국연대의 수정은 현명호가 제기했다.

》 지금까지 통용되어온 연표상의 단군조선 건국연대를 기원전 2333년으로 설정하는 것 자체가 실지 우리의 역사적 사실을 무시하고 제기된 것인 만큼 그 적용에서의 착오여하에 관계없이 오늘에 와서는 하등의 의의도 갖지 못한다. 그러므로 단군유골에 의한 절대출생연대(5011년)를 기준으로 해서 건국연대를 재확정해야 한다.[200]

단군의 연대가 기원전 2333년이 아니라 이보다 상회하는 5000년 전으로 상향 조정해야 한다는 것이다.

• 고대 국가의 성립

북한에서 평양지역이 단군조선의 근거지라고 설명하는 것은 단군릉에서 발견된 유골의 연대가 5000년 전으로 거슬러 올라가기 때문만은 아니다. 고대 국가의 성립 요건으로 비트포겔Wittfogel은 다음을 제시했다.

① 거대한 방어시설Huge Defense Structure
② 뻗어가는 도로망Royal Roads
③ 대형 궁전Colossal palaces
④ 장엄한 분묘와 신전Gigantic Tombs, Temples, Shrines [201]

이러한 사실은 이집트나 고대 중국뿐 아니라, 앗시리아·페루 등지에서도 나타난다고 설명했다. 그러므로 우리나라의 경우도 『삼국사기』 초기 기록(특히 백제온조왕 본기)에 가장 빈번한 것이 축성Fort, 설책設柵(Palisade), 도민徒民(Migration), 대단大壇(Shrine) 설치 등이 보이고 있어 그 의미를 재음미할 필요가 있다.[202]

이와 유사하게 북한의 박진욱은 고대국가의 성립 요건으로 전쟁, 교역, 문자, 신전, 수리시설 등을 들면서 고고학적으로 볼 때 고대국가가 성립되었다는 것을 인정받을 수 있는 징표로 다음 다섯 가지를 제시했다. 첫째 왕궁 건물의 존재, 둘째 도시의 존재, 셋째 성곽의 존재, 넷째 대형 무덤의 존재 그리고 청동제 무기의 존재이다.[203]

문제는 위와 같은 다섯 가지 국가 성립 요건을 모두 충족시키는 것이 쉬운 일이 아니라는 점이다. 세월이 지남에 따라 고고학적 자료가 훼손되는 경우가 많으며 또 이들을 완벽하게 발굴하는 것도 간단한 일은 아니다.

그런데 북한은 1993년 강동 대박산에서 단군릉을 발굴한 뒤 평양을 중심으로 고조선 시기의 유적을 집중 조사하여 이른바 '대동강문명론'을 주창하고 있다. 특히 단군조선이 5000년 전에 평양을 중심으로 대동강 유역에 세워진 세계 최초의 고대국가의 하나이며, 발전된 청동기문화에 기초하여 형성된 선진문명으로 정의한다. 더불어 '대동강문명'을 '세계 5대문명'의 하나라고 주장하고 있다.[204]

북한 측의 주장이 지나치게 그들이 내세우는 소위 주체사관의 입장으로 국제적 공감이나 논리적 타당성에 대해서 의문이 든다는 일부 학자들의 지적도 있다. 하지만 어떤 근거로 대동강문명을 세계5대문명에 포함된다고 주장하는지는 관심의 대상이다.

북한 측은 국가 성립 요건의 다섯 가지 중에서 평양의 경우 넷째와 다셋째에 해당하는 것으로는 청동시대의 유물로 간주하는 고인돌이 1만 4000여 기나 발견되며, 부장품으로는 팽이그릇집자리들에서 청동비파형창끝과 조롱박형단지, 단추모양의 청동기 등 많은 청동유물이 출토되었다는 것으로 설명될 수 있다고 설명했다.[205]

특히 평양지역에서는 다른 지역에서는 거의 볼 수 없는 초기형 고인돌을 비롯하여 중기 및 말기에 이르는 고인돌을 볼 수 있을 뿐더러 특권층의 고인돌로 볼 수 있는 대형 고인돌도 많이 발견된다. 북한은 이러한 유물들을 볼 때 평양 일대에 상층 귀족들이 집중적으로 살고 있었던 고조선의 수도라는 것이다.[206]

또한 두 번째로 제시되는 도시 유적의 경우 북한 측은 상당히 유리한 위치에 있다. 대표적인 것으로 평양시 삼석구역 표대유적, 남경유적, 평안남도 덕천시 남양유적, 복창군 대평리 유적, 황해북도 송림시 석탄리 유적, 황주군 고연리 유적 등이다. 이들 유적에서 100~150여 호의 집터들이 발견된다.

남경유적, 대평리 유적, 고연리 유적 등은 면적이 2만~5만 제곱미터에 달하는 비교적 큰 부락터이며 석탄리 유적, 남양 유적 등은 면적이 10만 제곱미터가 넘을 정도로 대규모의 유적을 갖고 있다.

그 중에서 표대유적의 경우 더욱 큰 면적을 갖고 있는데 60여만 제곱미터의 범위 안에 확인된 집터만 500개 이상에 달하며 2005년까지 60여 개의 팽이그릇집자리가 발굴되었다. 또한 남양리 유적에서도 100여 개의 집자리 중에서 31개의 팽이그릇집자리가 발굴되었다.[207] 절대연대측정법에 의할 경우 표대유적의 8호 집터는 최고 5283년 전으로 거슬러 올라간다.[208]

마지막으로 첫 번째의 경우 아직 단군 시대의 궁전 유적을 발견하지 못한 것은 사실이라고 자인했다. 다만 북한 측의 견해에 의하면 단군의 근거지를 평양으로 삼고 있는데 현 평양 지역은 고구려가 수도로 계속 사용했기 때문에 유물은 물론 궁전 터조차 발견할 수 없을지 모른다고 발표했다. 일반적으로 다른 고대 문명의 경우도 왕궁을 정확하게 발견하기는 매우 어려운 일이다.

앞에 설명한 5가지 가운데 고대국가의 성립 요건으로 가장 중요하게 인식되는 것은 고인돌과 성벽이다. 고인돌의 중요성은 부장품이 발견되지 않아도 국가 성립의 한 요소로 간주하는 청동기시대의 중심적 묘제로 인정한다는 점이지만 앞에서 설명했으므로 더 이상 설명하지 않는다.[209]

성벽을 고대 국가 성립의 중요한 여건으로 보는 것은 벽을 쌓았다는 자체가 정주 여건을 갖춘 것은 물론 외부와의 차별을 두는 내부 체제가 존재한다는 것을 의미하기 때문이다.

북한은 평양의 북쪽에 덕산 토성, 동북쪽에 봉화리 고성, 동쪽에 황대성, 동남쪽에 고연리 토성, 남쪽에 지탑리와 청산리 토성, 서남쪽에 운성리 토성, 서쪽에 성현리 토성 등이 발견되었다고 발표했다. 이들 토성간의 거리는 상호간에 약 50~80리 정도인데 북한의 남일룡 부교수는 이 성들이 단군조선시기 평양을 방어하기 위한 위성들이라고 주장했다.[210]

이 중에서 황해북도 봉산군 지탑리의 지탑리 토성과 평안남도 온천군 성현리에서 발견된 성현리 토성, 평양시 대성구역에 있는 청암동 토성은 단군 시대로 추정했다.[211] 이 성들을 고조선시기 평양을 방어하기 위한 위성으로 보는 근거로 이 성들이 평양으로 들어오는 기본 통로를 방어할 수 있는 유리한 자연조건을 갖고 있고 또 서로 간에 일정한 거리를 두고 있다는 점이다.[212]

지탑리 토성은 사리원시에서 15리 정도 떨어져 있는데 토성의 남쪽과 서쪽은 서흥강이 감돌아 흐르고 동쪽과 북쪽으로는 서흥강의 줄기가 있어 사실상 성의 사방이 강으로 둘러싸여 있어 자연적인 해자를 이루어 방어에 유리한 지형이다.

현재까지 남아 있는 성벽은 북벽이 약 180미터, 동벽이 약 150미터인데 이곳에서 두 개의 문화층이 발견되었다. 하층 성벽은 자갈모래층 위 높이 3미터, 너비 약 6.5미터인데 이 지역에 흔한 진흙과 자갈이 섞인 진흙으로 쌓았다.

북한 측이 지탑리 토성을 단군조선 시기로 추정하는 근거는 다음과 같다.

① 성벽을 쌓는 방법으로는 흙으로만 쌓는 토성, 나무만으로 둘러막는 목책, 진흙과 모래자갈 또는 진흙으로 다지면서 판축하는 방법, 돌을 가공하여 쌓는 석축 방식 등이 있다. 그 중 흙으로만 쌓는 토성이 가장 오래된 것인데 지탑리 토성은 붉은진흙층, 흑색진흙층, 자갈이 섞인 진흙층 등으로만 되어 있다.

② 성벽에서 발굴된 유물 중에는 빗살무늬질그릇 파편이 백 수십 점, 돌도끼, 돌활촉, 돌그물추, 돌망치 등이 발굴되었는데 이 지층에서 단군시대의 유물은 발견되고 그 이후 시대의 유물은 발견되지 않았다.

③ 지탑리 토성과 주변에 전반적으로 자갈모래층이 있으며 그 위로 신석기문화층, 팽이그릇문화층, 고대문화층이 있는데 자갈모래층 상부에 축조된 성벽에서 발견된 유물을 볼 때 팽이그릇의 단군조선 시기로 추정된다.

④ 지탑리 토성 내부와 주변에서 팽이그릇 관련 집터, 돌단검, 곤봉 등 유물들이 수집되었는데 이 시기 산기슭에서 발견된 고인돌의 경우 단군조선 시기로 거슬러 올라간다.

성현리 토성은 낮은 구릉지대로 토성은 조금 높은 둔덕진 곳에 위치해 있다. 이곳 역시 두 개의 문화층으로 되어 있고, 하층 성벽의 밑너비는 3.5미터로 지탑리 토성보다는 작다. 성현리 하층에서도 청동기 유물인 돌도끼, 돌가락바퀴 등이 발견되었다. 섬록암으로 만든 돌도끼는 길이 14.5센티미터, 두께 5.5센티미터 넓이 6.7센티미터로 전면이 연마되어 있다. 이곳에서 멀지 않은 산등성이에서 고인돌 수십 기가 발견되며 역시 팽이그릇 관련 유물과 고인돌무덤에서 발견되는 돌단검, 돌창, 돌도끼 등이 발견되었다.

청암동 토성(북한 측은 고조선의 수도였던 왕검성으로 비정)은 남쪽으로는 대동강, 동쪽으로는 합장강, 북쪽으로는 합장강과 보통강으로 흐르는 작은

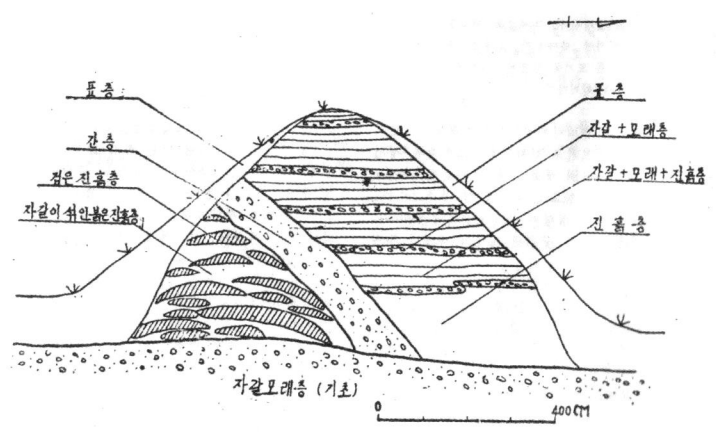

지탑리 토성 발굴 단면도.

강줄기들이 흐르므로 세 면이 강으로 둘러싸여 방어에 매우 유리한 조건을 갖추고 있다. 성의 북쪽은 모란봉에 연결된다. 청암동 토성은 대체로 반달 모양과 비슷한 '반월성'으로 둘레는 약 3450미터이다. 아래 성벽의 제일 높은 곳은 약 2.5미터, 밑너비는 약 10미터 정도이며 성벽의 안쪽은 약 20도 정도의 완만한 경사로 되어 있다.-213

북한은 신석기인들이 성벽을 쌓았다고 볼 수는 없으므로, 현재 존재하는 성벽이야말로 단군조선 초기에 건설했다고 주장한다. 이와 같은 추정은 두 성의 축조 방식이 막쌓기 방법으로 매우 초보적인 수준을 보이기 때문이다.

또한 이들 주변 유적은 신석기를 거쳐 청동기시대 문화가 매우 발전한 곳이다. 그러므로 북한측은 신석기시대부터 살아오던 주민들이 청동기시대에 하나의 큰 정치세력으로 등장하면서 자신들의 정치적 권력과 생명,재산 등을 보호하기 위해 토성과 같은 방어시설까지 구축했다고 설명한다.-214

북한 측이 단군시대인 기원전 3000년경에 국가가 세워졌다고 추정하는 결정적인 증거로 제시하는 것은 평양시 강동군 남강 로동자구(향단리) 황대마을에서 발견된 황대성黃岱城 토성 위의 고인돌이다.

황대성의 인근에는 대형고인돌과 고인돌집단, 돌무덤이 산재해 있는 것으로도 유명하다. 황대성에서 동남쪽 약 2킬로미터 지점의 남강로동자구 광탄마을, 북쪽 7~8킬로미터 지점의 강동군 구빈리와 란산리, 서쪽 약 6킬로미터 지점의 황해북도 연산군 공포리, 남쪽 약 10킬로미터 지점의 연산읍 등에서 돌무덤이 발견되는 등 당대의 중요 요충지로 볼 수 있다.

해발 약 50미터의 산정에 위치한 황대성은 흙과 돌로 축성한 토석혼축

평양시 강동군 황대마을에 있는
황대성 토성 유적과 고인돌.

土石混築의 산성으로 약 300미터가 남아 있다. 토석혼축이란 커다란 강돌로 성심을 쌓고 그 위에 흙을 씌운 것인데, 평양 일대 고대 성곽들 가운데 성벽을 토석혼축 방법으로 쌓은 성은 황대성이 유일하다.[215] 성벽의 서남쪽 구간은 완전히 없어져서 흔적조차 찾아볼 수 없지만, 현재 남아 있는 성벽의 축조형식으로 보아 평면은 긴 타원형으로 추정된다. 이 성벽의 하부 폭은 10미터, 상부 폭은 5미터, 높이는 1미터 정도이며 배수구도 발견되었다.

놀라운 것은 오랜 세월 비바람에 씻겨 평평하게 된 성벽 위에서 고인돌 무덤이 발견된 것이다. 석회암 판석으로 남북 길이 2.2미터, 동서 길이로 1.45미터, 높이 1.55미터의 무덤칸이 있고 그 위에 덮개돌을 덮었다. 이 고인돌 무덤은 이른바 오덕형 고인돌 무덤류에 속한다.

이것은 고인돌이 황대성이 폐성廢城이 된 다음 오랜 세월이 지난 후에 축조된 무덤이라는 것을 말해준다. 이 고인돌 무덤은 황대성의 중요성 때문에 학자들의 주목을 받았지만 연대를 측정할 수 있는 직접적인 증거는 발견되지 않았다. 단지 유사 고인돌 무덤인 구빈리 고인돌 무덤의 절대 연도는 4990±444년 전이고, 롱곡리 4호는 4539±167년 전이다. 그러므로 북한 학자들은 고인돌 무덤의 축조 연대를 구빈리 고인돌 무덤의 절대 연대까지는 올려볼 수 없으나, 룡곡리 4호 고인돌 무덤의 절대 연대와 비슷하거나 그보다 좀 늦은 것으로 추정했다. 또한 황대성 안에서 발견된 돌널무덤 내의 인골을 전자상자성공명법으로 측정한 연대는 4795±215년 전이다.

이들을 토대로 성벽의 연대를 추정하기 위해 우선 고인돌이 성벽 위에 있으므로 그 밑에 있는 성벽은 그보다 훨씬 앞선 시기에 축조되었다고 가정했다. 또한 성 안에서 발견된 돌널무덤은 황대성이 축조된 이후에 축조된 것이므로, 이들보다 앞선 시기에 황대성이 축조되었다고 확정했는데 그 시기가 기원전 3000년경으로 거슬러 올라간다.

황대성의 축조 연대가 기원전 30세기로 거슬러 올라간다는 것은 매우 중요한 의미를 갖는다. 축조 연대가 기원전 3000년이나 거슬러 올라가는 황대성이야말로 단군조선이 존재했다는 결정적인 증거라는 것이다. 산성은 평지의 성이나 목책과는 다른 군사시설이다. 군사시설이란 통치자의 지휘처로 사용되었다고 인정하고 수많은 상비군을 갖고 있어야 하기 때문에 단군조선 시대와 유사한 시대에 축조된 산성의 존재는 곧 고대 국가가 존재했다는 증거라는 것이다.[216]

북한 측은 평양에서 국가가 성립되었다는 요건으로 다음 두 가지도 제시한다.

첫째는 평양시 룡성구역 화성동에서 발견된 2개의 제단이다. 1호 제단은 1.5미터 정도의 두께로 진흙을 쌓아서 방대형의 기초를 만든 다음 그 상부에 가공된 화강암의 큰 돌(길이 2~3미터, 넓이 1~2미터, 두께 1~1.5미터)들을 둘러 축조했다. 기초시설 규모는 길이 35미터, 넓이 30미터 정도이며 석조구조물의 규모는 길이 20미터, 넓이 18미터이다. 남쪽 정면 중심에

석조계단이 있다. 2호 제
단은 1호 제단에서 약
800미터 떨어져 있는데
규모(길이 17미터, 넓이 14.5
미터)가 다소 작지만 축조
형식은 유사하다. 특히 이
들 제단이 고인돌 무리에

성천군 룡산리 순장무덤

서 발견되었는데 재료와 치석 방법이 고인돌과 유사하여 이들 간에 밀접한 친연 관계를 보여준다고 설명한다.

두 번째 증거로 제시하는 것은 성천군 룡산리 순장무덤이다. 동서길이 4.7미터, 남북넓이 3.6미터 정도의 규모에 중앙에 대형 무덤(길이 217센티미터, 넓이 104센티미터)을 만들고 주위로 10개의 무덤칸(길이 180~130센티미터, 넓이 98~122센티미터)이 배치되어 있다. 또한 작은 무덤칸의 바닥은 조각돌만 한 번 깔았으나 중앙 무덤의 바닥은 다른 칸의 바닥보다 10~12센티미터 정도 더 높다. 중앙 무덤에서 2사람분의 뼈와 청동 조각이 발견되었고 작은 무덤칸에서 어린이의 뼈를 포함하여 3~4개체분의 뼈가 뒤엉켜 발견되었다.

북한 측이 이 무덤을 순장무덤으로 보는 근거는 중앙무덤과 작은 무덤칸 사이에 현저한 차이를 보이고, 비록 도굴되었지만 발견된 유물 간에도 질적인 차이가 보인다는 점 등을 근거로 30여 명의 노예를 생매장할 수 있는 권력과 재부를 가진 지배자의 무덤이라는 설명이다. 무덤의 절대 연대는 전자상자성공명법으로 5069±426년 전, 핵분렬비적법으로는 5037±852년 전이다.[217]

북한은 2004년 고고학학회의 이름으로 단군과 고조선의 역사와 문화를 다음과 같이 설정하여 발표했다.

> 기원전 4000년기 후반기는 국가가 성립된 청동기시대 문화로 볼 수 있다. 그것은 팽이그릇 제1기의 집터인 표대유적 8호, 12호가 지금으로부터 5283년, 5206년 전으로 측정되었다는 점으로도 알 수 있다. 고조선문화의 발전단계는 크게 2단계로 나눌 수 있다. 고조선 전기는 단군이 국가를 세운 기원전 30세기 초부터 기원전 2000년 말까지이며, 후기는 기원전 2000년 말기부터 기원전 108년 고조선이 멸망한 때로 간주한다. 이와 같은 구분은 이 시기에 이르러 고조선 전기에 널리 사용된 비파형단검 등이 사용되지 않고 세형단검과 철기 등 유물들이 사용되었기 때문이다.
>
> 　단군조선은 국력이 강화됨에 따라 점차 영역을 확대하여 기원전 3000년 중엽에는 한반도 거의 전 지역과 요동지방을 차지했고 기원전 3000년 말기에는 길장지구와 그 이북지역에까지 힘이 미쳤다. 이후 기원전 2000년 중엽부터 고조선은 점차 쇠퇴하기 시작하여 기원전 14세기를 전후한 시기에 북쪽으로 흘러가는 북류 송화강 유역과 혼강 유역, 남부조선 일대에서 부여와 구려, 진국과 같은 고조선에서 분립된 독자적인 국가가 세워지자 고조선의 영역은 훨씬 줄어들게 되었다.[218]

국립중앙박물관의 오영찬 박사는 북한에서 근래 앞의 내용을 보완하여 다음과 같이 6단계로 설명한다고 적었다.

> 1단계는 3000년기 전반기로 팽이형·미송리형 토기와 초기 비파형단검, 2단계는 3000년기 후반기로 팽이형·묵방리형 토기, 3단계는 2000년기 전반기로 남양형 토기와 후기 비파형단검, 4단계는 2000년기 후반기로 파도형·화

분형 토기 및 평저 장경호와 세형동검, 5단계는 1000년기 전반기로 화분형 토기와 명사리식 토기 및 세형동검, 6단계는 1000년기 후반기로 화분형 토기와 단경호, 세형동검이다.

이를 토대로 보면 고조선 전기는 단군이 국가를 세운 기원전 30세기 초부터 기원전 2000년기 말 로 1~4단계에 해당하며, 고조선 후기는 기원전 2000년기 말경부터 기원전 108년 고조선이 멸망하는 시점까지 앞서의 5~6단계에 해당한다.

• 북한 측 발표가 석연치 않다

북한에서 단군과 그의 부인의 유골이 발견되었다고 발표하자 남한의 일부 학자들의 반응은 간단하게 말해 "믿을 수 없다"는 것이었다. 특히 "북한이 주체사상을 너무 앞세우다 보니 넘지 말아야 할 선을 넘은 것 같다"고도 했다. 한 마디로 북한의 단군릉 발굴 보고가 원천적으로 조작되었다는 것이다.

한국 측은 단군의 유골이 5000여 년이나 되었는데도 너무 깨끗한 것은 물론 연대측정 방법에 있어 신빙성이 떨어진다는 등의 이유를 들어 곧바로 의문을 제시했다.

북한 학자들은 이러한 원천적인 의문에 명쾌한 답을 했다.

한마디로 단군의 유골이 석회암 지대에 매장되어 있었다는 것이다. 단군릉은 우묵하게 침식된 석회암 사이를 깊이 파고 암반 위에 묘실을 만들어놓았기 때문에 유골이 석회암 속에 있는 가용성 광물질이 많이 용해되어 있는 지하수나 물기의 침습을 계속 받을 수 있어 화석화될 수 있었다고 주장했다.

세계적으로 인류화석이 석회암 지대의 자연 동굴이나 석회암 바위 그늘 밑에서 발굴되는 것도 그 때문이다. 북한에서 한반도의 고인류로 분류하는 역포 사람, 승리산 사람, 용곡 사람 등으로 불리는 인류화석들도 모두 석회암 동굴의 퇴적층에서 발굴되었다.

둘째는 유골을 부식시키지 않는 토양 속에 묻혀 있었기 때문이라고 했다. 화석화된 뼈는 부패나 외력에 대해서는 매우 강하지만 화학적 작용에는 민감하여 예상 밖으로 견딤성이 약하다. 이 말은 약산이나 약알칼리성에도 쉽게 삭아 없어진다는 뜻이다. 그러나 단군이 매장된 토양은 화학적으로 산성이 아니라 뼈가 부식되지 않고 잘 보존될 수 있는 전형적인 중성 토양이라는 것이 북한 학자들의 주장이다.

결론적으로 단군릉은 석회암 지대에 자리 잡고 또 중성 토양이기 때문에 유골이 5000년에 이르도록 보존될 수 있었다는 주장이다.

사실 5000년 전의 무덤에서 뼈가 남아 있다는 사실은 조금도 신기한 현상이 아니다. 중국의 경우 황화강 일대에서 백여 개에 달하는 사람뼈가 발견되었는데 연대 측정에 의해 기원전 4300~3600년으로 판정되었다. 심지어 인류의 조상으로 분류되는 유골은 4~5백만 년 전의 것으로 판정되기도 한다. 단군의 경우 그리 흔하지는 않지만 그렇다고 아주 희귀한 경우도 아니다.

한국학자들은 단군릉에서 출토되었다는 금동관에 대해서도 모순점을 지적한다.

기원전 3000년경에 사용되었다는 금동관이란 문자 그대로 세계문화사를 새로 쓰지 않을 수 없는 중대한 발견인데, 이를 입증할 만한 객관적인 근거를 북한 측이 명확하게 제시하지 않고 있음을 볼 때 의심이 간다는 것이다. 물론 이 점에 대해 북한 측에서는 단군의 무덤을 고구려시대에 개축할 때 발견된 단군의 유골에 금동장식 등을 추가로 부장했는데 이것이 도굴되었다고 설명한다. 여하튼 남측의 일부학자들은 단군릉이 고구려시대에 개축한 단군의 무덤일 가능성은 전혀 없고, 실제로는 고구려시대 무덤일 것이라고 추정했다.

단군릉에서 발견된 유골이 진짜냐 아니냐만 따진다면 북한 측의 주장이 억지만은 아니라는 의견도 제시된다. 단군릉을 고구려인들이 개축할 때 유골의 연대를 측정할 방법을 갖고 있지 못했으므로 고구려식으로 무덤을 개축하면서 무덤이 개봉될 때 발견된 유골을 원형 그대로 매장했다는 것이 상식이기 때문이다.

이 문제는 필자와도 연관이 있다.

북한의 고고학 분야 논문을 주로 발간하고 있는 〈백산자료원〉의 육낙현 사장이 2003년 말에 필자에게 한 가지 부탁을 해왔다. 북한에서 발표한 단군릉에서 발굴된 사람 뼈에 대한 절대연대 측정에 대한 책을 북한 측에 저작권료를 지불하고 발간하려고 하는데 내용을 읽어보고 타당성이 있다고 생각되면 발간사를 써 달라는 것이었다.

남북한에서 첨예하게 다투고 있는 내용이지만 원래 육 사장이 의뢰한 것은 유골의 연대 측정과 측정 방법에 대한 원리 등을 검토해 달라는 것이다. 필자는 제시된 논문 등을 검토한 결과 원리와 측정 방법 등 서술된 내용 자체에는 별 문제가 없음을 확인하고 발간사를 써 주었다. 그러나 육 사장은 국내 학계에서의 반발 등을 고려하여 이를 출판하지 못한다는 소식을 나중에 알려왔다. 첨예한 문제일수록 오히려 공개하여 많은 사람들의 의견을 듣는 것이 좋다는 생각을 했었는데 발간하지 못해 아쉬운 감이 없지 않았다. 그런데 최근 육 사장으로부터 반가운 연락이 왔다. 유보하였던 책을 조만간 출간하겠다는 설명이다. 자료가 공개되면 보다 많은 학자들의 연구가 있을 것으로 생각된다.

서툰 국수주의나 보수주의자들의 장난으로 고대사가 얼마든지 조작될 수 있음을 우리는 수없이 보아왔다. 세계를 놀라게 한 일본인의 고대사 조작사건도 그와 같은 맥락에서 볼 수 있을 것이다. 약 60만 년 전 원인原人의 건물 터로 보이는 주거 흔적과 70만 년 전의 석기 등을 발견했다고 하여 일본의 고등학교 교과서에도 기재되었던 미야기宮城현 가미다카모리上高森 유적이 사실은 발굴단장 후지모리의 조작이었음이 폭로된 것이다.

과거부터 일부 학자들이 우리의 유산을 일방적으로 평가했음은 물론 심지어는 역사까지 왜곡했다는 것은 잘 알려진 사실이다. 일제 강점기에는 일본의 관변학자 위주로 한국 고대사가 변조되었으며 해방이 되어 한반도가 남북한으로 갈린 상태에서는 고대사에 대한 시각이 서로 달랐다. 학자들은 당연히 어떤 것은 터무니없이 혹평하는가 하면 또 어떤 것은 일방적으로 자기들 주장만 내세워 고집을 부렸다.

여기에 정치성까지 개입되면 사건은 매우 복잡해진다. 특히 북한과 같이 폐쇄된 사회에서 모든 것을 처음부터 조작할 수 있다고 믿을 경우 그 결과는 고대사에 대한 모든 주장을 원천적으로 부정하는 계기가 될 수 있다. 지금까지 북한에서 나온 모든 주장이 북한 학자들에 의해 조작되었을지도 모른다고 믿는 학자들이 생기는 이유이다.

필자는 이 문제에 대해서 더 이상 거론하지 않겠다. 우리의 역사와 문화가 세계에서 가장 우수하다고 무조건 강조하는 것도 문제지만 북한에서 주장했다고 하여 정치적으로 조작되었을 것이라고 덮어놓고 단정하는 것도 문제가 아닐 수 없다. 이 문제에 대한 해결은 앞으로 많은 학자들의 연구에 의해 명확하게 밝혀지기를 바란다.

• 연대 측정방법의 노하우

가장 첨예하게 대립하고 있는 분야는 단군릉에서 발굴된 사람 뼈를 북한이 잘 알려진 탄소연대측정법(C_{14})을 사용하지 않고 전자상자성공명법을 사용했다는 점이다. 남한의 일부 학자들은 북한이 C_{14}로 측정하지 않은 이유가 불분명하다고 지적했다. 그 때문에 단군릉에서 발굴된 유골의 연대 측정법이 남·북한 학자들 간에 첨예한 논쟁거리로 제기되었다. 연대 측정법에 대해 알아본다.

현재까지 알려진 절대연대 측정방법에는 C_{14} 탄소연대측정법, 열형광법, 아미노산정량법, 핵분열비적법, 전자상자성공명법 등 10여 가지가 있다.

이 중에서 가장 유명한 것은 1960년도 노벨화학상을 수상한 리비Willard Frank Libby가 개발한 C_{14} 탄소연대측정법이다.

탄소에는 C_{12}, C_{13}, C_{14}가 있다. 이 세 가지 탄소는 서로 무게가 다른 탄소로 동위원소라고 부르며 12, 13, 14가 무게를 나타낸다는 것을 모르는 사람은 없을 것이다. 처음에 있었던 C_{14}를 1000개라고 하면, 5730년 후에는 원래의 반인 500개로

탄소연대측정법을 개발한 리비. 1960년도에 노벨화학상을 수상했다.

되고 다시 5730년이 지나면 다시 반인 250개, 1만 7190년 후에는 125개로 줄어든다. 이러한 성질을 갖는 동위원소를 방사성동위원소라고 하는데 C_{14}의 경우 반감기는 5730년이다.

대기 중의 이산화탄소는 탄소를 함유하고 있다. 그 대부분이 C_{12}과 C_{13}이고 C_{14}는 지극히 미세한 정도밖에 함유되어 있지 않다. 대기 중의 이산화탄소에 함유되어 있는 C_{12}의 양을 1이라고 하면 C_{13}의 양은 0.01, C_{14}의 양은 10^{-12}에 불과한데 이 비율은 항상 일정하다.

리비가 착안한 원리는 간단하다. 생물이 죽으면 더 이상 대기 중의 이산화탄소를 흡수하지 못한다. 따라서 죽은 동물, 식물, 박테리아 안의 방사성 탄소인 C_{14}는 붕괴되어 그 양이 점점 줄어든다. 반면 C_{12}또는 C_{13}은 비방사성이므로 유기체가 죽어도 그대로 남아 있다. 다시 말하면 C_{14} 대 C_{12}, C_{13} 비율은 유기체가 죽은 뒤 시간이 지남에 따라 감소하므로 일단 한 번 살아 있던 물질이라면 이 비율을 측정하여 생명체가 언제 죽었는지를 알 수 있다.

리비는 처음에 연대가 알려진 세콰이어 나무와 같은 자연물을 실험하여 기초 자료를 쌓았다. 그 후 연대가 잘 알려진 이집트의 세소스트리스 파라오의 무덤에 부장되어 있던 장례용 배의 갑판 나무를 실험했다. 실험 결과와 역사적으로 알려진 연대는 정확히 일치했다. C_{14}를 이용한 탄소연대측정법으로 고대 유물의 연대를 측정한 자료들이 신뢰할 만하다는 것이 증명된 것이다.

리비는 계산상의 편의를 위해 현재의 시점을 1950년으로 확정한 후 방사성탄소연대가 현재로부터 얼마 전(before present)인가를 표시하기 위해 BP라는 용어를 사용했다. 따라서 모든 방사성탄소연대치는 'xxxx BP' 등으로 표시되며 현재 사용하는 달력상의 연대로 환산하기 위해서

는 1950년을 시점으로 역산한다.[219]

C_{14} 탄소연대측정법은 고고학과 지질학에서 광범위하게 쓰이고 있다. 나무, 석탄, 천, 뼈, 조개껍질, 동식물의 조직 등 일단 한 번 살아 있었던 물질이라면 무엇이든 이 기술에 의해 처리될 수 있다. 고대 인류의 주거지나 이집트의 무덤, 지질학적 암석층, 그리고 다른 많은 역사적, 고고학적, 지질학적 가치를 가진 항목들의 연대도 측정될 수 있다. 이와 같은 방법은 발달한 핵물리학, 우주학과 신기술이 고고학과 인류학, 지질학에도 이용될 수 있다는 것을 단적으로 보여주었다.

C_{14} 탄소연대측정법은 고고학 분야에서 발견되는 중요한 유물들의 연대를 측정할 수 있으므로 매우 유효한 방법이지만 이 방법의 결정적인 단점은 1회 측정에 상당량의 탄소 시료를 요구한다는 점이다. 그런데 연대를 구하고자 하는 문화재인 경우 매우 귀중한 것이 많아서 측정을 위해 상당량의 탄소 시료를 떼어낸다는 것은 간단한 일이 아니다.

이런 문제를 해결한 것이 1970년대 후반에 등장한 가속기질량분석법이다. 가속기질량분석법을 사용하면 불과 0.001그램의 탄소 시료로도 정확한 연대측정을 할 수 있다. 즉 귀중한 문화재로부터 떼어내야 하는 양이 이전까지의 약 1000분의 1로도 가능해진 것이다.

연대측정을 위해 가장 중요한 것은 측정시료에서 불순물을 제거하는 것이다. 현재 사용되는 불순물 제거 방법은 다음과 같다.

》 숯, 나무, 이탄 시료는 채로 흙과 식물뿌리 등의 불순물을 걸러낸 다음, 3퍼센트의 염산용액으로 무기물질의 오염을 제거하고 3퍼센트의 가성소다 용액으로 유기물질의 오염도 없앤다. 그리고 순수한 탄소를 얻기 위해 900도에서 건조시킨다.

화석뼈인 경우에는 시료에서 콜라겐을 추출한 다음 건조시켜 순수한 탄소를 얻는다. 조개나 산호초 같은 탄산염물질의 시료인 경우 산으로 이산화탄소를 발생시킨 후 건조단계를 거치지 않고 곧바로 다음 공정으로 넘어간다.[220]

전자상자성공명법ESR은 1944년에 원리가 밝혀진 후 1980년경부터 본격적으로 고고학과 지질, 지리학 분야에 적용되기 시작한 최신 측정법이다. 이 측정법이 나오게 된 것은 물리학 분야에서 격자결함물리학이 급속도로 발전했기 때문이다.

격자결함물리학이란 결정을 구성하고 있는 규칙성이 정연한 원자의 배열, 결정격자에 생긴 전자의 튀어나간 구멍(구멍격자), 전자가 격자 사이에 끼여 들어가 있는 격자결함이 그 고체 물체에 어떠한 영향을 미치는가를 연구하는 것이다. 그러므로 결정 안의 불순물도 넓은 의미에서 결함이다. 이런 결함에 대한 원자수준에서의 이해가 높아지자 물리학 분야뿐만 아니라 고생물학, 고고학, 인류학, 지질학 분야에도 이용할 수 있다는 것이 알려졌으며, 이를 구체화한 것이 전자상자성공명법이다.[221]

우주선을 포함한 자연 방사성 원소들에서 나오는 방사성이 물질에 닿으면 그 물질에 흠집을 남기는데, 이 결함은 방사선 양에 비례하여 많아지며 색을 띠게 된다는 것이 이 측정법의 핵심이다. 이 결함의 양, 즉 홀전자의 수는 피격된 방사선의 양에 비례하는데 이 결함을 전자스핀으로 검출한다는 것이다. 전자스핀이란 전자의 회전에 의해 원전류를 발생시키면서 자기장을 구성하는데 이를 마이크로파가 존재하는 전자기장 안에 두면 손상된 부분이 마이크로파를 흡수하여 그 방향이 반대가 되는 것을 뜻한다.

전자상자성공명법은 다른 연대측정법으로는 측정할 수 없는 퇴적암의 연대를 측정할 수 있는 장점을 갖고 있어 지질과 고고학계에서 근래에 많이 이용된다. 더구나 이 측정법의 측정 상한은 1억 년이나 되는 데다 측정 시료의 제한을 받지 않고 조개, 뼈, 질그릇 등 고고학적 유물들 거의 모두 측정이 가능하다. 평양

탄소연대측정장비.

시 상원군 흑우리에서 발견된 구석기 시대의 검은모루 유적은 원래 40만~70만 년 전으로 추정되었으나, 근래에 100만 년 전의 원인들이 남긴 것으로 수정 발표된 것도 전자상자성공명법을 사용하여 재측정해 연한이 올라갔기 때문이라는 설명이다. 이 측정법은 특히 청동기·신석기 시대의 유물 측정에 두각을 보인다고 알려져 있다.

그런데 한국 학자들이 북한 측의 발표에 의구심을 품는 것은, 5000~1만 년 이내의 인골에는 탄소연대측정법을 사용하는 것이 통례인데 1만 년 이상 거슬러 올라가는 유물에 주로 이용하는 전자상자성공명법을 사용했다는 것이다. 특히 단군의 뼈라고 주장하는 인골 중에서 단군의 나이를 골반뼈로 추정했다고 하는데 골반뼈는 나이가 아니라 성별 추정용이라고 이의를 제기했다.

이에 대해 북한 측은 물리학자도 아닌 고고학자들이 측정방법을 갖고 왈가왈부한다는 것은 언어도단이라고 반박했다. 러시아 학자나 중국 학자가 연대측정치를 발표하면 아무 의심 없이 믿으면서도 북한 학자들이 발표하면 의혹을 가진다고 항의하며, 고고학자나 역사학자가 아니라 측정 장치의 원리를 잘 알고 있는 물리학자나 기계공학자들로 하여금 그들이 사용한 측정 장치를 엄밀하게 검증하자고 반론을 폈다.

여하튼 북한 학자들은 유골의 연대를 측정하기 위해 전자상자성공명

법을 사용하면 시료가 몇 그램이면 충분한데도 C_{14}로 측정하기 위해서는 몇 킬로그램이 있어야 한다고 반박했다. 단군릉에서 나온 인골이 많지 않은데 C_{14}에 의한 방법을 적용하면 연대는 측정할 수 있으나 유골은 남지 않는다면서 단군의 유골을 영구 보존하는 것도 후손들이 할 의무라고 강조했다.

북한 측의 이러한 주장에 대해서 한국 측에서 터무니없는 주장이라고 강력하게 반발하는 것은 원래 탄소연대측정법이 나왔을 때 분석을 위해 상당한 양의 시료, 적어도 최소 몇 그램 정도는 필요했다는 것이 사실이지만 현재의 기술은 0.001그램의 시료만 있어도 정확하게 연대 측정이 가능할 만큼 발전했다는 것이다. 사실 탄소연대측정법이 처음 나왔을 때 대상 문화재가 아주 작거나 귀중한 경우는 비록 적은 양이라도 채취할 수 없는 문제가 생긴 것은 사실이다.

그러나 앞에서 설명한 것과 같이 가속질량분석기가 개발되어 그야말로 먼지 크기의 시료만 가지고도 유물의 나이를 알아볼 수 있는 세상이 되었기 때문에 시험 재료의 과다여부를 놓고 측정 가능여부를 따지는 것은 문제가 있다는 것이 논쟁의 쟁점이다.[222]

그런데 전자상자성공명법 사용에 대한 논쟁은 1987년, 캐나다 맥매서 대학의 슈왈츠 박사가 발표한 논문에 의하여 더욱 가열된다. 이 논문은 전자상자성공명법으로 인골을 측정할 경우 가장 적합한 것은 치아에 있는 에나멜이며 그 외의 뼈들은 측정 결과가 정확하지 않다고 발표했다. 그는 특히 화석화된 인골은 성분이 변하므로 인골의 절대연대 측정의 정확도를 떨어뜨린다고 주장했다.

이 설명에 의하면 평양에서 발굴된 단군 인골을 전자상자성공명법으로 측정할 경우 오류가 있을 수 있다는 개연성을 보여준다. 그러나 이것도 전자상자성공명법으로 인골을 측정할 경우 오차 범위가 어느 정도인지 확실히 알려지지 않았다. 상대적인 오차가 크다는 것과 측정할 수 없다는 것은 별개 문제다.

전자상자성공명법은 기본적으로 방사성 에너지를 흡수하는 모든 물질의 연대 측정이 가능하다. 적어도 1000만 년까지의 연대를 측정하는 데 매우 효율적으로 알려져 있다. 그러므로 북한 측의 주장을 무조건 배제하는 것이 타당한가에 대해서는 논란의 여지가 남는다.

한편 북한 측이 단군릉에서 유골이 발견되자 남측에서 일부 학자들이 지적하는 바와 같이 탄소연대측정법으로 사용할 경우 연대가 후대로 나올 것을 우려하여 보다 쉽게 유골 측정 연대를 조작하기 위해 전자상자성공명법을 별도로 도입한 것은 아닌 것으로 보인다.

그것은 북한에서 전해져 내려오는 단군릉을 개봉(1993년)하기 전인 1987년, 『조선고고학연구』(1987년 제2호)의 〈소식〉란에 김교경이 「전자스핀공명년대측정방법에 대하여」라는 논문으로 북한 학계에 '전자상자성공명법'이라는 새로운 측정법이 개발되었다고 소개한 것으로도 알 수 있다. [223]

2. 점하층문화(요령성)와 고조선

대동강(평양) 중심설은 대동강에서 단군릉의 발굴로 그동안 기원전 2333년으로 설명되던 고조선이 기원전 3000년경으로 상향조정됨이 특징이다. 그런데 대동강(평양) 중심설을 견지하면 그동안 중국의 동북방이 한민족의 터전이었다는 설명에도 문제가 생긴다. 물론 북한에서는 그동안 고조선의 근거지로 견지하던 요동 지역을 단군조선의 부수도로 설명한다.

한국의 최초 국가가 어디에 있었는지에 대한 고민이 깊어갈 수밖에 없는 상황에서 중국은 한국을 놀라게 하는 발표를 했다. 그동안 부단히 한민족의 고조선과 연계된다고 주장하던 하가점하층문화夏家店下層文化(4200~3500년 전)에서 국가가 존재했다는 결정적인 증거를 발견했다는 것이다.

하가점하층문화가 분포하는 지역은 북으로는 시라무룬西拉木倫 강가에 이르고 동쪽으로는 의무려산醫巫閭山 기슭, 서쪽으로는 하북성 장가구 지구에 이르는 광대한 영역을 포함한다. 원래 이 유적은 홍산문화 만기로 편입시켜 설명했는데, 1960년 적봉(홍산) 근교에서 발견된 대량 유적층을 분석한 결과 비로소 홍산문화와는 구별되는 명칭이 부여된 것이다.

중국에서 이 문화층에서 국가가 성립되었다고 발표한 근저는 북한이 주장하는 대동강 중심설의 단군조선보다는 다소 늦은 시기이지만 하가점하층문화에서 성벽은 물론 돌무덤, 제단 등이 발견되었는데 이것이야말로 국가가 존재했다는 증거로 인식하기 때문이다.

하가점하층문화 지역임을 알리는 표지석.

고조선 요동 중심설은 20세기 초의 민족주의 사학자들로부터 비롯된 것으로 이해되어 오늘날 고조선의 중심을 만주 지역으로 주장하면 마치 민족주의자로 비쳐진다. 그러나 이 역시 조선시대부터

하가점하층문화 유적이 발굴된 고위 평탄면.

제기된 것으로 조선시대의 설명을 민족주의 사학자들이 이를 계승하고 북한의 경우도 최근 대동강 중심설로 선회하기 이전까지 고수하던 학설이다.[224]

중국이 하가점하층문화를 중점적으로 강조하는 것은 이들 문화가 동북아시아 최초의 청동기시대 문화인데다가 동북 내지 전체 중국의 상(은)·주 시대 역사에서 중요한 위치를 차지하기 때문이다. 한국도 이들 지역의 청동기문화가 한국사와 밀접한 관계를 갖고 있다고 인식하므로 매우 중요하게 다루는데 윤내현 박사 등 일부 학자들은 고조선 문화로 생각한다. 복기대도 이들 문화를 한국사와 연결시키는데 큰 무리가 없다고 설명했다.

하가점하층문화의 특징적인 요소는 채회도이다. 채회도는 그릇을 만들어낸 뒤 기물의 외벽에 그림을 그리는 것이다. 색은 흰색, 주황색, 빨강, 검정, 회색 등이 사용되며 문양들은 추상적으로 매우 아름답다.[225]

적봉 근교에서 발굴된 하가점문화 유적터

하가점하층문화에서 특히 중요한 것은 청동기이다. 청동귀걸이는 타원형의 만곡형으로 한쪽 끝은 부채꼴인데 하가점하층문화의 특징적 유물 가운데 하나이다. 특히 토제 용법이 발견되었는데 당시의 주조 공예가 이미 내범과 외범을 조합하는 방법을 채용하여 얇은 벽제의 기물을 주조해 낼 수 있었음을 보여준다.

하가점하층문화에서는 항상 옥기가 발견된다. 옥의 형태도 독자적인 것이 보이지만 비교적 많은 수량이 홍산문화의 그것과 유사하다. 이는 하가점하층문화와 홍산문화 사이의 앞뒤로 밀접하게 연결된 문화 계승 관계를 보여준다는 뜻에서 매우 중요시된다. 놀라운 것은 양자강 중류에서 옥선玉蟬이 이곳에서도 발견되는데 이것은 하가점하층문화에서 이미 남방을 포함한 주변 지역과 광범위한 고차적 문화 교류가 이루어졌음을 알려준다.

묘지는 일반적으로 주거지 부근에 만들었다. 묘혈墓穴은 밀집 분포하며 배열 또한 가지런하다. 묘광은 장방형의 수혈 토광이 많고 깊이 묻는 습속이 있었다. 아이들은 대부분 성인 무덤 사이에 혹은 성인 무덤 안에 매장되었다.

죽은 자에게는 평상시에 몸에 지니던 장식품 위에 여성은 방추차를,

하가점하층문화의 채색토기들.

남성은 부斧와 월鉞 등 공구 및 무기류를 부장했다. 순생殉生 습속도 있어 일반적으로 벽감에 돼지 다리 한 쌍을 넣었고, 비교적 큰 무덤은 완전한 돼지와 개를 매장했으며 여러 마리를 매장한 경우도 있다.

하가점하층문화의 여러 가지 특징은 홍산문화와 계승적인 측면도 있는 반면에 상당한 변화가 있다. 그러나 학자들이 주목하는 것은 동일한 시기 중원의 하·상(은) 문화와 비교해볼 때 이들 문화 간에 독특한 지역적 특색을 지닌 것도 발견되지만 공통적인 특징도 명확하게 발견된다는 것이다.[226]

학자들이 하가점하층문화에서 가장 중요하게 인식하는 것은 돌로 쌓은 성벽을 보유한 성보군城堡群이 있고 그 가운데 일부는 연쇄식으로 분포되어 있어 '원시장성原始長城'과 같은 형태가 발견된다는 것이다. 이것은 이들 구조물이 강력한 방어 기능을 갖추고 있다는 것을 의미한다. 이중에서 유명한 성자산산성城子山山城과 삼좌점三座店 유적에 대해서만 설명한다.

• 산성의 원형

중국은 1981년부터 1988년까지 8년 동안 홍산문화의 중심지인 오한기 지역의 성자산城子山 인근을 집중적으로 답사했다. 성자산은 10여 개의 작은 산들이 둘러싸고 있으며 전체 규모는 6.6제곱킬로미터나 된다.

이들의 답사 목적은 성자산 유역의 현황을 상세하게 조사하는 것인데 1987년 해발 800미터에서 놀랍게도 성자산산성城子山山城을 발견했다. 성자산산성은 살력파향薩力巴鄕과 마니한향瑪尼罕鄕과의 경계를 이루는 곳에 있다. 북쪽으로 합랍구촌哈拉溝村에서 약 4킬로미터 정도 떨어져 있다.

그러나 성자산산성은 현지인들도 별로 방문하지 않는 곳이라 찾는 것이 간단한 일이 아니다. 필자가 성자산산성을 방문할 때마다 〈오한기박물관〉 양택 연구원의 안내를 받아서 현장을 방문했지만 양택 연구원조차 쉽사리 길을 찾지 못할 정도로 오지 중에 오지에 있다.

성자산 밑에는 중국어와 몽골어로 된 표지석 두 개가 나란히 서 있다. 산 정상부는 시야가 열려져 있어 초원草原 사막지대를 볼 수 있는 매우 경관이 좋은 곳이다. 이곳에 수많은 돌무지가 발견되는데 놀라운 것은 외성에 반원형半圓形의 '마면식馬面式(치)' 석축이 발견된다는 점이다. 치는 고구려 성벽의 고유물처럼 알려져 있는 것으로 성벽을 방어하는데 유리한 형태를 갖고 있다. 일반적으로 성벽을 기어오르는 적을 측면에서 공격할 수 있도록 일정거리를 두어 설치되는 것으로는 마면馬面과 단루團樓라는 돌출부분을 사용한다. 그런데 마면은 사각형의 돌출 부분이고 단루는 반원 형태인데, 송나라의 심괄沈括은 자신의 경험으로 볼 때 마면이 단루보다 더 효율적이라고 적었을 정도로 치의 중요성을 갖고 있다.-227 하가점하층문화인들이 성벽을 건설하면서 마면식 치의 특성까지 알고 있다는 것은 그만큼 당대의 사회가 복잡했다는 것을 알 수 있다.

적석총과 석관묘, 제단터는 물론이고, 성벽의 축조 방법을 보면 후대의 고구려·백제와 비슷하다. 할석割石으로 한 면만 다듬어 삼각형으로 쌓고, 다음 것은 역삼각형으로 쌓는 형식을 말한다.-228

하늘신과 조상신에 제사를 지냈다는 돌로 쌓은 제단터와 사람들이 살았거나 공무를 보았을 대형 건물터도 발견되었다. 이곳 원형 제단 터 중에 원시 솟대의 원형으로 추정되는 선돌立石도 발견되어 이곳이 원시 소도蘇塗의 가능성도 있음을 보여준다.

돌로 쌓은 성자산산성 유적.

신에게 제사를 지내던 돌로 쌓은 제단터.　　　　　　　　산성에서는 마면식 치가 발견된다.

　　선돌은 고고학사에서 매우 중요하게 취급된다. 선돌은 제의적 장소에 의도적으로 곧추세운 돌을 의미하므로 선돌이 있는 자리야말로 고대인들이 제례의식을 지낸 곳으로 인식되기 때문이다. 선돌의 크기와 형태는 매우 다양하다. 연마하지 않은 자연석은 물론, 사람의 힘이 다소 가해진 것도 있으며 특이한 경우에는 문자나 그림이 있는 것도 있다.

　　선돌을 세우는 목적은 가시적인 영구화永久化로, 일시적으로 지나는 행동과 사건을 영구적으로 지속하려는 것을 목표로 한다. 그러므로 고대에서 선돌은 종교적 혹은 제의적인 의미를 지니므로 선돌이 세워진 곳은 특별한 장소로 인식하는 것이다.[229] 뒤에 설명하는 기자조선의 증거로 제시되는 '기후방정箕侯方鼎'을 발견한 계기도 선돌이 발견되자 그 인근을 발굴한 성과라고 알려진다.

　　여하튼 소도는 삼한시대에 제의祭儀를 행하던 곳으로『후한서』,『삼국지』,『진서』,『통전』 등에 기록이 전해진다.『삼국지』〈위지魏志 한전韓傳〉에서는 소도에 대해 이렇게 기록하였다.

> 귀신을 믿으므로 국읍國邑에서는 각기 한 사람을 뽑아 천신에 대한 제사를 주관하게 하였는데, 이 사람을 천군이라 부른다. 이들 여러 나라에는 각각 별읍別邑이 있는데 이를 소도라 한다. 큰 나무를 세우고 거기에 방울과 북을 매달아 놓고 귀신을 섬긴다. 도망자가 그 속에 들어가면 모두 돌려보내지 않아 도둑질하기를 좋아한다. 그들이 소도를 세운 뜻은 마치 부도浮屠를 세운 것과 같으나 그 행해진 바 선악은 달랐다

민속학적 측면에서의 소도는, 제의가 행해지는 신성지역이며 별읍이 바로 성역이다. 또한 읍락의 원시경계표로 인식한다. 또한 소도는 신단神壇의 의미인 '수두'나 높은 지대의 의미인 '솟터'에서 유래하였다고 한다. 곧 소도는 종교적인 성역이며, 그 안에 긴 장대를 세워 그것을 중심으로 제의가 행해졌다.

성자산산성의 선돌은 필자로 하여금 상당한 고민을 안겨주기도 했다. 2007년 7월 어렵사리 현장을 방문하여 선돌을 발견했을 때 나름대로 뿌듯한 감정을 지울 수 없었는데, 2008년 2월 방문했을 때에는 상단부가 잘려져 있었다. 인적이 전혀 없는 산 정상에 있는 돌을 누군가가 자른 것은 틀림없지만 굳이 이 선돌을 성자산에서 갖고 내려갈 리는 없다고 생각했는데도 인근에서 발견되지 않았다.

산 정상을 철저히 조사하여 잘려진 상단부를 찾고 싶었지만 일정 관계상 철수하지 않을 수 없었

성자산산성 중앙제단의 선돌.

인공의 흔적이 보이는 쌍돼지 바위.

으므로 2008년 9월 다시 방문했을 때 재차 상단부를 찾고자 산 정상부를 샅샅이 뒤지기 시작했다. 산 정상부의 총면적이 약 15만 제곱미터나 되어 간단한 일은 아니었다. 더욱이 답사일정도 촉박하여 다시금 철수하려는 데〈땅이름학회〉이형석 박사가 발견했다고 외쳤다.

선돌의 상단부는 원래 있었던 곳에서 50미터도 채 안 되는 곳에 있었다. 인근에 근래 조성된 3기의 작은 무덤이 있는데 그 중 한 무덤의 꼭대기에 올려져 있었다. 이들 지역에서는 아직도 무덤을 돌로 만들거나 무덤 꼭대기에 돌을 올려놓는 적석총으로 만든다. 새로운 무덤을 만들면서 고대 선조들이 숭상했던 선돌을 올려놓으면 복을 받을 수 있다고 생각했는지도 모른다. 여하튼 수천 년이 되는 선돌의 흔적을 찾았다는 기쁜 마음으로 하산할 수 있었다.

내성은 중심구中心區·동·서·남·북·동남 등 6구역으로 분할되었다. 구역과 구역 사이에는 서로 돌담으로 격리했지만 돌문으로 연결된다. 중심구역은 다른 구역보다 높은 지역에 있으며 '회回'자형의 오르내리는 돌담으로 둘러싸여 있는데 총 6구역의 건축지는 232곳이나 된다. 원형 건축지의 직경은 주로 5~6미터이며 최장 13미터에 달한다.[230]

교미하고 있는 쌍돼지 대형 돌도 있는데 길이 9.3미터, 주둥이의 폭은 2.1미터이며 이마높이는 7.5미터이다. 눈 부분은 거칠지만 모서리의 선이 분명할 정도로 인공의 흔적이 있으며 등에서는 대형 성혈이 발견되었다. 특히 동쪽 성벽 바깥에 대형 제단 3개가 있는데 이들 제단 위는 매끄럽게 연마되어 있고 별자리로 추정되는 성혈性穴이 발견된다.

〈오한기박물관〉의 도록에는 성자산산성의 유적이야말로 하夏~상商 나라를 아우를 수 있는 중요한 유적이라고 적었다. 이는 중원의 하나라 (BC 2070년 건국)와 동시대에 성자산과 삼좌점 지역에 수천기의 석성을 쌓은 국가권력을 갖춘 왕권이 분명히 존재했다는 것이다.

아쉬운 것은 아직 이곳에서 유적들을 수습하지 못하고 있는데, 이곳 조사에 직접 참여하였던 양택 연구원은 본격적인 발굴에 들어가면 엄청난 유물이 발굴되어 이 분야 연구에 새로운 전기를 마련할 것으로 기대한다고 설명했다.-231

최근 발굴이 진행된 음하陰河 상류 삼좌점三座店 유적은 보다 확실하게 국가 성립의 개연성을 보여준다는 데 중요성이 있다. 이곳은 2005년 영금하의 지류인 음하를 막는 음하 다목적댐 공사 도중 발견되었고, 2006년 말 발굴이 완료되었다. 유적의 전체 면적은 1만 4000제곱미터이다. 건물터 수 십 기와 석축 원형 제단, 적석총, 우물은 물론 석축 저장공(13개)이 확인되었으며 도로 혹은 수로가 구획 사이에 조성돼 있었다. 하늘과 땅을 상징하는 적석묘는 50~70센티미터 원을 중심으로 사방 20여 미터까지 확장될 만큼 거대해 제단과 구분되지 않을 정도이다. 두 눈을 가진 사람 얼굴을 새긴 것과 같은 암각화 주위로 완벽한 형태의 우물과 60여 채의 집터, 부족회의 장소로 추정된 모임장소, 곡식창고와 문설주까지 완벽하게 보존돼 있다.

특히 외성과 내성으로 구분된 성벽 중에서 내성 북쪽 성벽의 '치'는 5미터 간격으로 13개나 발견된다. 더욱이 곳곳에 해독되지 않은 상형문자들이 널려 있다고 알려져 있다.-232 그런데 2008년 9월 삼가점을 방문하

국가 성립의 개연성을 확실하게 보여주는 삼좌점 유적.

였을 때 사람의 얼굴로 추정되는 암각화는 발견할 수 없었다. 그 행방은 아직도 알려지지 않았다.

이들 석성이 특별히 주목받는 것은 전형적인 초기 형식의 석성으로 기저석을 쌓고 수평으로 기저를 받친 뒤 '들여쌓기'를 했다는 점이다. 또한 횡으로 쌓은 뒤 다음 단은 종을 쌓았는데 이들의 추정 연대는 무려 4000년 전으로 거슬러 올라간다는 점이다. 더욱 놀라운 점은 아군의 추락을 막고 적병의 침입을 방어하려고 여장을 쌓았다는 것이다.

대각선으로 뚫은 문터도 발견되었는데, 이는 은신하면서 드나들 수 있는 출입문이다. 하가점하층문화인들이 치가 촘촘하게 배치될 정도로 견고한 석성을 쌓았다는 것은 육박전 같은 대규모 전투를 염두에 둔 것으로 윤명철 교수는 추정했다.

하가점하층문화인들이 석성만 쌓은 것은 아니다. 몽골 초원에는 돌이 적은 곳도 많기 때문에 이런 지역에서는 토성을 쌓았다. 대전자향大甸子鄕에서 4000년 전에 만든 토성土城이 발견되었다. 이 토성은 평지에 쌓은 평원성平原城 개념으로 높이는 약 3m 정도이지만 토성을 견고하게 만들기 위해 나무 등을 섞었다. 4000년 전에 방어를 위한 토성의 개념이 확보되어 있었다는 뜻이다.[233]

오한기敖漢旗에만 천 여 곳에 이르는 등 밀집된 대소 원형 건축 터가 발견되고, 인근에서 하가점하층문화와 유사한 산성이 계속 발견되자 중국은 이들 지역에서 국가가 성립되었다는 것을 확정하여 발표했다. 성자산 산성 표지석에 하가점하층문화에서 국가가 성립했다는 다음 기록이다.

》 국가가 성립할 수 있는 역량이 완성되어 있다. 有國家的力量才能完成

이는 하가점하층문화가 중국이 인정하는 하나라와 동일한 수준에 있다는 것은 인정한 것이다. 말하자면 이미 성숙한 국가 즉 방국方國의 역사적 단계에 진입했다는 것이다.

특히 하가점하층문화에서 각각 석축 성곽 유적은 고립하여 존재한 것이 아니라 무리를 이룬다. 각 그룹의 석축 성곽 유적 가운데는 대형 유적이 한둘 있으며 각각의 그룹 사이에는 상당한 거리가 있다. 이런 현상은 각 석성이 상대적으로 독립된 사회 단위이고 각 그룹은 사회 단위의 연합체이며, 각 그룹에 보이는 대형 유적은 연합체의 중심이라는 가정을 보여준다. 그리고 전체 석성 유적으로 구성된 성보대城堡帶는 이러한 연합체보다 한 차원 더 높은 사회조직이라는 추정도 가능케 한다.

중국에서는 하가점하층문화의 외곽 지대에 설치된 석성은 하나의 성을 보호하기 위한 것이 아니라 국가를 방어하기 위한 방어체계로 이를 원시적인 '장성의 원형'이라고 설명한다. 그것은 하가점하층문화의 소석성보대小石城堡臺의 경우 후대의 연燕, 진秦의 장성과 평행하거나 중복되

〈오한기박물관〉의 성자산산성 모형(위쪽)과 성자산산성 유적에 세워진 표지석(아래쪽). 표지석에는 당시에 국가가 존재했다고 적고 있다.

어 있기도 하기 때문이다. 그러므로 이런 성보대의 모습이 후대에 말해지는 '장성'과는 엄밀하게 비교할 수 없지만 기능에는 유사한 점이 많다는 데는 수긍한다. 즉 한漢의 봉수대 유적처럼 길게 연결하면 장성과 같은 작용을 할 수 있다는 것이다.

이러한 목표를 위해 성을 쌓는다면 국가적인 규모가 아니면 할 수 없다. 한마디로 요서지역의 하가점하층문화는 당대에 매우 강성했던 하 왕조와 능히 필적할 수 있는 강대한 방국이라는 설명이다.

여기에서 방국이란 매우 특별한 의미를 지닌다. 여기에서 말한 방국 단계는 하·상 왕조 이전이 아니라 하·상·주 시대 전체에 걸친 것이다. 방국에 대해 소병기는 다음과 같이 설명했다.

》 영금하英金河 연안에 쇠사슬처럼 길게 늘어져 분포하는 하가점하층문화의 성보를 연결하면 한 대의 봉수 유적과 같은 '장성'의 역할을 한다. 이 성보의 띠 안쪽은 보호해야 하는 '우리편'이며 그 밖은 막아야 하는 '상대편'이다. 그런데 이 '우리편'은 도시국가식의 전기 국가가 아니라 몇 개의 전기 국가 위에 군림하여 한 지역을 통할하는 '방국'이다. 그들이 매우 발달했을 때는 하 왕조와 상대할 수 있는 대국이다. (중략) 고국시대 다음이 방국시대이다. 고대 중국이 방국 단계까지 발전한 것은 대략 4000년 전이다. 고국이 원시국가라면 방국은 비교적 성숙한, 비교적 발달한 고급의 국가이다. (중략) 방국시대는 대국이 등장한 시대이며 통일 제국을 준비한 시기이다. 강남 지역의 양저문화나 북방의 하가점하층문화가 전형적인 예이다.-234

한국 측에서는 하가점하층문화에 대해 중화5천년의 배경이 되는 홍산문화를 계승하는 문화로 인식하며, 고조선(단군조선)과 연계하여 매우 중요시하게 생각한다.-235 하가점하층문화와 단군조선과의 연계성은 하가점하층문화유적(12개처)의 탄소연대측정값이 기원전 2200~1300년으로 나오는 것으로도 알 수 있다.-236

하가점하층문화는 하가점상층문화(기원전 1500~400년, 이형구 박사는 남산근문화南山根文化라고 칭함)로 이어진다. 하가점상층문화는 하가점하층문화의 요소를 내포하면서도 은말주초의 청동기 문화가 강하게 배어 있는 것으로도 유명하다.

이 청동기 문화야말로 요동지역이나 한반도지역의 청동기 문화와 매우 밀접한 관계가 있다. 이 시기에 이른바 비파형청동단검이 석곽묘나 석관묘, 그리고 고인돌 무덤에서 출토되고 있기 때문이다.-237

그런데 근래 관련학자들을 놀라게 한 것은 하가점하층문화에서 발견되는 청동기의 연대가 우하량 시대로까지 거슬러 올라간다는 것이다. 앞에서 설명한 우하량牛河梁 13지점의 이른바 전산자轉山子 유적의 금자탑金字塔(피라미드) 정상부에서 야동감과, 즉 청동기를 주물한 흔적으로 보이는 토제 도가니의 잔편이 발견되었다고 북경과기대의 한여韓汝 교수가 1993년 베이징대 국제학술대회에서 발표했다. 이는 매우 중대한 뜻을 담고 있다.

이 설명은 기존에 인정되는 중국 청동기시대의 개막연대(기원전 2000년)보다 1000년을 앞당길 수 있으며, 북한 측에서 기원전 3000년경에 이미 청동기로 들어섰다 밝힌 청동 유물이 보다 신빙성을 확보할 수 있기 때문이다.

더욱 학자들을 흥분케 한 것은 1987년에 이미 오한기敖漢旗 서대자西台子 유적의 홍산문화(기원전 4500~3000년) 층에서 발견된 다량의 도범(거푸집)과 연계시킬 수 있다는 점이다. 도범 속에는 낚시 바늘 형태의 틈새가 고스란히 남아 있었다. 이것은 청동낚시바늘을 만들기 위한 주형鑄型을 뜻한다. 중국학자들은 이를 토대로 요하문명의 청동기시대 시작은 기원전 3000년 이상으로 거슬러 올라갈 수 있다고 설명한다.

비파형동검과 거푸집.

이를 정리하여 설명한다면 지금으로부터 5000년 전인 홍산문화 시기에 청동기 문화의 맹아가 텄다. 그리고 홍산문화부터 시작된 등급사회와 예제가 갈수록 발전했고, 청동기와 석벽, 적석총의 전통이 하가점하층문화 시기에 꽃을 피워 이곳에서 정확한 이름이 알려지지 않은 강력한 국가가 건설되었다. 중국의 소병기는 이를 강력한 방국方國(왕국)이 존재했다는 것으로 설명했는데 한국학자들은 이 방국이야말로 고조선일 가능성이 높다고 설명한다.

이 강력한 방국 가운데 일부 지파가 중원으로 내려와 중국이 명실 공히 인정하는 상나라(기원전 1600~1046년)를 건국했다는 시나리오다. 소병기가 훗날 중원을 제패한 상나라 문화의 기원은 발해만에 있었다先商文化在渤海灣고 인정한 것도 여기에 근거를 두고 있다._238

하가점하층문화의 국가인 방국이 상나라의 기원이 되었다고 추정하는 것은, 1986년 3월 요령성 금주錦州에서 발견된 동과銅戈(청동꺾창)로도 알 수 있다. 유물이 출토된 곳은 금현錦縣 수수영자水手營子로 발해만

오한기 지역의 성자산. 해발 800미터에서 국가 존재를 보여주는 산성과 제단 등 유적들이 발견되었다.

에서 북쪽으로 10㎞ 정도 떨어진 곳이다. 이곳은 고구려를 침략한 당나라 군사들이 거의 몰살당한 것으로 유명한 요택遼澤을 끼고 있는 곳이기도 하다.

청동꺾창은 상나라 초기의 특징을 그대로 안고 있는데, 고고학적으로 하가점하층문화에 속하지만 고조선과 연관성이 매우 깊은 지역으로 추정된다. 일반적으로 청동꺾창은 대부분 병柄(자루) 부분을 목재로 만들었기 때문에 썩어서 발견되지 않는데, 이 꺾창은 몸 전체가 청동으로 주조되어 있다. 청동꺾창의 무게는 1.105킬로그램, 전체 길이는 80.2센티미터였고 연대는 기원전 1500년으로 추정됐다.

이 청동꺾창은 중원의 하남성河南省 중부 언사현偃師縣 이리두二里頭 유적에서 발견된 기원전 1500년경의 청동꺾창과 매우 유사하다. 이것은 둘 다 상나라 초기, 즉 가장 이른 시기의 청동꺾창이라는 뜻으로 상나라의 전통이 요하지방에서 숨 쉬고 있었다는 얘기다. 일반적으로 청동꺾창은 선사시대의 농사용, 즉 수확용 돌낫에서 유래되었다는 설이 유력하다. 요동반도 남단 양두와羊頭窪에서 석과石戈(돌꺾창)가 발견되었는데, 이 유물은 하夏(기원전 2070~1600년) 연대와 비슷하다. 이 돌꺾창이 수수영자에서 출토된 청동꺾창의 모델이 되었을 것으로 이형구 박사는 해석했다.

수수영자에서 출토된 청동꺾창에 대해 학자들이 주목하는 것은 이 유물이 청동기의 기원뿐 아니라 고대국가(고조선) 형성과 관련해서도 중요한 의미를 지니고 있기 때문이다.

원래 과戈(꺾창)는 '한두 개의 가지가 있는 창'이라는 뜻과 '전쟁을 뜻하는 말'이라는 의미를 갖고 있다. 이기환은 고대사회에서는 과가 오늘날의 총 같은 대표적인 무기였다고 설명했다.

그런데 수수영자에서 출토된 청동꺾창은 비실용적인 형태이다. 과는 원래 무기로 제작되었기 때문에 과戈(날) 부분은 무게 있는 청동으로 만들어 날을 세우고, 자루 부분은 가벼운 나무를 사용하는 것이 기본이다. 그런데 수수영자 청동꺾창은 창날과 자루가 모두 청동으로 만들어졌다. 가벼워야 할 병柄(자루)이 무거운 반면, 과는 얇고 가볍다. 또한 자루 양면에 정교한 문양을 주조했고, 녹송석綠松石으로 요철식 상감을 해놓았다. 전투용이 아니라는 뜻이다.

결국 학자들은 이 청동꺾창을 전투용으로 제작된 살상무기가 아니라 의례용 병기로 추정했다. 이른바 권장權杖, 즉 권력을 상징하는 지팡이의 기능이라는 뜻이다. 더욱이 청동꺾창이 발견된 곳은 고조선의 근거지 중에 하나로 추정되는 대련大連과 인접한 곳이다.

강상崗上무덤과 누상樓上무덤, 와룡천무덤에서 발견되는 무덤 구조와 매장 형태, 부장품 출토 양상을 근거로 대련 지역도 그동안 부단히 고조선이라고 비정되었던 곳이다. 이를 근거로 수수영자도 고조선의 터전으로, 청동꺾창이야말로 고조선의 수장(왕)이 지녔던 권력 상징물 가운데 하나로 추정한다.

이기환은 기자箕子가 조선에 봉해졌다는 한나라 초 복생이 쓴 『상서대전』의 기록에 주목했다.

》 서주가 은나라를 정복하고 감옥에 갇혀 있던 기자를 놓아주었는데, 기자는 자기 나라를 멸망시킨 주나라 왕실로부터 용서를 받은 것을 달갑게 여기지 않고 조선으로 달아났다. 이 소식을 들은 주나라 무왕이 그를 조선후로 봉했다.

여기에서 '기자箕子가 조선을 건국했다'가 아니라 '기자가 조선에 봉해졌다'는 뜻으로 이는 이미 발해연안에 조선이 존재했다는 의미로 해석할 수 있다는 것이다.[239] 이 문제는 뒤에서 다시 설명한다.

위의 설명은 하가점하층문화가 한민족의 원류라는 것에 기초를 두고 있는데 이와는 다소 다른 견해가 있음도 적는다. 하가점하층문화의 경우 그 성격이나 주민들의 족원이 확실하게 한민족이라고 단언할 수 있느냐는 문제점이 제기되기 때문이다. 이들 지역을 간단하게 동이족으로 간주하면 되지만, 실제로 이 당시 동이족은 물론 화하족이라고 뚜렷한 구분이 있었던 것도 아니기 때문이다.

여하튼 김정배 박사는 중국에서 비파형동검문화를 남긴 주민을 동호 또는 산융으로 나누거나 이들이 시기를 달리하는 동일 계통으로 파악하는 데 주목하고 있다. 이들은 한민족의 근간인 예맥족과 생활 방식이 다른 유목을 위주로 하는 주민이라는 설명으로, 비파형동검이 발굴되었다고 해서 곧바로 한민족의 부류라고 설명하는 데는 문제가 있다는 지적이다.[240] 이곳에서 나오는 비파형동검은 여러 종류의 동검 가운데서 한 종류이므로 고인돌, 석관묘 등을 연계해서 고찰해야 한다는 설명이다.

그러나 이를 역으로 생각하면 그동안 고인돌과 석관묘 등은 화하족과는 분명히 다른 동이족의 특징이라고 감안할 때 하가점하층 및 상층 문화가 큰 틀에서 중국인과 다른 동이족의 일파라고 보는 것이 더욱 설득력이 있음은 사실이다.

하가점하층문화가 집중적으로 모여 있는 오한기 지역은 소하서문화, 흥륭와문화, 조보구문화(새, 돼지, 노루 등 토템 동물이 조각된 제단용 신기神器와 뼈로 만든 망치, 칼 등이 다량 발굴된 지역), 소하연문화 등 초기 홍산문화가 집중적으로 모여 있는 곳임을 앞에서 설명했다. 특히 오한기 사가자진四家子鎭은 사방 10여 미터의 홍산문화 초기 적석총 3기가 발견된 지역이기도

하며, 왕택 연구원은 이들이 동아몽골인이라고 설명했다.

이는 하가점하층문화 인골 134기를 분석한 길림대 주홍朱泓 교수의 말로도 증빙된다.

》 하가점하층문화의 인골은 정수리가 높고, 평평한 얼굴의 특징을 갖고 있는 '고동북유형'에 속한다.

그는 고동북유형이 요서 지역과 전체 동북지역에서 가장 빠른 문화주민이라고 설명했다. 하북성河北省, 산서성山西省, 섬서성陝西省, 내몽고內蒙古 중남부 지구에서 보이는 '고화북유형'과는 다른 인종이라는 뜻이다. 이는 하가점하층문화인들이 중화인들과는 다른 민족이었다는 것을 의미하며, 앞에서도 설명했지만 이들 문화의 연대가 고조선의 연대와 부합된다. 그동안 부단히 이들 지역이 단군조선의 근거지라고 주장되던 이유를 이해할 수 있을 것이다.[241]

3. 중심지 이동설

고조선의 '중심지 이동설'은 고조선의 초기 중심지는 요령지역이었으나 후기에는 중국 세력의 확장에 따라 한반도 서북부 지역으로 이동했다는 논리로 1980년대부터 남한 학자들이 상당수 지지한다. 이는 비파형동검, 세형동검, 다뉴문경, 미송리형토기, 고인돌 등 고고학적 유물과 문헌의 검토를 통한 연구에 의한 것이다.[242]

중심지 이동설의 가장 큰 쟁점은 고조선 멸망 당시의 도읍이 현재의 평양, 즉 대동강 유역인가 그렇지 않으면 현재의 한반도 평양이 아니라 만주의 평양 지역인가로 나뉘어지지만 만주의 평양설은 비교적 주목을 받지 못한다. 요동 중심설과 중심지 이동설은 암묵적으로 고조선의 강역을 한반도와 중국 진나라의 만리장성이 끝나는 옛 요동 갈석산을 경계로 한 만주 전역을 아우르는 광대한 영토를 포함하는데, 만주의 평양설은 한반도가 제외되는 문제점이 있기 때문이다.

중심지 이동설은 원천적으로 대동강(평양) 중심설을 부정하는 것으로도 인식될 수 있다. 그런데 애초에 북한에서 스스로 고조선의 본거지를 요령지역으로 비정했다는 점에 대해 많은 부담감을 갖고 있는 것은 사실인데 근래 북한의 역사에 대한 인식은 그야말로 놀랍다.

북한은 고조선 중심지 이동설이 아니라 원래 고조선의 중심지가 대동강(평양)이었다는 것을 설명하기 위해 과거에 요령 지역을 단군조선의 근거지로 비정했다는 것을 솔직하게 숨기지 않는다. 북한이 과거에 실수했다는 것을 자인하는 것이나 마찬가지인데 박득진은 바로 그 근거를 다음과 같이 설명한다.

》 종래에 고조선의 중심지가 요동반도에 있다고 본 견해도 있었다. 이러한 견해는 고조선이 조선반도뿐 아니라 그 이북지역까지 차지하였다는 인식에 기초하여 발생한 것이다. (중략) 이 설은 요동지방에 왕검성이 있었다고 볼 수 있게 하는 자료와 발굴된 고고학적 자료들에 대한 그릇된 해석에 그 근거를 두고 있다. 왕검성이 해성-개현 사이에 있었다고 볼 수 있게 하는 자료들이 전해져 있는 것은 사실이나 왕검성이란 말 자체가 임금이 사는 성이라는 의미를 가지고 있으므로 기본 수도 외의 부수도들도 왕검성이라고 하였을 수 있다. 그런 만큼 종래 평양이 왕검성이었다고 한 자료들을 무시

하고 요동 지방에 있었던 왕검성(부수도)에 관한 자료만을 절대화한 것은 극히 편협한 해석이었다.

박득진은 더불어 과거에 평양 지역에 대한 발굴 작업이 요동 지역에 비해 상대적으로 거의 진행되지 않았음도 지적했다. 즉 발굴 자체가 적었기 때문에 요동 지역을 단군조선의 근거지로 비정하는 실수를 했다는 것이다.[243] 북한의 고대사에 대한 인식이 부정확하여 실수를 했다고 이와 같이 솔직하게 실토한 것은 그야말로 놀라운 일이 아닐 수 없다.

그런데 근래 대동강(평양) 중심설을 기반으로 하여 중심지 이동설을 역으로 설명하는 가설도 제시되고 있다. 고조선의 중심지 이동이 있었다는 것을 전제로 기존 학설처럼 고조선의 근거지가 요하지역에서 한반도로 넘어온 것이 아니라 역으로 한반도에서 동북지역으로 전래되었다는 것이다.

사실상 대동강(평양) 중심설은 조선 초기의 『동국통감』, 『동국여지승람』 같은 역사서들의 지지를 받았을 뿐만 아니라 조선 후기 일부 실학자들도 이를 지지했다. 중국의 『한서』〈조선전〉에서 한나라 초기 고조선의 서쪽 경계를 패수라고 기록한 것도 고조선의 중심지가 대동강 유역이라는 근거로 사용되었다. 이 '패수'를 한백겸은 청천강으로, 정약용은 압록강으로 비정했다. 이 내용을 일제강점기의 식민사학자들과 그들의 제자들이 더욱 심화시켰다는 설명이지만 정약용은 매우 독특한 가설을 제시했다.

정약용은 고조선의 중심지는 한반도 북부이지만 후에 영토를 확장해서 요서 지방을 점령하고 연나라와 국경을 접했다는 것이다. 한치윤韓致齋과 한진서韓鎭書도 각각 『해동역사』, 『해동역사속』에서 고조선의 도읍

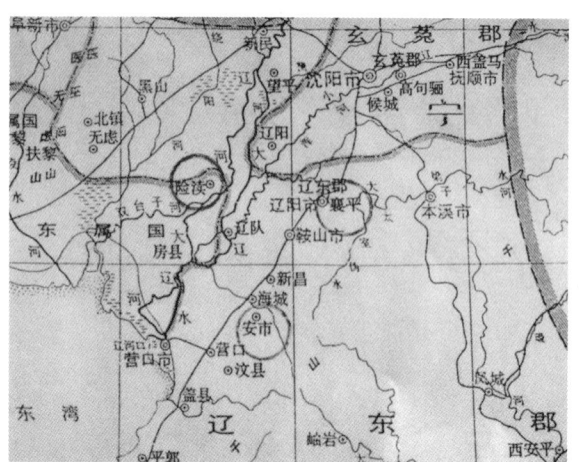
중국역사지도집에는 험독의
위치가 요동지방에 있다.

지는 평양이지만 그 강역은 요서 지방을 훨씬 넘는다는 견해를 제시했다. 실학자들의 이러한 견해는 대동강 중심설을 인정하면서도 고조선의 강국이 중국 동북방까지 확장되었다는 절충적인 견해라고 볼 수 있다.[244] 여하튼 신용하 교수는 이를 세 단계로 나누어 설명한다.

① 한반도에서 북으로는 압록강, 남으로는 한강까지를 영토로 한 초기의 고조선 건국

② 요동으로 진출하여 고조선의 영역이 확장하며 이때 수도를 요동지방으로 옮김

③ 고조선이 요서지방으로 진출하여 영역을 보다 확장하며 요서지방에 부수도를 2개 이상 설치함.

다소 생소한 평양에서 요하지방으로의 중심지 이동 근거는 다음과 같다. 요하 지역에서 '아사달', '조선朝鮮'의 명칭을 가진 지명이 3곳 이상 발견된다는 것이다.

첫째는 『사기』〈조선열전〉에 나오는 요동부 '험독險瀆'이다. 이곳은 현재 요동지방의 개평현蓋平縣 험독險瀆을 가르키는데 신용하 교수는 이를 2단계 고조선의 수도로 비정했다. 둘째는 우하량의 '신비의 왕국(여왕국)'이 존재한 조양朝陽으로 이곳에 백랑산白狼山이 있고, 대릉하의 본 이름이 백랑수白狼水였다고 하여 이곳을 아사달로 비정하는 것이다. 셋째는 영평부永平府(현재 북경 바로 동북지역)의 '조선현朝鮮縣' 즉 난하灤河 유역이다. '아사달'이 여러 곳에 있게 된 것은 고조선의 영토가 확대되었기 때문으로 추정했다.

여기에서 가장 오래된 아사달이 고조선의 첫 수도가 되고, 나머지 세 개의 아사달은 부수도 또는 후에 천도한 수도라고 볼 수 있는데 신용하

조양 백랑산. 우하량 신비의 왕국이 존재한 조양을 고조선의 수도인 아사달로 비정하기도 한다.

교수는 이 문제의 해결책으로 ① 팽이형토기 ② 고인돌 ③ 비파형동검의 연대와 분포지여야 한다고 적었다.

그런데 조양지역에서는 비파형단검 등 청동기는 많이 출토되나 팽이형토기와 고인돌은 발견되지 않는 것을 볼 때 고조선의 첫 번째 수도는 아니라고 주장했다. 또한 영평부의 경우도 팽이형토기와 고인돌이 없을 뿐만 아니라 비파형동검도 적게 나오는 것을 볼 때 고조선의 영역이기는 하되 고조선 최초의 아사달이라고는 볼 수 없다는 것이다.

반면에 요동의 험독 지방에서는 팽이형토기는 없으나 고인돌도 발견되고 비파형동검을 비롯한 청동기들이 다량으로 발견되는 것을 감안할 때 대동강(평양)과 입지 조건이 유사하다고 설정했다. 그러면서도 대동강(평양) 지역에 손을 들어준 것은 이 지역에서 팽이형토기도 다수 출토된 것은 물론 고인돌, 비파형동검 등이 발견되었다는 것이다. 결론적으로 대동강(평양)이 고조선의 첫 번째 수도였고, 요동의 험독은 제2기의 수도이며 대릉하 유역의 조양과 영평부의 조선현은 제3기 고조선의 부수도 또는 부수도급 대도시였거나 후에 천도한 수도라는 설명이다.

이 설명에 의하면 여하튼 한반도의 한강 유역에서부터 요동·요서 지역, 대릉하와 난하 지역까지 포괄한 거대한 국가로 발전했다는 것이다.[245] 그런데 이 가설은 고조선의 근거지가 평양이라고 주장했는데, 중국 동북방에서 고조선 관련 유물들이 쏟아져 나오자 종래 고조선이 한반도 북부에 있었다는 견해의 수정이 필요해서 나온 것이라는 혹평도 받았다. 즉 이들 역중심지 이동설은 일제강점기시대 식민사학자들 주장의 현대판이 아니냐는 것이다.[246] 이 주장에 대해서는 앞으로 많은 연구에 의해 보다 명쾌한 설명이 제시될 것으로 생각된다.

4. 한강권 '미지의 왕국'

한강 유역에서 고대 국가가 성립되었을 가능성으로 설명되는 것은 근래 제기된 학설이다.

한강 지역에서도 대동강 유역처럼 국가가 성립될 수 있었다고 인식하는 것은 이들 지역에서도 고인돌, 제사유적, 주거지 등이 발견되는 것은 물론 왕권과 관련되는 지명, 하늘을 관찰했다는 참성대 유적 등이 발견된다는 사실 때문이다. 한마디로 그동안 알려진 삼국시대 이전에 어떤 형태로든 국가의 형태가 존속할 수 있다는 것으로 이를 '미지의 왕국'이라고 부른다.

한강은 태백산맥에서 발원하여 강원도·충청북도·경기도·서울특별시를 지나 다시 경기도를 동서로 흘러 서해로 유입된다. 한강의 수계는 북한강, 남한강, 한강본류로 구분되는데 본류의 길이는 514킬로미터, 유역 면적은 2만 6219제곱킬로미터이다.

특이한 점은 한강유역에도 대동강유역처럼 많은 고인돌이 발견된다는 점이다. 고인돌의 지리적인 특징은 한강 하구의 서해안 지역과 가까운 곳에 집중 분포하고 있으며 강변에 인접한 지역보다는 대·소하천들을 중심으로 일정한 밀집 분포권을 형성하고 있다.[247]

한반도에서 발견되는 고인돌은 크게 ① 대동강과 청천강 하류지역 ② 한강과 예성강 하류지역 ③ 금강, 영산강, 섬진강 하류지역 ④ 낙동강, 형산강 하류지역 ⑤ 기타 남대천(강릉, 단천) 하류지역으로 나뉜다. 이중에서도 주목되는 곳은 토성 위에 고인돌이 발견된 대동강과 한강권이다. 한강권 고인돌에 대해 간략하게 설명한다.

한강권에서 고인돌의 분포 위치를 살펴보면 강화도와 인근의 파주군

·김포군·인천시 같은 서해안 연안 지역에 따라 분포하고 있다. 내륙 지역으로는 포천군·연천군·양평군·용인시 같은 임진강이나 한강에 연결된 하천변을 따라 분포하고 있다. 일반적으로 강화도와 경기 지역의 서북해안과 가까운 지역은 주로 구릉이나 산의 능선에 떼를 지어 분포하고 있으며 한탄강 이북 지역은 평지에 주로 위치한다.

우장문은 이 지역에 132곳 611기(추정고인돌 포함 765기) 이상의 고인돌이 분포되어 있다고 적었으나 실제로는 이보다 훨씬 많은 고인돌이 산재했을 것으로 추정한다. 강화도 부근리의 고인돌은 남한에서 발견된 탁자식 고인돌 가운데 가장 규모가 크다. 이곳에서 다루는 한강권이란 남한강으로 구분되는 지역 중에서 양평 양수리 지역 등은 포함되지만 이천, 여주, 충주, 제천 지역 등은 세부적으로 다루지 않는다.[248]

특히 한강을 경계로 남으로 갈수록 북방식 고인돌의 숫자가 급격하게 감소하는 반면에 북쪽으로 올라갈수록 남방식 등의 고인돌이 점차 감소하는 것을 볼 때 한강권으로 볼 수 있는 서울·경기·인천 지역은 한반도의 중심부로 남북 지역의 문화를 연결하는 징검다리를 역할을 한다.[249]

오늘날의 서울 지역에도 고인돌이 많이 발견된다. 세종대 하문식 교수에 의하면 고덕동, 원지동, 양재동, 우면동, 개포동, 반포동, 자곡동, 고척동, 신정동, 정릉동에서 고인돌이 발견되었고 남산에서도 고인돌로 추정되는 유적이 발견되었다고 발표했다.[250]

강남의 개발로 많은 곳의 지형이 변모되었지만 원지동, 우면동, 신원동의 경우 2003년의 조사에도 고인돌이 발견된다는 보고이다. 우면동의 갓배산 동쪽은 지형도상 해발고도가 52미터인데 고인돌을 채취했을 것으로 보이는 암석이 구릉의 8~9부 능선 상에 있으며 고인돌로 추정되는 커다란 개석들이 발견되었다. 그러나 고인돌 내에 유물이 있었더라도 대부분 교란되었을 것으로 추정된다.

　신원동에는 수십 기의 거석들이 있는데 아직 이들을 정식적으로 발굴하지 못하여 고인돌로 단정하지는 못하고 있지만 돌을 채취한 곳으로 보이는 구릉이 인근에 있는 것으로 보아 고인돌로 인식한다. 또한 이곳에서 불규칙한 성혈도 발견되는데 서울시립대 이존희 명예교수는 이들 성혈이 인간의 행위인지는 보다 깊은 연구가 필요하다고 적었다.

　원지동은 청계산 입구를 비롯하여 여러 곳에서 고인돌이 발견된다. 이들 중 받침돌로 보이는 돌과 내부 공간이 관찰되는 고인돌도 발견되는데 논을 밭으로 개토하면서 흙으로 메웠다고 한다. 원지동에서 축조된 고인돌은 청계사 입구의 암석에서 채취한 것으로 추정된다.[251]

　서울시 중랑구와 구리시 사이에 위치한 아차산 중턱, 너럭바위 위에도 고인돌이 있다. 이곳 고인돌은 작은 바위산이지만 쉽게 오를 수 없는 험난한 곳에 있어서 상당한 지위에 있었던 사람의 무덤이었을 것으로 추정된다. 특이한 것은 중국 집안의 장군총 경내에 있는 딸린무덤의 묘실과 양식이 비슷한데 장군총이 건설될 당시에는 고인돌 조성시기가 아니므로 더욱 주목을 받았다.

　경기도에서는 다른 지역에서 볼 수 없는 특이한 형태의 고인돌이 조사된다. 하남 광암동의 고인돌은 탁자식 고인돌에서 변형된 것으로 추정되는 특이형식을 갖고 있다. 일반적인 탁자식 고인돌의 경우 판석형의 받침돌을 세운 후 그 위에 덮개돌을 덮는 형식을 취하는데, 이 고인돌은 판석형의 받침돌을 세우지 않고 눕혀놓은 특수한 형태를 보인다. 특히 2호 고인돌의 서쪽 벽에는 이제까지 유례가 없는 '인면'이 음각되어 있으며 유물로 갈돌, 갈판, 민무늬토기편이 발견되었다. 인면암각화는 사자의 영혼을 수호하기 위한 벽사의 의미로 해석된다.

또 다른 특이 고인돌은 덮개돌 주변으로 여러 개의 무덤방이 존재하는 개석식蓋石式 고인돌이다. 이들 유적으로는 안산 선부동 6호, 안양 평촌동 2·10·11호 고인돌 등인데 이들이 위치하는 곳은 모두 한강 본류에서도 안양천 유역이라는 특징을 보인다. 평촌동 10·11호 고인돌은 덮개돌 밑으로 돌덧널형 무덤방이 각각 3개와 4개씩 존재한다. 안산 선부동 6호의 경우 주무덤방으로 생각되는 6-1호 무덤방 옆에서 있는 구덩형 작은 공간구空間區에서 의식용으로 제작된 간돌검을 비롯하여 긴 버들잎형의 돌화살촉이 출토되었는데 특히, 간돌검의 경우 일종의 의례행위와 관련된 것으로 추정한다.[252]

연천의 학곡리 고인돌 덮개돌은 6각형의 현무암으로 되어 있는데 과거 출입이 통제되던 곳이므로 보존 상태가 비교적 양호하다. 덮개돌 크기는 대체로 폭 270센티미터, 두께 45센티미터에 달하는데 덮개돌 윗면에 8개의 성혈이 파여져 있다. 받침돌의 높이는 약 200센티미터쯤 되는

연천 학곡리 고인돌.

데 4개의 받침돌 중 2개만 남아있다. 최근까지도 학곡리 마을 사람들은 마을에 재난이 일어났을 때 고인돌 앞에서 동네 굿을 벌여 고인돌이 갖고 있는 여러 상징적 의미를 알려주고 있다.-253

고인돌은 부장품이 발견되지 않아도 국가 성립의 한 요소로 간주하는 청동기시대의 중심적 묘제로 인정한다고 앞에서 설명했다.-254 그러므로 고인돌의 축조연대 설정은 매우 중요한 관건인데 북한의 석광준은 고인돌의 축조연대를 기원전 40세기 후반기로 추정했다. 그것은 전자상자성공명법으로 측정한 룡산리 순장殉葬 고인돌의 연대가 5069±426년 전, 핵분열비적법으로는 5037±852년 전으로 측정되었고, 앞에서 설명한 오덕형 1유형인 구빈리와 용곡리의 고인돌이 4990년 전과 4539년 전으로 측정되었으므로 그보다 선행 양식으로 추정되는 침촌형 고인돌은 당연히 기원전 40세기 후반기로 보아야 한다는 것이다.

중국의 요령성과 길림성에서 발견되는 고인돌 자체의 연대는 고인돌에서 출토되는 것과 같은 성격의 청동기 유물로 추정할 수 있다. 탄소연대측정에 의하면 요녕 지방의 초기 청동기 문화는 대략 기원전 25~18세기로 추정한다. 그러므로 요녕·길림 지방의 고인돌은 청동기 문화가 개시될 때쯤에서 축조되기 시작했다고 보고 있다.-255

반면에 남한에서 발견되는 고인돌의 축조연대는 학자들마다 다른 견해를 나타내는데, 서울대학교 최몽룡 교수는 늦어도 기원전 1500년 이후 한반도 내의 토착을 이루던 사회가 축조하기 시작하여 철기시대까지 이어져 삼한사회로 발전한다고 설명했다.-256 또한 남부지역에서 주로 출토되는 남방식 고인돌의 경우 기원후 2~3세기경까지 크게 낮추기도 한다. 이와 같이 고인돌의 연대 추정에 많은 차이가 보이는 것은 고인돌에서 출토되는 유물자료의 부족과 절대연대측정 데이터의 부재에도 기인한다.

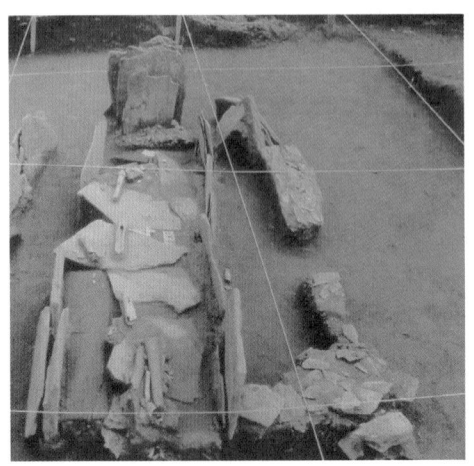

충북 제천시 황석리 고인돌(오른쪽)과 고인돌 하부구조(왼쪽).

그러나 근래 고인돌의 꾸준한 발견으로 여러 측면에서 고인돌의 축조 시기를 파악할 수 있는 자료가 계속 발표되고 있다. 남한에서 측정된 고인돌 중 가장 빠른 연대는 양평 양수리의 두물머리 고인돌로 한국원자력연구원에서 측정한 결과 3900±200B.P.(MASCA 계산법으로는 4140~4240B.P.)라는 절대연대를 갖고 있다. 최대 연대가 거의 5000년 전에서 4000년 전으로 거슬러 올라갈 수 있음을 의미한다.[257]

이와 달리 충청북도 제천시 황석리 13호 고인돌은 3360±370B.P.이며, 대전시 비례동 1호 고인돌은 2860±50B.P.이다. 또한 전남 여수시 화장동 1호 고인돌은 2770±40B.P., 화장동 4-1호 고인돌은 2744±60B.P.으로 이들 고인돌의 중심 연대는 기원전 10세기로 볼 수 있다. 한편 전남 화순군 대신리 27호 고인돌은 2500±80B.P.로 축조 연대가 다소 늦지만 채석장 아래에서 출토된 아가리 부분에 삼각문과 점열문이 있는 토기는 전기 청동기시대 유적으로 간주되어 기원전 9~10세기까지 올라갈 수 있는 유물이다.

한국의 고인돌과 같은 시대에 해당하는 주거지 시료에서의 연대측정은 고인돌의 성격을 분명하게 보여준다. 경기도 파주군 다율리 고인돌의 아래층에서 무문토기가 출토되었으며 강화도 삼거리 고인돌 부근에서는 팽이형토기가 출토되었다. 경상남도 진주시 대평리 청동기시대 주거지 주변에서도 여러 기의 고인돌이 발견되었다. 특히 청동기시대의 주거지에서 출토된 무문토기들은 고인돌에서 출토된 무문토기와 같은 성격의 것으로, 이는 무문토기를 사용하던 사람들이 바로 고인돌을 축조하던 사람이라는 것을 알 수 있다.

한국의 고인돌에서는 철제품도 발견된다. 경기도 양평군 상자포리 단대 5호 고인돌에서 철촉, 충북 제천시 함암리 5호 고인돌에서도 쇠찌꺼기가 발견되었다. 이는 고인돌이 청동기시대 후기 또는 철기시대 초기까지 계속적으로 축조되었음을 의미한다.[258]

● 한강권 고대 국가 성립 가능성

한강권에서 주목을 받는 것은 강화도의 고인돌로 총 165개가 발견될 정도로 밀집도가 높다는 데 있다.

강화도의 고인돌은 대형 북방식 고인돌의 존재, 높은 밀집도 등으로 1900년대 초부터 끊임없이 주목받아 왔다. 1913년 조선총독부에 의해 하도리 고인돌군 발굴조사가 실시된 이래 2001년, 2002년에 걸쳐 선문대학교에 의해 하도리, 오상리 발굴조사가 이루어졌고 특히 세계유산에 등재되어 더욱 많은 사람들의 관심을 받았다.[259]

강화도는 고려산 북쪽의 동서 양 지역에 평야지대가 형성되어 있는데 고인돌이 축조되던 청동기시대에는 지금과 같은 해안선은 아니었다. 선사시대에는 하점면과 송해면이 만나는 주변 지역에 낮은 평야지대가 형성되어 농경이 이루어졌을 것으로 추정한다. 특히 김포 가현리와 일산 가와지의 토탄층에서 볍씨가 출토되고 있어, 강화도 지역의 고인돌 축조집단이 농경단계에 이르렀음을 보여준다. 물론 경기만京畿灣의 한 가운데에 위치한 강화도는 해수와 담수의 교차, 얕은 수심, 심한 조수潮水, 그리고 간만의 차이 등으로 어류와 조개류가 많이 자랄 수 있어 이들도 중요 양식이 되었을 것이다.

강화도에서 수많은 고인돌이 집중적으로 발견되는 것은 한강권에 상당히 큰 범위의 세력이 존재했다는 것을 의미한다. 강화도 지역에서 발견되는 고인돌 중 가장 규모가 큰 부근리 북방식 고인돌(사적 137호)은 강화도 고인돌 중에서 가장 늦게 축조되었을 것으로 추정하지만, 이 고인돌이야말로 국가 단계를 가늠할 수 있는 증거로도 제시된다. 부근리 고인돌은 뚜껑돌만 해도 길이 7.1미터, 너비 5.5미터, 높이 2.6미터에 이르

강화도의 북방식 고인돌.

는 흑운모 편마암으로 그 밑에 2개의 굄돌이 있으며 그 무게를 80톤 정도로 추정한다. 일반적인 북방식 고인돌은 굄돌이 4개이지만 이 고인돌은 석실의 짧은 변을 이루는 2개의 굄돌이 없다. 이것은 축조 이후에 훼손으로 인하여 없어진 것으로 추측된다.

강화도에는 북방식과 남방식 고인돌이 혼재하며 남한지역에서 가장 많은 북방식 고인돌이 분포되어 있다. 강화 고인돌의 특징은 일반적으로 고인돌이 강이나 해안, 산기슭에 입지하는 것과 달리 해발 350미터의 산 정상부에도 축조되었고 대형 고인돌이 주변지형에 비해 현저한 곳에 단독으로 분포한다는 것이다. 이것은 고인돌이 단순한 분묘유구의 성격만을 지닌 것이 아니라, 고지나 평지와 같은 현저한 곳에 거석기념물로 배치됨으로써 고인돌 축조의 의례 수행을 통해 집단 간의 관계를 심화 확대시키고 정체성을 확고히 하는 수단으로 활용되었다고 인식한다.

한편 강화 고인돌에서는 청동기시대 서북한 지방의 대표적 토기인 팽이형토기가 출토되고, 고인돌의 형식분포 또한 이 지역과 동일하여 대동강을 중심으로 형성된 팽이형토기문화와 밀접한 관계를 맺고 있었던 것으로 추정한다.[260]

한강권에서 한 지역에 여러 기가 떼를 이룬다는 것은 고인돌을 축조한 사람들이 자리를 선별하면서 축조했다는 것을 알려준다. 물론 고인돌 유적이 대부분 유적 주변의

민무늬토기.

자연 지세와 밀접한 관련이 있지만 고인돌의 기능을 무덤으로 해석한다면 당시 사회에 보편적으로 널리 유행한 가족무덤과 같은 공동무덤의 성격이 강한 것으로 유추할 수 있는 동시에 공동체 나름의 집단적인 참여가 이루어졌다고 볼 수 있다.[261]

한강 유역에서 상당수의 청동기시대 유물이 발견된다는 것도 국가 체계가 성립될 수 있다는 개연성을 보여준다. 서울시 가락동·명일동·역삼동을 비롯하여 구리시 수석리·금남리·하남시 미사리·양평군 양수리·상자포리·여주군 흔암리 등 한강의 본류와 지류를 가릴 것 없이 전 지역에 밀집 분포한다.

하남시 미사동, 인천광역시 계양구 동양동, 강원도 춘성 내평리(소양강 댐 내)에서 발견되는 돌대문突帶文 토기가 전면 또는 부분 빗살문토기와 함께 나타나는데 이들의 연대는 기원전 2000~1500년 사이로 추정한다. 이들은 한국의 청동기를 초기, 전기, 중기, 후기의 4시기로 나눌 경우 초기에 해당한다.[262]

특히 흔암리 유적은 청동기시대의 대표적인 선사시대 취락지로서 모두 16기의 집자리住居址가 발견되었다. 흔암리 집자리에서 확인되는 움竪穴 내의 부대시설로는 화덕자리爐址를 비롯하여, 출입구 시설과 저장구덩이貯藏穴, 그리고 선반 등이 있다. 화덕자리는 움의 중앙에 만들어지는 예는 거의 없고 대부분 움의 한쪽에 치우쳐 있다. 이곳에서 탄화된 벼·보리·기장·수수가 발견되었는데 벼가 출토된 흔암리 12호와 14호 움집터에서 발견된 숯의 방사성탄소연대는 각각 기원전 1165년, 855년, 270년이다.

한강권에서 주목되는 것은, 양평 신원리에서 발견되는 고인돌과 결합된 외경 16미터, 내경 10미터의 이중 환상環狀 구조를 갖고 있는 원형의 의식장소이다. 여기서는 양평 개군면 상자포리와 양평 양서면 도곡리에서와 같이 공렬토기와 관련된 고인돌이 발견되는데 이들의 연대를 기원전 10세기에서 7세기로 추정한다.

환상의 제사유적과 제단은 정령숭배와 조상숭배가 병행하고 있는 것으로 보이는데 최몽룡 교수는 이 유적을 중국 요령성 능원凌源, 건평建平, 객좌현喀左縣의 우하량牛河梁과 동산취東山嘴 유적의 홍산문화와 연계했다.[263] 기원전 3500~3000년으로 추정하는 이들 홍산문화 유적에 대해 중국 측은 이곳에 '신비의 왕국(여왕국)'이 존재했다고 설명한다.[264]

하남시 덕풍골에서도 정령숭배Animism를 잘 보여주는 바위유적이 발견되는데 그 주위에 제사와 관련된 사람들이 살던 사람들의 세장방형細長方形 집자리가 발견되었다. 이곳에서 출토된 공렬문토기(구멍무늬토기)와 구순각목문토기는 청동기시대 중기로 추정하는데, 집자리의 가속기 질량분석 AMS연대측정은 기원전 1065~665년(기원전 1065, 1045, 970, 960, 945, 855, 665년)으로 그 중심연대는 기원전 10~7세기에 속한다.[265]

이들 여러 정황을 감안하면 한강권에서 강력한 정치적 집단이 존재했다는 가능성을 보여준다. 그런데 강화도 인근의 인천 서구 검단 대곡동에서 토성으로 인식되는 산성 위에서 대형 고인돌이 발견되어 한강권에 보다 강력한 정치집단 즉 국가 단계의 구조체가 존재했다는 개연성을 보여준다.[266]

현재 인천시로 편입된 대곡동에 산재한 고인돌(인천시도기념물 제33호(서구))은 약 100여 기로 추정되며, 전형적인 북방식과 남방식(개석식)이 혼재되어 있고 성혈이 있는 고인돌도 여럿 발견된다.

그중에서 규모가 큰 약 10여 기는 가현산에서 뻗어 내린 낮은 구릉 위에 세워져 있는데 도로 설치 때문에 절개된 단면을 보면 인공적으로 축조

인천시 검단 대곡동의 고인돌.

한 토성의 흔적을 볼 수 있다. 특히 이곳에서 발견되는 대형 고인돌은 북방식과 남방식이 혼재해 있는데 이들 북방식 고인돌은 인근 강화도와 연계된다.

대곡동 고인돌은 토성이 건설된 후, 즉 토성이 폐성이 된 후에 비로소 고인돌이 축적되었다는 데 중요성이 있다. 특히 이들 토성은 평지성이 아니라 산성인데 산성이 폐성된 연후에 건설된 것을 감안하여 일반적으로 고인돌보다 500년 정도 앞서 건설되었다고 추정한다. 앞에서 북한의 황대성의 예에서도 설명되었지만 산성은 하나의 방어체계를 이루고 일정한 지역을 방어하는 목적으로 건설되었다고 인정하므로 이들 지역에 커다란 정치세력 즉, 국가 체계와 같은 조직적인 사회가 존재했다고 볼 수 있다.

그러므로 이들 토성의 축성연대가 얼마나 되는지가 관건이다. 일반적으로 남한에서 발견되는 고인돌의 연대를 약 2000~3000년 전으로 추정하지만 양평 양수리의 두물머리 고인돌의 경우 최대 연대가 거의 5000년에서 4000년 전 이상으로 거슬러 올라간다는 것에 주목할 필요가 있다.[267]

이는 매우 중요한 점을 시사해준다. 토성 위에 건설된 대곡동 고인돌이 양수리 두물머리 고인돌을 만든 한강 유역권의 세력에 의해 건설되었다면 상한선을 적어도 4000년 전으로 올릴 수 있다는 설명이 되며, 이것은 단군조선 초기에 해당된다. 토성 위에 축조된 대곡동의 고인돌이 다른 고인돌보다 연대가 높은 것으로 인식되는 대형 북방식 고인돌인 것은 상당히 이른 시기에 한강 유역에 절대 집권 세력이 존재했다는 것을 의미한다.

강화도 인근에 위치하지만 급한 조류로 접근이 쉽지 않아 일찍부터 왕족 유배지로 유명한 교동도에서도 특이 고인돌이 발견된다. 교동도의 황덕환 씨 등이 발견한 화개산 정상 동쪽 265미터 지점의 바위, 화개산 서쪽에 위치한 합정산(교동면 대룡리) 106미터 지점의 2개소 바위, 104미터 지점의 바위에서 각각 별자리형의 성혈이 발견되는데 '교동바위구멍'으로 명

인공흔적이 보이는 토성 절개면.

별자리와 항로가 보이는 교동도의 고인돌.

명된 바위에는 상당히 정교하게 북두칠성이 표시되어 있다.[268]

특히 교동면 삼선리 안골 속칭 굴깍지바위(패총이 있음) 일원에 있는 별자리와 항로를 그린 것으로 추정되는 바위그림은 매우 독특하여 한국학중앙연구원 김일권 교수는 항로의 안정을 기원하던 고대인들의 제단 또는 신앙유구로 보았다.[269]

• 한강권에서 발견되는 참성단

한강 유역인 강화도에 참성단이 있다는 것도 상당한 의미를 부여할 수 있다.

경기도 강화군 화도면 흥왕리, 강화도의 마리산(舊名은 마니산, 해발 468미터) 정상에 단군의 세 아들들이 세웠다고 전해오는 삼랑성(일명 정족산성)이 있다. 『고려사』, 『세종실록』에는 마이산摩利山으로 되어 있으며 그 뒤 『동국여지승람』에 마니산으로 바뀌었다.

그 성 안에는 고대의 천문관측대인 참성단塹星壇, 塹城壇이 있었고 이곳에서 별을 살펴보고, 제사도 지냈다는 것이다. 참성단의 아래는 둥글고 위는 정사각형 형태로 아랫단은 지름 8.7미터, 윗단은 한 변이 6.6미터이며, 서서북 방향을 바라보고 있다. 참성단에 관한 기록은 『고려사』에 나온다.

> 마리산은 강화의 남쪽에 있다. 산마루에 참성단이 있는데 세간에 전하기를 단군이 하늘에 제사를 지내던 단이라고 한다.

참성단은 단군이 백성들에게 삼신을 섬기는 예법을 가르치기 위해 그 아들 부루로 하여금 쌓게 했다는 전설을 지니고 있다. 이는 백두산과 한라산의 중간 지점에 해당하는 이곳에서 직접 제천의식을 거행했다는 뜻이다. 참성단 제천의 전통은 오랫동안 전승되어왔는데 지금도 매년 음력 3월 15일 어천절(단군이 하늘로 올라간 날)과 개천절에 제사의식을 갖는다.

참성단은 우리나라에서 가장 오래된 성星자가 붙은 시설로 고려시대의 역대 왕들은 해마다 이곳에서 국운이 길게 이어지도록 빌었다. 전국체전의 대회장에서 타오르는 성화를 채화하는 곳도 바로 참성단이다.

삼랑성과 참성단이 고조선시대에 세워졌다고 하나 이들의 돌쌓기 구조에서 삼국시대와 고려시대의 수법을 엿볼 수 있는 것도 사실이다. 그러나 참성단은 고려 원종 11년(1270)에 보수를 했다는 기록이 있고, 조선 인조 때(1639)에도 다시 쌓았다는 것을 볼 때 현재 보이는 축성법만으로 고대에 참성단이 건설되었다는 것을 부정할 수 있는 것도 아니다.

하늘을 본다는 것이 간단한 일은 아니다. 현대와 같이 과학이 발전한 시대에도 천문학 분야야말로 수재들이 가는 곳이라고 말한다. 이는 과거도 마찬가지라고 볼 수 있다. 처음에는 고인돌 위에 천문 관측에 대한 초보적인 지식을 적었으며 이들 지

강화도 마리산 참성단.

식이 계속하여 전수되어 내려가면서 점점 복잡한 내용까지 보완된다.

　천문학이 고대문명사에서 특별히 중요시 되는 것은 천문에 문외한인 일반인들이 하늘을 보아야 아무것도 알아낼 수 없으며 그 지식이 쉽사리 전달되지도 않기 때문이다. 즉 하늘에 대한 지식은 전문가들이 계속적으로 자신들의 지식을 전수해나가지 않는 한 더 이상 진보가 있을 수 없다. 그러므로 천문도를 만들었다는 것은 조직적인 체계, 즉 국가와 같은 조직 하에서 하늘을 비롯한 자연현상을 정기적으로 관찰했다는 뜻이다.[270]

　그러므로 별자리를 비롯한 천문 현상을 관측하는 참성단이 한강 유역에 있다는 것은 이곳에 하늘을 관측하는 전문 담당자가 있었음과 동시에 그 정보를 후예에게 알려주는 체계적인 시스템이 존재했다는 것을 의미한다. 특히 국가의 개연성을 보여주는 물증들이 남아 있는 한강 유역에 고도의 천문 관측기구가 있다는 것은 그동안 전해져 내려오는 고조선(단군조선) 등의 존재가 결코 전설이 아님을 의미할 수도 있다.

　주목할 만한 것은 고조선(단군조선)의 역사적 기록과 유적이 남아 있는 지역은 대동강과 한강 유역인데, 두 곳의 공통점은 산성 위에 고인돌이 있다는 점과 고인돌별자리와 팽이형토기가 발견된다는 것이다. 이들 지역이 서로 바다나 하천은 물론 육로로 쉽게 접근할 수 있는 지리적 여건을 갖고 있음도 주목거리다.

　물론 현재의 연구로만 보면 한강 유역에 존재했던 고대 국가의 실체가 무엇이었는지 정확히 제시할 수 없음은 사실이다. 이 지역에서 고대 국가 형성의 개연성이 충분히 있다고 하더라도 만주지역을 포함한 고조선(단군조선) 단일권이었는지, 적어도 서로의 연계성을 인정할 수 있는 '느슨한 고조선'을 뜻하는 '열린 고조선'이었는지, 또는 독립적인 고조선으로 인식할 수 있는지도 불분명하다.

한강권에 형성되었을 것으로 생각되는 고대 국가는 아직도 그 속성을 잘 알 수 없으므로 '미지의 왕국'으로 부를 수 있는데, 큰 틀에서 광역의 고조선의 범주에 포함될 수도 있지만 독자적인 영역을 가졌을 가능성도 충분히 있다.

고대 문명의 발생에는 2~3개의 큰 축이 있어 이집트의 멤피스Memphis와 테베Thebes, 인더스문명의 하라파Harappa와 모헨조다로Mohenjo-Daro, 메소포타미아 문명의 라가슈Lagash와 우르Ur 등과 같은 두 축이 있었음을 고려할 때, 우리나라도 대동강 유역의 평양과 한강 유역의 서울(한성)이 두 축을 이루었다고 추정하는 것도 무리한 일은 아니라 볼 수 있다.[271]

앞으로 보다 많은 연구가 진행되면 '미지의 왕국'에 대한 실체가 밝혀질 것으로 기대한다.

제 7 장

상(은)은 동이족 국가

제7장

상(은)은 동이족 국가

중국은 그동안 자신들의 선조인 황제黃帝는 화하족이라고 설명하더니, 과거의 논조에서 180도 달라져 황제는 물론 치우까지 동이족이며 그들 모두 중국의 선조라고 설명한다. 이들의 논조에 의하면 화하족이나 동이족의 구별은 의미가 없다는 뜻이다.

더욱 놀라운 것은 한마디로 중국의 역사에서 핵심을 이루고 있는 상(은)나라도 동이족이 건설했다고 공식적으로 천명한 것이다. 상왕조가 동북에서 기원한 민족이 건립한 국가라는 주장은, 하가점하층문화와 상나라 문화가 밀접한 관계를 갖고 있다는 것이며, 하가점하층문화의 일부가 남하하여 중원의 상문화를 형성하였다는 것이다. 이의 증거로 다음을 거론한다.

① 상 조상의 탄생 신화는 동북 민족이 공유한다.

② 상의 선공先公과 선왕先王은 대부분 북방 지역에서 활약했다.
③ 하가점하층문화와 상문화의 토기에 친연성이 있다.
④ 상인의 후예에는 동북과 관계된 사적이나 동북 지역에 대한 추억이 많아 양자의 문화에 동일한 습속이 보인다. 두 문화 모두 동북 방향을 귀하게 여겼기 때문에 양 문화의 주요 건축물은 모두 동북쪽에 건설되었다.
⑤ 양 문화는 모두 도철문饕餮紋(獸面文)을 주요 장식 문양으로 사용했다.

중국이 갑자기 상(은)의 원류를 중국의 동북방에서 발달했던 홍산문화 혹은 하가점하층문화와 연계시키는 것은 '동북공정'의 일환으로 '동북문명'이 중국 문명의 기원이 되었다는 것을 입증하려는 노력에 지나지 않는다는 설명도 있는 것은 사실이다.[272]

그러나 홍산문명에 '신비의 국가'가 있었고, 고조선과 연대가 비슷한 하가점하층문화에 국가가 존속했다는 것을 감안하면 이들의 후예가 중국 중원으로 옮겨 하나라를 격파하고 새로운 국가 즉 상(은)을 건설했다는 것이 무리한 이야기만은 아니다. 중국이 자랑하는 상(은)이 동이족이라는 설명의 근원을 찾아간다.

• 동이족이 하나라 정복

학자들에 따라 상(은)의 동북기원설에 대해 부정하지만 상(은)이 동이족 국가였음은 고대부터 알려진 사실이다. 사마천의 『사기』〈은본기〉에도 다음과 같이 적혀 있다.[273]

》 은나라 시조 설契의 어머니는 간적簡狄이다. 그녀는 제곡(황제의 증손자라 함)의 둘째부인이다. 간적 자매가 목욕을 하러 가는데 제비가 알을 떨어뜨리는 것을 보고 간적이 이를 받아 삼켜 잉태했다. 그가 설이다.

세 사람이 목욕하러 갔을 때 검은 새玄鳥가 알을 떨어뜨리는 것을 보고 간적이 삼켰더니 임신하여 설을 낳았다는 것이다. 은나라의 건국설화가 난생卵生 신화임을 말해준다.

사마천이 적은 상나라 시조인 설契(은설殷契이라고도 불림)은 요순시절에 우禹의 치수를 도운 덕에 상商(하남성)이라는 곳에 봉지와 자씨子氏를 받았다. 그래서 뒤에 상이라는 나라 이름이 생겼다. 상토相土(설의 손자)는 마차를 발명했으며, 그 세력을 '해외'에까지 넓혔다. 그리고 왕해王亥(7대)는 비단과 소를 화폐로 삼아 부락들을 상대로 장사를 하여 부를 쌓았다.

앞에서 설명했지만 은나라 시조 설契의 어머니 간적簡狄이 새의 알을 삼켜 낳았다는 신화는 동북 민족들이 공유하고 있는 신화이다. 이들 내용은 부여, 고구려, 만주족에서도 보이므로 중국 측은 상나라 사람의 기원이 동북 지역과 관계있다는 중요한 증거로 제시한다.

중국은 상의 선공, 선왕들의 도읍지 및 주요 활동 지역이 북방 및 동북 지역과 관련 있다는 자료를 제시하는 데도 게을리 하지 않는다.

『순자』에 '설현왕契玄王은 소명을 낳았으며 지석砥石에 살다가 상으로 옮겼다'라는 기록이 나온다. 그런데 『회남자』는 '요하는 지석에서 나온다'고 적었고, 주석에는 '지석은 산의 이름이다. 새외에 있는데 요수가 나오는 곳이다. 요수는 남해南海로 들어간다'고 적었다. 김경방金景芳은 이 기록에 근거하여 지석은 요수의 발원지로서 현재 내몽고자치구 적봉시 인근이라고 설명했다.

설을 '현왕'이라고 불렀는데 이 칭호는 『순자』뿐만 아니라 『국어國語』와 『시경』에도 보인다. 그런데 현玄은 북방색이다. 『여씨춘추』에는 '하늘에는 아홉 개의 분야가 있다. (중략) 북방을 현천玄天이라 한다'고 적혀 있다. 길림대 김경방 교수는 이들 기록에 의거하여 설은 현왕, 즉 북방의 왕이라고 했다.

설 이후의 선공과 선왕들도 대부분 북방과 관련이 있다. 우선 『시경』에 '상토相土는 위엄이 있어 해외까지 다스렸다'라는 말이 있는데 이를 상나라 사람들의 초기 활동이 발해만과 관련 있다고 해석한다.

『곽박주인죽서』는 '은의 왕자 해亥가 유역有易에 의탁했는데 그곳에서 음탕한 행위를 하자 유역의 왕 면신緜臣이 그를 죽였다. 이 때문에 상갑미上甲微가 하백河伯으로부터 군사를 빌려 유역을 정벌하여 면신을 살해했다'라고 적혀 있다. 유역씨는 역수易水 때문에 그 이름을 얻었으므로 그 땅은 지금의 하북성 이현易縣 일대라는 것이다.274

놀라운 점은 학자들의 추정에 의하면 상나라 초기의 인구는 약 540만 명이며 상(은) 말기의 인구는 850만 명에 달한다. 3500년 전에 500여 만 명의 인구가 있었다는 것은 은나라가 당대에 얼마나 거대한 제국이었나를 알 수 있게 한다.

상문화의 기원이 동북 지역과 관련 있다는 사실은 인류학적으로도 지지를 받는다.

반기풍潘基風은 은허의 중소 귀족 무덤에서 출토된 상나라 사람의 인골은 대부분 북방 인종의 특징을 갖고 있다고 발표했다.

》 은허의 씨족 무덤 가운데 어느 정도 규모를 가지고 있는 중형 무덤은 모두 세트를 이룬 청동 예기를 수장하고 있거나 노예가 배장陪葬되어 있다. (중략)

그들은 아마도 봉건적인 귀족으로 왕족과 밀접한 관계를 가지고 있거나 또는 그 자신이 왕족의 일원이었을지 모른다. 이들 두개골을 측정한 결과 북아시아 몽골인종과 동아시아 몽골인종이 서로 혼합된 형태가 나타난다.

위의 설명은 상족의 조상이 북방 지역의 고대 거주민과 많은 친연성이 있다는 것을 보여준다. 동아시아와 북아시아의 두 유형이 혼합된 인종 특징은 황하 유역 중·하류의 원시 거주민이 가졌던 고유한 특징이 아니기 때문이다.

상나라 일족에게 동북 방향을 숭상하는 신앙이 있다는 것도 한 증거로 제시된다. 양석장楊錫璋은 '상나라 왕실과 귀족은 동북 방향을 존중했다. 그것은 그 선조의 기원지에 대한 추억과 존경을 표시하는 것으로도 볼 수 있다'고 말했다.

그의 설명 중에서 특기할 것은 상나라 사람의 북방지역 존중이 홍산문화와 연계될 가능성을 열어두었기 때문이다. 앞에서 설명했지만 홍산문화에서는 죽은 조상의 혼과 선조의 우상을 제사하는 제단·여신묘·적석총이 발견된다. 이 유적군은 조합이 완전할 뿐만 아니라 규모도 매우 커서 적어도 홍산문화 문화공동체가 함께 소유했으므로 후손들이 이들 습속을 존중하는 것은 당연하다는 설명이다.

은허에서 발굴된 상나라 무덤 속의 순장 유골과 청동유물.

은허 왕궁 유적지.

　소병기蘇秉琦도 홍산문화가 가진 큰 규모의 제사 유적과 그 주변에 분포한 상·주 교체기의 구덩이에 매장된 청동기군을 연계시키면서 상·주 시대에 이 일대에서 교郊, 요燎, 체禘 등의 중요한 의례 활동이 거행되었을 것이라고 주장했다. 즉 이것과 상인이 동북 방향을 존중하였던 것과 연계시킨다면 상의 기원이 동북 지역과 관련 있다는 증거가 될 수 있다는 설명이다.

　소병기의 설명은 상나라 사람이 중원을 차지한 후 각 지역의 수많은 문화적 요소를 받아들여 많은 변화를 일으켰지만, 그 중심적인 문화 요소는 여전히 동북 문화의 특징을 나타낸다는 것이다.²⁷⁵ 하가점하층문화에 대해서는 뒤에서 다시 설명한다.

　여하 간에 동이족이 세웠다는 상나라는 그야말로 제국 중에 제국이었다.

　도성은 국가의 중심이자 왕조의 위세를 나타내주는 상징이다. 그런데 상나라는 멸망 때까지 10차례가 넘는 천도가 있었으나, 각 도성의 규모가 만만치 않은 것은 물론 모든 도성을 판축기법으로 쌓았다. 국립문화재연구소의 신희권은 이들 판축기법이 기원 후 1세기 때부터 축조된 것으로 보이는 백제 풍납토성과 매우 비슷하다고 말했다.

은허 유적에서 발굴된 순장 유골(왼쪽)과 청동기(오른쪽).

더구나 성탕成湯(상나라를 세운 왕)이 세운 것으로 여겨지는 하남성河南省 언사偃師의 궁전터는 그 규모가 19제곱킬로미터에 달한다. 성탕은 하를 멸한 뒤 다시 하남성 정주鄭州로 도읍했는데(중정仲丁 시기에 건립됐다는 설도 있다) 규모가 25제곱킬로미터였다.

정주에 있는 상나라 성의 궁전 내부에서는 100기 정도의 인골이 묻힌 순장의 흔적이 보인다. 외성에서는 중·소형 무덤이 100여기 확인됐는데 이들 무덤에서는 력鬲(솥의 일종), 작爵(술잔), 분盆(물과 술을 담는 동이), 규(제사에 쓰이는 세 발 달린 가마솥), 언甗(시루), 준尊(술그릇) 등이 대거 발굴되었다. 이곳에서는 노예들이 거주하면서 수공업을 담당한 것으로 보이는 작업장이 확인되었다. 이는 상나라 때 노예제가 확립되었다는 것을 뒷받침해준다.

은허殷墟 유적의 발견은 더욱 놀랍다. 이곳에서는 갑골문자뿐 아니라 궁전터와 종묘유적, 그리고 왕과 귀족의 무덤 떼가 수없이 발견된다. 특히 은허에서 100킬로그램이 넘는 청동기를 주조하던 주형鑄型이 확인되는 등 크고 정교한 청동기와 옥기가 대량으로 쏟아졌다.

이 발굴 성과로 중국은 전설상의 나라로 여겨진 상나라의 실체를 인정하지 않을 수 없었다. 무엇보다 갑골문이 해독되면서 상나라의 역사를 기록한 사마천의 『사기』가 '소설'이 아니라 사실史實이라는 것도 확인시켜주었다.

이는 '발해산' 청동기로 무장한 상왕조가 청동기가 널리 보급되지 않았던 하나라를 압도했다는 것을 의미한다. 이를 정리하면 다음과 같다.

» 상나라는 사해·흥륭와문화(기원전 6000~5000년) – 홍산문화(기원전 4500~3000년) – 하가점하층문화(기원전 2000~1500년·고조선의 문화로 여겨짐)의 전통을 이어받은 나라이다. 즉 기원전 1600년 무렵 발해문명의 일파가 남하하여 중원의 하나라를 격파하고 천하를 통일했다.-276

• 화하족(주)의 동이족(은) 정벌

상(은)에 대해 좀 더 자세하게 설명한다.

원래 중국 학자들은 은나라의 실재를 부인하고 전설적인 나라로 간주했다. 그런데 하남성河南省 은허殷墟에서 대량의 갑골문이 출토되자 은의 건국민족에 대해 탐구하지 않을 수 없었다. 문제는 은나라의 유적을 발굴하면 할수록 중국 학자들의 고민은 깊어갔다는 점이다. 그것은 중국의 중원에서 중국인이 자랑하는 화하인의 유적이 아니라 동이족의 유물이 발견되었기 때문이다.

결국 중국의 학자들은 발견되는 유물에 의한 연구 결과를 인정하지 않을 수 없었다.

북경대학에서 대만으로 건너가서 타이완대 총장이 되는 부사년傅斯年은 1920년대 은허 발굴을 주도했는데, 그는 『이하동서설夷夏東西說』에서

하나라를 멸하고 천하를 통일한
상나라 성탕의 능과 비.

은설殷契 사화를 실으며 '이러한 난생설화는 동북민족과 회이淮夷의 신화'라면서『논형論衡』에 나오는 탁리국(부여) 시조 동명과『위서魏書』의 고구려 시조 주몽, 그리고 고구려「호태왕비」의 시조 추모왕의 난생설화를 원문대로 실어 은과 부여·고구려의 시조사화가 같음은 주목할 만하다고 발표했다. 상(은)나라를 동이족이 건설했다는 것을 인정한 것이다.

근래 중국에서 출간된『사기해독史記解讀』이나 갑골문 연구자인 맹세개孟世凱가 출간한『하상사화夏商史話』에도 은나라를 이인夷人, 또는 동이족의 가지分支라고 쓰고 있다. 아이러니한 것은 동북공정의 뿌리를 무너뜨릴 '은 = 동이족 건국설'이 다름 아닌 중국사 연구에 의해 드러나고 있는 것이다.[277]

여하튼 중국이 추진한 '하상주 단대斷代 공정'에 따르면 상(은)나라는 기원전 1600년에 성탕成湯이라는 영웅이 하나라를 멸하고 천하를 통일했다. 탕은 덕으로 나라를 다스리고 이윤伊尹을 재상으로 등용, 국세를 떨친다. 원래 이윤은 탕을 떠나 하나라로 간 적이 있었으나 하나라 걸 임금의 학정 때문에 다시 탕에게로 돌아온다. 천하의 인심을 얻은 성탕은 도읍을 '박亳'으로 옮긴 뒤 드디어 11차례의 접전 끝에 하 왕조를 무너뜨리고 천하를 통일한다. 이때가 기원전 1600년이다.

천하를 통일한 상나라는 계속 도읍을 옮기다가 기원전 1300년경에 반경盤庚이 은으로 천도한 뒤에야 완전히 정착했다. 그 후 기원전 1046년 주紂 임금 때 주周의 무왕에게 멸망하기까지 12명의 왕이 254년 동안 화려한 문명의 꽃을 피웠다.

상나라 마지막 왕인 주왕의 주지육림도.

상(은)나라의 멸망은 일반적으로 매우 좋지 않은 인상을 갖고 있다. 마지막 왕인 주왕紂王의 난행이 너무도 생생한 필치로 기록되어 있기 때문이다. 주왕은 중국의 역사 중에서 하나라의 마지막 왕인 걸桀과 함께 '걸주'라는 이름으로 폭군의 상징이 되어 있을 정도이다. 사마천이 적은 다음 글만으로도 주왕의 난행은 다소 이해하기 어려울 정도이다.

① 지나치게 술을 즐기고 여자를 가까이해서 달기妲己 를 총애하여 달기의 말이라면 무엇이든지 들었다. 그래서 악사樂師인 연涓에게 명하여 음란가요인 '북리北里의 무舞'와 '미미靡靡의 악樂'을 짓게 했다.

② 귀신鬼神을 업신여겼으며, 모래언덕에 별궁과 연못을 지어 주지육림酒池肉林을 차려놓고 남녀를 발가벗겨서 뛰어놀게 했으며 밤낮을 가리지 않고 술을 마셨다.

③ 기름을 바른 구리기둥을 숯불 위에 걸어놓고 죄인을 걷게 하고는 떨어져 불에 타는 모습을 보며 깔깔댔다.

④ 삼공 중에 한 명인 구후九候가 미녀를 주왕에게 올렸으나, 그녀가 음란한 것을 좋아하지 않자 주가 노하여 그녀를 죽이고 구후도 소금에 절여 죽였다.

⑤ 비간比干(주의 숙부)이 목숨을 걸고 간언하자 "성인의 심장엔 구멍이 일곱 개가 뚫렸다는데 한번 보자"면서 해부해서 그의 심장을 보았다.

위의 설명만 보면 주왕은 그야말로 망나니짓만 저지르다가 주나라의 무왕에게 패배하고 자살한 것으로 되어 있다. 그러나 이 모두가 승자의 기록임을 감안할 필요가 있다. 왕조 교체 후 전대의 마지막 왕을 망나니로 만들어 버리는 예는 하나라 걸왕의 경우도 마찬가지다. 다만 상나라의 주왕에 대한 폄훼가 더욱 심할 뿐이다. 이는 주나라의 계승자임을 자처한 후대의 사가들이 지어낸 과장일 가능성을 배제할 수 없다.

이와 같은 설명은 상나라의 실체를 알면 이해가 간다. 하·상·주의 왕조 교체는 단순한 왕조의 교체가 아니다. 현대의 개념대로라면 동이족이 한족漢族과 처절한 중원쟁탈전을 벌인 끝에 하나라를 무찌르고 550년 가까이 천하를 통일한 것이다. 그것이 바로 상나라이다. 그런 상나라를 다시 중원의 한족漢族이 몰아내고 주나라를 세운 것이다. 이후 중국의 역사는 줄곧 한족 중심으로 전개되었기 때문에 동이족의 상(은)나라는 항상 폄훼의 대상이었다는 설명이다.

마지막 왕인 주왕이 나중엔 천하의 폭군이 되고, 요부로 설명되는 달기의 치마폭에 싸여 천하를 그르쳤지만 사마천은 그에 대해 매우 좋은 평가로 시작한다.

> » 처음엔 총명하고 말재주가 뛰어났으며 행동도 민첩한 데다 매우 영민하게 듣고 보며, 재질과 완력이 보통이 아니었다. 맨손으로 맹수를 쳐 죽일 수 있었으며 그의 지혜는 신하의 간언이 필요하지 않을 정도였다.

위의 설명을 보면 백제의 마지막 왕인 의자왕의 기록과 유사하다는 것을 알 수 있다고 이기환은 적었다. 한마디로 승자인 신라가 의자왕을 폄훼한 것과 비교된다는 것이다.

• 상(은)과 한민족

우리 한민족이 동이족의 일원이라는 것에 대해서는 이론의 여지가 없을 것이다. 그런데 그동안 중국의 원류라고 생각하던 상(은)나라가 동이족이 세운 국가라는 사실에는 많은 사람들이 다소 혼란스럽다고 생각하는 것이 사실이다. 그러나 은나라가 동이족이 세운 국가라는 것은 이들의 풍속이 한민족과 거의 유사하다는 사실을 이해하면 많은 의혹이 사라질 것으로 생각된다. 이 단원은 이기환의 글에서 많이 참조했다.

『순자荀子』〈성상成相〉편에 '(은나라 시조인) 설 현왕이 아들 소명을 낳고 지석砥石에 거주했다'라고 기록하고 있다.『회남자淮南子』〈추형훈墜形訓〉에는 '요遼(요하를 뜻함)는 지석에서 나온다'라고 적혀 있다. 이를 고유高誘는 '지석은 산의 이름이며 변방의 바깥에 있고, 요수遼水(요하)가 그곳에서 나와 남쪽으로 흘러 바다에 이른다'고 설명했다. 즉 은나라의 시조 설

은 요하의 발원지인 지석에 살았으며, 이곳은 현재 내몽고 자치구 적봉赤峰시 극십극등기克什克騰旗 부근이라는 것이다. 물론 '남쪽바다'는 발해이다.

또한 『여씨춘추』〈유시有始〉편에는 '하늘에는 9개의 들이 있는데, 북방을 일컬어 현천玄天이라 한다'고 했다. 따라서 김경방金景芳은 이 모든 문헌을 근거로 '설, 즉 은나라의 현왕은 북방의 왕'이라 단정했다.

이기환은 『시경』〈상송〉의 내용 중 '상토(현왕의 손자)가 맹렬하게 퍼져, 해외에서 끊어졌다相土烈烈 海外有截'는 내용이 매우 시사하는 바가 크다고 적었다. 중국학자들은 이 기록을 토대로 상토 때 상나라 족속의 활동무대를 발해 연안으로 추정한다.

상토는 무공이 매우 뛰어났으며, 마차를 발명하여 세력을 떨쳤다고 알려진다. 시조 설로부터 7대 왕해王亥와 8대 상갑미上甲微 때는 '하백河伯의 군사를 빌려 유역족有易族을 쳐 멸망시켰다'고 한다. 그런데 유역족은 역수易水에서 그 이름을 빌려왔으며, 유역족이 지배하던 지역은 지금의 하북성 역현易縣 일대이다. 상나라가 초기에 이미 이곳까지 세력을 떨쳤다는 것이다. 소병기蘇秉琦는 '상(은)의 조상은 남으로는 연산燕山에서 북으로는 백산흑수(백두산과 흑룡강)까지 이른다'고 단언했다. 또한 은허殷墟 유적의 발굴을 총지휘했던 부사년傅斯年은 '상나라는 동북쪽에서 와서 흥했으며, 상이 망하자 동북으로 갔다'고 단정했다. 이들이 뜻하는 내용의 의미를 잘 알 수 있을 것이다.

상나라 사람들과 발해 연안 즉 한민족과의 친연관계는 인종학으로도 증명된다. 인골전문가인 반기풍潘其風은 은허 유적에서 출토된 인골들을 분석하여 다음과 같이 발표했다.

> 은허에서 발견된 상나라 귀족들의 시신들은 대다수 동북방 인종의 특징을 갖추고 있다. 인골들의 정수리를 검토해보면 북아시아와 동아시아인이 서로 혼합된 형태가 나타난다. 이것은 황하 중하류의 토착세력, 즉 한족漢族의 특징과는 판이하다는 결론에 이른다.

더욱 중요한 것은 상나라 사람들이 동북방의 신앙을 존숭했다는 것이다. 즉 상나라 왕실에서 고위층 귀족들에 이르기까지 동북 방향을 받들었는데, 이는 고향에 대한 짙은 향수와 숭배를 나타난 것이라는 해석이다. 앞에서 설명했지만 기원전 6000년(사해·흥륭와 문화)부터 시작된 동이족이 홍산문화(기원전 4500~3000년)를 거쳐 하가점하층문화(기원전 2000년~1500년·즉 고조선 시기)를 이뤘고, 상나라의 시조 설과 그의 손자 상토, 그리고 7대 왕해와 8대 상갑미를 거치면서 중국 중원으로 이동하여 급기야 기원전 1600년 무렵 하나라를 대파하고 천하를 통일했다는 설명이 된다.

소병기가 '하나라 시대에 이미 중국 동북방 발해 연안에 하나라를 방불케 하는 강력한 방국方國, 즉 왕국이 존재하고 있었다'고 단언한 이유다. 이는 상나라를 이룬 동이족이 고조선·부여·고구려·백제 등 우리의 역사를 이룬 우리 민족과는 강한 친연성을 갖고 있다는 것을 의미한다. 방국에 대해서는 '제6장' 하가점하층문화를 설명할 때 거론하였다.

상나라와 동이, 그 가운데서도 우리 민족과의 친연성은 다음의 시조 설화를 보면 놀라지 않을 수 없다. 관련되는 설화를 다시 한 번 본다.

① 『사기』〈은본기〉 : 간적이 시냇물로 들어가 목욕을 하는데 바로 옆에서 제비가 알을 낳고 있었다. 간적이 그 알을 삼켜 아들을 낳았는데 그 아이가 설契(상나라의 시조)이다.

② 『후한서』〈동이전〉 : 북이北夷의 탁리국 왕이 출행했는데, 왕의 시녀가 후에 임신했다. 왕이 시녀를 죽이려 하자 시녀는 '전에 하늘 위에서 기를 보았는데, 큰 계란 같았다(혹은 닭처럼 생긴 것이 하늘에서 내려와 임신시켰다)'고 했다. 왕이 시녀를 가두었더니 뒤에 남자아이를 낳았다. (중략) 그 이름을 '동명'이라 했다. (중략) 동명은 '부여'에 이르러 왕 노릇을 했으니 곧 부여의 시조이다.

③「광개토대왕비」: 옛날 시조 추모왕이 창업의 기초를 열었다. 추모왕은 북부여 천제의 아들이요, 어머니는 하백의 딸이었다. 알에서 태어나 세상에 나오니 성덕이 깊었다. 이는 곧 고구려의 시조이다.

광개토대왕비.

상(殷)나라의 시조 신화와 부여·고구려 등 동이족의 신화가 유사하다. 여기서 가장 중요하게 봐야 할 것은 알에서 탄생하는 이른바 난생신화는, 중원이 아니라 동북아 민족의 공통분모라는 점이다.

부여에 관한 중국사서와 우리 측 문헌인 『삼국사기』, 『삼국유사』를 비교하면 매우 재미있는 사실이 발견된다. 우선 중국 사서인 『삼국지』 〈위지동이전 부여조〉, 후한의 『후한서』 〈동이전 부여조〉, 당태종의 지시로 편찬된 『진서晉書』 〈동이전〉 등을 종합하면 다음과 같은 설명이 된다.

》 (부여의 땅은) 동이의 땅 가운데 가장 좋은 곳이다. (중략) 사람들은 거칠고, 씩씩하고 용맹스러우며 근실하고 인후해서 도둑질이나 노략질을 하지 않는다. 활과 화살, 창, 칼로 무기를 삼으며 (중략) 음식을 먹는 데 조두俎豆(제기)를 썼고, 모일 때에는 벼슬이 높은 이에게 절하고 잔을 씻어 술을 권했다. 또한 읍을 하고 사양하면서 오르내린다. 상(殷)나라는 정월에 하늘에 제사를 지내는데以殷正月祭天 나라의 큰 모임이다. 연일 음식과 가무를 하는데連日飮食歌舞, 이를 영고迎鼓라 한다. 흰색을 숭상하고 해외에 나갈 때는 비단옷 입기

를 숭상한다. 밤낮 길을 가며 노인과 아이 할 것 없이 모두 노래를 부르니 종일 소리가 끊이지 않았다. 군사를 일으킬 때는 하늘에 제사를 지내니 소를 잡아 그 굽을 보아 길흉을 점쳤다.(굽이 갈라지면 흉하고 모이면 길하다) 사람을 죽여 순장을 하는데 숫자가 많을 때는 100명이 되었다. 남녀 모두 하얀 옷을 입고 부인은 베옷을 입고 목걸이와 패물을 떼어놓으니 이는 대체적으로 중국과 비슷한 면이 있다大體與中國相彷彿也.-278

이형구 박사는 부여가 상(은)나라 달력을 써서 정월에 하늘에 제사를 지냈다는 기록은 많은 것을 시사해준다고 설명했다. 고대국가에서 역법曆法은 왕권국가의 상징이므로 새로운 왕조가 들어서면 어김없이 역법을 바꾸어 새 왕조가 천운에 따랐음을 나타냈다. 그런데 부여가 하·주·진의 역법이 아니라 상나라의 역법을 썼다는 것은 가볍게 생각할 일이 아니라는 뜻이다.-279

하나라를 멸하고 천하를 통일한 상나라 성탕은 바로 상나라의 역법을 새로 만든 것 외에도 옷 색깔(복색)을 바꿔 흰색을 숭상했다. 조정의 회합會合도 백색을 존중하는 의미에서 백주에 가지기로 했다. 『예기』에는 다음과 같은 기록이 있다.

》 하나라는 흑색을 숭상하여 군사행동 때는 흑마를 탔고, 제사 때는 흑색 희생물을 바친다. 반면에 은나라는 백색을 숭상하여 군사행동 때는 백마를, 제사 때는 흰색을 바친다. 주나라는 적색을 숭상했다.

이 글의 내용을 한국인이라면 더 이상 설명하지 않아도 잘 알 것이다.-280 이것은 앞서 언급한 부여의 습속, 즉 부여가 '흰색'을 숭상했다는 사료와 일치한다는 것을 알 수 있다.

동이족과 은나라, 이어서 한민족과의 연계는 사료뿐만 아니라 은나라 유적에서 발견되는 유물로도 알 수 있다. 중국이 자랑하는 세계적인 유산으로 '유네스코 세계유산'에 지정되어 있는 은허殷墟 유적에는 앞에서 설명한 홍산문화와 한반도에서 발견되는 옥기, 청동기는 물론 후대에서 발견되는 토기들도 발견된다.

홍산옥기 중에서 대표적인 곰, 호랑이, 용, 매鷹, 제비燕 등은 물론 옥선기玉旋璣, 결상이식도 발견되며 한국인이 자랑하는 빗살무늬토기와 덧띠무늬 토기도 보인다. 더욱 놀라운 것은 그동안 북방기마민족의 대표적인 유물로 부단히 이야기되며 가야와 신라 지역에서 대량으로 발견되던 각배角盃도 발견된다는 점이다.-281

또한 역으로 홍산문화의 본거지라 볼 수 있는 적봉 지역에서 상(은)의 대표적인 중국식 동검 등도 발견된다. 이는 양 지역이 같은 동이족으로 구성되어 있고, 상(은)이 건설된 이후에도 양 지역은 부단한 연계가 있었다는 것을 보여준다.

학자들은 중국이 자랑하는 요임금과 순임금을 동이족으로 추정한다. 요와 순은 산동의 한 동네 사람으로 요는 능력이 부족한 자신의 아들 대신에 치수에 능한 순으로 하여금 왕위를 계승토록 했다. 더욱이 공자는 『서경』에 '순임금은 중국에는 전혀 없던 신명神明에 제찬 보본하는 예식을 마련했다'고 기술했고, 맹자도 '순임금은 동이 사람이다'라고 썼다.

공자와 맹자가 말하는 인의仁義 사상의 원천이 요순이고 이들이 동이라면 공자와 맹자가 이상으로 삼은 국가는 동이국가라고 볼 수밖에 없다. 특히 유승국은 중국의 『산해경』에서 조선이 군자의 나라로 일컬어지고 있음을 지적했다.

곡부에 있는 공자의 묘.

고조선은 중국 요·순 시대와 은·주 시대에 중국 본토의 일부 지역과 만주, 한반도 전역에서 활약했다. 그런데 세월이 흐름에 따라 조선이 주력이 된 한韓족과 주周가 주력이 된 한漢족 간에 대립이 생겼고, 결과적으로 주나라가 상(은)나라를 제압했다. 당연히 주나라는 동이족을 정복했으므로 동이족이 주력인 상(은)나라를 한漢족의 역사로 간주했는데, 공자도 그 설명에 동조했다. 공자는 『춘추』에서 중국의 정통은 동이가 아니라 상(은)나라와 동이족을 밀어낸 한漢족 중심의 주나라라고 주장한 것이다.

그럼에도 불구하고 공자는 매우 모순적인 발언을 했다. 공자는 자기의 주장이 여러 나라에서 받아들여지지 않자 "구이九夷(조선)로 가야겠다"고 말했다. 제자들이 공자의 말에 "구이가 고루하면 어쩌겠느냐"고 질문하자 "조선은 군자불사지국"이라고 말하면서 조선이 고루한 곳이라는 것에 이의를 제기한 것이다.

그렇다면 동이를 군자의 나라라고 하면서도 주나라가 중심 세력이라고 주장한 공자의 진정한 뜻은 무엇이었는지 의아심을 품을 수밖에 없다. 이에 대해 언론인 최태영은 공자 시대에 비로소 한漢족 중심의 중국 역사시대가 시작되었기 때문이라고 설명했다. 북애도 그 이유를 다음과 같이 기술했다.

》 공자 시절에는 주나라가 이미 쇠퇴하고 여러 외족의 침입이 그치지 않았고 그 중에서 동이인 한족韓族의 위세가 자못 강했다. 그러므로 공자는 외족을 물리치고 주나라를 높이기 위해 『춘추』를 저술했다. 만약 공자가 당시 동이의 중심 지역에서 태어났다면 동이를 중심으로 삼았을 것이다.—282

• 동이는 누구인가

중국인들은 동이족과 화하족이 부단한 전투를 벌였고 결국 탁록지전에서 화하족인 황제가 승리했기 때문에 현 중국인이 화하족으로 구성되는 근거가 되었다고 설명한다. 실제로 중국인들은 이 사실에 대해 매우 자부심을 갖고 적는다. 서배근徐培根은 『중국국방사상사中國國防思想史』에서 다음과 같이 적었다.

》 황제와 치우 사이의 탁록지전과 그 전후의 거대한 건국은, 중국 역사상 국가민족 존망과 관계가 있는 가장 큰 일이었으며 세계 역사상으로도 중요한 일이었다. 중국민족과 중국 문화가 현재와 같이 번창할 수 있었던 것은 모두 황제의 노력과 분투가 근기를 세운 것이다.

하증우夏曾佑 박사도 다음과 같이 탁록지전의 중요성을 강조했다.

» 중국에게 탁록지전의 의미는 매우 크다. 탁록 전투에서 황제가 이기지 않았다면, 중화민족은 총령蔥嶺으로 이전하여 유목생활하고, 중국 역사는 치우의 역사가 되었을 것이다.

중국인이 강조하는 것은 화하족과 동이족이 전투하여 화하족이 승리했다는 것이다. 그렇다면 이들과 대비되는 동이족이 누구인가를 보다 구체적으로 정리할 필요가 있다. 한민족의 원류를 동이족으로 본다면 바로 우리의 선조가 누구인가를 규명하는 가장 중요한 내용이 되기 때문이다. 앞에서 여러 번 설명했지만 현재에 와서는 중국도 황제를 동이족으로 설명하지만, 이곳에서는 이를 구분하여 황제족은 화하족, 치우는 동이족으로 구별하여 설명한다.

일반적으로 '동이東夷'를 한자로 풀이하면 '동쪽 오랑캐'란 의미로 고대 중국인들이 스스로를 세계의 중심에 위치해 있다는 이른바 중화사상中華思想에 기초하여 그들의 동방에 있는 사람들을 가리켜 사용한 별칭이다. 중국 동북부에 살던 민족들이 스스로 동이라고 부르지는 않았으나, 중국인들에 의해 동이라 불렸기 때문에 동이는 우리의 고대사를 거론하려면 반드시 등장하는 단어이다.

상나라 무정.

중국사에서 동이는 두 가지 의미로 쓰인다.

광의의 동이는 고대 중원의 동쪽인 산동 반도와 회하淮河유역 일대의 종족을 가리키며, 협의의 동이는 한족漢族의 세력이 확대된 진시황제가 중국을 통일한 후를 의미한다.

광의의 동이보다 후대에 나오는 협의의 동이는 일반적으로 중국의 동쪽인 만주에서 한반도를 거쳐 일본에 이르는 민족을 총칭한다. 중국의 사료에 의하면 연경燕京 즉 오늘의 북경에서 조금 동쪽인 만리장성이 끝난 곳 즉, 산해관부터가 동이지역이다. 물론 동이를 종족의 칭호가 아니라 정치적인 용어의 개념으로 인식하기도 한다는 것을 덧붙인다.

중국인들이 동이라는 말을 사용한 것은 매우 오래전부터다. 중국 은허에서 출토된 갑골문에는 상의 무정武丁(기원전 1324~1266년)이 동이를 정벌하느냐 마느냐로 그 가부를 점친 갑문甲文이 있으므로 동이족이 무정武丁시대 이전에 중국의 동북방에 거주했음을 알 수 있다.

『좌전左傳』은 상商의 멸망은 결국 동이족 때문이라는 것을 시사하고 있다. 갑골문, 청동기 명문에서도 이와 같은 사실이 확인되고 있다. 동이는 끊임없이 중국 역사 속에서 활동을 전개하였다.

주공周公 단旦은 어린 성왕成王을 대신하여 섭정하였다. 단旦은 동이에 대한 대대적인 전쟁을 벌여 치열한 전투 끝에 승리한 지역을 효과적으로 지배하기 위해 주周 왕실의 친척과 공신을 대규모로 분봉하였다. 이때 봉해진 나라가 산동山東과 강소江蘇 지역의 노魯, 제齊, 초楚 등으로 당대의 패자들이다.

그런데 노나라에 살았던 공자孔子가 원래 자신이 동이족인 상(은)나라 사람이라고 설명한데는 상당한 이유가 있다. 『사기』〈공자세가〉에서 공자는 다음과 같이 말했다.

》 천하에 도가 없어진 지 오래다. 그래서 나를 종주宗主로 받들지도 않는다. 장사를 치룰 때 하나라 사람들은 유해를 입관하면 동쪽 계단에, 주나라 사람들은 서쪽 계단에 모셨지만 상(은)나라 사람들은 당상堂上의 동서東西 두 기둥 사이에 모셨다. 어젯밤 나는 두 기둥 사이에 놓여져 사람들의 제사를 받는 꿈을 꾸었다(죽음을 예언). 나의 조상은 원래 상(은)나라 사람이었다. 子始殷人也.

공자가 죽기 1주일 전 제자인 자공에게 말한 육성유언이었다. 공자는 상(은)나라를 멸망시킨 주나라가 하나라와 상(은)나라의 제도를 귀감으로 삼았으므로 주나라를 따르겠다고 선언했다. 그러나 그런 공자가 군자의 나라이자 불사의 나라인 동이로 가고 싶다고 했다. 그 이유는 공자가 원래 상(은)나라 사람이었다는 것이다.

공자가 이와 같이 동이족이라고 선언한 것은 그의 출신이 동이의 후손인 송나라 사람이었기 때문이다. 은나라 주왕紂王 때 세 명의 성인이 있었다. 바로 훗날 기자조선을 세운 기자箕子, 송나라를 세운 미자微子, 그리고 주왕에게 심장을 도륙당한 비간比干이다. 미자는 주왕의 서형庶兄이었다.

상(은)을 멸한 주나라는 미자에게 상(은)의 제사를 모시게 했다. 미자는 「미자지명微子之命」을 지어 송나라를 건국했다. 송나라는 공자의 선조의 고향이므로 그가 자신이 동이족이라고 말한 것이다.[283]

여하튼 서주西周시대의 동이는 그들 지역에 분봉된 제후국들과 치열한 병탄의 과정을 겪었다. 서주西周시대에 주周의 제후국과 토착민 동이 사이에 있었던 대표적인 대결이 제齊와 래이萊夷, 주周와 회이淮夷와의 전쟁이다. 래이萊夷는 중국 동부 연해 지역에 거주하던 동이족의 한 지파로서 산동에 거주했던 토착민(주로 목축업과 농사를 지었음)이며, 회이淮夷는 준수

準水 유역에 위치했던 종족이다.

제와 혈전을 벌였던 래이萊夷는 제나라 영공靈公 15년에 완전히 멸망하였다. 회이淮夷는 노魯와 대립적인 관계에서 점점 밀접한 관계로 변화되며 동화되었다. 춘추春秋시대에는 서이徐夷가 등장하는데 서이徐夷는 산동에 존재하던 동이 중 가장 커다란 영향력을 행사한 종족이었다.

서이徐夷가 한민족으로부터 주목을 받는 것은 서언왕徐偃王의 설화가 고구려 주몽의 난생설화(서군, 徐君)와 유사하기 때문이다. 이 설화는 궁인이 임신하여 알을 낳아 상서롭지 못하다 하여 강가에 버렸더니 독고모獨孤母의 개가 물고 들어왔고, 그가 알을 따뜻하게 하였더니 마침내 아이가 태어났는데 이 아이가 바로 서언왕이라는 내용이다.

『후한서後漢書』에 '서주西周 강왕康王 때 서이徐夷가 스스로 왕임을 천명했다'는 기록이 있다. '구이九夷를 거느리고 종주宗周를 쳐서 황하의 상류까지 이르렀으며 국토가 사방 500리에 달했고 조회하는 나라가 36국이나 되었다'라는 기록을 볼 때 당시 매우 강성한 나라였음을 알 수 있다. 임승국은 서언왕이 주나라 목왕穆王(기원전 1001~947년)과 일대 결전을 벌였는데 그 당시 서언왕이 할거한 곳은 회수淮水와 대산垈山 사이의 회대淮

서언왕의 서국 유적.

埩 지역으로 중원 대륙에서 가장 기름진 평야라고 설명했다.

중국 문헌에서 동이는 '이夷', '동북이東北夷', '구이九夷', '구려九黎', '사이四夷' 등으로 다양하게 표현된다. 그러나 동이보다 이夷가 먼저 일반화된 것은 이夷가 어떤 특정한 민족을 가리킨 고유명사가 아니라, 고대 중국인들이 자신들과는 다른 이질집단을 통틀어 부른 명칭이기 때문이다. 특히 중국인들은 문화가 높은 지역을 '하夏', 문화가 높은 사람 혹은 종족을 '화華'라 칭하고 화·하를 합해서 중국이라 불렀다.

여하튼 춘추전국시대를 거쳐 산동의 동이들은 점점 중국인들에게 밀려 제후국에 예속되면서 그들의 고유문화는 중국 문화에 흡수되기 시작하였는데 이를 완성시킨 사람이 진시황제이다. 그는 기원전 221년 중국 천하를 통일해 전국戰國시대를 마감시키면서 이전까지의 국가와는 전혀 다른 의미의 통일 제국을 세웠다.

진시황제가 통일한 중국 영역은 동으로는 조선朝鮮, 서로는 임臨·조洮·강중臨中, 남으로는 북향호北嚮戶, 북으로는 황하의 북단, 동북은 요동과 국경을 접하는 거대한 영토로 오늘날 중국 대륙의 대부분을 차지한다. 따라서 서주西周시대부터 중국인들에게 동화하기 시작한 중국 대륙 안의 동이들은 진나라의 출현으로 중국 민족으로 완전히 흡수되었다고 볼 수 있다.

• 갑골문자는 동이족의 유산

중국에서 최초로 문자를 만든 사람은 황제黃帝의 사관史官으로 알려진 창힐蒼頡로 전해진다. 그는 새나 짐승의 발자국을 보고 문자를 창안하여 그 때까지 새끼의 매듭으로 기호를 만들어 문자 대신 쓰던 것을 문자로 고쳤는데 이를 창힐문자라고도 한다.

물론 이것은 전설에 지나지 않는 이야기이지만 새끼의 매듭을 이용하여 문자로 사용했다는 전설은 매우 주목할 만한 이야기이다. 그런데 학자들은 한자야말로 동이족이 발명했다고 생각한다. 한자가 중국 문명사에 끼친 영향은 그야말로 다대한데 동이족이 한자를 만들

서안비림에 있는 창힐각석.

었다고 하니까 웬 뚱딴지와 같은 이야기냐고 반문할지 모른다. 그러나 적어도 한자의 발명자가 화하족이 아니라는 것은 잘 알려진 사실이다.

1993년 1월 4일 조선일보에 실린 다음과 같은 기사를 보면 더욱 놀랍지 않을 수 없다.

» 중국의 약 4300년 전 신석기시대 후기문화를 보여주는 용산문화 유적지인 추평현鄒平縣 정공丁公에서 문자가 새겨진 도자기 조각이 출토돼 중국의 문자사용 연대가 현재까지 국제적으로 공인을 받아온 연대(기원전 1400년경)보다 최소한 900년 가까이 더 올라가는 기원전 2300년경으로 판명됐다고 홍콩의 중국계 신문들이 구랍 30일 보도했다.

(중략) 현재까지 국제적으로 공인된 중국의 문자사용 연대는 금세기초에

발견된 갑골문자를 근거로 기원전 1400년경의 상나라 말기로 추정해왔다.

(중략) 용산문화란 1928년 산동성 용산진에서 처음 발견된 황하강 중하류에 분포된 문화로 대략 기원전 2800~2300년경에 황하유역에 있었던 신석기 후기문화인데, 이들 문화유적지에 많은 흑색 도자기가 출토되어 흑도문화라고도 부른다.

산동대학 고고학팀이 출토해낸 도자기에 오행으로 새겨진 11개의 부호를 전문가들이 감정해본 결과, 이것들이 용산문화 후기에 속하는 기원전 2300년경의 하 왕조 이전에 사용됐던 문자인 것으로 판명됐으며, 전문가들은 도구를 이용하여 숙련된 기술로 새긴 이들 문자는 그 배열에 순서가 있고 어떤 의미를 표현하고 있는 문장을 구성하고 있다고 밝혔다.

서예가이며 문자연구가인 김응현 씨는 '기원전 2300년이라면 고조선시대로 특히 지금의 산동성 지역은 고조선에 포함된 지역이었음을 상기해야 한다'면서 '한자를 막연히 중국의 문자로 정의할 것이 아니라 동방문자로 재조명해야 할 것'이라고 강조했다.

여기에서 김응현의 주장이 억지만은 아니라는 주장도 있는 것은 사실이다. 용산문화시기와 하·상 시대의 황하하류 산동지역은 동이 계통의 분포지였다.[284] 사실 교육부 검정 고등학교 역사부도에 동이족의 분포와 고조선 강역을 나타내는 지도가 있는데 이곳에는 산동반도가 동이족의 영향권으로 들어가 있다. 앞에서 설명한 상(은)나라가 동이족이 중화족의 하나라를 멸망시키고 건설한 나라라는 것을 이해하면 더욱 분명해진다.[285]

갑골문자는 중국이 자랑하는 한자의 전신으로 부하문화(기원전 5200~5000년)와 소하연문화(기원전 3000~2000년)를 거쳐 주로 상나라 때부터 사용되었다.

갑골甲骨은 복골卜骨이라고도 하는데 귀갑龜甲(거북의 배 부분)이나 동물의 견갑골(어깨뼈)로 점을 치는 행위占卜를 말한다. 즉 거북이나 소의 어깻죽지 뼈 등 짐승뼈를 깨끗하고 매끈하게 다듬어 한 면에다 칼로 얇은 홈을 파낸 후 불로 지지면 뒷면이 열에 못 이겨 좌우로 터지면서 잔금이 생긴다. 그 터지는 문양兆紋을 보고 길흉을 판단한다.

한자의 '복卜'은 갈라지는 모양을 표현한 상형문자이다. 또한 발음이 '복'(한국발음), 혹은 '부'(중국 발음)인 것도 터질 때 나는 소리로 추정하기도 한다.[286]

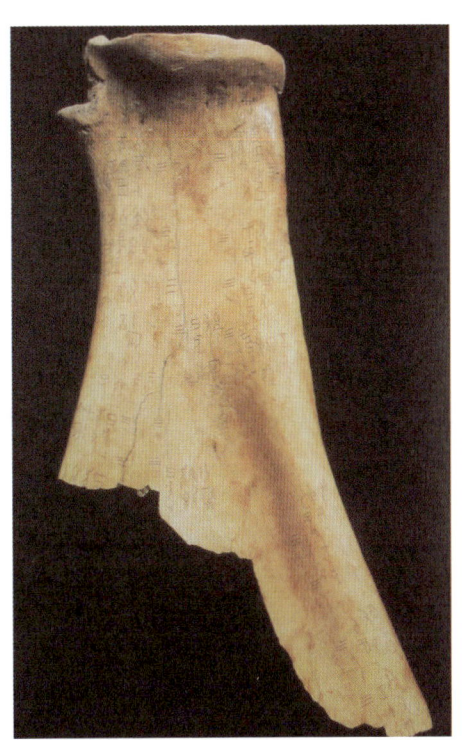
문자가 새겨진 복골.

상대 갑골에 기록된 점의 내용은 대체로 다음 4가지로 나뉜다.

① 왕, 관리, 귀족, 평민, 노예, 군사, 전쟁, 형벌, 국토, 공납 등 정치적인 내용
② 농업, 수공업, 목축업, 상업, 무역, 교통 등 경제적인 내용
③ 천문, 역법, 기상, 질별, 교육, 귀신숭배, 길흉화복, 제사 등 문화와 사상적인 내용
④ 기타 [287]

점복은 왕이 주관했으며 길흉을 점친 것을 판정하는 사람을 정인貞人이라 했는데 은나라 말기에는 왕이 직접 정인의 역할을 하기도 했다. 점을 친 뒤에는 질문 내용과 점괘, 그리고 실제 상황이 맞아떨어졌는지를 기록한다. 점을 친 뒤에는 갑골 판에 구멍을 뚫어 끈으로 꿰어놓는데, 이것이 바로 최초의 책冊이다. 또한 점복 활동과 관계된 기록을 복사卜辭 또는 갑골문이라 하는데 이것은 엄밀한 의미에서 갑골문 자체가 역사라는 것을 의미한다.

상(은)에서는 하늘신과 조상신, 산천·일월·성신 등 자연신을 대상으로 점을 쳤다. 국가대사에서 통치자의 일상 사생활까지, 예컨대 제사·정벌·천기·화복·전렵田獵·질병·생육까지 점을 쳤다는 것으로도 알 수 있다. 이는 유럽에서 인간에 관련된 모든 것을 신탁에 의지했던 것과 유사하다. 점복은 동이족의 문화로 계속 유지되어 왔는데 놀라운 것은 『삼국지』〈위지동이전 부여조〉에도 나타난다.

> » 군사를 일으킬 때 소를 잡아 제사 지내고, 소의 굽으로 출진 여부를 결정했다. 그 굽이 벌어져 있으면 흉하고, 붙어 있으면 길하다.
> 有軍事亦祭天 殺牛觀蹄 以占吉凶 蹄解者爲凶 合者爲吉.

『삼국유사』의 가락국기 시조설화에도 점복 신앙이 나타난다.

> » 거북아 거북아, 머리를 내밀어라. 내밀지 않으면 구워먹겠다.
> 龜何 龜何 首其現也 若不現也 燔灼而喫也.

이형구 교수는 이 글에서 '끽喫'자는 구워먹겠다는 뜻이 아니라 점복에

서 불로 지지는 행위를 뜻하는 계契자가 와전됐거나 가차假借된 것일 가능성이 높다'고 말했다. 계契자는 갑골에 새긴 문자 혹은 불로 지져 터진 곳을 뜻한다는 설명이다.

갑골문자의 중요성은 기본적으로 이미 정형화의 경향을 보이고 있다는 점이다. 즉 갑골문은 이미 문자의 초보 단계를 벗어난 비교적 성숙된 문자라는 뜻이다. 상나라 시대의 갑골문이 결코 중국에서 가장 오래된 원시문자가 아니므로 상대 말기 이전에 문자가 출현했음이 분명하다는 설명이다.

1962년 시라무룬西拉木倫강 유역인 내몽골자치구 파림좌기巴林左旗 부하구문富河溝門 유적에서 발견된 갑골은 학자들을 놀라게 했다. 동이족의 대표 유물로 인식되는 지자형之字形 빗살무늬 토기도 출토되었다. 놀라운 것은 이들 유물의 연대가 무려 기원전 3500년에서 기원전 3000년경이었다. 이 연대는 중국과 대만 학자들이 갑골문화의 원조로 보고 있던 하북河北·하남河南·산동山東반도의 용산문화龍山文化(기원전 2500~2000년)보다 무려 1000년이나 빠른 것이다.

특히 고조선 문화로 인식하는 발해 연안의 하가점하층문화 유적에서도 갑골이 자주 발견된다. 적봉 지주산蜘蛛山·약왕묘藥王廟 유적, 영성寧城 남산근南山根 유적, 북표풍하北票豊下 유적 등에서도 다량의 갑골이 나왔다. 이들은 갑골문자로 유명한 상나라 초기보다 훨씬 이른 시기의 것이며, 갑골의 재료도 거북이가 아니라 사슴과 돼지 같은 짐승의 뼈를 사용했다.

이들 갑골의 중요성은 글자가 있는 갑골, 즉 유자갑골有字甲骨이 나타났다는 점이다. 그 이전에는 모두 글자 없는 갑골, 즉 무자갑골無字甲骨이었다.

그동안 학자들은 갑골문자가 태어난 후 중원으로만 파급되었다고 생각했다. 그런데 일본에서도 갑골이 발견되어 학자들을 곤혹스럽게 만들었다. 갑골이 일본에서 발견된다면 동이족이 살고 있는 한반도에서는 발견되지 않는다는 것은 이상하기 때문이다.

그러나 그 의문점은 곧바로 풀렸다. 1960년과 1964년에 발굴된 경상남도 창원 웅천패총에서 사슴뿔을 이용한 복골 6점이 처음으로 발

전남 해남 군곡리에서 발견된 갑골.

견되었고 부산 조도패총, 경남 김해 부원동 유적에서도 복골이 발견되었다.―288

현재 국내에서 복골이 발견된 지역은 이상에서 열거한 곳 이외에도 두만강 유역 함북 무산 호곡동, 김해 봉황동 유적과 사천 늑도, 전남 해남 군곡리 패총, 경북 경산 임당 저습지와 전북 군산 여방동 남전패총에서도 발견되었다. 동이족인 한민족이 동이족이 만든 갑골을 사용한다는 것은 당연한 일이다.―289

부산시립박물관장을 지낸 고고학자 김정학은 마한-백제 지역인 남해 군곡리 패총의 복골은 변한-가야 문화의 일부가 해로를 통하여 전해진 것이며, 이와 비슷한 시기인 일본 서부의 미생시대彌生時代 후기 유적에서 발견되는 복골 등도 변한-가야의 복골 전통이 해로를 통해 전파된 것이라고 추정했다.―290

• 언어학적으로 본 갑골문자의 동이 유산

한자가 동이족에 의해 만들어졌다고 주장하는 것은 동이족의 터전에서 갑골문자가 발견되기 때문만은 아니다. 명지대학교 진태하 교수는 한자의 조상인 갑골문자胛骨文字가 동이족에 의해 만들어졌다고 언어학적인 견지에서 다음과 같이 설명하고 있다.―291

》 은나라 때 이미 발달한 갑골문은 1899년에 출토된 이후 4000여 자에 이른다. 은나라 때는 글의 뜻으로 계契를 사용했다. 문자의 시작은 상호약속에서부터 시작되었다는 것을 시사한다. 현재 이 '契'자의 소리 값을 '계, 설'로

쓰지만 고음古音으로는 반절음으로서 '글'이었다.

문자의 명칭을 '글'이라고 하는 민족은 세계는 물론 아시아에서도 오직 한국뿐이다. 특히 '契'자의 소리 값에서 우리말의 '글'이 나왔을 것이라는 반론이 있지만, 이 경우 말이 먼저이지 글이 먼저일 수 없다는 사실을 간과한 것이다. '글'이란 말이 세종대왕 때부터 시작되었다고 주장하는 것도 세종대왕은 '훈민정음訓民正音' 즉 한글이란 문자를 창제한 분이지 우리말을 만든 분이 아니라는 것으로 설명될 수 있다.

진 교수는 한자漢字가 한족漢族에 의해 만들어졌다고 생각하는 것에 이의를 제기했다.

한漢이라는 글자 자체가 은대의 갑골문에는 없고 주대周代의 금문에 이르러서야 비로소 나타난다. 이것은 '한漢'자가 결코 처음 만들어질 때부터 '한족'의 명칭이나 '한'이라는 나라의 명칭이 아니라는 것을 뜻하며, '한수漢水'라는 강물 명칭으로 만들어졌다고 설명했다. 특히 한족이란 명칭이 생긴 것은 매우 늦어서 한나라 무제 이후에 비로소 한족이라고 일컫기 시작했다.

한자漢字에 대해서도 원나라 사람들이 붙인 이름으로 이 명칭이 한국과 일본 등에 전파되었으며, 오히려 나중에 중국으로 역수입된 것으로 추정했다. 그러므로 한자는 한족이 만든 것이 아니며 한자라는 명칭도 중국의 입장에서는 '중국문자'라고 하는 것이 더 적절하다고 설명한다.

진 교수는 황하문명黃河文明을 이룩했던 동이족이 상(은)의 멸망으로 크게 약화되어 뿔뿔이 흩어지게 되었는데, 이들 모두가 한반도를 포함하여 동쪽으로 이동한 것이 아니라 황하유역에 그대로 남아 살았기 때문에 혈통적으로 오늘날 중국 민족의 상당수가 동이계임을 인식해야 한다고 주장했다.

중국어는 원래 한자가 형성된 후, 인위적으로 매 글자의 음을 주입하고, 뒤에 그 한자음을 연결하여 구어口語를 구사함으로써 한자 이전의 이른 시대 중국어는 소멸되었다.

현재 우리가 사용하고 있는 어휘의 70퍼센트 이상이 한자어로 되어 있고, 그 어휘의 조어造語는 대부분 중국에서 만들어진 것이 유입되었는데 한자가 우리와 풍습이 같은 동이족이 만들었다는 것은 다음과 같은 예를 보아도 알 수 있다.

우선 '家(집 가)'자는 '宀(집 면)'자와 '豕(돼지 시)'자의 합체자이다. 이것은 곧 집 안에 돼지가 있다는 것인데, 그 뜻을 엄밀하게 말한다면 '돼지우리'가 되어야 하는데 이것이 집을 의미하는 뜻이 된 것은 사람들이 모두 집에서 돼지를 길렀다는 뜻이라고 서호徐灝는 풀이했고, 나상배羅常培는 중국 초기의 집은 대개 위에는 사람이 살고 아래에는 돼지를 길렀을 것이라고 보았다. 현재 운남성 시골집에서는 아직도 이러한 양식이 남아 있다고 풀이했다(제주도 및 강원도에는 근래까지 이런 풍속이 있었음).

진태하 교수는 과거에 집 밑에 돼지를 기른 이유가 파충류를 퇴치하기 위한 것이라고 보았다. 고대인들은 파충류 특히 뱀을 방어하는 일이 가장 중요한 일인데, 동이인들이 뱀의 천적이 돼지라는 것을 발견하고 돼지를 집 밑에 길렀다고 추정했다. 뱀이 돼지의 똥냄새만 맡아도 접근하

한자 '돼지 시'자의 변천.

지 않았기 때문에 편안히 지낼 수 있으므로 집이라는 뜻에 돼지를 그려 넣었다는 것이다.

'然(그러할 연)'자의 풀이에서도 동이족이 한자를 만들었음을 유추할 수 있다. '然'자는 '肉(고기 육)', '犬(개 견)', '灬(火, 불 화)'의 3자 합자체로서 본래의 자의字意는 개를 불에 그슬린 고기라는 뜻이다.

동이족은 개를 잡을 때 돼지나 닭처럼 뜨거운 물을 사용하는 것이 아니라 반드시 불에 그슬리어 잡았기 때문에, 뒤에 '然'자의 자의가 '개불고기 연'에서 '그슬릴 연, 태울 연'자로 전의轉意되었다.

동이족은 여름철 삼복三伏에 탈진하면 고단백질의 개를 먹었는데 개를 먹고 나서 '개불고기가 최고'라는 뜻으로 '그슬릴 연'이 '그럴 연'자로 전의되었다고 풀이했다. 그런데 개를 잡을 때 반드시 그슬리어 잡는 풍속을 가진 민족은 세계에서 우리 한민족뿐이다. 원래 중국인들은 개를 먹지 않았다가 중국인들 일부가 중국에 사는 조선족들로부터 개 먹는 법을 배워 개를 먹지만 우리처럼 그슬리어 먹지 않는다.

이와 같은 동이족의 풍습은 초복初伏·중복中伏·말복末伏을 뜻하는 '삼복三伏' 모두에 들어가는 '伏'자에 '犬'자가 들어 있는 것으로도 알 수 있다. 한자는 문자가 만들어지기 이전의 풍습이나 전설이 반영되어 표의 문자로 만들어졌기 때문에 '然'자를 처음으로 만든 민족은 중국인이 아니라 우리의 조상인 동이족이 확연하다는 주장이다.

우리 동이족에게는 이른 시대부터 '일중유삼족오日中有三足烏' 즉 해에는 세 개의 다리를 가진 까마귀가 있다는 전설이 있다. 고구려 고분벽화에도 해를 그리고 그 안에 삼족오를 그려 놓았다. 이로써 '일중유삼족오日中有三足烏'의 전설은 '日'자가 만들어지기 전부터 태양을 숭배하던 동이족에게 전해온 오래된 전설임을 알 수 있다. 곧 삼족오는 동이족에게는 태양신이었다. 따라서 '日'자를 만든 민족은 그러한 전설을 가진 우리의 조상인 동이족이라는 것이다.[292]

그러나 아직도 갑골문자에 대한 의문은 남아 있다. 동이족이 갑골문자 즉 한자를 만든 것은 분명하며 동이족의 후손인 상(은)나라에서 이들을 사용했음에도, 한반도에서는 갑골문자가 발견되지 않는다는 점이다. 이에 대해 이형구 박사는 '동이족에서 분지된 한 분파가 남쪽으로 내려가 중원문화와 어울려 한자를 창조했을 가능성이 있다고 설명한다.[293]

한편 앞에 설명한 용산문화 지역 추평현鄒平縣 정공丁公에서 발견된 11가지 기호가 새겨진 도기 조각에 대해서는 이견이 있음을 덧붙인다. 이 기호들은 도기를 구운 뒤에 새겨진 것으로 어떤 기호는 상하와 좌우로 획을 연결하여 그려진 흔적이 있다. 기호의 새김 모양이 갑골문의 글자꼴과 같아 이것을 동이족이 만들었으며, 문자의 범위에 속한다는 것에는 이견이 없다.

그러나 이것에 대해 중국 고대의 한자와 같은 문자 체계에 속한다는 주장과 중국의 한자와는 서로 다른 문자 체계에 속한다는 견해가 각각 있다. 후자의 경우 동이의 문자가 갑골문과는 기본적으로 체계가 다른 일종의 사망된 문자, 즉 소멸된 문자로 인식하고 있다. 물론 대부분의 학자들은 전자의 견해를 지지한다.

중국사회과학원의 왕외도 정공의 도기 문자와 갑골문은 먼 연관 관계를 가지고 있으며 동일한 근원 체계로부터 발전되어 내려오던 과정 중에 정공의 문자는 일종의 초서체로, 그리고 갑골문은 해서체로 분화되었다고 설명했다. 도기 문자는 갑골문보다 더욱 오래 된 한자의 원조라는 설명으로 결국 한자는 동이족의 산물이라는 뜻이다.[294]

| 우연히 발견한 갑골 |

역사에는 다분히 우연과 열정이 개입하는데 갑골문자가 알려진 것도 매우 이상한 사건과 한 사람의 열정 때문이다.

19세기 말 중국을 방문한 외국인들이 가장 놀란 것은 중국인들이 용골龍骨과 용치龍齒를 매우 중요시한다는 점이다. 용골과 용치는 포유동물의 뼈나 치아 화석을 의미한다.

용골과 용치가 무엇인지를 모르는 중국인들은 이들 화석이 용과 관련된다고 믿었다. 사실 세계적으로 중국처럼 '용龍'에 대한 전설과 신화가 매우 많은 나라는 거의 없다고 볼 수 있다. 『갑골문편』에 수록되어 있는 각기 다른 서법의 '용'자만 해도 36개에 달하며 중국의 황제들은 자신을 '용'의 화신이라고 부를 정도이다.

그런데 중국에서 용골이나 용치가 중요시된 것은 과학적인 연구보다는 한약으로 매우 비싸게 팔릴 수 있기 때문이었다. 한약재로서 용골은 다음과 같이 설명된다.

> 맛이 달고 쓰며 성질이 평주하다. 간을 다스려 양기를 잠기게 하고 정신을 평안하게 하며 진정시키는 효과가 있다. 주로 두통, 어지러움증, 건망증, 불면증, 설사, 학질, 식은땀, 상한傷寒, 이질, 피오줌, 소아배꼽부스럼, 음낭 가려움증, 궤양 등이 효과가 있다.

용치는 용골보다 몇 배나 비싼 가격으로 팔렸는데 효과는 다음과 같다고 알려졌다.

» 성질이 차갑고 경기를 진정시키고 정신을 평안하게 하며 열을 내리고 정력을 약화시키는 효과가 있다. 그래서 지랄병이나 심계(심장이 두근거리는 병), 불면증, 소아경기나 간질 및 기타 진단하기 어렵거나 치료하기 힘든 병을 치료한다.

1899년 말라리아가 북경을 휩쓸었을 때 환자들에게 가장 큰 인기를 끈 치료약은 용골을 갈아 끓인 국물이었다. 말라리아의 독성을 잘 아는 주민들은 너도나도 용하다고 소문난 용골을 구입하는 데 혈안이 되었으나 진짜 포유동물의 뼈로 된 용골을 구한다는 것은 매우 어려운 일이었다. 이때 몇몇 의사들이 가축의 뼈와 거북 껍데기를 용골이라 속여 환자들에게 팔았다.

서지학자이자 관료인 왕의영王懿榮(1845~1900)의 한 친척이 이런 뼈를 집에 갖고 왔는데, 그 표면에 새겨진 수수께끼 같은 금을 자세히 보다가 그것이 고대 중국의 글자임이 틀림없다고 생각했다.

그는 곧바로 의사가 갖고 있던 용골을 몽땅 사들인 후 그 가짜 용골이 어디에서 발견되었는지를 추적했다. 용골이 처음 발견된 곳은 안양현安養縣 소둔촌小屯村으로 밭을 갈다 나온 거북뼈가 비싸게 팔리자 이를 본격적으로 발굴하고 있었다. 그런데 농부들은 발견된 뼈의 표면에 금이

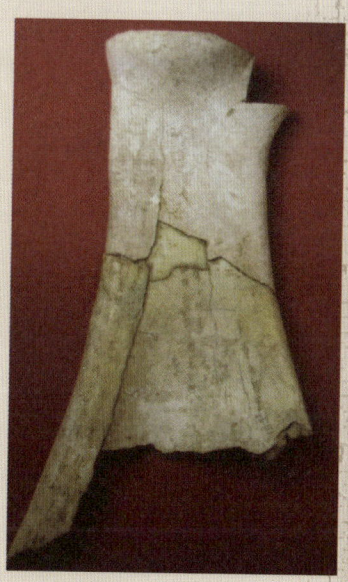

은허 출토 갑골.

있으면 약품으로의 가치가 떨어질
것이라고 여겨 대부분을 문질러 없
앴다. 왕의영의 손에 들어온 뼈는
다행히 금을 지우지 않은 것이었
다.-295

1900년, 서양인들을 배척하는
의화단 사건이 중국에서 발생하자
이를 진압한다는 명분으로 열강의
연합군이 북경으로 진입했다. 연
합군들의 약탈 행위에 분개한 왕의
영은 호수에 투신했다. 그 뒤 왕의
영이 소장했던 1500여 편의 갑골

은허에서 출토된 갑골.

은 그의 친구인 리우어에게 팔렸는데, 그도 갑골에 흥미를 갖고 있었으므로 이 들 갑골을 정리하여 1903년 『철운장귀』라는 책을 출판했다. 이 책은 상대 갑골 문자에 주석을 단 최초의 전문 서적이다. 이후 유명한 고문자 학자인 나진옥羅振 玉이 갑골문을 철저하게 조사하여 소둔촌이 상나라 말기 270여 년 동안 수도였 던 '은허'라고 단정했다.-296

이후 중국 정부는 1928년부터 본격적인 발굴에 들어가 15차례에 걸친 발굴 끝에 2만 4794점의 갑골을 발굴했다.-297 중국이 세계에 자랑하는 한자의 원형인 갑골문자가 세상에 본격적으로 나타나는 계기가 되었다.

제 8 장

새로 보는 고조선(기자조선)

 |  |

제8장

새로 보는 고조선(기자조선)

동이족의 근거지로 인식되는 우하량 등지에서 중국의 역사를 끌어올리는 홍산문명이 존재했고, 이를 '신비의 왕국'이라고 부른다는 것을 설명했다. 또한 대동강(평양)문명, 하가점하층문화(요령성) 및 중심지 이동설을 통해 고조선이 존재했다는 개연성을 설명했다.

2007년부터 발간된 교육인적자원부(현 교육과학부)의 『국사』 교과서가 한반도 청동기 보급 시기를 기존에 알려진 것보다 최대 1000년까지 앞당겨 표기한 것을 감안하면, 연대는 다소 다르지만 서로 긴밀히 연결된다고 설명하는 것이 자연스러운 일이다.

그러나 그동안 신화 형태로 기술돼 온 고조선 건국 과정이 공식 역사로 편입됐다고 하더라도 이들이 어떻게 매끄럽게 연계될 수 있느냐이다. 다시 말한다면 우리의 최초 국가인 고조선과 이들을 어떻게 접목시킬 수 있느냐로 귀결된다.[298] 이들 연계를 이곳에서는 앞에 설명된 국가 성립의 개연성을 토대로 기자조선까지 한정하여 설명한다. 기자조선 이후에 대해서는 그동안 많은 학자와 사료들에 의해 다루어졌기 때문이다. 물론 이해를 돕기 위해 기자조선 이후로 설명되는 위만조선 등이 부분적으로 거론된다.

• **기자조선을 바로 본다**

하나라를 정복한 동이족의 상(은)나라가 기원전 1100년경에 멸망했다고 하더라도 사서에 나오는 위만조선 등과는 거의 1000여 년간의 공백이 생긴다. 이 문제에 대해서는 그동안 논란의 대상인 기자조선이 핵심으로 등장한다. 기자조선을 어떻게 해석하느냐에 따라 고조선사를 포함한 한국사의 체계가 달라지기 때문이다.

기자箕子는 중국에서 상(은)나라와 주周나라 교체기에 고조선으로 망명한 인물이다. 그런데 고려와 조선 시대에는 기자조선의 실체를 인정하였지만, 일제강점기를 거쳐 광복 이후의 사학계는 이를 부정하는 견해가 지배적이었다. 2007년 중학교『국사』교과서에는 '도움글'로 문헌에 나타나는 고조선은 단군 조선 – 기자 조선 – 위만 조선으로 정치적 변화를 거친다고 했지만 본 단원에서의 설명은 기자조선이 빠

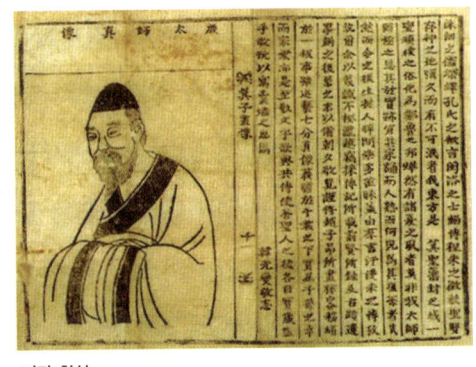

기자 화상.

진 채 고조선(단군조선)과 위만조선만 언급돼 있다.

기자에 대한 이야기는 한나라 초기 복생이 쓴 『상서대전』에 처음 나온 이래 사마천의 『사기』, 1세기 중엽의 반고가 쓴 『한서』에 등장한다. 2세기 중엽의 『위략』에서는 고조선의 왕을 기자의 후손으로 기록했고, 진수의 『삼국지』에는 고조선 준왕을 기자의 40여 대 후손으로 적었다. 한국의 자료로는 『삼국유사』, 『고려사』, 『기자지』, 『기자실기』, 『기전고』, 『진단통기』, 『오주연문장전산고』 등에서 기자가 주나라로부터 조선 왕으로 봉해졌으며, 기자 무덤을 찾게 하고 사당을 세우고 제사 등을 지냈다고 적었다.

일반적으로 근래까지 기자는 우리 역사에서 실존 인물로 받아들여졌다. 신라 후기 당나라에 유학했던 최치원은 기자동래설을 인정했으며, 고려 숙종 7년(1102) 평양에 기자 사당이 세워지고, 명종 8년(1178) 기자묘에 유향전油香田이 배당되는 등 기자를 국가적 행사로 존중했다. 조선은 국호 자체가 기자 존숭을 의미했는데 정도전은 『조선경국전』에서 기자조선의 계승자라는 의미에서 국호를 조선으로 정했다고 적었다.

그런데 일제강점기 이후 해방이 되자 학계에서는 기자조선의 실재를 부정하는 '기자부정론'이 제기되었다. 이는 기자조선에 대한 엄밀한 학문적 연구 성과의 결과이기보다는 이민족인 중국인이 기자조선을 건국했다는 사실을 받아들일 수 없다는 감정적인 차원이라고 이덕일은 적었다.[299]

한편 북한의 경우는 대동강 중심설을 기조로 하므로 기자조선을 원천적으로 부정한다. 『조선전사』에 의하면 우리의 선조들이 자신의 힘으로 문명을 개척하고 발전시켜왔는데 고조선 문명이 외국인에 의해 시작되었다니 도대체 무슨 이야기냐고 반문한다.

북한 측은 기자의 동래로 인해 고조선 문화가 혁신적인 변화를 보이지 않았고, 평양에 있던 기자묘를 발굴했더니 후세에 넣은 것이 분명한 벽돌 조각과 일부 도자기 조각이 나왔다고 주장했다. 요컨대 기자가 조선에 왔다는 설은 중국의 영향을 받은 사대주의자에 의해 그들의 선조가 중국의 뼈대 있는 집안 출신이라는 것을 보이려는 것에 다름 아니라고 혹평했다.—300

그런데 기자조선 역사를 실재로 인정하지 않으면 상(은)나라 사람 기자가 고조선을 지배했다는 이민족 지배의 논리를 부정할 수 있지만 단군조선도 부정될 수 있다는 데 한국 측의 고민이 있는 것이다. 즉 기자조선을 역사적 실재로 인정하지 않는 연장선상에서 단군조선도 자연적으로 부정되기 때문이다. 기자조선을 풀지 않으면 한국의 고대사는 엉뚱한 방향으로 튈 수 있는 럭비공이 될 수도 있다는 뜻이다.

반면에 중국의 경우는 우리와 경우가 다소 다르다. 범문란范文瀾처럼 기자조선은 역사적인 사실이 아니라 전설에 지나지 않는다는 학자도 있지만, 동북공정에 참여한 학자 중에서 기자를 부정하는 사람은 거의 없다. 그들이 이와 같이 기자를 역사적인 사실로 보는 이유는 기자가 상(은)을 떠나 중국 동북지방에 '동천'하여 세운 조선이 이 지역 국가의 시작으로 간주하기 때문이다. 한마디로 기자조선 이전에 동북지방에 한민족의 국가는 존재하지 않았다는 것이다.

우선 중국이 발간한 세계사를 보면 중국의 한국 고대사에 대한 인식을 알 수 있다. 1997년에 발간된 『세계통사世界通史』에 의하면 다음과 같이 기술되어 있다.

》 조선반도에서 최초로 건립된 국가 정권은 중국 서주西周가 반도 북부에 분봉한 기씨조선이다. 서한 초 연인燕人 위만이 이를 대신한 후 반도 남방에서

진국이 흥기했다. 한 무제는 위씨조선을 멸한 후 그 구토에 군현제를 실현했다.

2005년 발간된 『세계사강世界史綱』에는 다음과 같이 기록하고 있다.

» 구석기시대 이래 조선반도는 대륙과 긴밀한 관계를 가져왔다. 반도에 출현한 신석기시대 거석문화는 대륙 요동, 산동 등지와 동류 문화로 기본상 일치한다. 서남부 지역 북부에는 대륙 문명의 영향이 비교적 심해 가장 일찍이 '고조선'이란 국가가 출현했다. 서한 초년(기원전 196년) 중국 연인 위만이 천여 인을 거느리고 고조선으로 옮겨 이르렀다. 뒤에 국도 왕검성(지금의 평양)을 점거하고 찬위하여 자립해 위씨조선을 세웠다.

『세계사강世界史綱』에서 기자, 기씨조선 대신 고조선이라는 명칭이 등장하는데 그 다음으로 위만이 왕위를 찬탈하여 위씨조선을 세웠다고 기술했다. 여기서 고조선과 위씨조선은 다른 나라로 서술되어 있어 고조선은 기자가 세운 조선만을 가리키는 용어로 등장한다.

이들 설명의 주류는 단군으로 상징되는 시기의 한반도 문화는 중국의 하왕조夏王朝와 무관한 것으로 보면서 고조선의 시원을 모두 중국에서 온 이주자에서 찾고 있다는 점이다. 그 예로서 북경대학에서 출판된 『중한관계사』가 있다.

» 기자가 건국하기 전에 한반도의 거주민과 중원의 하 왕조 간에는 아직 직접적인 관계는 없었던 것으로 보이며, 당시 한반도는 원시 말기와 씨족부락에서 부락연맹으로 발전하고 있던 시기로 이 시기 고조선의 사회발전 상황은

고려 왕조 시기에 편찬된 『삼국유사』의 단군신화에 전한다. 또 풍백, 우사 등의 관직으로 보아 이들은 농업을 주업으로 한 씨족이었음을 알 수 있다.

그러나 위의 설명과는 달리 기자조선 이전에도 중국의 영향을 강조하는 견해가 많이 있는데 이들 대부분은 고조선은 현재 중국 동북지역이 아니라 압록강 이남지역을 가리킨다는 것이다.

》 하 왕조를 대체한 은나라 사람들은 동이족의 한 갈래로서 그들은 단군 고조선 시대의 씨족부락과 일정한 교류를 하고 있었으며, 이들 중 요서 지역에는 은 왕조의 제후국과 기국箕國이 있었다. 1973년 요령성 객좌필 좌익기 몽골족 자치현에서 발견된 방정方鼎의 '箕侯亞口'라는 명문은 기후箕侯의 존재를 증명한다. 또 기록에 의하면 기씨 부족은 은나라 멸망 후 기자를 따라 동쪽으로 한반도 북부에 있던 고조선지역으로 이동하고 그곳에서 기자조선(고조선)을 건립했다고 하는데, 이처럼 역사서에서 가장 먼저 나타나는 고조선은 압록강 이남지역의 한반도 북부를 가리키는 지역명이다.

여기서도 기자의 동천을 사실로 보고 객좌현의 기후방정은 기국의 근거자료로 인식했다. 한마디로 기자는 본래 요서를 근거지로 하는 부족 중 한 명으로 이들이 동천하여 한반도에 들어가 세운 나라가 기자조선이라고 설명한다. 그러므로 단군신화로 상징되는 그 이전 시기의 사람들은 기자와 함께 한반도로 들어간 사람들과 융합되어 갔다는 것이다. 이는 한반도의 한국 사람들이 본래는 중국인의 속성을 갖고 있다는 것으로도 설명하는 것이 되며, 한국인들이 주장한 중국 동북부의 고조선은 한국인들과 관련이 없다는 것을 의미한다고도 볼 수 있다. 기후방정에 대해서

는 뒤에서 다시 설명한다.-301

이와 같은 중국인들의 기자조선을 비롯한 고조선에 대한 관심은 고조선, 즉 단군조선의 실체를 인정해서가 아니라 '기자동천' 및 기자조선의 역사성을 더욱 강화하기 위한 전제임을 인식할 필요가 있다.

특히 근래 중국학자들은 심지어 고조선을 국가라는 정치체가 아니라 중국의 고민족古民族으로 보고 있다. 즉 '기자가 조선으로 갔다'라는 말도 기자가 도착하기 전부터 조선이라는 국가가 있었던 것이 아니라 고조선족이 이미 살고 있었다는 것으로 해석한다. 이는 기자의 동래를 역사적 사실로 이해하기 위해서 그보다 앞서 고조선족을 인정해야 하기 때문이다.-302

한국에서 고조선은 물론 기자조선 자체에 대한 논란이 벌어지는 상황이지만 기자조선에 대한 연구가 백지 상태인 것은 아니다. 우선 이해를 돕기 위해 기자를 둘러싼 여러 가지 주장을 먼저 설명한다.

충남대 김상기 교수가 동이족이 이동해 한민족을 형성했다고 주장한 이래 천관우 교수는 기후箕侯 세력의 실체를 인정하고 기자는 동이이며 기자집단을 뜻한다고 설명했다. 천관우에 따르면 기자족은 상나라를 떠나 그 일부가 요서 지역으로 이동하여 백이와 숙제의 나라인 난하 하류의 고죽국 근처에 한동안 정착했는데 그곳이 조선이었다고 설명했다. 그리고 기자는 언젠가 세상을 떠났으나 기자족은 계속 이동하여 친연성이

갈석산.

있는 대동강 하류에 도달했으며 이들이 한국인을 형성하는 요소 중에 하나가 되었다는 것이다.[303]

한편 단국대 윤내현 교수 등은 과거에 기자부정론은 사료에 대한 고증이 부족한 상태에서 고조선의 강역을 한반도 북부 대동강 유역으로 한정하고 기자조선이 고조선을 대체한 국가로 잘못 이해했기 때문에 비롯된 일이라고 지적했다. 사실 사료의 진위여부를 떠나 기자가 대동강 유역에 기자조선을 세웠다면 대동강 유역에 적어도 기자와 관련되는 상(은)나라 유적이 발견되는 것이 기본이다. 그런데 상(은)나라 유물들이 출토되는 지역은 산동성과 요령성이고 한반도에서는 전혀 출토되지 않는다.[304]

그러므로 윤내현 교수는 기자가 망명한 곳은 고조선의 서부 변경인 지금의 난하 유역으로 산동반도의 갈석산에서 멀지 않은 곳이라고 설명했다. 기자는 그곳에서 자리를 잡고 고조선의 거수국渠帥國(중국식으로는 제후국)이 됐다는 것이다.[305]

한가람역사문화연구소 이덕일 소장은 '기자가 무왕에게 조선의 제후로 봉함을 받았다 할지라도 무왕의 신하가 아니었다는『사기』의 기록을 볼 때 조선은 무왕의 지배 아래 있는 나라가 아니었고 기자 역시 광대한 조선의 일부 지역의 제후에 불과했다'고 설명한다.

한편 이기환은 홍산과 하가점하층문화를 만든 동이족의 일부가 하나라를 멸망시키고 상(은)나라를 세웠는데, 상나라가 멸망하자 기자가 유민을 데리고 과거 동이족이 근거했던 본향으로 돌아갔다고 설명한다. 이 설명에는 동이족이 상(은)나라를 지배할 때도 원류인 고조선은 계속 존재했다는 설명으로 기자조선이 본류인 고조선을 대체했다고 말한다.

큰 틀에서 이러한 주장들은, 조선은 물론 실체로서의 고조선을 인정하는 것으로 볼 수 있다. 이들 주장이 어떻게 나올 수 있었는지를 보다 구체적으로 설명하되 기자조선에 대한 반론도 함께 다룬다."[306]

• 기자조선의 증거

한국에서는 기자부정론이 주류를 이루고 있을 때 중국이 기자에 대한 동천 사실을 강력하게 주장할 수 있었던 것은 한국인의 선조로 알려진 동이족의 근거지에서 기자에 대한 증거들이 속속 발견되어 학계를 발칵 뒤집어 놓았기 때문이다. 중국은 이들 증거를 중국인인 기자가 중국 동북방 및 한반도를 통치하였다는 데 결정적인 증거로 활용한 것이다. 중국이 제시하는 증거가 무엇인지 먼저 그 실상을 적는다.

요령성에서 상·주 시대의 청동기와 정동예기 교장갱(물건을 임시로 묻어둔 구덩이)이 발견되기 시작했다. 대부분 요서 지역에서 집중적으로 발견되었으나 일부는 요하 부근에서도 발견되었다.

이중 요령성遼寧省 객좌현喀左縣에서 70여 점의 청동기가 발견되었는데 출토 지점은 대릉하 양안의 30킬로미터 범위 안에 밀집되어 있다. 학자들이 주목하는 것은 상·주대의 청동예기가 하가점하층문화 분포 범위 내에서 그것도 객좌현 일대를 중심으로 요하 유역 및 내몽고 지역까지 분포되고 있다는 점이다. 이들은 보통 교장갱 상태로 발견되며 토기 등 생활과 관련된 여타의 유적들은 함께 출토되지 않는다.

교장갱이 발견되는 곳의 입지 주변에 거주지가 있는 점을 감안할 때 이들 주민들이 무슨 연유에서인지는 불분명하지만 청동기를 묻었다는 것이다. 청동기를 매장한 방법도 다른데 객좌현 북동촌의 경우 아주 정연하게 묻어 제사 행위를 한 후 묻은 것으로 추정된다. 반면 산만자山灣子

1973년 한 농부에 의해 기후방정이 발견된 요령성 객좌현 대성자에 있는 작은 구릉(위)과 기후방정(아래).

등에서 발견된 것은 난잡하게 흐트러져 있었다. 이는 제사 행위와는 관련이 없다는 것으로 설명된다.

대릉하에서 명문이 있는 동기는 32점이 나왔는데 이는 출토된 청동기의 3분의 1에 해당한다. 주된 내용은 고죽孤竹·언匽(=연燕), 채蔡 등 인근 사방의 국명과 은말~주초의 족명 등이 새겨져 있다. 이는 여러 씨족들이 이곳

으로 이동해 왔음을 의미한다.[307]

이중에서 가장 주목받은 것은 소위 고죽이란 명문과 기후의 명문이 적혀 있는 기후방정箕侯方鼎이다.

문화대혁명이 대륙을 강타하고 있던 1973년 3월. 요령성 객좌현 대성자大城子에서 남쪽으로 15km 떨어진 대릉하大凌河 유역 남안의 작은 구릉, 즉 고산孤山 북동촌北洞村에서 채석작업을 벌이던 농부가 자신이 발견한 것을 관청에 신고했다.

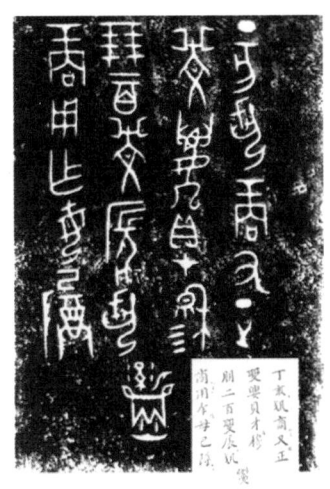

기후방정에 새겨진 명문.

그는 지표면에서 불과 30센티미터 밑에서 모두 6점의 상(은)나라 시대 청동기가 질서정연하게 놓여 있다고 알렸다. 청동항아리 1점과, 청동제 뢰罍(술그릇) 5점이었는데, 모두 주둥이가 위를 향해 있었으며, 제2호 청동 술그릇의 주둥이 안에 이상한 문자 6개가 새겨져 있었다.

이들 6자 가운데 3, 4번째 글자는 '고죽孤竹'이라 읽는다. 그런데 '고죽' 두 자는 1122년 송나라 휘종이 출간한 『박고도록博古圖錄』과 『상하이 박물관 소장 청동기 부록(1964년)』에 수록된 상(은) 청동기 명문에도 발견된다. 항아리의 무늬와 형태는 갑골이 쏟아진 안양 은허殷墟 유적에서 나온 상(은)나라 말기의 청동 술그릇과 같았다.

같은 해 5월, 이 교장갱을 정리하던 조사단은 최초 출토지 바로 옆의 구덩이에서 상(殷)말주초의 청동기 6점을 또다시 발견했다. 방정方鼎(사각형 솥), 뢰, 대취발형기帶嘴鉢形器(물 따르는 그릇) 등이 하나의 세트로 일정한 규율을 갖추고 있었다. 방정은 높이 52센티미터, 입지름 30.6×40.7센티미터, 다리 높이 19.6센티미터, 무게 31킬로미터나 되는 매우 큰 것으로 북쪽 내벽에 4행 24자, 바닥 중심에도 4자의 명문이 새겨져 있었다.

학자들은 이들 명문 중에서 '기후箕侯'라는 글자를 확인하고 놀라지 않을 수 없었다. 그들은 두 명문을 근거로 '고죽'과 '기후'를 은나라 북방에 자리 잡았던 2개의 상린제후국相隣諸侯國(인접해 있던 제후국)이라고 추정했다.[308]

'기箕'명이 있는 청동기는 상말~주초의 청동기 유적에서 제일 많이 발견되는 금문金文 동기 가운데 하나로, 상말~주초부터 춘추시대에 이르기까지 계속해서 제작된 것으로 산동성 관내에서 출토되었다.

따라서 오늘날의 산동성 동남쪽이 당시 기족집단의 근거지였을 확률이 높으며, 이들이 요령성 객좌현 일대에서 발견된다는 사실은 기국의 한 집단이 이동했다는 사실을 암시해준다.[309] 기자箕子와 기씨箕氏 또는 기족집단을 분리하여 설명하기도 한다. 일반적으로 기자는 건국자를 가리키고 기씨라 할 때는 기자와 그 후손들을 가르키는 의미이다.

그러나 중국의 전랑운傅朗雲은 기자는 은나라의 대신이고 기족은 은나라 때 동북 지구에 거주

한 대종족으로 객좌현에서 출토된 청동기는 기족집단이 이 지역을 먼저 개척했다는 방증이며 이로 인해 기자의 동천東遷이 가능했다고 주장했다.[310]

기자가 동천하여 먼저 고죽 부근으로 갔다가 그 후 다시 고조선으로 옮겨간 이유에 대해서는 다음과 같이 설명한다. 기자를 수령으로 한 기자 집단이 고죽족 부근 지역에서 활동했을 때 그들의 역량이 너무 작아 연후燕侯의 통제 하에 예속되어 독립적으로 활동할 수 있는 권력이 없었다는 것이다. 이런 사실은 기자가 동천한 목적과는 배치되는 것이다. 원래 기자가 동천한 것은 상(은)을 하나의 모델로 삼아 동북부에 하나의 군자국을 건설하는 것이 목적이 있었기 때문이다.[311]

그런데 이와 같이 기자와 고죽을 하나로 연결시킨 사람은 중국인이 아니라 한국 학자이다. 중국학자들은 이들 청동기의 발견으로 중국학계는 '고죽'명은 문자 그대로 고죽국으로 보았으나, '기후箕侯'명 청동기(기후방정箕侯方鼎)를 '기자箕子'와 연결시키지는 않았다. 당시에 중국학계 주류는 당대의 한국 주류학자들의 의견과 마찬가지로 기자가 한반도 대동강까지 건너와 기자조선을 세웠다고 보았기 때문이다.

그런데 이들 발견이 있은 지 얼마 되지 않은 1979년 한국에서 이들 유물을 근거로 기자조선을 새로운 시각으로 바라보아야 한다는 점을 이형구 교수가 「기자조선은 실존했었다」는 주장을 통해 제기했다. 그가 주장한 주제는 두 가지로, 첫째 이들 청동기를 볼 때 기자조선은 실재했으며, 둘째 기자조선이 그동안 알려진 대동강이 아니라 발해연안 북쪽에 위치했다는 것이다.

이형구 교수의 주장이 한·중·일에서 크게 반향을 일으킨 것은 그동안 기자조선이 실존하더라도 기자조선은 대동강 유역에 존재했다고 비정

했는데 요령지방에 있었다고 주장했기 때문이다.―312

• 기자는 동이족

학자들이 주목한 것은 이들 청동기가 발견된 지점이 대릉하大凌河와 그 지류가 서로 만나는 지점의 구릉 위라는 점이다. 이는 이들 교장갱이 모종의 특수 목적에서 만들어졌다는 것을 의미한다. 즉, 지배층이 하늘신 혹은 조상신에게 제사와 같은 의례를 행하고 매장한 예기일 수도 있다는 것이다.

더욱 흥미로운 대목은 상(은)의 왕족인 기자箕子와 고죽국의 왕족인 백이伯夷·숙제叔齊이다. 이 세 사람은 공자에 버금가는 군자로 불리었는데, 이들의 태어난 지역이 바로 군자의 나라인 동이 지역이다. 엄밀한 의미에서 이들 모두 동이의 후예라는 설명이다. 공자가 일찍이 '은에는 미자微子와 기자, 비간比干 등 3인仁이 있었다'고 말한 것으로도 유명하다. 여기서는 기자에 대해서만 설명한다. 『사기』〈송세가〉에 다음과 같은 글이 있다.

》 기자는 주紂왕의 친척이다. 기자는 주왕이 처음으로 상아 젓가락을 사용하기 시작하자 장탄식했다. "상아 젓가락을 쓴다면 조금 뒤엔 보옥寶玉으로 된 배杯(잔)를 만들 것이고 그 후에는 지방의 진귀한 물자를 욕심낼 것이다. 더 조금 뒤엔 수레와 말, 궁실의 사치로움이 도를 넘어 그 폐해는 구제할 길이 없을 것이다."

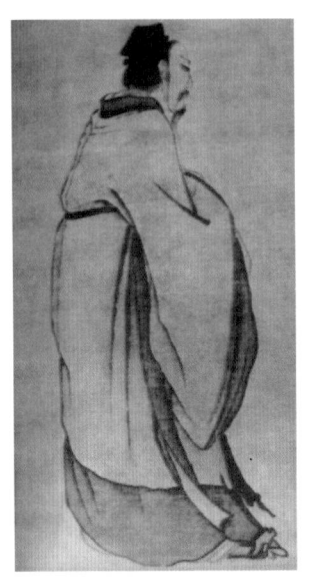
주나라 무왕.

기자는 주왕에게 간언을 하였으나 통하지 않자 머리를 풀어헤치고 미친 척했다. 그러다 주왕에게 들켜 노예가 되었다. 풀려난 뒤에는 슬픔에 잠겨 거문고를 두드리며 세월을 보냈다.

주나라 무왕이 상(은)을 멸한 지 2년 뒤 기자를 찾아오자, 기자는 '홍범구주洪範九疇(백성을 안정시키는 하늘의 큰 법칙 9가지)'를 설명했다.

기자는 "정치란 하늘의 상도常道인 오행五行·오사五事·팔정八政·오기五紀·황극皇極·삼덕三德·계의稽疑·서징庶徵·오복五福 등 구주九疇에 의해 인식되고 실현된다"고 설파했다.

한 수 지도 받은 무왕은 기자를 조선朝鮮에 봉했는데 그를 신하의 신분으로 대하지 않았다(武王乃封箕子於朝鮮, 而不臣也)고 사마천은 『사기』에서 적었다. 이 기록이 바로 한민족사에 엄청난 논란을 일으키고 있는 대목이다.

전자의 해석이라면 무왕이 기자를 조선 땅에 봉하면서 신하로 여기지 않을 만큼 존경했거나 아니면 조선을 주나라의 제후국으로 여기지 않았다는 뜻이 된다. 그런데 학자들은 '이불신야而不臣也'라는 대목은 "기자가 조선 땅에 봉해졌지만 신하 되기를 거부했다"고 해석할 수도 있다고 설명한다. 이 해석이라면 조선에 봉했지만, 기자가 주나라 제후국임을 거부하고, 독립된 나라를 세웠다는 얘기가 된다.

여기에서 기자가 봉해진 조선이 어디인가가 핵심 사항이다.

중국학계에서 '기후箕侯'명, '고죽孤竹'명 청동기가 문제되었던 것은 기자가 상(은)나라 유민을 이끌고 한반도 대동강 유역에 둥지를 틀었으며 그것이 바로 기자조선이라고 보았는데, 청동기가 발견된 요령성 객좌현이 바로 기자조선의 근거지라고 새롭게 비정되기 때문이다.

사실 한국사에서 기자는 비운의 인물이라 해도 과언이 아니다.

『구당서』〈동이전 고려(고구려)전〉에 "음식을 먹을 때~ 기자箕子의 유풍이 남아 있다. 기자신箕子神을 모신다" 등의 내용이 있다. 『제왕운기』는 전기조선-후기조선-위만조선기로 인식했는데, 전기조선의 시작을 단군, 후기조선의 시작을 기자로 보았다. 소중화小中華 의식이 강했던 조선에서 기자는 고조선의 시조로 추앙되기도 했다.

하지만 일제 강점기에는 양상이 180도 바뀐다. 일제가 대대적인 '고조선사' 말살작전에 나서 시라토리 쿠라키치白鳥庫吉는 『단군고』에서 '단군사적은 불교설화에 근거하여 가공스러운 선담仙譚을 만든 것"이라고 말하는 것은 물론 기자의 기록이 조작되었다고 했다. 일제가 강조한 것은 '중국과 조선민족은 아무 관련이 없다'는 설명이다.

일본이 이와 같이 '모화사상慕華思想 타파'의 기치를 올려 고조선의 존재를 부인한 것은 대륙 침략을 앞두고 내선일체內鮮一體, 즉 일조동조론日朝同祖論을 펴기 위한 방편에 지나지 않았다. 물론 민족주의 사학은 그 나름대로 민족사의 유구함과 주체성을 강조하기 위해 독립투쟁의 수단으로 단군을 부각시켰다. 단재 신채호 선생이 그 경우다.

해방 후에도 기자는 비운의 인물이 된다.

단군과 단군조선이 신화로 변질되자 기자와 기자조선도 완전히 부정되었다. 한반도 대동강까지 중국인(기자)이 와서 나라(기자조선)를 세웠다는 것을 인정할 수는 없다는 뜻으로도 인식된다.[313]

• 기자조선을 밝힌다

기원전 1027년(1046년으로 비정하기도 함), 주나라 무왕에 패배한 상(은)의 주왕紂王이 분신자살함으로써 동이족 국가 상(은)의 역사는 종식된다. 이는 동북아 고대사의 판도를 뒤바꾼 대사건이었다.

이 당시의 정황은 다음과 같다.

상나라 말기에 주나라는 문왕 희창姬昌이 강상姜尙의 보좌를 받으면서 인재를 끌어들여 강성해지기 시작했다. 당시 주나라는 오늘날의 감숙성 甘肅省까지 지배하고 있었으므로 상나라 문화와 서역의 초원지대 문화가 혼합되었기 때문에 상나라보다 먼저 전차를 사용하였다. 이들은 상나라보다 더 많은 말을 보유하고 있었으며 전차 제작기술도 우수했다.[314]

주나라가 변방 국가와 연맹해 상나라를 고립시키려고 하자 이에 위협을 느낀 주왕紂王은 한때 문왕을 감금하기도 했다. 문왕의 뒤를 이은 무왕 희발은 동조자들을 모아 상나라와의 마지막 결전을 준비하고 있었지만 문제는 명분이었다. 주나라가 아무리 강력한 전력을 갖고 있더라도 상나라의 제후국이었으므로 상나라를 공격한다는 것은 간단한 일이 아니었다.

이때 호시탐탐 상나라를 공격할 명분을 찾고 있던 무왕에게 절호의 기회를 주왕紂王이 만들었다. 주왕의 행동은 제국의 지도자로서 문제점이 많다는 것이다. 전해지는 바에 따르면 그는 대표적 폭군으로 알려져 있는데 그의 행동은 그야말로 놀랍기 그지없다.

》 주왕은 처음 미자, 비간, 기자 등의 도움을 받아 선정을 베풀었으나, 유소씨 有蘇氏가 바친 미녀 달기를 사랑한 뒤부터 폭군이 되었다. 그는 세금을 무겁

게 물리고 궁을 넓혀 주지육림酒池肉林을 만들고 외설적인 향락에 빠져들었다. 주왕은 대신인 구후九候의 딸이 미인이라는 소문을 듣고 비妃로 삼았는데 정숙하고 외설을 좋아하지 않았기 때문에 그녀를 죽인 것은 물론 아버지인 구후를 해醢(소금에 절인 고기)로 만들었다. 대신인 곽후가 이를 강력히 간하자 그는 곽후를 포脯(말린 고기)로 만들었다.

또한 주왕이 자신의 행동을 간한 익후翼候는 자炙(불고기), 귀후鬼候는 포, 매백梅伯은 해로 만들었다는 기록도 있다.

더불어 주왕을 거론할 때 반드시 빠지지 않는 사람이 있는데 바로 달기이다. 달기가 죄인이 포락형炮烙刑(기름 바른 구리 기둥을 불 위에 걸치고 그 위를 맨발로 걷게 하는 형)을 받아 불 속에 떨어지는 것을 보고 미소를 짓자 달기의 미소를 보기 위해 포락형을 계속 명령했다고 전해진다.

주왕에 대한 신임이 점점 떨어지고 있는 차에 결정적인 사건이 벌어진다. 주왕이 신하인 황비호의 아내 경씨耿氏를 희롱하려다 거절당하자 그녀를 해로 만들어 황비호에게 주었다. 이에 비호가 크게 노하여 대군을 이끌고 반란을 일으키자 상나라를 공격할 명분을 찾고 있던 주周의 무왕武王은 연합군을 이끌고 기원전 1027년 하남성 목야牧野(하남성 급현汲縣

그림으로 나타낸 포락형의 한 가지.

주나라 문왕(왼쪽)과 서주 왕궁터(오른쪽).

부근)에서 대치한다.-³¹⁵

무왕은 주나라의 수도인 풍읍豊邑(산시성 기산岐山) 부근에서 전차 300대, 갑사甲士 4만5000명을 직접 이끌고 출정했다. 그러자 주왕의 학정에 못이긴 상(은)의 제후들도 전차 4000여 대를 지원했다.

상의 주왕도 17만 대군을 동원했다. 당시에 사용된 병기는 당대의 최첨단 무기로 과戈, 모矛, 칼, 활, 극戟 등의 병기가 사용되었으며 경차輕車, 광차廣車, 융차戎車, 충차衝車 등의 전차도 동원되었다. 전차는 하왕夏王 계啓가 지휘한 '감지전甘之戰'에서 처음 사용됐는데 이후 전쟁의 규모가 점점 커지자 국력의 잣대로도 평가되었다. 전차는 거의 1000년 동안 고대 전투에서 주도적인 역할을 했지만 한나라 이후 기병의 출현과 함께 사라진다.

여하튼 이 전투가 중국 고대 전쟁사에서 가장 유명한 전투의 하나인 '목야지전牧野之戰'이다.

주의 무왕은 전투가 벌어지기 직전 상나라 주왕의 죄를 토벌하는 목적이라며 군대를 격려하고 사기를 드높였다. 무왕은 여망呂望(강상, 강태공)으로 하여금 2만의 정예군을 이끌고 빠른 속도로 상나라 군대를 공격하라고 명했다.

객관적으로 보면 상나라 주왕의 전력이 압도적으로 우세했으나 문제는 민심이었다. 주왕은 17만이라는 대군을 거느렸음에도 군대에서 이탈이 생기기 시작했고, 특히 노예로 편성된 장병들은 주나라의 군대를 공격하기는커녕 오히려 상의 정규군을 향해 공격했다. 결국 상의 주왕은 크게 패하여 철수했지만 여망은 계속 상나라 수도를 공격했다. 결국 주왕은 도망갈 길이 없자 녹대鹿臺를 불 질러 자살하면서 상나라는 멸망했다.

목야지전은 중국에서 매우 중요시하는 전투인데 주 무왕이 사용한 전술과 전차의 활용법이 그 후 진시황제의 진과 한에 이르기까지 고대 전투의 기본 전형이 되기 때문이다. 무왕이 사용한 전술이란 적이 자중지란 상황에 있다는 사실을 포착하자마자 속전속결로 상대방을 철저하게 분쇄하는 것이다.

어느 경우나 마찬가지이지만 상나라가 멸망했다고 해도 백성들이 고분고분하게 승리자에게 모두 흡수되는 것은 아니다. 그것은 주의 무왕이 승리하자 상나라 병사들을 무자비하게 학살하여 나무가 떠다닐 만큼 피가

상나라 주왕의 능.

흘렀다는 기록으로도 알 수 있다.

    무왕이 목야전투에서 승리했지만 상나라의 반격을 가장 우려했다. 그래서 무왕은 황하 유역의 중심부를 차지한 후 곧바로 호鎬와 낙洛에 성채를 쌓았다. 훗날 주나라는 상나라 백성들이 무왕을 해방자로 환영했다고 하지만, 이들 성채는 상나라 유민들의 반발을 두려워해서임이 틀림없다.-316

    기자로 돌아간다. 앞에서 설명되었지만 무왕이 기자를 조선에 봉하면서(武王乃封箕子於朝鮮), 그를 신하로 여기지 않았을 만큼(而不臣也) 경외했다는 기록이 있다. 이 기록은 해석에 따라 기자가 무왕의 신하가 되기를 거부했다(不臣)는 뜻으로도 설명된다는 것을 이야기했다. 이는 기자를 무왕이 완전히 복종시키는 데 실패했다는 것으로도 설명된다.

    기자는 폐허로 변해버린 은허殷墟를 지나면서 다음과 같은 맥수지가麥秀之歌를 짓는다.

보리이삭은 잘 자랐고
벼이삭도 기름지네.
전날 그 교활한 아이는
나를 미워했었지.

    교활한 아이란 상의 마지막 왕 주왕紂王을 뜻한다. 그 노래를 들은 상나라 유민들이 기자와 함께 눈물을 흘렸다고 하는데 이는 상나라 백성의 민심이 주나라에 결코 호의적이지 않았다는 것을 의미한다.

    이를 반영하듯이 상나라 제사를 이은 무경(주왕의 아들), 관숙과 채숙이 반란을 일으킨다. 이 반란에 호응한 사람들이 망국의 한을 품은 상나라 사람들로 동이족 계열인 회이淮夷(산동 남부 지역의 동이족)이다.

그러나 반란군은 진압되었다. 상나라 백성을 이끈 무경과 관숙은 살해되었고 채숙은 추방되었다. 반란이 진압되자 주나라 성왕은 상나라 세력을 둘로 분리시켰다. 공자가 거론한 상(은) 말기의 삼인三仁의 하나인 미자微子를 상 왕조의 후사로 삼았는데, 그것이 바로 송宋나라. 또 주 무왕의 다른 동생인 강숙康叔은 유민과 은허를 맡았는데 그것이 위衛나라다.

기자를 조선에 봉했다는 기록으로 다시 돌아간다.

『사기』에 따르면 기자는 분명히 조선에 봉해졌다고 기록되었다. 이는 기자가 승리자인 주나라 무왕을 떠났다는 것을 의미한다. 그렇다면 기자가 주나라의 제후국에 봉해진 것을 감사하게 생각하며 조선으로 떠났는가라는 문제가 남는다. 중국인들은 당연히 조선이 제후국이라고 설명하지만 이형구는 이 문제에 다른 의견을 제시한다. 그의 설명이 매우 흥미롭다.

» 주나라의 제후국 이름을 보면 한결같이 진·한·위·노·제·송·채 같은 단명單名이다. 그런데 조선朝鮮은 복명이다. 전통적으로 중국에서는 자기 영역 밖의 종족이나 나라에 대해서는 복명을 사용했다. 조선, 선우, 중산, 흉노, 선비, 오환 등을 보면 알 수 있다. 이에 의하면 주나라는 기자와 기자조선을 외국으로 간주했다.

• 기자는 본향으로 갔다

앞에서 설명한 기후箕侯와 고죽孤竹 명이 있는 청동기가 거의 같은 장소에서 발견되었다는 것은 두 제후국이 시간차를 두고 존재했다는 것을 의미한다.

더구나 은말주초殷末周初의 명문 청동기는 북동北洞지역에서만 발견된 것이 아니다. 산만자山灣子·소전자小轉子·소파태구小波汰溝와 의현義縣 초호영자稍戶營子 교장갱 등에서도 발견되었다. 이것이야말로 기자가 어디를 근거지로 삼았는지 추정할 수 있는 중요한 자료가 된다. 우선 기자가 어디로 향했는지를 추정해보자.

1930년대 은허 발굴을 총지휘한 부사년傅斯年은 『동북사강東北史綱』에 다음과 같이 적었다.

》 상(은)의 선조가 동북에서 황하 하류로 와서 나라를 건국하고, 상이 망하자 기자箕子가 동북(고향)으로 돌아갔다.

중국의 유명한 역사학자인 왕국유王國維도 '상(은)이 망한 뒤 기자는 선조의 땅으로 돌아갔다'고 했고, 명나라 사람인 함허자涵虛子는 『주사周史』를 인용하면서 '기자는 중국인(즉 상(은)나라 유민) 5000명을 이끌고 조선으로 들어갔다'고 했다.

기자가 동북으로 옮겼다는 기록은 계속된다. 『수서隋書』〈배구전裵矩傳〉에도 '고려(고구려)의 땅은 본래 고죽국이었다. 주나라가 기자를 조선에 봉했다'고 적혀 있다. 이 말은 기자가 상(은)의 백성들과 함께 험난한 연산燕山을 넘어 도착한 곳이 그들의 본향인 고죽국, 바로 조선 땅이라는 설명이다.[317]

여기에서 기자가 본향이라고 찾아간 고죽국의 정확한 위치가 어디인지가 관건임은 물론이다. 타임머신으로 기자의 여정을 정확하게 따라가지 않는 한 완벽한 위치를 찾는다는 것은 단순한 일이 아니다. 고죽국의 위치에 대해서는 다음 4곳이 유력하다.

① 란하 하류 『사기정의史記正義』: 고죽성은 노룡현 남쪽으로 12리 떨어진 곳에 있으며, 상(은)나라 제후국인 고죽국孤竹城在盧龍縣 南十二里, 殷時諸侯孤竹國也이라 했다. 노령현은 오늘날의 란하 하류에 있다.

② 산해관山海關 인근 『요동지遼東志』〈지리지〉: 순임금~하나라 때는 북기北冀의 동북을 분할하여 유주幽州라 했고, 상나라 때는 고죽국이라 했다. 위치는 산해관山海關 동쪽 90리, 발해 연안에서 20리 떨어진 곳이다. 이에 지금의 금서현錦西縣 전위前衛 일대이다.

③ 객좌喀左 일대 『한서』〈지리지〉: 요서 영지현에 고죽성이 있다고 했다. 그런데 청나라 시대 여조양呂朝陽은 '영지현은 바로 객자심좌익喀刺沁左翼 지금의 객좌이다'라고 했다.

④ 조양朝陽 일대 『흠정성경통지欽定盛京通志』: 유성현柳城縣은 원래 상나라 고죽국本商孤竹國也이다'이라 했는데 유성현은 고죽영자孤竹營子라는 지명이 보이는 조양 서남이다. 객좌현喀左縣·건창현建昌縣·금서현錦西縣 등 3개현의 경계 지점이다.

이상 4곳 모두에서 상말주초의 청동기가 발견된다. 석기시대에서 청동기시대로 넘어갔다는 것은 인류문명에서 획기적인 전환점이다. 그러므로 청동기를 발명한 민족은 곧바로 석기인들을 제압하고 당대의 패자가 되었는데 바로 하나라를 멸망시킨 상(은)나라이다.

크리스 피어스는 산동에 살고 있던 동이족이 하나라를 멸망시킨 이유는 황하의 홍수를 피하기 위해서라고 추정했다. 이들이 황하유역을 따라 북쪽과 동쪽으로 퍼졌는데 이 과정에서 인근 부족들을 흡수하며 세력을 넓혔다는 것이다. 상나라가 첨단 기자재인 청동기를 사용했으므로 전설적인 하나라를 정복하는 것은 어렵지 않은 일이라는 설명이다.[318]

당대에 청동기는 아무나 사용할 수 없었는데 그 중에서도 청동솥은 매우 중요한 집기이다. 주나라가 상(은)을 멸하고 가장 먼저 한 일이 구정九鼎(천자가 도읍에 모신 9개의 청동솥)을 주나라 도읍으로 옮기는 일이었다. 여기에서 구정은 국가를 상징하는 신비의 보물이었다.

상(은) 무정제(재위 기원전 1250~1192년)가 성탕(상나라 초대왕)에게 제사를 올리자 꿩이 날아와 정의 손잡이에 앉아 울었다. 무정제가 불길하게 여 기자 신하 조기祖己는 '백성을 위해 열심히 일하라는 뜻'이라고 말했다. 무정제는 이 일을 거울삼아 덕정을 베풀었고, 나라가 흥성해졌다.

그 뒤 정권의 정통성 확보를 위해 역대 황제 및 왕들은 청동솥을 확보하기 위해 혈투를 벌였다. 진시황은 천하를 평정한 뒤 사수泗水(산동성 곡부에 있는 강)에 빠졌다는 주나라 정을 꺼내기 위해 무려 1000명을 강 속에 투입했을 정도였다. 물론 진시황제의 뜻은 이루어지지 않았다.

한나라 신하들도 한무제에게 '보정만은 반드시 조상의 묘당에 모셔야 한다'고 말할 정도로 정(청동솥)은 신앙의 대상이기도 했다. 이는 이들 청동기가 발견되는 지점이 당대의 중앙지역이라는 것을 의미한다.

그런데 여기에서 중요한 것은 상(은)의 청동기는 요하 동쪽에서는 발견되지 않는다는 점이다. 이는 기자조선의 영역이 요하 동쪽이 아니라 요동 서쪽이라는 것을 의미한다.

학자들이 주목하는 것은 북동北洞, 소전자小轉子 등에서 출토된 청동기 가운데는 상(은)나라 정통적인 청동기는 물론 대릉하 연안에서 제작한 것으로 보이는 청동기들도 발견된다는 점이다. 이는 상(은)나라 유민들이 갖고 간 청동기와 현지인들이 그동안 사용했던 청동기를 서로 접목시켜 제작했다는 것을 의미한다.

여기에서 주나라 무왕이 상(은)을 멸한 뒤 기자를 조선에 봉했다는 대목을 엄밀하게 분석하면 매우 놀라운 사실을 유추할 수 있다. 즉 기자를 조선에 봉했다는 것은 무왕이 (이미 존재했던) 조선이라는 나라에 기자를 봉했다고 해석할 수 있다는 점이다. 이는 무왕이 상(은)나라를 멸망시켰을 때에도 (고)조선이라는 나라가 이미 존재하고 있었다는 뜻이 된다.

앞에서 동이족 문화인 홍산문화와 하가점하층문화에 대해 설명했다. 이들 중에서 일파가 중원으로 내려와 한족인 하나라를 꺾고 상(은)나라를 세웠다. 이는 동이족이 험준한 연산燕山을 사이에 두고 남북으로 천하를 양분했다는 얘기가 된다. 여기에서 학자들은 연산 북부, 즉 발해연안엔 고조선, 즉 단군조선이 계속해서 존재하고 있었다고 보는 것이 자연스럽다고 인식한다.

그렇다면 기자가 조선에 봉해졌다는 것을 어떻게 해석할 수 있을까?

앞의 설명에 의하면 기자는 주나라와 완전히 단절했다는 것을 의미한다. 이는 상(은)의 왕족인 기자箕子가 이른바 종선왕거從先王居, 즉 선조의 본향으로 돌아갔다는 설명도 된다.

『삼국유사』에 다음과 같은 기록이 있다.

> (단군 왕검은) 1500년간 나라를 다스렸다. 주나라 호왕(무왕을 뜻함)이 즉위한 기묘년에 기자箕子를 조선에 봉했다. 이에 단군은 장당경藏唐京으로 옮겨갔다가 뒤에 돌아와서 아사달阿斯達에 숨어 산신이 되니 나이는 1908세였다고 한다.

이를 기자와 연계시키면 매우 흥미로운 결론이 도출된다. 즉 기자가 상(은)나라의 유민들을 이끌고 본향으로 돌아왔을 때 단군조선과 갈등이 있었다고 보는 것이다. 기자의 유민들은 당대의 앞선 문화인 상(은)의 문화로 무장했으므로 고조선 지역에서 계속 살고 있던 사람보다 앞선 지식을 갖고 있을 수도 있다. 한마디로 단군이 장당경으로 옮겨가 산신이 되었다는 것은 기자가 유민과 함께 들어와 단군의 정권이 기자로 교체되었다는 뜻으로도 볼 수 있다는 것이다. 물론 단군조선과 기자조선이 교체되더라도 이들 모두 동이족이라는 데는 의문의 여지가 없다.[319]

그러나 중국은 이 대목에서 다음과 같은 해석을 한다. 고조선족은 동이족의 한 갈래로 원래 상(은)과 같은 민족이었다. 또 고조선의 민족과 땅은 상의 '속족屬族'이자 '속지屬地'였기 때문에 기자는 무리를 이끌고 고조선으로 간 것이며, 또한 고조선족이 빠른 속도로 그들을 받아들이고 그들의 통치를 받게 된 이유도 여기에 있다는 것이다.

문제는 앞에서 설명한 것처럼 고조선이라는 국가가 아니라 고조선족이라는 뜻으로 한민족의 최초 국가는 중국인인 기자에 의해서 비로소 시작되었다는 것이다. 이는 동북공정에서 주 무왕으로부터 기자가 조선후로 책봉된 것으로부터 시작하여 연燕에 의해 복속되고, 이어 진시황제의 진에 속국이 되었다고 설명함으로써 고조선의 국가정체성 자체를 부정하는 것으로도 확인된다.[320] 기자의 동천이라는 것에는 한국과 중국이 같은 내용으로 설명하더라도 그 진의는 완전히 다른 점에 있다는 것을 알 수 있다.

• 숙제가 많은 기자조선

동이족의 기자조선이 본향으로 돌아온 것이라면 한국 상고사의 큰 문제점을 해결해줄 수 있으므로 그동안 기자가 중국인이기 때문에 기자조선을 부정했던 시각은 불식되어야 한다는 설명이 있는 것도 사실이다.

그러나 기자조선에 대해 부정적인 견해를 보이는 학자들도 있다. 기자조선이 그동안 우리 역사의 첨예한 부분의 한 축이었으므로 기자조선에 대한 반대 시각을 보다 자세하게 설명한다. 독자들이 열린 판단을 하기 바란다.

앞에서 기국의 청동기가 요령성 객좌현 일대에서 발견된다는 것을 근거로 기국의 일단이 이동했다는 것에는 의심의 여지가 없다. 그런데 과거 문헌에서 그 이동 흔적을 찾는다는 것이 어렵다는 점이 지적사항이다. 상(은)말~주초라면 상당한 기록이 남아 있어야 할 것임에도 요서 지역에 존재한 방국의 명칭을 확인하는 것조차 쉽지 않다. 다만 청동기에 적혀 있는 명문을 통해 적어도 요서지역 하가점하층문화 지역 내에 잊혀진 '상의 후국'이 존재했음을 추론할 따름이다.

그러므로 앞의 설명은 이들 잊혀진 '상의 후국'이 기자조선일 수 있다는 시각이고, 반대측은 이를 기자조선과 혼동해서는 안 된다는 시각이다. 이들이 상의 후예국을 기자조선으로 인정하지 않는 이유는 기자의 후예가 하북 정현定縣 인근에서 선우국鮮虞國을 세운 것으로 추정하기 때문이다.

문헌과 고고 자료를 종합해보면 상 왕조 세력이 기원전 11세기 무렵부터 북경 부근에 진출했는데 그때까지 북경 부근에 거주했던 주민은 하가점하층문화의 주인공들이라고 인식한다. 이는 현재까지 북경 부근에서 발견되는 상문화 유적이 모두 말기에 속한다는 사실로도 알 수 있다.

그렇다면 요서 지역에서 확인된 '기箕'는 연燕나라에 복속된 소국에 불과하다는 설명이다. 당시의 봉건제를 감안하면 요서 지역의 '기'는 연의 속국이라는 뜻이다. 다시 말해 주나라 초에 연이 이 지역에 봉封해지기 이전에 상족이 대거 동북으로 진출했는데 연이 이들 지역을 장악하여 이미 선착했던 상나라 족속을 통치했다는 것이다.

주나라 초기에 봉국 또는 씨족집단의 이동이 있었더라도 그 집단 전체의 이동이라기보다는 일부 세력이나 지배집단의 이동에 국한된 경우가 많으므로 기자의 후예가 요서 지역에서 그들 독자의 국가를 세웠다고 볼 수 없다는 뜻이다.

여기에 등장하는 연은 우리와 밀접한 관계를 갖고 있다. 한국교원대 송호정 교수는 주초의 것으로 판단되는 상족계 청동기에 '연후燕侯의 상사賞賜를 받는' 등의 명문에 주목했다. 이 명문에 의하면 객좌 일대에 거주한 이들은 연후와 모종의 복속 관계를 맺었던 것이 확실하다는 것이다.

또한 송 교수는 상·주 왕조가 요서 지역에 여러 후국을 건립하고 중국의 문화를 파급했다고 설명한다. 상나라 시기 분봉分封의 중심 지역은 노룡盧龍의 고죽국이었으며, 주나라 초 분봉의 중심은 북경 지역의 연燕에 있었는데 이들이 현지의 소수민족을 통치한 것을 볼 때 요서 지역에 기자조선이 존재했을 가능성이 희박하다는 주장이다.

문제는 정황이 어떠하든 기자조선은 한국사의 일부분에서 섣불리 다룰 성질이 아니라는 점이다. 이 역시 앞으로 많은 학자들이 보다 많은 연구로 설득력 있는 성과를 내놓을 것으로 생각한다.

| 상·주 시대 왜 청동기를 매장했을까? |

중국의 고대 왕조인 상과 주는 청동 주조 기술이 크게 발달하여 취사 용기, 식기, 무기, 공구는 물론 여러 가지 생활 용기를 청동으로 만들었다. 그러나 당시 청동기 사용에는 엄격한 등급제도가 정해져 있어 아무나 사용할 수 있었던 것은 아니다. 왕족이나 귀족만 청동기를 사용할 수 있었으므로 일반 서민들은 도기와 골기, 석기만 사용할 수 있었다.

예를 들자면 신분이 비교적 낮은 귀족은 각 류의 청동기 1개만 사용할 수 있고 중간급은 2~3개, 경대부卿大夫는 4~5개, 그리고 제후국의 제후와 왕조의 중신들은 6~7개, 왕(천자)은 9개를 사용할 수 있었다.

그동안 중국 각지에서 발굴 혹은 출토된 상·주 시대의 청동기들은 수천여 개나 되며, 은나라 수도였던 은허에서 출토된 은 말기 청동기만 해도 천여 개가 넘는다. 이들 청동 용기의 대다수는 고분에서 나온 부장품인데 현재까지 가장 많은 청동예기가 발견된 은허殷墟의 부호婦好묘는 무려 210여 개의 청동기와 수천 가지의 옥기 부장품이 매장되어 있었다. 부호는 은나라 말기 왕인 무정의 부인 중 한 명이다.

상·주 시대에 청동기를 무덤에 넣은 이유는 매우 단순하게 생각할 수 있다. 고대 사람들은 사람에게 영혼이 있고 죽은 뒤에도 그 영혼은 항상 살아 있어 저승에서도 생전과 같은 생활을 한다고 믿었다. 그러므로 죽은 사람이 이승에서 사용했던 물건들을 매장하여 영혼이 저승에서도 이승의 생활을 그대로 누릴 수 있게 했다.

그런데 상·주 시대의 청동기 중에서 무덤이 아니라 교장(매장 구덩이)에서 발견되는 것이 예상보다도 많다. 이는 무덤의 부장품이 아니므로 어떤 특정한 목적으로 땅을 파서 청동기를 묻었음이 틀림없다.

서주 시대의 청동기 교장 수량은 상나라를 훨씬 웃돈다. 일반적으로 한 교장에 적게는 몇 개, 많으면 수십 개가 매장되어 있는데 주나라의 본적지라 할 수 있는 협서성 서북쪽에 위치한 주원周原에서 많은 청동기들이 발견된다. 이들 청동기의 대부분에 명문이 있는데 명문은 수십 자에서 수백여 자에 달한다.

청동기가 매장된 교장은 대체로 다음과 같은 특징을 거론한다.

① 청동기 교장은 모두 상·주 시대의 유물로 상·주 사람들이 직접 매장했다.
② 매장된 기물류의 대다수가 귀족들만 사용할 수 있는 청동 용기이다.
③ 교장의 형태는 장방형, 원형 등으로 다양하지만 구덩이 자체를 공들여 마무리하지 않았다.
④ 교장이 위치한 자리는 정해져 있지 않아 주민의 주거지는 물론 구릉지 또는 산에도 위치한다.
⑤ 교장에 청동용기 외에도 청동무기, 특색 있는 물품도 매장했다.

상·주 시대 사람들이 왜 귀중한 청동기를 교장에 매장했는지에 대한 공인된 결론은 아직 발표되지 않았지만 대체로 다음 이유를 거론한다.

① 상·주가 수도를 옮길 때 거대한 청동기들을 운반해 갈 수 없으므로 어쩔 수 없이 땅에 매장했다. 그러나 이 설명은 일부 교장이 주택가가 아니라 성 바깥 언덕 등에서 발견되는 것을 보아 동조하지 않는 학자들도 있다.

② 청동기들은 소유자들이 선조와 신령에게 제사를 지낼 때 사용하던 것으로 평소에는 땅에 묻어 두었다가 제사 때면 꺼내어 사용했는데 여러 가지 이유로 꺼내지 못한 것이다. 이 설명도 청동기가 귀족들의 사유재산이라면 소유자와 멀리 떨어진 곳이 묻은 이유를 설명하지 못한다.

③ 일부 청동기들은 수백 년 간 사용된 후 매장했고 어떤 청동기들은 제작되자마자 매장했다. 매장 방식도 정돈된 것이 있는 반면 무차별로 묻어 위급한 상황에서 매장된 것도 있다. 알려지지 않은 위급한 상황이 닥치자 ①의 설명처럼 무거운 청동기를 운반할 수 없으므로 매장한 후 다시 고향으로 돌아올 때 찾으려 했지만 불가능했고 결국 3000여 년이나 지하에 묻혀 있었다.

④ 교장에 묻힌 청동기들은 지하 세계의 신령에게 바친 것이거나 지하의 악귀들을 제압하여 소유자들에게 귀신의 앙화가 오는 것을 막기 위한 것이다.

⑤ 당대에 청동기는 신령에게 제사 올릴 때만 사용하던 신기神器이다. 신성한 물건이므로 평소에 아무에게나 보일 수 없고 땅에 묻어 두었다가 제사 의식 때문 파내어 사용했다.

가장 흥미스러운 점은 요령성의 청동기에 서주 제후국이었던 연나라의 명문이 자주 보인다는 것이다. 이들 청동기가 묻힌 이유로 두 가지 가능성을 제기하는데 하나는 연나라 사람들이 매장했다는 것이다. 즉 서주 초기에 요령성 서부는 연나라의 세력 범위에 있었다는 것이다.

둘째는 상왕조와 주왕조가 교체될 무렵 요령성에 거주했던 토착 세력이 매장했다는 설명인데 이 경우 연나라 청동기가 어떻게 요령성 토착 세력의 수중에 들어갔는가 하는 의문이 제기된다. 이를 앞에서 설명한 것처럼 토착세력 집단이 연나라와 군신관계였다면 이들 청동기들은 연의 제후 또는 귀족들이 토착 세력에 내린 하사품일 가능성이 있다. 반면에 연나라와 적대 관계였다면 토착 세력이 연나라와의 전쟁에서 획득한 전리품이라는 설명이다.

이들 두 가지 설명 역시 완전하지는 않지만 요령성 서부의 청동기 교장의 경우 저구릉 지대에 있지만 근처에서 대규모 주거지가 발견되지 않는다. 그러므로 연의 명문이 있는 청동기가 연나라 사람에 의해 매장되었다면 이들이 토착 세력과의 전쟁에서 급박하게 후퇴할 때 가져가기 불편한 청동기를 매장했다고 추정한다. 적어도 적대적인 세력에게 자신들이 사용하던 위세품을 넘겨주고 싶지는 않았을 것이라는 설명이다.-321

중국에서 가장 큰 청동기는 앞에 설명한 부호婦好 묘 인근에서 발견된 '사모무대동정司母戊大銅鼎'이다.

현재까지 중국에서 발견된 청동기 중 형체가 가장 크고 중량이 가장 무거운 것으로 무려 875킬로그램(길이 1.16미터, 폭 0.79미터, 높이 1.33미터)이나 된다. 하·상·주 시대의 청동기는 여러 종류로 그 용도에 따라 무기, 도구, 용기, 악기로 나누며 그 중에서 용기를 가장 중요하게 여겨 '예기'라고 불렀다. 청동 예기 중에서도 음식을 익히거나 고기 등을 담아두는 용도로 쓰였던 정을 가장 중요하게 여겼다. 그것은 동정이 제사를 지내는 데 가장 중요한 용기이기 때문이다.

대부분의 고대 사람들은 사람이 죽은 후에도 영혼은 계속 살아 있기 때문에 항상 인간 세계에 와서 인간의 생활에 영향을 준다고 믿었다. 즉 선조의 신령을 공경스럽게 모시면 행복과 평온을 가져다주고 잘 모시지 못하면 신령이 화를 내어 재앙을 내린다는 것이다.

　상나라 왕들도 왕조가 오래도록 평온하게 유지되길 바라는 마음에서 조선의 신령들에게 자주 제사를 올렸다. 그들은 산 사람을 신령의 제사에 바치는 것은 물론 종묘에 각종의 공물을 차려 두기도 했다. 그 중에서 가장 중요한 것은 동정에다 각종의 고기 음식을 담아서 조상에게 올리는 것이다.

사모무대동정.

　이와 같이 거대한 청동기를 제조하려면 단 한 개의 용광로로는 감당할 수 없다. 현재까지 발견된 상나라 말기의 동 제련 기술을 보면 한 개의 작은 용광로에서는 한 번에 12.7킬로그램의 동용을 제련해 낼 수 있다. 이 계산에 의하면 사모무대동정을 제작하기 위해서 70~80개의 용광로가 필요하다. 거기다 광석을 제련하자마자 주조해야 하기 때문에 한꺼번에 80여 개의 용광로를 가동해야 한다. 이것은 상·주의 청동기 제조 기술이 상당히 높은 수준과 제작 규모를 지니고 있음을 알 수 있다.

　참고적으로 사모무대동정의 주인은 상왕 무정 혹은 무정의 아들 조갑祖甲의 부인 중 한 명으로 추정한다. 이들의 부인 중에는 '무戊'라는 이름의 부인이 각각 한 명씩 있었다. 상 왕조에서 가장 강대한 세력을 지녔던 시기 중 하나가 바로 무정에서 조갑에 이르는 시기다. 그들은 자신의 부인을 위해 '사모무대동정'을 제작할 수 있는 충분한 여력을 갖고 있었다.[322]

제 9 장

고조선은
강대국이었다

제9장

고조선은 강대국이었다

홍산문화로부터 하가점상·하층문화, 상(은)을 거치는 동안의 동이족의 활동반경을 근거로 고조선의 중심지가 어디인가 하는 것을 이야기했다. 우리들의 관심을 좀 더 확대하면 고조선이 과연 고대에 패자로서의 영향력을 갖고 있었느냐이다.

일반적으로 고조선의 강역은 서쪽으로 하북성河北省 동북부에 있는 지금의 요하로부터 북쪽과 동북쪽은 어르구나하와 흑룡강에 이르렀고, 남부는 한반도 남쪽 해안에 이르러 한반도와 만주 전 지역을 차지하고 있었다고 추정하기 때문이다.[323_324]

반면에 영남대 이청규 교수는 고조선의 영역으로 기하학무늬동경과 비파형동검이 공통적으로 출토되며, 유사한 토기군이 분포한 요하 서쪽의 대릉하 유역에서부터 청천강에 이르는 지역으로 추정한다.[325] 북한의 대동강 중심설에서도 요동 중심설의 근거가 되는 지역에 부수도가 있었다고 생각하므로 고조선 강역은 큰 틀에서 차이가 거의 없다.

홍산문화에서 기원전 3000년(신비의 왕국을 포함)부터 국가의 틀을 갖추고 중국의 동북방 지역에서 계속 자체적인 문화를 영위했고, 고조선이라는 거대한 제국을 건설했더라도 이들이 과연 한국인의 선조인가 하는 의문과 그들이 광대한 영토를 간수할 수 있을 정도로 정말 강대했는가 하는 문제까지 해결되는 것은 아니다.

넓은 지역에서 형성된 문화 유형이 인류학적 유형과 반드시 일치하는 것도 아니다. 사람의 이동은 반드시 문화의 전파와 보급을 동반하지만 문화의 전파와 보급은 사람의 이동 없이도 이루어지기 때문이다.

그러므로 가장 중요한 것은 이들 지역에서 발견되는 인골이 한국인의 특성을 갖고 있는가를 살펴보는 것이다. 현대 한국인의 체질에 대한 연구에 따르면 한국인의 머리뼈가 다른 민족과 구별되는 가장 뚜렷한 특징은 '머리의 길이가 짧고 높이가 매우 높다'는 점이다. 여기서 머리의 길이는 이마에서 뒤통수까지의 거리를 말하며, 높이는 아래턱뼈 윗부분의 '으뜸 점'에서 정수리까지의 거리를 말한다. 특히 머리뼈의 높이가 높은 것은 구석기시대 사람부터 지금의 한국인에 이르기까지 계속해서 나타나는 특징이다. 하가점하층 및 상층 문화가 큰 틀에서 중국인과 다른 동이족의 일파라는 것도 이곳에서 발견된 인골로 판정한 것임을 앞에서 설명했다.-326

한편 황하중류의 지류인 위하유역의 앙소주민들은 조선옛류형사람들과는 달리 중두형에 속하며 이마도 곧지 않고 제켜졌다. 또한 머리뼈가 높을 뿐만 아니라 얼굴뼈도 높다. 결론적으로 한민족은 중국의 앙소문화仰韶文化시대나 현대의 중국인들과도 다르다.

중국의 요령성 심양시 우홍구 정가와자 유적은 비파형동검을 사용한 고조선의 강역으로 그곳에서 M6512호와 M659호에서 두 개의 불완전한 머리뼈와 몇 개의 몸 뼈가 발견되었다. 중국과학원고고연구소의 감정 결과 이 머리뼈의 형태는 단두형에 속하면서 그 높이가 상당하여 전형적인 한민족의 특징을 보여주고 있다(중국학자들은 이들을 동호東胡족으로 추정한다).-327

비파형동검을 사용한 요서지방의 남산근 유적 주민들도 그들의 유골을 분석한 결과 한민족과 유사한데, 한민족의 인종적인 영향 하에 혈연적 특성을 이루었거나 한민족의 분류인 것으로 추정된다. 이는 고래로부터 한민족 집단이 요동지방은 물론 요서지방으로도 적지 않게 진출한 증거로 볼 수 있다. 때문에 일부 학자들은 요서지방의 주민을 요하 동쪽에 있던 고대 한민족의 분파인 맥족과 관련시키기도 한다.

길림성 서단산 유적에서는 2구의 인골이 보고되었는데 그 형질적인 특징이 몽고인 계의 특징을 보이는 비파형동검문화의 인골과는 달리 통구스계에 근접하고 있어 우리 민족과는 비교적 거리가 먼 것으로 추정했다. 그러나 북한에서는 서단산의 인골이 한국인과 많이 상이한 것은 사실이나 다른 바이칼호 통구스족보다는 우리와 가깝다고 보고 있다.

또 연해주 북쪽 아무르 강 연안에서도 신석기시대의 유골이 발견되었는데 이들 역시 인류학적으로 한민족의 특징을 많이 갖고 있다. 이러한 사실은 한민족이 이미 신석기시대에 연해주 일대는 물론 아무르 강 연안까지 진출하였다는 것을 말해준다. 고고학자들은 이러한 지역을 고조선 강역으로 보고 있으며 이 강역에 살고 있던 사람들을 중국 사람이 아니라 바로 우리 조상이라고 믿고 있다.

한반도에서 발굴된 청동기시대의 인골을 분석한 결과는 전형적인 한국인의 골격을 보여준다. 웅기 서포항 유적에서 성인남자 3개체분이 발굴되었는데 신장은 보통 크기인 151.3~163.4센티미터였다. 두개골의 형태는 머리 길이가 상당히 짧은 초단두형이며 높은 머리에 속했다. 함경북도 웅기 송평동 패총貝塚에서 발견된 신석기시대 말과 청동기시대 인골도 초단두형이었다.-328 함북지방의 나진 초도 유적에서 유아뼈 1개체를 포함하여 14개체분이 발견되었는데 골격으로 볼 때 오늘날의 한국인과 큰 차이가 없었다.-329

한편 강국이란 선진 무기를 갖고 있는 나라이다. 현재의 세계 판도를 보면 쉽게 짐작할 수 있다. 선진·첨단 무기를 갖고 있는 이스라엘은 인구가 몇 백만 명에 불과하지만 수억 인구의 아랍 세계를 상대하면서도 큰소리를 치고 있다.

이 말은 주변의 모든 부족이 석기를 사용하던 시기에 청동무기를 갖고 있었다면 그 부족은 다른 부족과는 다른 월등한 군사력을 발휘할 수 있었을 것이란 이야기이다. 오늘날로 치면 첨단 선진무기를 갖고 있는 것과 크게 다를 바 없다.

당시의 청동무기는 대단한 위력을 갖고 있었으므로 이를 소유한 부족이나 나라는 주변 지역을 용이하게 정복할 수 있었을 것으로 생각된다. 비파형동검이나 세형동검으로 무장한 민족이 고조선이라는 거대한 지역에서 강성한 힘을 발휘했다는 것은 무리한 추측이 아니다. 동이족인 상(은)나라가 하나라를 멸망시키고 중원을 정복한 것도 청동기의 위용 때문이라고 볼 수도 있다.

고조선에 대한 자료가 워낙 적기 때문에 고조선이 강국이었는지에 대한 추론이 무성하지만 고조선 후대의 경우 강국이었다는 자료는 발견된다.

고조선 건국에 비할 때 상당히 후대에 속하는 유적인 강상崗上무덤과 누상樓上무덤, 와룡천무덤에서 백수십 명분의 뼈가 발견되어 순장무덤

으로 인식되는데, 이는 곧 강력한 노예 소유자사회임을 보여주는 것이라고 발표되었다.[331]

진수가 적은 『삼국지』에는 『위략魏略』을 인용하여 다음과 같이 기록이 있다.

» 왕이라고 칭하고 동쪽으로 침략하려는 것을 보고, 조선후도 역시 스스로 왕호를 칭하고 군사를 일으켜 연나라를 역으로 공격하여 주 왕실을 받들려 하였지만 그의 대부大夫 예禮가 간하므로 중지했다. 그리하여 예를 서쪽으로 파견하여 연나라를 설득하니 연나라도 전쟁을 멈추고 조선을 침략하지 않았다. 그 뒤에 (조선왕의) 자손이 점점 교만하고 포악해지자, 연나라는 장군 진개秦開를 파견하여 조선의 서쪽 지방을 침공하고 2000여 리의 땅을 빼앗아 만번한滿番汗 지역을 경계로 삼았다. 마침내 조선의 세력이 약화되었다.

위의 설명은 위만이 등장하기 전의 조선이 강성한 나라였음을 보여준다. 특히 조선왕의 후손이 교만했다고 적은 것은 그만큼 고조선의 세력이 강했음을 말해준다. 고조선과 밀접한 관계를 갖고 있는 동예東濊에 관해 『후한서』〈동이열전〉에 다음과 같이 적혀있다.

» 원삭元朔 원년(기원전 128년)에 예군濊君 남려南閭 등이 우거왕을 배반하고, 28만 명을 이끌고 요동遼東에 귀속하자 한 무제는 그 지역에 창해군蒼海郡을 만들었으나 수년 후에 곧바로 폐지했다.

여기에서 예군 남려가 우거왕을 배신했다는 말은 곧 예나라가 고조선의 제후국 중에 하나라는 뜻이다. 따라서 고조선은 여러 번국을 거느린 황제국임을 알 수 있다. 특히 당대에 번국이 28만 명이라는 대인구를 이끌고 요동에 귀속했다는 것은 황제국인 고조선이 얼마나 강력한 제국이었는지를 알려준다.-332

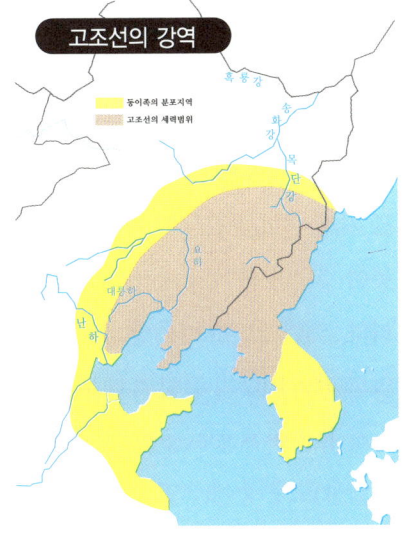
고조선의 강역

일반적으로 역사상 최강의 국가를 영유했던 고구려의 광개토대왕과 장수왕 시대에 고대 고조선 영토의 거의 전부를 되찾았다고 추정한다. 그 당시의 영토가 얼마나 광대한지 역사지도에서 찾아보기 바란다.

• 황하문명에 패한 요하문명

요하 유역에서 태어난 고조선이 과거 강력한 제국이었더라도 결론적으로 중국인들이 자랑하는 황하문명을 일군 사람들에 의해 밀렸다는 것은 사실이다. 요하문명이 황하문명보다 선진 문명이었음에도 역전되었다는 사실은 요하 유역에서 발견되는 청동기가 황하 지역에서 생산되는 청동기보다 적다는 사실로도 알 수 있다.

요하 유역을 포함하여 한반도에서는 비파형동검 등이 발견되지만, 황하 일대에서는 무기류를 넘어서 '정鼎'으로 불리는 의식용 제기 등도 다량 출토된다. 이는 황하문명의 청동기 생산량이 요하문명보다 많았다는 것을 의미한다. 물론 청동기문명의 대표적인 나라가 동이족이 건설한 상(은)이라 할지라도 그들의 모태인 요하 지역에서 청동기문명을 보다 발전시키지 못한 것은 그만큼 요하문명이 뒤처지기 시작했다는 것을 말해준다.

학자들은 이와 같이 선진 요하문명이 후진 황하문명에 밀리게 된 이유로 기후 변화를 꼽는다. 현재 요하 유역은 매우 건조하다. 겨울에는 북서풍이 강하게 불어와 체감온도가 매우 낮아 사람이 살기에 좋은 환경은 아니다. 그런데도 요하문명에서 동아시아 최고의 문명이 일어난 것은 현재와 과거의 기후가 달랐기 때문이다. 학자들은 요하문명이 꽃피던 시절엔 요하 유역이야말로 농업을 하기에 매우 좋은 지역이었다고 추정한다.[333]

생산 도구 중에 크고 경도가 높은 돌 호미가 발견되며 타제·마제 돌삽과 돌칼이 발견되었다. 물론 유목, 어로, 수렵도 중시되었지만 농업이 가능했다는 것은 그만큼 농사짓기에 기후가 좋았다는 것을 의미한다.[334]

그런데 홍산문화의 뒤를 이어 발생한 하가점하층문화의 후신인 하가

발해만으로 흘러드는 대릉하.

점상층문화의 유물을 보면 성격이 완전히 바뀌었다는 것을 알 수 있다. 하가점상층문화는 기원전 1300년부터 형성된 것으로 보이는 청동기 유물이 발견됐는데, 이들은 하층문화와 상당히 달랐다. 하가점하층문화에서는 유목민이 사용하는 청동기가 발굴되지 않았으나 상층문화에서는 유목민 특성을 보여주는 유물이 주로 출토된 것이다. 정주定住 생활을 하던 하가점하층문화인들이 유목 생활을 하는 하가점상층문화를 만들었거나 유목민들에게 정복되었다는 것을 의미한다.

적봉시 남쪽에 '노노아호산努魯兒虎山'이라는 산맥이 있다. 이 산맥 동남쪽에서는 대릉하와 소릉하란 강이 발해만으로 흘러가므로 '능하凌河지역'으로 통칭된다. 이 능하지역에서 기원전 800년쯤에 형성된 것으로 보이는 청동기 유물이 다량 발굴됐다. 능하지역의 청동기는 하가점상층문화의 청동기와 달리 유목민의 유물은 적고 제작기법이 훨씬 더 발달해 있었다.

학자들이 이와 같은 변화를 기후 때문으로 추정하는 이유를 살펴보자. 홍산지역은 해발 600미터의 고원 평지지만, 노노아호산과 발해만(바다)으로 둘러싸인 능하지역은 저지대 평지다. 따라서 농경이 가능해 이곳에 살던 청동기인들은 정주생활을 했다는 설명이다.

적봉 일대 즉, 광의의 홍산문화에서 신석기문화가 대단히 오랫동안 꽃피었다는 것은 이곳이 고원이긴 하지만 농경을 하는 정주생활이 가능했다는 뜻이다. 농경을 했다는 것은 그 지역이 비가 적절히 내렸고, 날씨 또한 그리 춥지 않았음을 말해준다. 그런데 서기전 1300년 무렵부터 유목민 문화가 등장하는데 이는 큰 기후변화가 일어나 비가 적게 오고 추워졌음을 의미한다.

기후변화로 농업생산량이 급감하자 하가점하층문화를 발달시켰던 상당수가 노노아호산 남쪽의 따뜻한 곳으로 떠나 일부가 상(은)의 시조가 되었고, 후대에 능하지역에 정착하여 '능하문화'를 일으키고, 적봉지역에 남은 세력은 초지에서도 생활이 가능한 유목문화로 들어갔다는 설명도 있다.

적봉은 평지였으며, 제반 조건이 좋아 화하족보다 먼저 청동기를 제작했지만 적봉은 해발 600미터의 고원이라는 결정적인 약점을 갖고 있었다. 고원은 지구적인 기후변화로 인해 추워지면 농경이 불가능해진다. 따라서 적봉에 남아 유목을 하는 세력과 능하지역으로 이동해 농경과 함께 목축을 하는 세력으로 나뉘게 된다. 황하문명에서는 다수가 자기 자리에 남아 농경을 하고 소수가 티베트로 들어가 유목을 했으나, 적봉에서는 상당수가 남쪽으로 이동했다. 그러므로 중국에서 최초의 문명을 만들어낸 홍산 지역에 남아 유목을 한 세력은 자연조건상 인구가 더디게 증가할 수밖에 없고, 결국 황하문명에 비해 인구가 점점 밀리기 시작하게 됐다는 것이다. 이를 두고 따뜻한 곳으로 옮긴 일부 동이들이 황하인들과 결합하여 황화문명을 구성했으므로 거주 조건이 열악한 요하 지역인들을 추월하기 시작했다는 설명도 있다.[335]

고조선은 강대국이었다

| 맺음말 |

기록이 없는 우리의 상고사를 과학의 잣대로 풀이하는 것이 간단한 일은 아니지만 상고사 분야에서 과학적 성과는 눈부시다. 중국은 '중화5천년'이라는 제목 아래 자신들의 역사를 1000년 더 올리거나 북한이 단군조선이 평양에 실재했다고 설명하는 것도 근래의 과학적 성과가 없었으면 엄두도 못 낼 일이다.

'중화5천년'의 기치를 들게 만든 중국 북방 문명에 대해 중국의 항춘송 교수는 『적봉고대예술』에 다음과 같이 썼다.

》 내몽고 적봉지구와 중원 황하유역, 장강중하류는 중국고대문명의 발원지이다. 적봉은 역사상 제1차 문화를 창조하여 중국고대문명발전사 중에서 특수한 지위를 차지한다.

(중략) 기원전 3700년경에 시작한 홍산문화는 중국 북방지역에서 찬란한 문화가 태어났음을 보여주며 '중화문명'을 5000년 전으로 올리는 데 결정적인 역할을 했다. 이후 기원전 2200년경의 북방조기청동기시대인 하가점하층문화에서 밀집된 도시가 건설되었고, 노예제도가 생겨났다. 이를 성방노예제城邦奴隸制라고 부른다. 서주, 춘추전국시대 전기인 3500년 전에서 2300년 전에 내몽고 적봉초원에서 유목민족이 발전하기 시작했다. 동호가 이곳의 주인으로 이들은 하가점상층문화를 만들었으며 이를 동호문화라고 한다.

한마디로 한민족의 선조인 동이가 중국의 역사를 5000년 전으로 올리는 데 큰 역할을 했다는 뜻이다. 특히 중국은 홍산문명의 중요성을 집중적으로 부각시키면서 홍산문명의 근거지인 우하량에 '신비의 왕국'이 있었다고 주장한다. 그러므로 기원전 2700년경 탁록에서 벌어졌던 동이의 치우와 화하의 황제 간에 벌어졌던 '탁록전투'를 신화가 아닌 역사적 사실로 인정하고 있으며, 차제에 황제도 동이족이라고 설명한다.

중국의 역사가 우하량 홍산지역에 있었던 '신비의 왕국(여왕국)'으로부터 출발했고 신비의 왕국보다 다소 후대이기는 하지만 하가점하층문화에서 발견된 유적을 근거로 당시 국가가 존재했다고 단정적으로 설명하는 것을 처음 듣는 한국인은 매우 충격적으로 받아들일 수도 있다. 더욱 놀라운 것은 일부 학자들이 부단히 단군조선이 신화에 지나지 않는다고 설명하는데도 불구하고 중국에서는 이와 역으로 국가가 실존했다고 단언하여 설명하는 것이다.

그런데 중국의 이런 역사의 전환은 예기치 못한 문제점을 만들었다. 그동안 중국인의 선조인 황제가 홍산문화가 태어난 요령지역이 아니므로 그들의 시조는 황제에게 패했다고 알려진 치우가 되어야 하기 때문이다. 이는 요령지역을 중국인 즉 화하인의 거주지가 아니라 동이의 근거지라고 설명했기 때문이다.

중국은 간단하게 이 문제를 해결했다. 동이의 수장은 치우가 아니라 황제라는 것이다.

중국인의 뿌리이자 비조로 알려진 황제가 동이족이라는 예상치 못한 중국인들의 발상전환은 중국인, 한국인 심지어는 일본인까지 모두 새로운 중국인의 범주 안에 들어갈 수 있다는 논리로도 비약된다.

한민족 5000년의 화두가 근래 과학적인 잣대에 의해 증명되기 시작했다는 것이야말로 반가운 일이지만, 중국의 새로운 논리에 마냥 따라갈 수만은 없다는 것이 한국인들의 고민이 아닐 수 없다. 그러나 어느 부분에서나 새로운 각도의 주장에 새로운 각도의 대처 방안이 생기기 마련이다.

학자들은 중국이 현 중국 영토 안에서 일어났던 과거는 당시의 여건이 어떠했든 현 중국의 체제로 설명할 수 있다는 것이야말로 중국의 작위적인 해석이라고 지적한다. 사실상 과거 로마의 영토를 볼 때 현재 30여 개 국가로 나뉘어져 있다. 역사적으로 볼 때 이탈리아를 포함하여 프랑스, 영국, 그리스, 이집트, 트라키아 등이 로마에서 핵심적인 역할을 담당했는데, 막상 현재의 이탈리아는 과거 로마의 영토 면적에 비춰볼 때 매우 작은 면적에 지나지 않는다. 프랑스의 경우만 해도 수많은 유적들이 남아 있고 이집트의 경우도 로마의 유적이 수없이 많이 있다. 그런데도 현재 프랑스와 이집트가 이탈리아와 다른 나라라고 해서 과거 로마에 속해 있었음을 부정하면서 그들의 역사에서 로마의 역사를 프랑스 역사로 갈음할 수는 없는 일이다.

사실 중국과 한국이 원천적으로 다르다는 것은 단 두 가지의 예로도 충분하다.

중국인과 한국인은 오랫동안 인접하여 한편으로는 으르렁거리고 한편으로는 타협하면서 살아왔지만 두 국민은 전혀 다른 언어체계를 갖고 있다는 점이다. 중국인과 한국인의 외모와 유전자는 흡사해도 언어는 다르다는 점은 매우 중요한 점을 시사한다. 즉 두 민족이 어떤 연유로 파생했던 다른 뿌리에서 나왔음을 뜻하기 때문이다. 언어 체계에서 한국과 유사한 것은 일본어와 만주어, 몽골어, 투르크어다(알타이어계).[336]

둘째는 중국과 전혀 다른 묘제 즉 적석총을 견지한 민족이라는 점이다. 고구려, 백제, 가야의 적석총은 물론 신라의 적석목곽분 등으로도 중국인의 묘제와는 완전히 다르다는 것을 확인할 수 있다.

오랜 역사 속에서 종족과 민족은 전쟁이나 자연재해 등 여러 가지 이유로 이동했다. 이동 과정에서 한민족과 중국인의 영화는 다른 길을 걸었다. 시대에 따라 축소와 팽창을 거듭하는 것이 영토인데, 현 영토를 기준으로 뿌리가 다른 역사를 흡수한다고 그들의 역사로 편입되는 것은 아니다. 과거 중국이 아닌 적대국이라고 생각하여 부단히 전쟁을 벌인 지역의 역사도 지금은 중국의 역사라는 설명에 모순이 제기되는 이유이다.

중국인들이 일방적으로 그동안 한국에서 도외시하던 상고사 부분을 자신들의 입맛에 맞도록 설명하는 것도 부정할 수 없는 사실이지만, 바로 그 점이 역으로 우리들의 상고사에 새로운 길을 열어주는 것과 다름 아니다. 한마디로 중국의 자료를 통해 한민족의 것을 선용한다면 그동안 소홀히 하던 한민족의 상고사, 즉 고조선을 더욱 더 풍부하게 만들 수 있을 것이기 때문이다.

앞으로 보다 많은 연구로 더욱 좋은 자료가 확보되면 어렵기만 하던 한국의 상고사도 어두움에서 빛을 낼 수 있을 것이다. 열린 마음으로 우리 역사를 다시 보는 계기가 되기를 바랄 뿐이다.

| 주석 |

1 _ 「중국은 왜 고구려를 삼키려하는가」, 이정훈, 신동아, 2003년 9월
2 _ 『과학과 기술로 본 세계사 강의』, 제임스 E. 매클렐란 3세 외, 모티브, 2006
3 _ 『한국사 새로 보기』, 신복룡, 풀빛, 2001
4 _ 『한국 고대사 속의 고조선사』, 송호정, 푸른역사, 2002
5 _ 『한국사 새로 보기』, 신복룡, 풀빛, 2001
6 _ 『남북학자들이 함께 쓴 단군과 고조선 연구』, 단군학회, 지식산업사, 2005
7 _ 『고조선 사라진 역사』, 성삼제, 동아일보사, 2006
8 _ 『한국 고대사를 생각한다』, 최태영, 눈빛, 2002
9 _ 『고조선 사라진 역사』, 성삼제, 동아일보사, 2006
10 _ 『고조선은 대륙의 지배자였다』, 이덕일 외, 역사의아침, 2006
11 _ 『고조선 사라진 역사』, 성삼제, 동아일보사, 2006
12 _ 『고조선은 대륙의 지배자였다』, 이덕일 외, 역사의아침, 2006
13 _ 『한국 고대사 연구』, 서울대학교 출판부, 김철준, 2001
14 _ 『한국 고대사를 생각한다』, 최태영, 눈빛, 2002
15 _ 「국립박물관, 고조선은 어디갔나?」, 구민회, 동아일보, 2005.11.03
16 _ 『동북아 청동기시대 문화연구』, 최몽룡 외, 주류성, 2004
17 _ 「고조선, '역사'의 발자취를 찾았다」, 박종진, 주간한국, 2007.3.6
18 _ 고인돌사랑회의 이형석 박사 자료 제공
19 _ 「단군신화 역사가 되려면」, 송호정, 중앙일보, 2007.2.28
20 _ 「세계사 빠진 한국사 교육은 반쪽」, 김일주, 한겨레, 2007.5.10
21 _ 「청동기시대 앞당겨지면 우리는 자랑스럽나?」, 성현석, 프레시안, 2007.3.2

22_ 『고구려 700년의 수수께끼』, 이덕일, 대산출판사, 2000
23_ 『한국 7대 불가사의』, 이종호, 예담, 2007
24_ 『쟁점으로 푸는 역사이야기』, 윤여덕, 심학당, 2006
25_ 『동북문화와 유연문명』, 곽대순 외, 동북아역사재단, 2008
26_ 『고구려는 중국사인가』, 신형식·최규성, 백산자료원, 2004
27_ 『동북공정의 선행 작업들과 중국의 국가 전략』, 우실하, 울력, 2006
28_ 『중국의 동북변강 연구 동향 분석』, 고구려연구재단, 고구려연구재단, 2004
29_ 「중국은 왜 고구려를 삼키려 하는가」, 이정훈, 신동아, 2003년 9월
30_ 『동북문화와 유연문명』, 곽대순 외, 동북아역사재단, 2008
31_ 『중국의 동북변강 연구 동향 분석』, 고구려연구재단, 고구려연구재단, 2004
32_ 『중국의 동북변강 연구 동향 분석』, 고구려연구재단, 고구려연구재단, 2004
33_ 「중국 학계의 고조선·부여 인식」, 시노하라 히로카타, 『동북공정 전후 중국의 한국고대사 인식』, 제43회국사편찬위원회한국사학술회의, 2008
34_ 「중국은 왜 고구려를 삼키려 하는가」, 이정훈, 신동아, 2003년 9월
35_ 『중국의 동북변강 연구 동향 분석』, 고구려연구재단, 고구려연구재단, 2004
36_ 「중국 동북공정 5년의 성과와 전망」, 서길수『중국의 동북공정5년, 그 성과와 한국의 대응』, 2007
37_ 「고구려민족의 기원」, 耿鐵華,『中國高句麗史』, 길림인민출판사, 2002
38_ 「코리안루트를 찾아서(12) 홍산 곰의 정체」, 이기환, 경향신문, 2007.12.22
39_ 『동북문화와 유연문명』, 곽대순 외, 동북아역사재단, 2008
40_ 『중국사의 수수께끼』, 김영수, 렌덤하우스, 2007
41_ 『문명의 새벽(원시시대)』, 조춘청 외, 시공사, 2003
42_ 「코리안루트를 찾아서(4) 싱룽와 신석기 유적 – 동이의 발상」, 이기환, 경향신문, 2007.11.9
43_ 『동북공정 너머 요하문명론』, 우실하, 소나무, 2007
44_ 『中國考古謎案』, 耿建軍, 山東畵報出版社, 2006년
45_ 『고조선 지역의 고인돌 연구』, 하문식, 백산자료원, 1999
46_ 『동북문화와 유연문명』, 곽대순 외, 동북아역사재단, 2008
47_ 『동북공정 너머 요하문명론』, 우실하, 소나무, 2007
48_ 「고조선 심장부를 가다」, 이정훈, 신동아, 2008년 4월
49_ 『中國考古謎案』, 耿建軍, 山東畵報出版社, 2006년
50_ 「게르만 민족 대이동을 촉발시킨 훈족과 한민족의 친연성에 관한 연구」, 이종호, 2003, 『백산학보』 제66호
51_ 『遼寧省喀左縣東山嘴紅山文化遺址群發掘簡報』, 郭大順·張克擧, 『文物』 1984-11
52_ 「고조선 심장부를 가다」, 이정훈, 신동아, 2008년 4월
53_ 『朝陽之旅』, 朝陽市旅游局, 中國旅遊出版社, 2005
54_ 『동북공정 너머 요하문명론』, 우실하, 소나무, 2007

55_ 『동북문화와 유연문명』, 곽대순 외, 동북아역사재단, 2008
56_ 『고대 중국의 재발견』, 코린 드벤-프랑프르, 시공사, 2001
    『손에 잡히는 중국 역사의 수수께끼』, 王巍 외, 대산인문과학총서(4), 2001
57_ 『紅山文化』, 赤峰市紅山區文化局(편), 중국문사출판사, 1993
58_ 『한국 고대사 속의 고조선사』, 송호정, 푸른역사, 2002
59_ 『牛河梁遺址』, 朝陽市文化局, 學苑出版社, 2004
60_ 『中華5000年軍事故事』, 段軍龍, 광명일보출판사, 2005
    『朝陽之旅』, 朝陽市旅游局, 中國旅遊出版社
    『紅山玉器』, 陳逸民, 상해대학출판사, 2004
    『紅山文化』, 柳東靑, 內蒙古大學出版社, 2002
    『中國考古謎案』, 耿建軍, 山東畵報出版社, 2006
    『中華5000年科學故事』, 鄭土波 외, 광명일보출판사, 2005
    『紅山文化』, 赤峰市紅山區文化局, 중국문사출판사, 1993
    「첫조선(고조선)관련 땅이름과 홍산문화 고찰」 이형석외, 땅이름 제31호, 땅이름학회,2006
    『적봉고대예술』, 함준송, 내몽고대학출판사, 1999
    『동북문화와 유연문명』, 곽대순 외, 동북아역사재단, 2008
61_ 『동북공정 너머 요하문명론』, 우실하, 소나무, 2007
62_ 「牛河梁紅山文化女神頭像의 發現與硏究」, 孫守道·郭大順, 『文物』1986-8
    遼寧省文物考古硏究所 「遼寧牛河梁紅山文化女神廟積石塚發掘簡報」 『文物』1986-8
    赤峰市紅山區文化局, 「牛河梁女神廟與積石塚群的發掘」 『紅山文化』124~139쪽
63_ 「龍出遼河源」, 郭大順, 백화문예출판사, 2001, 60쪽
64_ 「코리안 루트를 찾아서(14) 홍산인의 성지」, 이기환, 경향신문, 2008.1.4
65_ 『문명의 새벽(원시시대)』, 조춘청 외, 시공사, 2003
66_ 『황하에서 한라까지』, 심백강, 참좋은세상, 2007
    「코리안 루트를 찾아서(14)홍산인의 성지」, 이기환, 경향신문, 2008.1.4
67_ 『中國考古謎案』, 耿建軍, 山東畵報出版社, 2006년
68_ 「코리안 루트를 찾아서(13)홍산인의 어머니」, 이기환, 경향신문, 2007.12.29
69_ 「코리안 루트를 찾아서(14)홍산인의 성지」, 이기환, 경향신문, 2008.1.4
70_ 『손에 잡히는 중국 역사의 수수께끼』, 王巍 외, 대산인문과학총서(4), 2001, 252~256쪽
71_ 『한국인 얼굴이야기』, 황규호, 주류성, 1999, 33~33쪽
72_ 『中國考古謎案』, 耿建軍, 山東畵報出版社, 2006년
73_ 「코리안 루트를 찾아서(9)뉴허량의 적석총들」, 이기환, 경향신문, 2007.11.30
74_ 赤峰市紅山區文化局(편), 「牛河梁女神廟與積石塚的發掘」 『紅山文化』124~139쪽
75_ 「홍산문화의 제단과 중국고대의 교사지예의 기원에 대한 연구」, 전광림,
    2회동북아 평화정착을 위한 한중 국제학술회의, 국학학술원, 2007
76_ 『中國考古謎案』, 耿建軍, 山東畵報出版社, 2006년
    「코리안 루트를 찾아서(9)뉴허량의 적석총들」, 이기환, 경향신문, 2007.11.30
77_ 『손에 잡히는 중국 역사의 수수께끼』, 王巍 외, 대산인문과학총서(4), 2001, 250~252쪽
78_ 「가평 달전리 토광묘 발굴의 의미」, 노혁진, 한국의 고고학, 2006년 가을(창간호)
79_ 『문명의 새벽(원시시대)』, 조춘청 외, 시공사, 2003

80_ 「石棚山墓群發掘」, 赤峰市紅山文化局(편), 『紅山文化』, 중국문사출판사, 1993, 94~103쪽
「내몽골에서 찾은 5000년 된 피라미드」, Xinhua News Agency, 2001.07.09
81_ http://blog.empas.com/dangoonh/13621232, 김영기
82_ http://blog.naver.com/ssmin4.do?Redirect=Log&logNo=7238360
83_ 『동북문화와 유연문명』, 곽대순 외, 동북아역사재단, 2008
84_ 「內蒙古翁牛特旗三星他拉村發現玉龍」, 『文物』 1984-6
「三星他拉紅山文化玉龍考」, 孫守道, 『文物』 1984-6
『龍與中國文化』, 劉志雄·楊靜榮, 인민출판사, 1992
「紅山文化와 原始龍에 대한 재검토」, 복기대, 『백산학보』 77, 2007
85_ 「첫조선(고조선)관련 땅이름과 홍산문화 고찰」, 이형석 외, 땅이름 제31호, 땅이름학회, 2006
86_ 『中國考古謎案』, 耿建軍, 山東畫報出版社, 2006년
87_ 『손에 잡히는 중국 역사의 수수께끼』, 王巍 외, 대산인문과학총서(4), 2001
88_ 「時論 홍산문화 원시룡에 대한 재검토」, 복기대, 백산학회 77호, 2007
89_ 『손에 잡히는 중국 역사의 수수께끼』, 王巍 외, 대산인문과학총서(4), 2001
90_ 「코리안 루트를 찾아서(4)동이의 본향 차하이」, 이기환, 경향신문, 2007.10.26
91_ 「코리안 루트를 찾아서(7)빗살무늬 토기문화」, 이기환, 경향신문, 2007.11.16
92_ 「금오도-안도간 연도교 가설구간내 안도패총 발굴조사」, 국립광주박물관 현장설명회 자료, 2007.3.27
93_ 「코리안 루트를 찾아서(11)뉴허량의 옥기묘」, 이기환, 경향신문, 2007.12.15
94_ 「홍산문화와 고조선문화의 연계성」, 우실하, 고조선-홍산문화답사 보고 및 학술발표회, 고인돌사랑회, 2006.11.3
95_ 『문명의 새벽(원시시대)』, 조춘청 외, 시공사, 2003
96_ 「管形工具鑽孔 之初步實驗：玉器雕琢工藝顯微探索之二」, 張敬國 외, 『玉文化論叢』, 문물출판사, 2006
97_ 『황하에서 한라까지』, 심백강, 참좋은세상, 2007, 135~136쪽
98_ 『동북문화와 유연문명』, 곽대순 외, 동북아역사재단, 2008
99_ 『中國考古謎案』, 耿建軍, 山東畫報出版社, 2006년
100_ 『동북문화와 유연문명』, 곽대순 외, 동북아역사재단, 2008
101_ 「코리안 루트를 찾아서(13)홍산인의 어머니」, 이기환, 경향신문, 2007.12.29
102_ 『中國考古謎案』, 耿建軍, 山東畫報出版社, 2006년
103_ 서안 인근 반파(半坡)유적지에서 선돌이 있는 제사유적지가 발견되었는데 이들 유적은 기원전 4천 년 경으로 올라간다.
104_ 「홍산문화의 제단과 중국고대의 교사지예의 기원에 대한 연구」, 전광림, 2회동북아 평화정착을 위한 한중 국제학술회의, 국학학술원, 2007
105_ 「코리안 루트를 찾아서(14)홍산인의 성지」, 이기환, 경향신문, 2008.1.4
중국문물보, 1989년 5월 12일자, 위 자료에서 인용
106_ 「홍산문화의 사회적 성질」, 우건설, 2회동북아평화정착을 위한 한중 국제학술회의, 국학학술원, 2007
107_ 『손에 잡히는 중국 역사의 수수께끼』, 王巍 외, 대산인문과학총서(4), 2001, 244~261쪽
108_ 『朝陽之旅』, 朝陽市旅游局, 中國旅遊出版社, 2005, 32~34쪽

109_ 「朝陽之旅」, 朝陽市旅游局, 中國旅遊出版社, 2005, 32~34쪽
110_ 「코리안 루트를 찾아서(14)홍산인의 성지」, 이기환, 경향신문, 2008.1.4
111_ 『동북문화와 유연문명』, 곽대순 외, 동북아역사재단, 2008
112_ 「中華文明的石曙光」, 蘇秉琦, 『華人·龍紅的山傳人·中國人』, 요령출판사, 1988
  「中華民族的文多元一休卿頼」, 費孝通, 『北京大學學報』, 1989년 4월
  『中國東北西遼河地區的文明起源』, 田廣林, 중화서국, 2004
113_ 「紅山文化的起源」, 赤峰市紅山地區文化局(편), 『紅山文化』, 1993
114_ 「코리안 루트를 찾아서(1)中·한반도·日문명의 젖줄 '발해문명'」, 이기환, 경향신문, 2007.10.07
115_ 「3년 전 중국 동북공정의 실체 최초 폭로한 신동아의 현장 취재」, 이정훈, 신동아, 2006년 9월
116_ 『발해연안에서 찾은 한국고대문화의 비밀』, 이형구, 김영사, 2004
117_ 「코리안 루트를 찾아서(12)홍산 곰의 정체」, 이기환, 경향신문, 2007.12.22
118_ 「요서 고조선 근거지로 추정」, 안영배, 주간동아, 2003.1.23
119_ 「고조선의 성립배경과 발전단계시론」, 한창균, 『국사관논총』33, 국편위, 1992
  『고조선연구』 일지사, 윤내현, 1994
  「중국요서지역 청동기시대 문화의 역사적 이해」, 복기대, 『단군학연구』5, 2001. 참조
120_ 「붉은악마 그들은 '축구天使」, 조은날개, 매일경제, 2002.5.13
121_ 「中國의 東北工程의 虛實」, 신형식, 『白山學報』 67, 2003
122_ 『동북공정의 선행 작업들과 중국의 국가 전략』, 우실하, 울력, 2006
123_ 『손에 잡히는 중국 역사의 수수께끼』, 王巍 외, 대산인문과학총서(4), 2001
124_ 『동북문화와 유연문명』, 곽대순 외, 동북아역사재단, 2008
125_ 『손에 잡히는 중국 역사의 수수께끼』, 王巍 외, 대산인문과학총서(4), 2001
126_ 「중국 고문헌 자료에 비쳐진 한국고대사상」, 박경철, 제43회국사편찬위원회한국사학술회의, 2008
127_ 『사기』, 사마천, 김병총 평역, 집문당, 1994
128_ 『中華5000年軍事故事』, 段軍龍, 광명일보출판사, 2005
  『조양지여(朝陽之旅)』, 조양시여유국, 中國旅遊出版社, 2005
129_ 『동북공정의 선행 작업들과 중국의 국가 전략』, 우실하, 울력, 2006
130_ 「자오지천황과 중화족의 삼황오제에 대한 고찰」, 김세환 자료 제공, 2006
131_ 『고조선은 대륙의 지배자였다』, 이덕일 외, 역사의아침, 2006
132_ 『손에 잡히는 중국 역사의 수수께끼』, 王巍 외, 대산인문과학총서(4), 2001
133_ 『문명의 새벽(원시시대)』, 조춘청 외, 시공사, 2003
134_ 『동북공정의 선행 작업들과 중국의 국가 전략』, 우실하, 울력, 2006
135_ 『손에 잡히는 중국 역사의 수수께끼』, 王巍 외, 대산인문과학총서(4), 2001
136_ 『중국의 동북변강 연구 동향 분석』, 고구려연구재단, 고구려연구재단, 2004
137_ 「河西走廊」, 이덕일, 조선일보, 2006.7.3
138_ 『고조선은 대륙의 지배자였다』, 이덕일 외, 역사의아침, 2006
139_ 「한민족의 북방 고대사」, 신숙정, 조선일보, 2004
140_ 「고고학의 성립과 전개」, 오영찬, 『북녘의 문화유산』, 국립중앙박물관, 2006

141_ 『조선전사』, 과학백과사전종합출판사, 1991
142_ 「길림성 교하일대의 요새유적」, 리경일, 조선고고연구, 2003년 1호
　　　「단군조선의 국가적성격에 대한 고고학적 고찰」, 박진욱, 조선고고연구, 1999년 1호
143_ 『남북학자들이 함께 쓴 단군과 고조선 연구』, 단군학회, 지식산업사, 2005
144_ 『동북공정의 선행 작업들과 중국의 국가 전략』, 우실하, 울력, 2006
145_ 『남북학자들이 함께 쓴 단군과 고조선 연구』, 단군학회, 지식산업사, 2005
146_ 「바다와 어울린 늪가의 신석기유적」, 황규호, 내셔널지오그래픽, 2003년 7월
147_ 「한민족의 기원」, 최몽룡, 한국사(총설), 국사편찬위원회, 2002
148_ 『발해연안에서 찾은 한국고대문화의 비밀』, 이형구, 김영사, 2004
149_ 「청동기 주역 '퉁구스 예맥족'이 주역」, 유홍준, 문화일보, 2004.11.25
150_ 『유네스코가 보호하는 우리 문화유산 열두 가지』, 최준식 외, 시공사, 2004
151_ 『유네스코가 보호하는 우리 문화유산 열두 가지』, 최준식 외, 시공사, 2004
152_ 『한국 지석묘 연구』, 유태용, 도서출판 주류성, 2003
153_ 「왕궁-고조선」,『역사스페셜 4』, 효형출판, 2003
154_ 『고조선 지역의 고인돌 연구』, 하문식, 백산자료원, 1999
155_ 『유네스코가 보호하는 우리 문화유산 열두 가지』, 최준식 외, 시공사, 2004
156_ 「한반도 거석기념물 고인돌」, 황규호, 내셔널 지오그래픽, 2003년 10월
157_ 『유네스코가 보호하는 우리 문화유산 열두 가지』, 최준식 외, 시공사, 2004
158_ 『유네스코가 보호하는 우리 문화유산 열두 가지』, 최준식 외, 시공사, 2004
159_ 『유네스코 지정 한국의 세계유산』, 제주국립박물관, 2005
160_ 『한국 7대 불가사의』, 이종호, 역사의아침, 2007
161_ 2007년 11월 12일 〈고인돌사학회〉 이형석 등 측정 자료에 의함
162_ 「한반도 고인돌의 종합적 검토」, 임세권, 백산학보 제20호 창립10주년기념호, 1976
163_ 『경기도 고인돌』, 경기도박물관, 2007
164_ 2007년 2월 1일 고인돌 축조에 대한 의문점에 대한 의견 교환
165_ 「고인돌무덤건축에 사역된 로동의 성격에 대하여」, 한용걸,『조선고고연구』, 1999년 3호
166_ 「한반도 거석기념물 고인돌」, 황규호, 내셔널 지오그래픽, 2003년 10월
167_ 「화순고인돌에 대하여」, 네이버 neverfell81, 2004.03.16
168_ 「평양일대에서 새로 발굴된 고인돌무덤과 돌관무덤에 대하여」, 석광준,
　　　『조선고고연구』, 1995
169_ 『한국 지석묘 연구』, 유태용, 도서출판 주류성, 2003
170_ 제주문화연구소 나정옥 박사 인터뷰, 2007.1.9
171_ 『여수의 고인돌』, (사)여수지역사회연구소 외, 여수지역사회연구소 고인돌 지표조사
　　　보고서, 2001
172_ 「지사서 선사시대 추정 집단 고인돌군 발견」, 박정우, 전북일보, 2007.10.30
　　　「임실서 청동기 후기시대 '고인돌군' 발견」, 연합뉴스, 이윤승, 2008.10.23
173_ 『고조선의 역사를 찾아서』, 고조선사연구회 외, 학연문화사, 2007
174_ 「고조선의 석각천문도」, 김동일, 조선고고연구, 2003년 1호
175_ 「고인돌 무덤에 새겨져 있는 별자리의 천문학적 년대 추정에 대하여」, 김동일 외,
　　　조선고고연구, 1999년 4호

176_ 「북두칠성모양으로 배렬되여있는 구서리고인돌무덤 발굴보고」, 김동일, 조선고고학학회, 2005년 3호
177_ 『하늘에 새긴 우리역사』, 박창범, 김영사, 2002
178_ 「고인돌 무덤에 새겨져 있는 별자리의 천문학적 년대 추정에 대하여」, 김동일 외, 조선고고연구, 1999년 4호
179_ 『고조선의 역사를 찾아서』, 고조선사연구회 외, 학연문화사, 2007
180_ 『한국 고대사 속의 고조선사』, 송호정, 푸른역사, 2002
181_ 「우리나라 원시 및 고대 유색금속의 리용에 대한 고찰」, 조선고고연구, 1992년 4호
182_ 「연해주의 초기철기문화와 한반도」, 정석배, 『오르도스 청동기문화와 한국의 청동기 문화』, 한국고대학회, 2007
183_ 『고조선은 대륙의 지배자였다』, 이덕일 외, 역사의아침, 2006
184_ 「북방 청동기문화와 한국 고대문화의 관계」, 김정배, 『오르도스 청동기문화와 한국의 청동기 문화』, 한국고대학회, 2007
185_ 『고조선의 력사 개관』, 박득준, 사회과학출판사, 1999
186_ 「대동강류역에서 알려진 청동비파형창끝」, 조선고고연구, 2002년 3호
187_ 「고대조선의 잔줄무늬거울의 무늬주제에 대하여」, 리일남, 고조선연구, 1992년 3월
188_ 『고대 왕국의 풍경, 그리고 새로운 시선』, 이근우, 인물과사상사, 2006.
189_ 「청동기와 거푸집」, 전상운, 『과학동아』 1990년 1월호
190_ 「우리 나라 고대 청동가공 기술에 관한 연구」, 강승남, 조선고고연구, 1990년 3호
191_ 「우리나라 원시 및 고대 유색금속의 리용에 대한 고찰」, 조선고고연구, 1992년 4호
192_ 「우리 역사의 출발점… 만주·한반도 지배」, 윤내현, 주간한국, 2007.2.12
193_ 「코리안루트를 찾아서」 시리즈, 이기환, 경향신문, 2007~2008
194_ 『고조선의 역사를 찾아서』, 고조선사연구회 외, 학연문화사, 2007
195_ 「살아 숨쉬는 우리 역사 고조선」, 박종진, 주간한국, 2007.2.7
196_ 『쟁점으로 푸는 역사이야기』, 윤여덕, 심학당, 2006
197_ 『쟁점으로 푸는 역사이야기』, 윤여덕, 심학당, 2006
198_ 『조선전사』, 과학백과사전종합출판사, 1991
199_ 『고조선의 력사 개관』, 박득준, 사회과학출판사, 1999
200_ 『쟁점으로 푸는 역사이야기』, 윤여덕, 심학당, 2006
201_ 『Oriental Despotism』, Karl A. Wittfogel, Yale Univ. Press, 1957
202_ 『삼국사기연구』, 신형식, 일조각, 1981
203_ 「단군조선의 국가적 성격에 대한 고고학적 고찰」, 박진욱, 『조선고고연구』, 1999년 1호
204_ 「최근에 발굴된 단군조선초기의 유적과 유물」, 리순진, 『남북 학자들이 함께 쓴 단군과 고조선 연구』, 지식산업사, 2005
205_ 「평양일대 대형고인돌 무덤의 성격에 대하여」, 서국태, 『남북학자들이 함께 쓴 단군과 고조선 연구』, 단군학회, 지식산업사, 2005
206_ 『고조선의 력사 개관』, 박득준, 사회과학출판사, 1999
207_ 「평양일대 대형고인돌 무덤의 성격에 대하여」, 서국태, 『남북학자들이 함께 쓴 단군과 고조선 연구』, 단군학회, 지식산업사, 2005
208_ 「대동강류역일대의 고대부락터유적에 대하여」, 김종혁, 『조선고고연구』, 1999년 1호

209_ 『한국 지석묘 연구』, 유태용, 도서출판 주류성, 2003
210_ 「대동강 류역 고대성곽의 성격」, 남일룡, 『조선고고연구』, 1999년 1호
211_ 「청암동 토성에 대하여」, 남일룡 외 『조선고고연구』, 1998년 2호
212_ 「평양일대 고대성곽의 성벽축조형식과 성방어체계에 대하여」, 남일룡, 『남북학자들이 함께 쓴 단군과 고조선 연구』, 단군학회, 지식산업사, 2005
213_ 「청암동 토성에 대하여」, 남일룡, 『조선고고연구』, 1998년 2호
214_ 「평양지방의 고대 토성」, 남일룡, 『조선고고연구』, 1995년 2호
「평양 일대 고대 토성의 축조연대에 대하여」, 남일룡, 『조선고고연구』, 1996년 1호
215_ 「평양일대 고대성곽의 성벽축조형식과 성방어체계에 대하여」, 남일룡, 『남북학자들이 함께 쓴 단군과 고조선 연구』, 단군학회, 지식산업사, 2005
216_ 「평양일대에서 새로 발굴된 황대성에 대하여」, 리순진, 『조선고고연구』, 1995년 제1호
217_ 「평양일대 대형고인돌 무덤의 성격에 대하여」, 서국태, 『남북학자들이 함께 쓴 단군과 고조선 연구』, 단군학회, 지식산업사, 2005
218_ 「단군을 원시조로 하는 반만년민족사연구에서 이룩된 자랑찬 성과」, 조선고고학학회, 2003년 4호.
219_ 『고고학개론』, 이선복, 이론과실천, 1990
220_ 「방사성탄소에 의한 유적유물의 절대년대 측정법에 대한 고찰」, 리윤철, 조선고고학, 1990년 2호
221_ 「전자스핀공명년대측병방법에 대하여」, 김교경, 조선고고학, 1987년 2호
222_ 『역사가 새겨진 나무 이야기』, 박상진, 김영사, 2004
223_ 「전자스핀공명년대측병방법에 대하여」, 김교경, 조선고고학, 1987년 2호
224_ 「고조선의 역사를 찾아서」, 고조선사연구회 외, 학연문화사, 2007
225_ 「요서지역 청동기시대문화와 황하유역문화와의 관계」, 복기대, 『고대에도 한류가 있었다』, 민족문화의 원형과 정체성 정립을 위한 학술대회, 비교민속학회·한국구비문학회, 2006
226_ 『동북문화와 유연문명』, 곽대순 외, 동북아역사재단, 2008
227_ 『무기와 방어구』, 시노다 고이치, 들녘, 2002
228_ 「발해문명 창조 주인공은 우리 민족」, 이형구, 『뉴스메이커』 745호, 2007.10.16
229_ 「역사유적과 연계된 땅이름 연구」, 방석종, 땅이름 제34호, 2008년 4월
230_ 『오한문물정화 Aohan China』, 군군전, 내몽고문화출판사, 2004, 35~37 쪽
231_ 2007년 10월 14일 성산자산성에서 인터뷰
232_ 「고조선 추정 청쯔산·싼줘뎬 유적」, 이기환, 경향신문, 2006.10.13
233_ 「고조선 심장부를 가다」, 이정훈, 신동아, 2008년 4월
234_ 『동북문화와 유연문명』, 곽대순 외, 동북아역사재단, 2008
235_ 「'중화5천년', 홍산문명의 재조명」, 신형식, 이종호, 『백산학보』, 제77호
236_ 「요서지역의 청동기시대 문화연구」, 복기대, 백산자료원, 2002
237_ 「발해문명 창조 주인공은 우리 민족」, 이형구, 『뉴스메이커』 745호, 2007.10.16
238_ 「코리안 루트를 찾아서(17)동북아 청동기 기원 'BC 3000년 발해'」, 이기환, 경향신문, 2008. 1. 26
239_ 「코리안 루트를 찾아서(17)동북아 청동기 기원 'BC 3000년 발해'」, 이기환, 경향신문, 2008. 1. 26

240_ 『남북학자들이 함께 쓴 단군과 고조선 연구』, 단군학회, 지식산업사, 2005
241_ 「고조선 추정 청쯔산·싼줘뎬 유적」, 이기환, 경향신문, 2006.10.13
242_ 『고조선의 역사를 찾아서』, 고조선사연구회 외, 학연문화사, 2007
243_ 『고조선의 력사 개관』, 박득준, 사회과학출판사, 1999
244_ 『고조선은 대륙의 지배자였다』, 이덕일 외, 역사의아침, 2006
245_ 「고조선문명권의 형성과 동북아의 아사달 문양」, 신용하, 『고대에도 한류가 있었다』, 민족문화의 원형과 정체성 정립을 위한 학술대회, 비교민속학회 · 한국구비문학회, 2006
246_ 『고조선은 대륙의 지배자였다』, 이덕일 외, 역사의아침, 2006
247_ 『경기도 고인돌』, 경기도박물관, 2007
248_ 「경기지역 고인돌 문화의 특징」, 우장문, 백산학보, 제69호
249_ 「고조선 지역 고인돌 연구」, 하문식, 백산자료원, 1999
250_ 「경기지역 고인돌 문화의 특징」, 우장문, 백산학보, 제69호
251_ 『서울 한강이남 문화유적 지표조사 보고서』, 서울역사박물관, 2003
252_ 경기도박물관, 『경기도 고인돌』, 2007, 10~33쪽
253_ 「상고시대 서울지역의 매장문화 조사」, 이형석, 『상고시대 서울지역의 매장문화』, 고인돌사랑회, 2006
254_ 『한국 지석묘 연구』, 유태용, 도서출판 주류성, 2003, 114~118 쪽
255_ 「평양일대에서 새로 발굴된 고인돌과 돌관무덤에 대하여」, 석광준, 『조선고고연구』, 1995년 제1호
「새로 발굴된 성천군 룡산리 순장무덤에 대하여」, 김종혁, 『조선고고연구』, 1995년 제1호
256_ 「한국의 청동기·철기시대와 지석묘」, 최몽룡, 『경기도 고인돌』, 경기도박물관, 2007
257_ 『Radiaocarbon III』, 한국원자력연구원, KAERI-95
「남한강 유역의 고인돌 문화」, 하문식, 『경기도 고인돌』, 경기도박물관, 2007
258_ 『한국 지석묘 연구』, 유태용, 도서출판 주류성, 2003, 119~12·8 쪽
259_ 「강화도의 지석묘」, 강동석, 『경기도 고인돌』, 경기도박물관, 2007
260_ 『강화문화유산』, 김지영, 도서출판방방곡곡, 2004, 41~42쪽
261_ 『原始時代의 社會組織』, 서어비스, E. R/신형식 옮김, 1986, 28~33쪽
: Renfrew, C. 1979, op.cit, 152~159쪽
262_ 「한국의 청동기·철기시대와 지석묘」, 최몽룡, 『경기도 고인돌』, 경기도박물관, 2007
263_ 「한국의 청동기·철기시대와 지석묘」, 최몽룡, 『경기도 고인돌』, 경기도박물관, 2007
264_ 「'중화5천년', 홍산문명의 재조명」, 신형식, 이종호, 『백산학보』, 제77호
265_ 「한국의 청동기·철기시대와 지석묘」, 최몽룡, 『경기도 고인돌』, 경기도박물관, 2007
266_ 검단의 '검'은 '신성, 크고 높다, 위대하다'를 뜻하며 '단'은 '제단, 붉다' 등의 의미가 들어 있다.
267_ 『Radiaocarbon III』, 한국원자력연구원, KAERI-95
「남한강 유역의 고인돌 문화」, 하문식, 『경기도 고인돌』, 경기도박물관, 2007
268_ 「화개산 등반 및 역사 탐방자료」, 2006년, 황덕환 자료 제공
269_ 〈고인돌사랑회〉 김영창이 관련 자료 제공, 2007년
270_ 『한국 7대 불가사의』, 이종호, 역사의아침, 2007, 16~63쪽
271_ 「한강권에 '미지의 왕국' 성립에 관한 일시론」, 이종호, 백산학보, 80호, 2008

272_ 「동북문화와 유연문명」, 곽대순 외, 동북아역사재단, 2008
273_ 「사기」, 사마천, 김병총 평역, 집문당, 1994
274_ 「동북문화와 유연문명」, 곽대순 외, 동북아역사재단, 2008
275_ 「中國의 東北工程의 虛實」, 신형식, 『白山學報』 67, 2003. 5쪽
276_ 「코리안 루트를 찾아서](18)천하를 제패한 동이족」, 이기환, 경향신문, 2008.2.1
277_ 『은도보감』, 중주고적출판사, 2006
278_ 「코리안 루트를 찾아서(19)상나라와 한민족(상)」, 이기환, 경향신문, 2008.2.16
279_ 『발해연안에서 찾은 한국고대문화의 비밀』, 이형구, 김영사, 2004
280_ 「코리안 루트를 찾아서(18)천하를 제패한 동이족」, 이기환, 경향신문, 2008.2.1
281_ 『은도보감』, 중주고적출판사, 2006
『홍산문화』, 유동청, 내몽고대학출판사, 2002
282_ 『한국 고대사를 생각한다』, 최태영, 눈빛, 2002
283_ 「코리안 루트를 찾아서(20)상나라와 한민족」, 이기환, 경향신문, 2008.2.23
284_ 『손에 잡히는 중국 역사의 수수께끼』, 王巍 외, 대산인문과학총서(4), 2001
285_ 『고등학교 역사부도』, 신형식 외, 성지문화사, 2001
286_ 「河·殷나라는 우리 역사 1」, 진태하, 대한문화재신문 제9호, 2004년 4월 1일
287_ 『손에 잡히는 중국 역사의 수수께끼』, 王巍 외, 대산인문과학총서(4), 2001
288_ 『동북공정 너머 요하문명론』, 우실하, 소나무, 2007
289_ 「코리안 루트를 찾아서(21)갑골문화 동이족이 창조한 한자는 발해문자였을까」, 이기환, 경향신문, 2008.3.8
290_ 『동북공정 너머 요하문명론』, 우실하, 소나무, 2007
291_ 「河·殷나라는 우리 역사 1」, 진태하, 대한문화재신문 제9호, 2004년 4월 1일
292_ 「河·殷나라는 우리 역사 2」, 진태하, 대한문화재신문 제10호, 2004년 4월 15일
293_ 「코리안 루트를 찾아서(21)갑골문화 동이족이 창조한 한자는 발해문자였을까」, 이기환, 경향신문, 2008.3.8
294_ 『손에 잡히는 중국 역사의 수수께끼』, 왕외 외, 대산인문과학총서(4), 2001
295_ 『장성, 중국사를 말하다』, 쥴리아 로벨, 웅진지식하우스, 2007
296_ 『손에 잡히는 중국 역사의 수수께끼』, 왕외 외, 대산인문과학총서(4), 2001
297_ 「코리안 루트를 찾아서(18)천하를 제패한 동이족」, 이기환, 경향신문, 2008.2.1
298_ 「고조선 발자취」, 박종진, 주간 한국, 2006.3.6
299_ 『고조선은 대륙의 지배자였다』, 이덕일 외, 역사의아침, 2006
300_ 『조선전사』, 과학백과사전종합출판사, 1991
301_ 「중국학계의 고조선·부여 인식」, 시노하라 히로카타, 『동북공정 전후 중국의 한국고대사 인식』, 제43회 국사편찬위원회한국사학술의, 국사편찬위원회, 2008
302_ 「동북공정 이후 중국의 한국 고대사 인식」, 최광식, 『동북공정 전후 중국의 고대사 인식』, 제43회 국사편찬위원회한국사학술의, 국사편찬위원회, 2008
303_ 『한국 고대사 속의 고조선사』, 송호정, 푸른역사, 2002
304_ 『고조선은 대륙의 지배자였다』, 이덕일 외, 역사의아침, 2006
305_ 「살아 숨쉬는 우리 역사 고조선」, 박종진, 주간한국, 2007.2.7
306_ 「살아 숨쉬는 우리 역사 고조선」, 박종진, 주간한국, 2007.2.7

307_ 『동북문화와 유연문명』, 곽대순 외, 동북아역사재단, 2008
308_ 「코리안루트를 찾아서(22)고대사의 뇌관을 건드리다」, 이기환, 경향신문, 2007.3.15
309_ 『동북문화와 유연문명』, 곽대순 외, 동북아역사재단, 2008.
310_ 「중국학계의 고조선·부여 인식」, 시노하라 히로카타, 『동북공정 전후 중국의 한국고대사 인식』, 제43회 국사편찬위원회한국사학술회의, 국사편찬위원회, 2008
311_ 「동북공정 이후 중국의 한국 고대사 인식」, 최광식, 『동북공정 전후 중국의 고대사 인식』, 제43회 국사편찬위원회한국사학술회의, 국사편찬위원회, 2008
312_ 「코리안루트를 찾아서(22)고대사의 뇌관을 건드리다」, 이기환, 경향신문, 2007.3.15
313_ 「코리안루트를 찾아서(23)동이가 낳은 군자들」, 이기환, 경향신문, 2007.3.22
314_ 『전쟁으로 보는 중국사』, 크리스 피어스, 수막새, 2005
315_ 『중국의 식인문화』, 황문웅, 교문사, 1992
316_ 『전쟁으로 보는 중국사』, 크리스 피어스, 수막새, 2005
317_ 「코리안루트를 찾아서(24)기자, 본향으로 돌아가다」, 이기환, 경향신문, 2008.3.29
318_ 『전쟁으로 보는 중국사』, 크리스 피어스, 수막새, 2005
319_ 「코리안루트를 찾아서(26)난산건의 비밀」, 이기환, 경향신문, 2008.4.11
320_ 「동북공정 이후 중국의 한국 고대사 인식」, 최광식, 『동북공정 전후 중국의 고대사 인식』, 제43회 국사편찬위원회한국사학술회의, 국사편찬위원회, 2008
321_ 『손에 잡히는 중국 역사의 수수께끼』, 王巍 외, 대산인문과학총서(4), 2001
322_ 『손에 잡히는 중국 역사의 수수께끼』, 王巍 외, 대산인문과학총서(4), 2001
323_ 『고조선 연구』, 윤내현, 일지사, 1994
324_ 『한국사(3)』, 이청규, 국사편찬위원회, 1995
325_ 『한국사』3, 국사편찬위원회, 1995
326_ 『중국의 동북변강 연구 동향 분석』, 고구려연구재단, 고구려연구재단, 2004
327_ 『꼬깔모자를 쓴 단군』, 정형진, 백산자료원, 2003
328_ 「민족사관의 재정립을 위하여」, 김정학, 남북 고고·역사학자 학술대회, 오사카경제법과대학, 1995
329_ 『김해예안리고분군 Ⅱ』, 부산대학교박물관, 부산대학교박물관유적조사보고 제15집, 1993
330_ 『조선전사』, 과학백과사전종합출판사, 1991
331_ 「길림성 교하일대의 요새유적」, 리경일, 조선고고연구, 2003년 1호
「단군조선의 국가적성격에 대한 고고학적 고찰」, 박진욱, 조선고고연구, 1999년 1호
332_ 『고조선은 대륙의 지배자였다』, 이덕일 외, 역사의아침, 2006
333_ 「고조선 심장부를 가다」, 이정훈, 신동아, 2008년 4월
334_ 『문명의 새벽(원시시대)』, 조춘청 외, 시공사, 2003
335_ 「홍산문명 VS 황하문명 4000년 전쟁」, 이정훈, 신동아, 2008년 9월
336_ 「고조선 심장부를 가다」, 이정훈, 신동아, 2008년 4월